존경하는 은사님께 이 책을 바칩니다.

故 조 성 식 교수님

1922.9.2 — 2009.12.23

전 고려대학교 명예교수

전 학술원 회원

의사소통을 위한
새로운영문법해설

1

『의사소통을 위한 새로운영문법해설』 전 4권
Communicative Approaches to
a New English Grammar

의사소통을 위한
새로운영문법해설

1

고경환

한국문화사

2020

| 서문

『의사소통을 위한 새로운영문법해설』 전 4권을 펴내면서

> All grammars leak. — E. Sapir (1884-1939)
> [완벽한 문법이란 존재하지 않는다.]
> The natural condition of a language is to preserve one form for one meaning, and one meaning for one form.
> — D. Bolinger (1907-1992). 1977. *Meaning and Form*.
> [한 언어의 자연스러운 상황은 하나의 뜻에는 하나의 형태가, 그리고 하나의 형태에는 하나의 뜻이 존재한다는 점이다.]

---

1. 영문법의 필요성   2. 언어는 심상의 표현   3. 학자들의 문법관
4. 문법 기술의 방향   5. 맺음말

---

1. 영문법의 필요성

영어의 중요성은 아무리 강조해도 지나치지 않다. 적어도 현재 전 세계의 80% 이상의 각종 정보들이 영어를 매개로 하여 전달되고 있으며, 유럽 여러 나라에서 이루어지는 상거래 활동의 거의 절반 정도가 영어로 이루어지며, 절반 이상의 과학 기술 분야의 각종 정기 간행물이 영어로 발행되어 나오고 있다. 또한 한 언어를 모국어로 사용하는 모국어 인구수로 보면 중국어와 인도어가 각각 1, 2위를 차지하겠지만, 영어가 사용되는 '지리적 분포'로 보면 단연코 영어가 '세계어'(global language)라고 부르기에 조금도 손색이 없다고 말할 수 있다.

"언어는 규칙의 지배를 받는"(Language is rule-governed) 의사전달의 수단이기 때문에 듣기·말하기·읽기·쓰기 능력을 향상시켜 장차 영어를 필요로 하는 전문인이 되려고 한다면 의사소통에 절대 필요한 올바른 영문법 지식을 갖추는 것이 무엇보다도 중요하다고

하겠다. 물론 우리가 언어를 처음 배우는 어린이들처럼 영어를 모국어로 사용하는 사회에서 저절로 배워 생활화하는 경우라면 굳이 영문법을 익히지 않더라도 '무의식적으로' 영어를 쉽게 습득(acquisition)할 수 있겠지만, 적어도 현재로서는 우리가 "외국어로서 영어"를 가장 빠르게 습득하는 길은 곧 **"문법을 통한 영어 학습"**이라고 감히 말하고 싶다.

문법을 통한 영어 학습에 있어서 가장 큰 문제는 영어 교육 담당자는 물론이고, 영어 학습자들이 한결같이 영문법을 "딱딱하다"고 생각하고, 영문법을 가까이 하지 않으려는 경향이 있다는 점이다. 그렇지만 영문법은 딱딱하다고 생각될 정도로 무미건조한 내용을 담고 있는 것은 결코 아니다. 실제로 문제가 되는 것은 영문법이 딱딱하게 느껴지는 것이 아니라, 영문법을 대하는 사람들의 선입견 때문에 마음 자체가 굳어져 있어서 영문법이라고 하면 무엇보다도 먼저 마음의 문을 굳게 닫아버리는 경향이 있다는 점이다. 이것이 바로 영어 교육과 영어 학습에 커다란 장애 요인이 아닐 수 없다.

2. 언어는 심상의 표현

무엇보다도 언어는 인간의 심상을 표현(representation of mental images)하는 것이다. 즉, 언어행위는 A라는 사람의 뇌리에서 어떤 한 생각이 이루어지고 이러한 생각이 말이나 글이라는 표현 형식을 빌려 B라는 사람에게 전달되는 작용이다. 그러므로 생각이 말이나 글로 전달될 때, 언어 사용자들 각자의 생각이 다를 수 있고, 또한 어떤 한 사람의 똑같은 생각일지라도 마음속에 내재된 심리적 상황이 달라지면 이와 동시에 표현도 달라져야 한다. 일찍이 D. Bolinger (1907-1992)는 **"생각이 다르면 표현이 다르다."** 라고 자신의 저서 *Meaning and Form* (1977)에서 말하였다. 그럼에도 불구하고 우리는 It's time **to do something**.과 It's time **you did something**.이라는 두 개의 문장이 하나의 생각을 두 가지 표현, 즉 풀어쓰기(paraphrase)라는 형식을 빌려 나타낸 것으로 생각하고 있으며(→ 11.10.2 참조), "우리 아버지 내일 한국에 오십니다." 라는 말을 다음과 같은 문장에 들어 있는 어떤 동사를 사용해서 표현하더라도 같은 내용을 전달하는 것으로 잘못 이해하는 경향이 있다. 현재 시중에 나와 있는 영문법 책에서는 단순히 미래를 나타낼 때에는 다음과 같은 표현을 사용한다고 되어 있을 뿐, 담겨진 뜻의 차이에 대해서는 아무런 설명이 없다(→ 6.6 참조).

Father *will come* to Korea tomorrow.
Father *comes* to Korea tomorrow.

Father *is coming* to Korea tomorrow.

Father *is going to* come to Korea tomorrow.

Father *is to come* to Korea tomorrow.

사실상 이 문장들은 모두 말하는 사람의 마음에 떠오른 서로 다른 심상을 반영한 것이다. 이처럼 마음속에 떠오르는 서로 다른 생각을 담고 있는 문장을 모두 같다고 하여 마음속에 떠오르는 생각에 관계없이 어떤 것이라도 사용하려고 하는 것은 서울에 가고자 하는 사람이 서울에 가까운 어느 한 도시에 이르렀을 때 서울에 다 왔다고 하는 것과 무엇이 다르다고 하겠는가!

3. 학자들의 문법관

흔히 세간에서는 과거 중·고등학교에서 6년 동안 영어 교육을 받았지만 소위 문법을 통한 번역 위주의 교육으로 말미암아 영어를 제대로 못한다고 하여 영어 교육을 망친 주범으로 문법이 무슨 대역죄를 저지른 것처럼 선전하고 있는 것을 보면 참으로 한심스럽다는 생각이 앞선다. 과거의 "문법—번역식" 방법이 영어 교육을 망친 주범이라기보다는 오히려 그릇된 문법 지식이 영어 교육과 학습에 동원된 것이 더 큰 원인이었다고 하는 것이 필자의 일관된 생각이다. **문법을 안다는 것 — 이것은 곧 우리가 어떤 언어를 알고 있다는 것이다. 다시 말하자면, 이것은 언어에 대한 지식을 갖고 있다는 뜻이고, 언어 지식은 곧 언어 능력(linguistic competence)을 뜻하는 것이다. 문법·언어능력·언어지식 — 이 세 가지는 표현만 다를 뿐 모두 같은 말이다.** 그리고 언어능력은 듣고, 말하고, 읽고, 쓸 수 있는 능력이라는 말이다. 문법을 모르면서 어떻게 제대로 회화를 하고, 글을 올바르게 읽어서 이해하고, 글을 올바르게 쓸 수 있다고 하겠는가? 소위 구구법을 모르는 학생이 예컨대 34 × 65 등 갖가지 곱셈 문제에 대한 답을 말할 수 있겠는가? '문법을 안다는 것은 구구법을 아는 것'과 조금도 다를 바가 없다고 단언하고 싶다.

사실 이 땅에 영어 교육이 시작된지도 100년이 훨씬 넘었으며, 그동안 영어 교육이 이루어지면서 이제 와서 우리나라의 영어 교육을 망친 주범이 "문법—번역식" 교육의 탓이라고 하여 '문법 위주에서 회화 중심 영어 교육으로' 방향을 전환하여 교육이 이루어지고 있다. 이렇게 하면 이 땅의 영어 교육이 정상화된다고 장담할 수 있을까? 필자는 결코 그렇지 않다고 거듭 확신한다.

이제 영문법의 중요성을 강조한 몇몇 학자들의 견해를 살펴보기로 한다. 문용 서울대학교 명예교수께서는 『고급영문법해설 (2008)』 제3 개정판 서문에서 다음과 같이 말하고 있다.

"... 일상적인 '듣기'와 '말하기'에 한정된 경우라면 몰라도, 다음과 같은 경우 영어 학습에서 차지하는 영문법의 자리는 절대적이다.
1) 학습자의 나이가 고등학교나 대학교에 진학할 나이 이상인 경우
2) 학습자가 현재 고등교육을 받고 있거나 받은 경우
3) 학습자가 일상체의 차원을 넘어서 격식이 높은 영어를 습득하려는 경우
4) 학습자가 일상적인 의사소통의 차원을 넘어 전문적인 업무 수행에 영어를 필요로 하는 경우
5) 수준이 높은 '읽기'나 '쓰기'의 기능에 능통하려는 경우"

구학관 전 홍익대학교 교수께서는 『영어유감 (1997)』의 머리말에서 다음과 같이 말하고 있다.

"英文法 영어공부에서 문법의 중요성은 새삼 강조할 필요가 없다. 모든 언어 표현의 틀은 문법규칙에 의하여 결정될 뿐만 아니라, 정확한 문법규칙을 모르면 언어를 정확하게 이해하고 사용할 수 없기 때문이다. 그러나 불행하게도 많은 사람들은 문법이 필요 없다고 생각하거나 자신은 이미 많은 문법을 알고 있다고 생각한다. 이들이 알고 있는 문법은 실제로 언어를 사용하고 이해하는 데 별 도움이 안된다는 것이 문제인 것이다."

또한 뉴욕 주립대학교 영어교육과 하광호 교수께서는 『영어의 바다에 헤엄쳐라 (1996: 235-236)』에서 다음과 같이 말하고 있다.

"문법 네 놈 때문에 망했다?
미국에서 한국 신문을 본 일이 있는데 이런 큰 제목이 눈에 들어왔다.
'문법 위주의 교육에서 회화 위주로'
내용인즉슨 지금까지 학교에서의 영어교육을 문법 위주로 해온 탓에 영어 한 마디 제대로 못하게 됐으니 말하기 위주로 교육과정을 바꾼다는 것이었다. 나는 순간 한국에서 문법이 범죄자 취급을 받는 것 같은 느낌이 들었다. 문법이 알면 억울해서 통곡할 일이다. 회화 위주로 하면 한국영어의 문제점이 해결될까. 지독스런 착각이 아닐 수 없다. 이 진단은 명백히 잘못되어 있다. 한국영어의 문제점은 무엇인가 하면 내가 볼 때 우선 영어의 문제점에 대한 진단이 틀려 있는 것으로 보인다. 진단이 틀려 있으니 제대로 고칠 수가 없고 고치려 해도 치료할 사람이 드물다."

계속해서 하광호 교수께서는 http://www.siminsori.com (교육)에서 다음과 같은 말을 하고 있다.

"영어를 잘 하려면 네 가지 학습법을 알아야 ....
영어문법은 한국의 학습자들이 미국 학생들보다 더 잘 알 정도로 밝지만 내가 보기에 한국 학습자들의 영문법은 '죽은 송장의 문법'이라고 할 수 있어요. 무슨 이야기냐 하면 한국의 학습자들은 영문법에 관한 것은 잘 알지만 정작 영문법의 사용법을 성공적으로 배우지 못했다는 것입니다. 문법이라는 것은 사용법을 잘 알아야지 8품사가 어떻고 백날 해봤자 영어 실력은 늘 제자리걸음입니다."

그렇다고 영어 교육에 있어서 문법이 항상 '만병통치약'(panacea)으로 작용한다는 말은 결코 아니다. 영어를 능동적으로 사용할 때 언제나 문법 규칙에 맞도록 영어를 말하고 쓰면 된다는 것이 아니다. 예컨대 문법에 얽매여서 If you see the figure, you will know how serious the accident was.라고 하면 누가 보더라도 문법적으로는 손색이 없는 문장처럼 보인다. 그러나 이러한 문장은 한국어 냄새가 물씬 풍기는 한국어식 영어에 가깝다고 하지 않을 수 없다. 이를 The figure shows the seriousness of the accident.나 이와 유사한 표현으로 바꾸는 것이 훨씬 영어다운 표현이 된다. 이렇게 하려면 영어를 모국어로 사용하는 사람들이 어떤 내용을 전달하고자 할 때 어떻게 상황에 적합하게 표현하고 있는가 하는 점에 각별히 유의하여야 할 것이다.

4. 문법 기술의 방향

이 책의 문법 기술 방향은 동시에 이 책의 특징이기도 하다. **첫째, 영문법을 다루고 있는 대부분의 문법서에서 피상적으로 각종 문법 규칙들을 나열하는데 그쳤던 문법적인 내용들을 비교적 상세하게 해설하고 있다.** 실제로 영어의 세계가 우리가 흔히 생각하는 것보다 훨씬 넓음에도 불구하고 시중에 출판되어 나온 수많은 문법책들은 그 넓은 세계를 제대로 담아내지 못하고 있는 것이 현실이다. 그리고 다루어지고 있는 내용들 중 상당 부분이 천편일률적이고, 기계적으로 기술되어 있다. 예컨대 영어 문장에서 간접목적어가 직접목적어 다음에 놓이게 되면 그 문장에 쓰인 동사에 따라 to 또는 for가 간접목적어 앞에 놓인다. 주어 + 동사 + 목적어로 이루어진 능동태 문장을 수동태로, 이와 반대로 수동태 문장을 능동태로 바꿀 수 있다. 또한 수동태 문장에서 by + 명사구는 생략될 수 있다. 부정사를 목적어로 삼는 동사와 동명사를 목적어로 삼는 동사를 무턱대고 나열하는데 그치는 식이다. 이와 같은 문법 지식은 실제로 영어를 이해하고 '능동적'으로 사용하는데 전혀 도움이 되지 않는다. 실제로 문법이 문법으로서의 활용 가치가 있으려면 그것은 **'살아 있는 문법'**(living grammar)이라야 한다. 이러한 점에서 이 책은 언어를 사용하는 상황에 따라 어떤 언어적 표현이 적절할 것인가에 초점을 맞추어 쓰여진 것이다.

둘째, 이 책에서는 잘못 알려진 내용들을 올바르게 기술하고 있다. 흔히 학교문법에서 unless와 if ... not은 서로 바꿔 쓸 수 있다. used to는 과거의 규칙적인 습관을 나타내고, would는 과거의 불규칙적인 습관을 나타낸다. even if와 even though는 서로 바꿔 사용할 수 있다. 또한 We **had better** stop at the next service station.(→ 5.4.16 참조)에서 had better를 '(...하는 것보다) ...하는 편이 낫다'라고 하여 어떤 두 가지 대상을 서로 비교해서 말하는 뜻으로 잘못 설명되어 있기도 하다. 이러한 내용들을 비롯하여 잘못 기술된 내용들을 올바르게 해설하였다.

셋째, 언어 현상을 설명하는데 꼭 필요한 것이 적절한 문법 용어이다. 같은 언어적 현상들을 한데 모아서 이들의 공통점을 체계적으로 설명하려면 반드시 그에 맞는 문법 용어를 동원하여야만 한다. 때문에 기존에 알려진 능동태와 수동태, 간접목적어와 직접목적어, 현재시제, 과거시제 따위와 같은 용어들이 사용되는 것이다. 그런데 지금까지 어떤 문법책에서도 다루어지지 않은 언어 현상, 그럼에도 불구하고 너무나 자주 사용되는 문장 구조를 설명하기 위해서는 거기에 알맞은 용어를 사용하지 않을 수 없다. 예컨대 다음 두 문장을 보자.

Jaewon gave **his brother** a good gift. (← What did Jaewon give his brother?)
Jaewon gave a good gift **to his brother**. (← To whom did Jaewon give a good gift?)

이 두 개의 문장에서 간접목적어와 직접목적어의 어순의 차이는 ( ) 안에 제시된 것과 같이 질문 내용이 서로 다른 환경에서 쓰인다는 점을 뜻하며, 이에 따른 설명을 하려면 **문미 초점**(文尾焦點: end-focus)과 **문미 중점**(文尾重點: end-weight)의 원칙이라고 하는 두 가지 용어를 사용하지 않을 수 없다(→ 4.5.5 참조).

또한 선행사를 수식하는 관계사절이 본래의 위치에 놓이지 않고 문장의 맨 마지막 위치로 이동하는 것과 관련하여 **외치**(外置: extraposition)라는 용어를 사용하지 않을 수 없다 (→ 17.1.4.2 참조).

Constructions that are arguably exceptions are encountered. →

Constructions are encountered ***that are arguably exceptions***.
[논란의 여지가 있지만 예외적인 구문들이 있다.]

한 가지 예를 더 들어 보고자 한다.

The President is just a figurehead; <u>**it**'s the party leader **who** has the real power</u>. — *Longman Dictionary of English Language and Culture*.
[대통령은 명목상의 국가 원수일 뿐이고, 실권을 가진 사람은 바로 당수(黨首)이다.]

이 문장의 밑줄 친 부분을 국내 문법서에서 소위 강조구문이라고 하는데, 그렇다면 어느 부분을 무엇 때문에 강조한다는 말인가? 밑줄 친 두 번째 문장은 The party leader has the real power.라는 한 개의 문장이 It is ... {that / who} ...라는 문장 구조를 이용하여 '둘로 쪼개진' 것이다. 그러므로 이런 문장 구조를 분열문(分裂文: cleft sentence)이라고 한다. cleft는 cleave(쪼개다)의 과거분사형이며, '쪼개진'이라는 뜻의 분사 형용사적인 뜻을 갖고 있다. 따라서 '분열문'이란 하나의 문장이 둘로 쪼개진 문장이라는 뜻이다. 이러한 문장에서 It is와 that/who 사이에 놓인 the party leader는 상대방에게 새로운 정보를 전달해 주는 요소로서 이 문장에서 가장 중요한 부분이다. 그래서 이 부분은 초점을 받는다고 한다. 그리고 that/who 이하는 상대방도 이미 알고 있는 내용이기 때문에 정보를 전달함에 있어서 별로 중요한 것이 아니다. 바로 이러한 점 때문에 분열문이라는 용어를 사용하는 것이다(→ 20.8 참조).

이처럼 종래의 어떤 문법서에서도 볼 수 없었던 문법 용어들이 등장하는 것은 언어 현상을 보다 간편하게 설명하기 위한 방편이다. 이러한 문법 용어를 동원하지 않고서 설명하려면 이러한 문장 구조를 만날 때마다 장황하게 설명하지 않을 수 없게 된다. 그러므로 문법적인 사항들을 올바르게 설명하려면 새로운 용어들을 과감하게 도입하는 것이 필수적이라고 생각한다.

마지막으로, 이 책에서는 많은 영영사전을 비롯하여 각종 자료에서 취사선택한 살아 있는 언어를 중심으로 하여 풍부한 예문들을 많이 제시하였으며, 필요한 곳에서는 각 예문에 따른 문법적인 설명을 덧붙였다. 그리고 제시된 예문들 중에는 다음과 같은 예에서 보듯이 우리의 삶에서 자신을 한번 되돌아볼만한 것들이 상당수 들어 있다.

Lying late in the morning is a great shortener of life.　　　(→ 9·3·2·1 참조)

[아침에 늦잠 자는 것은 생명을 크게 단축시키는 일이다.]

Men must not allow themselves to be swayed by their moods. (→ 3·6·1 참조)

— Yogananda Paramhansa, *How to be Happy All the Time*.

[인간은 기분에 흔들려서는 안 된다.]

True happiness is never to be found outside the Self. Those who seek it there are as if chasing rainbows among the clouds! (→ 11·12 참조)

— Yogananda Paramhansa, *How to be Happy All the Time*.

[진정한 행복은 결코 자아 밖에서 찾을 수 없다. 자아 밖에서 행복을 찾는 사람은 구름 사이에서 무지개를 쫓는 것과 같다.]

Your joints age over time. Like the brakes in your car, they need regular maintenance to function best. (→ 19·4·3·2 참조)

[관절은 시간의 흐름과 더불어 노화된다. 자동차의 브레이크처럼 관절의 기능을 가장 좋게 하려면 꾸준한 관리가 필요하다.]

Never get angry. Never allow yourself to become the victim of another's anger. (→ 20·5·1 참조)

— Paramhansa Yogananda, *How to be Happy All the Time*.

[절대 화내지 마라. 다른 사람이 화를 낸다고 해서 그에 따라 자신도 화를 내는 일이 없도록 하라.]

5. 맺음말

이 책은 필자의 대학원 시절 은사님이셨던 故 조성식 교수님(1922-2009: 前 고려대학교 명예교수, 前 학술원 회원)의 가르침을 철저히 따르고, 은사님께서 집필하신 영문법 연구 1-V 권에 다소 미치지 못하겠지만 그래도 은사님께서 문법을 기술하신 내용의 방향을 다소 바꿔 보완하고 있다. 은사님께서 세상을 떠나시기 바로 1년 전에 전화 통화에서 "이젠 눈이 침침해서 교정도 못 보겠어!" 하시기에 "제가 가까이 있으면 대신 보아 드릴 텐데요." 하고 대화를 나누던 것이 마지막이었다. 아직도 더 오래 사시면서 가르침을 주시고, 미완의 영문법 이론을 더 손질하실 수 있었을 텐데. 은사님께서 다하지 못하신 올바른 영문법 체계를 독자들에게 바르게 전달하고자 최선의 노력을 기울이고자 한다.

이 책은 필자의 실용영문법해설 1-3권을 수차례에 걸쳐 다듬고 다듬어서 일반 영어 학습자들이 바르게 영어의 참모습을 이해할 수 있도록 한 것이다. 또한 영어를 전공하는 학부와 대학원 학생들이 현대 영문법 연구로 옮아가는 앞 단계에서 읽어볼만한 참고서라고 생각한다. 때문에 필요한 경우에 참고가 되도록 하기 위하여 상세히 주석(footnotes)을 달아 원전의 출처를 밝혔다. 영어를 가르치시는 선생님들에게도 참으로 유익한 지침서가 되리라고 생각한다.

    이 책을 집필하는 사이에 필자는 1975년부터 시작된 영문법 연구 생활 40여년이란 세월을 훌쩍 넘겼다. Noam Chomsky 교수가 1957년에 *Syntactic Structures*를 세상에 내놓아 문법 이론의 대혁명을 일으켰고, 그 이후 오늘에 이르기까지 이 문법 이론을 근간으로 하여 언어연구가 이루어지고 있음에도 불구하고 조금도 흔들림 없이 40여년이라는 긴 세월 동안 외국어로서의 영어 학습에 절대적으로 필요한 영문법 연구에 매진하여 왔다. 물론 지금까지 걸어온 이 길은 힘이 쇠잔하여 더 이상 갈 수 없다고 생각되는 그날까지 뚜벅뚜벅 걸어갈 것이다, 이 땅에 올바른 영문법의 확고한 토대가 정착되기를 갈망하면서. 설령 내가 쓰는 이 책을 읽는 독자들이 많지 않다고 할지라도 그것은 전혀 문제가 되지 않는다. 다만 영어 구조와 관련된 제반 언어 현상들을 끊임없이 찾아내고, 또 이들을 올바르게 해설하여 독자들의 궁금증을 시원하게 해소시켜 줄 수만 있다면 필자로서 그 이상 바랄 것이 더 무엇이 있겠는가! 물론 이 과정에서 잘못 기술된 내용이 있다고 한다면 그것은 전적으로 필자의 책임이며, 앞으로 잘못된 부분이나 미흡한 부분들은 지속적으로 보완해 나갈 것이다. 독자 여러분들의 질책과 꾸준한 지도 편달을 기대하는 바이다.

    끝으로 이 방대한 분량의 책의 출판을 쾌히 승낙해 주신 한국문화사 김진수 사장님과 출판 관계자 여러분들이 기울인 그간의 노고에 대하여 깊은 감사의 말씀을 드립니다.

> 하루 종일 봄을 찾아 다녀도 봄을 보지 못하고
> 짚신이 다 닳도록 언덕 위의 구름 따라다녔네.
> 허탕치고 돌아와 우연히 매화나무 밑을 지나는데
> 봄은 이미 매화가지 위에 한껏 와 있었네. ― 중국 송나라 시대의 어느 비구 스님

2020년 4월
한라산 기슭 서재에서
고경환 씀

제1권 목차

서문 『의사소통을 위한 새로운영문법해설』 전 4권을 펴내면서 ·········· 5

제1장 명사(Nouns)

1.1. 명사의 문법적 특성 ·········· 23

1.2. 명사의 분류 (1) ·········· 25
   1.2.1. 가산명사 ·········· 26
      1.2.1.1. 가산명사의 단수형 ·········· 26
      1.2.1.2. 가산명사의 복수형 ·········· 28
      1.2.1.3. 가산명사와 불가산명사의 대립 ·········· 29
   1.2.2. 불가산명사 ·········· 31
   1.2.3. 부분 표현 ·········· 36
      1.2.3.1. 불가산명사의 부분 표현 ·········· 36
      1.2.3.2. 가산명사의 부분 표현 ·········· 40
      1.2.3.3. 부분 표현과 수식어 ·········· 42

1.3. 명사의 분류 (2) ·········· 43
   1.3.1. 보통명사 ·········· 44
   1.3.2. 고유명사 ·········· 45
   1.3.3. 집합명사 ·········· 49
   1.3.4. 물질명사 ·········· 53
   1.3.5. 추상명사 ·········· 55

1.4. 수 ·········· 58
   1.4.1. 규칙 복수 ·········· 59
   1.4.2. 불규칙 복수 ·········· 60
      1.4.2.1. 영복수 ·········· 60
      1.4.2.2. -en 복수 ·········· 61
      1.4.2.3. 모음변이 복수 ·········· 62
   1.4.3. 외국 복수 ·········· 62

- 1.4.4. 복합명사의 복수형 ··· 63
- 1.4.5. -s 어미를 가진 명사 ·· 65
  - 1.4.5.1. 절대복수 ··· 65
  - 1.4.5.2. 분화복수 ··· 71
  - 1.4.5.3. 근사복수 ··· 73
  - 1.4.5.4. 상호복수 ··· 74
  - 1.4.5.5. 강의복수 ··· 75
- 1.4.6. 수의 일치 ··· 76
  - 1.4.6.1. 단일 주어 ·· 76
  - 1.4.6.2. 단일 주어인가? 이중 주어인가? ···············
  - 1.4.6.3. 수의 일치와 관련된 나머지 문제들 ············ 80
  - 1.4.6.4. 수의 불일치 ··· 82

1.5. 수사 ··· 83

1.6. 격 ··· 89
- 1.6.1. 공통격과 속격 ·· 89
- 1.6.2. 속격형을 만드는 방법 ····································· 90
- 1.6.3. -'s 속격과 of-구 ··· 93
  - 1.6.3.1. 문미 초점과 문미 중점의 원칙 ·················· 93
  - 1.6.3.2. 속격형의 선택과 성의 관계 ····················· 95
  - 1.6.3.3. 관용어구 ··· 98
- 1.6.4. 속격의 의미 관계 ·· 99
- 1.6.5. 속격의 종류 ·· 104
- 1.6.6. 독립 속격 ··· 106
- 1.6.7. 어군 속격 ··· 108
- 1.6.8. 이중 속격 ··· 110
  - 1.6.8.1. 구조 ··· 110
  - 1.6.8.2. 이중 속격에 따른 제약 ··························· 111

1.7. 성 ··· 114

1.8. 동격 ··· 119

1.9. 추상명사구 ··· 122
- 1.9.1. 추상명사화 ·· 122
- 1.9.2. 추상명사의 파생 ··· 123

1.9.3. 추상명사구의 명사적 기능 ·· 125
1.9.4. 추상명사구의 주어 ·· 125
1.9.5. 추상명사구의 목적어 ·· 128
1.9.6. 추상명사구에서 부사의 형용사화 ······························ 129

제2장 관사(Articles)

2.1. 관사의 종류와 명사 ··· 133
 2.1.1. 관사의 종류 ·· 133
 2.1.2. 관사와 명사 ·· 134

2.2. 부정관사 ··· 136
 2.2.1. 부정관사의 발음 ·· 136
 2.2.2. 부정관사의 용법 ·· 137
  2.2.2.1. 특정적 ··· 137
  2.2.2.2. 분류적 ··· 140
  2.2.2.3. 부정관사 a, an과 one ·· 141
  2.2.2.4. 배분적 ··· 144
  2.2.2.5. any와 some ··· 146
  2.2.2.6. 명사구에서 부정관사의 위치 ···························· 147

2.3. 정관사 ··· 149
 2.3.1. 정관사의 발음 ·· 149
 2.3.2. 정관사의 용법 ·· 151
  2.3.2.1. 상황적 지시 ··· 151
  2.3.2.2. 언어적 지시 ··· 157
 2.3.3. 정관사의 기타 용법 ·· 170
  2.3.3.1. last와 the last 등 ·· 170
  2.3.3.2. 신체의 일부 ··· 172
  2.3.3.3. the + 비교급, the + 비교급 ······························· 174
  2.3.3.4. the + 형용사 ··· 175
  2.3.3.5. the + 악기명 ··· 182
  2.3.3.6. the + 방위와 방향 ·· 184
  2.3.3.7. the + 지역명 ··· 186

2.4. 영관사 ·· 194
2.4.1. 영관사와 명사 ·· 194
2.4.2. 유일한 직위·신분 ··· 195
2.4.3. 사회 제도와 시설물 등 ··· 198
2.4.4. 식사명 ··· 201
2.4.5. 시간 개념과 관련된 단어들 ·· 203
2.4.6. 질병명 ··· 207
2.4.8. 평행 구조 ·· 212
2.4.9. 부정관사의 생략과 반복 ·· 213

2.5. 관사의 총칭적 용법 ·· 214
2.5.1. 부정관사 + 단수 가산명사 ··· 214
2.5.2. 정관사 + 단수 가산명사 ·· 216
2.5.3. 영관사 + 복수 가산명사 ·· 217
2.5.4. 총칭성에 따른 제약 ··· 218
2.5.5. man과 woman ··· 219

제3장 대명사(Pronouns)

3.1. 대명사의 문법적 기능과 종류 ·· 223

3.2. 인칭대명사 ··· 226
3.2.1. 형태 ·· 226
3.2.2. 격형의 선택: 주격과 목적격 ······································· 227
3.2.3. 대명사화 ··· 229
3.2.4. 인칭대명사의 용법 ·· 232
  3.2.4.1. it의 용법 ·· 232
  3.2.4.2. we의 용법 ··· 236
  3.2.4.3. we, you, they: 총칭적 용법 ······························· 237

3.3. 소유대명사 ··· 240

3.4. 지시대명사 ··· 245

3.5. 의문대명사 ··· 253

3.6. 재귀대명사 ··· 258
　3.6.1. 재귀대명사화 ·· 259
　3.6.2. 재귀동사 ·· 263
　3.6.3. 재귀대명사의 용법 ·· 266
　　3.6.3.1. 재귀적 용법 ·· 266
　　3.6.3.2. 강조 용법 ·· 268
　　3.6.3.3. 전치사 + 재귀대명사 ·· 270

3.7. 상호대명사 ··· 270

3.8. 부정대명사 ··· 276
　3.8.1. 부정대명사의 형태 ·· 276
　3.8.2. 부정대명사의 용법 ·· 277
　　3.8.2.1. one ·· 277
　　3.8.2.2. all, both ·· 284
　　3.8.2.3. each, every, everyone/thing ···································· 291
　　3.8.2.4. either, neither ·· 300
　　3.8.2.5. some, any ·· 304
　　3.8.2.6. few, little, many, much ·· 314
　　3.8.2.7. another, other ·· 321
　　3.8.2.8. enough, most, several, half ······································ 326
　　3.8.2.9. no, none, no one, nobody, nothing ························ 330

3.9. 한정사 ··· 334
　3.9.1. 한정사와 형용사 ·· 334
　3.9.2. 한정사의 종류 ·· 337
　3.9.3. 한정사의 결합 ·· 339

제4장　동사(Verbs)

4.1. 기본 문형과 보어 ·· 343

4.2. 자동사 ··· 346
　4.2.1. SV 문형 ·· 346
　4.2.2. SVA 문형 ·· 347

4.3. 연결동사 351
4.3.1. SVC 문형 351
4.3.2. 연결동사 유형 353
4.3.3. 주격보어가 되는 어구 360
4.3.3.1. 명사구 360
4.3.3.2. 형용사구 361
4.3.3.3. 전치사구 362
4.3.3.4. 명사절 363
4.3.4. 의사보어 363

4.4. 일항타동사 366
4.4.1. SVO 문형: 타동사와 목적어 366
4.4.2. 목적어의 생략 366
4.4.3. 전치사의 삽입 370
4.4.4. 타동사의 종류 371
4.4.4.1. 경동사 371
4.4.4.2. 능격동사 382
4.4.4.3. 목적어의 의미 유형 385
4.4.5. SVOA 문형 391

4.5. 이항타동사 393
4.5.1. SVOO 문형: 간접목적어와 직접목적어 393
4.5.2. 간접목적어의 생략 394
4.5.3. 간접목적어가 되는 어구 396
4.5.4. 전치사 + 간접목적어의 이동 397
4.5.5. 간접목적어의 담화적 기능 400
4.5.5.1. 문미 초점의 원칙 401
4.5.5.2. 문미 중점의 원칙 403

4.6. 복항타동사 404
4.6.1. SVOC 문형 404
4.6.2. 복항 타동성의 정도 406
4.6.3. 목적보어가 되는 어구 408

4.7. 다어동사 412
4.7.1. 동사 + 불변화사 412
4.7.2. 다어동사의 유형 415

4.7.2.1. 구동사 ··· 416
4.7.2.2. 전치사를 수반한 동사 ····························· 420
4.7.2.3. 전치사를 수반한 구동사 ························ 422
4.7.3. 다어동사의 사용 ··· 423

4.8. 정형동사와 비정형동사 ·· 424

제5장 조동사(Auxiliary Verbs)

5.1. 일차적 조동사 ·· 427
5.1.1. be와 have ·· 427
5.1.2. do ··· 429

5.2. 법조동사 ·· 431
5.2.1. 문법적 특성 ·· 431
5.2.2. 법조동사구 ··· 433

5.3. 법조동사와 법성 ··· 434

5.4. 법조동사의 용법 ··· 439
5.4.1. can ··· 439
5.4.2. could ·· 445
5.4.3. can/could + 현재완료 ······································ 451
5.4.4. may ·· 452
5.4.5. might ··· 456
5.4.6. may/might + 현재완료 ···································· 458
5.4.7. may/might (as) well ······································ 459
5.4.8. must ··· 461
5.4.9. have (got) to ··· 465
5.4.10. should/ought to ·· 470
5.4.11. $\left\{ \begin{array}{l} \text{should} \\ \text{ought to} \end{array} \right\}$ + 현재완료 ································ 475
5.4.12. will ··· 476
5.4.13. would ·· 484
5.4.14. shall ·· 488

    5.4.15. used to ·· 489
        5.4.15.1. used to가 나타내는 뜻 ·· 489
        5.4.15.2 used to의 변이형 ·· 491
        5.4.15.3. used to와 would의 차이 ·· 492
        5.4.15.4. be used to ·· 494
    5.4.16. had better ·· 495
    5.4.17. need ··· 499
        5.4.17.1. 형태와 의미 ·· 499
        5.4.17.2. 법조동사와 일반동사 ·· 502
    5.4.18. dare ··· 503

참고문헌 ··· 506
찾아보기 ··· 512

제1장

명사(Nouns)

1.1. 명사의 문법적 특성

전통적으로 명사를 사람·사물·장소를 가리키는 단어라고 하여 '개념적' (notional)으로 정의되어 왔다. 이처럼 명사에 대하여 개념적인 정의를 내리게 되면 예컨대 beauty, bravery, experience, happiness, kindness, satisfaction 따위와 같은 단어들은 명사의 범주에서 제외되어 버린다. 그렇지만 이들도 분명히 명사이기 때문에 이러한 단어들도 명사라는 점을 명백히 하기 위하여 위와 같이 개념적으로 정의하기보다 다음과 같이 문장에서 갖는 문법적인 특성을 따라 명사를 규정하는 것이 어느 모로 보든지 훨씬 타당하다고 하겠다.[1]

1) 관사(정관사, 부정관사 및 영관사)를 포함하여 이와 유사한 역할을 하는 한정사(限定詞: determiners)[2]를 수반할 수 있는데, 명사구 안에서 관사를 비롯한 여러 가지 한정사 다음에는 반드시 명사가 놓이게 된다.

A horrible snake came out of **the jungle.**
[끔찍스러운 뱀 한 마리가 정글에서 나왔다.]

The flood victims received money and clothes from **several charities.**

---

[1] What makes an English noun a noun from the grammatical, rather than semantic, point of view? A number of characteristics: i) the possibility of occurrence after an article or similar word,... Nouns occur after article (and adjectives), and possessives. ii) the possibility of occurrence with the possessive -'s; only nouns can occur with this form. iii) the possibility of occurrence with the plural -s. This plural element occurs with no other word class in English .... Another kind of characteristic has to do with "function," that is, roles such as subject and direct object. While other phrases than noun phrases can function as "subjects" of sentences, the overwhelming majority of all subjects used in English are noun phrases. — Kaplan (1989: 112-114). See also Huddleston & Pullum (2005: 82-83).

[2] 한정사에 대해서는 3.9 참조.

[수재민들은 여러 자선 단체로부터 돈과 옷을 받았다.]

You must be fair to **both sides.**
[여러분은 양측을 똑같이 취급해야 한다.]

그러나 불가산명사나 복수 가산명사는 단독으로 나타나거나 정관사를 수반할 수 있지만, 부정관사를 수반하지는 않는다.

His plan ended in **failure.**
[그의 계획은 실패로 끝났다.]
I burst into tears when I heard **the bad news.**
[좋지 못한 그 소식을 듣고 나는 눈물을 왈칵 쏟았다.]
The talks resulted in reducing the number of **missiles.**
[그 회담 결과 미사일의 수를 줄이게 되었다.]

2) 복수 어미 -(e)s와 속격 어미 -'s를 가질 수 있다. 다시 말하자면, 복수 어미 -s를 붙일 수 있고, 또한 속격 어미 -'s를 붙일 수 있는 단어는 명사이다.[3]

<u>복수 어미 -s 첨가</u>: tables, benches, chairs, desks
<u>속격 어미 -'s 첨가</u>: Scalett's arrival(스카릿의 도착), the project's success(그 계획의 성공), virtue's reward(미덕의 보상), a tree's leaves(나무 잎사귀)

예컨대 명사의 경우에 two books라는 복수형은 one book + another book이라는 뜻인 반면에, They **jog** every morning., We **like** it.에서 jog와 like의 경우처럼 동사의 복수형 jog나 like는 one $\left\{ \begin{matrix} jog \\ like \end{matrix} \right\}$ + another $\left\{ \begin{matrix} jog \\ like \end{matrix} \right\}$ + ...라는 뜻을 나타내는 것이 아니라, 주어가 복수이기 때문에 필연적으로 수반되는 문법적인 표지(標識: marker)에 불과하다.[4]

---

[3] 굴절 어미 -s와 -'s가 명사임을 확인할 수 있는 확실한 방법은 아니다. 일부 명사들은 복수형으로 만들 수 없을 뿐만 아니라, 속격 어미 -'s를 붙이지 못하는 것도 있다.

[4] When Sweet (NEG, § 269) says that the only grammatical category that verbs have in common with nouns is that of number, he is right so far as actual (English) grammar is concerned; but it should be remembered that the plural does not mean the same thing in verbs as in substantives. In the latter it means plurality of that which is denoted by the word itself, while in the verbs the number refers not to the action or state by the verb, but

그러므로 명사가 복수형이라는 말과 동사가 복수 동사라는 말은 동일하지 않다.

3) 기능상으로, 주어와 목적어 역할을 한다. 물론 명사 이외의 다른 명사구나 명사절도 이러한 역할을 할 수 있지만, 영어에서 주어나 목적어 역할을 하는 절대 다수는 바로 명사이다.

A few **friends** are better than a thousand acquaintances. [주어]
 [천명의 아는 사람보다 몇 명의 친구가 더 낫다.]
A child receives its early **education** at home. [직접목적어]
 [어린이는 가정에서 초기 교육을 받는다.]
She offered **an idiot** her car. [간접목적어]
 [그녀는 어떤 바보에게 자기의 자동차를 제공했다.]
As a **writer**, he was a complete failure. [전치사의 목적어]
 [작가로서 그는 완전히 실패한 사람이었다.]
She is **an idiot**. [주격보어]
 [그녀는 바보이다.]
We call him **an idiot**. [목적보어]
 [우리는 그를 바보라고 부른다.]

1.2. 명사의 분류 (1)

방금 위에서 말한 바와 같이, 명사는 단수와 복수라는 수(數: number)를 나타낼 수 있는 특성을 지닌 단어들의 부류, 즉 어류(語類: word class)이다. 그러므로 명사는 수를 셀 수 있느냐 없느냐에 따라 구분하면 크게 가산명사(可算名詞: count(able) noun)와 불가산명사(不可算名詞: uncount(able) noun)[5] 등 둘로 나누어질 수 있다.

---

to the subject: compare (*two*) sticks or (*two*) walks with (*they*) walk, which is in the plural, but implies not more walks than one, but more walkers than one. — Jespersen (1924: 207).

5 불가산명사를 '질량명사(質量名詞: mass noun)라고도 부르지만, 이 말이 갖는 뉘앙스 때문에 사용하기에 적절한 용어라고 여겨지지 않기 때문에 채택하지 않는다. Many grammar books use the term **mass noun** but this term is a bit misleading because some of the nouns in this category don't refer to "masses." — Berk (1999: 78); ... The term 'mass' is readily applicable with nouns like *water* or *coal* that denote substances but it is less evident that it applies transparently to abstract non-count nouns such as *knowledge, spelling, work*. — Huddleston & Pullum (2002: 340. footnote 4).

물론 이 두 가지 유형의 명사가 본래 뚜렷이 구분되는 것이 아니라, 가산명사가 극히 부분적으로 뜻을 달리 하여 '불가산명사적'으로 쓰이는가 하면, 상당히 많은 경우에 불가산명사가 역시 특정한 뜻을 가지고 '가산명사적'으로 쓰이기도 한다. 예컨대 stone은 가산명사로 쓰이면 a stone, many stones라고 할 수 있는 반면, a house made of stone과 같은 경우에 stone은 '재료'를 뜻하는 불가산명사이다. 다음과 같은 예에서도 another cake의 경우에는 하나, 둘 셀 수 있는 가산명사로 쓰였지만, 물질을 뜻할 때는 불가산명사로 쓰인 것이다.

    May I have **another cake**?   [cake: 가산명사]
      [케이크를 하나 더 먹어도 됩니까?]
    May I have **some more cake**?   [cake: 불가산명사]
      [케이크를 좀더 먹어도 됩니까?]

1.2.1. 가산명사

1.2.1.1. 가산명사의 단수형

가산명사는 개별적인 단위로 간주되는 개체를 가리키는 것으로서, 하나, 둘 셀 수 있는 명사를 말한다. 다시 말하자면, 명사에 있어서 셀 수 있느냐 없느냐 하는 것은 그 개체를 나눌 때 분명한 단위가 되는 명사가 되는가 아닌가 하는 기준에 따라 결정된다고 하겠다. 즉, book, desk, computer, boy, hand, truck과 같은 가산명사들은 나누거나 분리시키게 되면 그것은 더 이상 그 명사가 뜻하는 개체를 뜻하지 않는다.

가산명사의 단수형은 the, this, my/your/..., my father's 따위와 같은 한정사를 수반하거나, 그렇지 않는 경우에는 반드시 a(n), another, every, each, one 따위와 같이 '하나'라는 뜻이 포함된 한정사를 수반하여야 한다.[6]

    One man's loss is **another** man's gain.
      [어느 한 사람의 손실은 곧 다른 사람에게 득이 된다.]
    He drives like **a madman**; I'm sure he'll have **an accident** one day.

---

6 another와 every 다음에 복수의 수사나 few가 오게 되면 복수 명사가 수반된다:
    You must take your medicine every two hours.
      [약을 두 시간마다 한 번씩 복용해야 한다.]

[그는 미친 사람처럼 운전한다. 그래서 그는 언젠가 틀림없이 사고를 낼 것이다.]

Every dog has his day.
[쥐구멍에도 볕들 날이 있다.]

Each child learns at his or her own pace.
[어린이들은 각자 학습 속도가 다르다.]

반면에 한정사 없이 형용사가 단독으로 단수 가산명사를 수식할 수 없기 때문에, 예컨대 *clever girl, *happy student, *small child 따위와 같은 구조는 모두 비문법적이다.[7] (문장이나 어구 앞에 붙인 별표(*)는 문법적으로 틀린 구조임을 나타내는 것이다.)

가산명사처럼 항상 부정관사를 수반하여 단수형으로만 쓰일 뿐, 이에 대응하는 복수형을 취하지 않는 예들도 있다.

These shoes need **a shine**.
[이 신발은 광을 내어야 한다.]

I'd like very much for you to have **a voice** in the decision.
[나는 네가 이 결정에 발언권을 가지기를 몹시 바란다.]

I'll have to have **a think** about this before I give you an answer.
[너에게 대답하기에 앞서 이 문제에 대하여 한 번 생각해 봐야 할 것이다.]

Before making the speech, I had **a drink** to steady my nerves.
[연설을 하기 전에 나는 마음을 가라앉히려고 술을 한 잔 마셨다.]

She gave me **a look** and said, 'I don't suppose you like me much.'
[그녀는 나를 보면서 '넌 나를 별로 좋아하지 않는 것 같아.' 라고 말했다.]

이러한 구조에서 동사 자체는 별다른 뜻을 갖지 못하고, 대신 부정관사를 수반한 동사에

---

7 clever girl이나 happy student 등은 예컨대 a clever girl이나 a happy student와 같은 명사구보다는 작고, girl, student와 같은 명사보다는 큰 표현으로서 문법적으로 옳은 경우도 있다. 즉, 양보절에서 연결동사 다음에 놓인 a clever girl이 주제가 되어 문두에 놓이게 되면 한정사 a(n) 없이 형용사 + 명사 구조로만 나타나게 된다.

Though she is <u>a clever girl</u>, Mary is not loved by all. →

<u>Clever girl</u> as she is, Mary is not loved by all.
[메리가 똑똑한 아가씨이기는 하지만, 모든 사람의 사랑을 받지는 못하고 있다.]

— 이와 관련된 내용은 본서 (4)권, "18.5.8.3 Rich as/though he is ..." 참조.

서 온 명사들(deverbal nouns)이 전체 구조에서 대부분의 뜻을 전달한다.[8]

1.2.1.2. 가산명사의 복수형

복수 가산명사는 전달하고자 하는 뜻에 따라 단독으로 쓰이거나, 또는 아래와 같이 (a)-(b)에 열거된 복수의 뜻을 가진 한정사를 수반할 수 있다.

> a) two, three, four, five, ...
> b) all, both, few, many, several, some, a good/great many, a (good/great) number of, a lot of, lots of, plenty of, a couple of

In the days before the war, **things** were different.
[전쟁이 발생하기 이전에는 상황이 달랐다. → 복수 명사 things가 단독으로 쓰이고 있음.]

Relations between the *two* **countries** are at a low ebb.
[그 두 나라의 관계가 좋지 못한 상태이다. → 복수 명사 countries가 복수의 뜻을 나타내는 한정사 two와 같이 쓰이고 있음.]

The party was given secret financial support by *some* **foreign backers**.
[그 당은 일부 외국 후원자들로부터 은밀히 재정 지원을 받았다. → 복수 명사 backers가 'a certain number of'라는 뜻을 가진 한정사 some을 수반하고 있음.]

Many **people** agree with nationalization.
[많은 사람들이 국영화에 동의하고 있다.]

All today's **newspapers** have printed the minister's speech in full.
[오늘 신문들이 일제히 장관의 연설 내용을 전면 게재했다.]

Lots of **tourists** go to Buckingham Palace to see the changing of the guard.
[많은 관광객들이 근위병들이 교대하는 모습을 보러 버킹검 궁전으로 간다.]

Police officers hear *plenty of* excuses from people caught speeding. Once I stopped a woman for going 50 m.p.h. in a 25-m.p.h. zone.
— *Reader's Digest*, October 1994.
[경찰관들은 과속하다가 적발된 사람들에게서 많은 변명을 듣는다. 언젠가 나는 시속 25 마일 지역에서 50 마일로 달리는 한 여성을 정지시켰다.]

---

[8] to have a voice, to have a drink, to give a look 따위와 같은 표현을 경동사(light verb) 구조라고 하며, 이에 대해서는 "4.4.4.1 경동사" 참조.

가산명사의 복수형은 How many ____?와 같은 의문문의 밑줄 친 부분에 들어가며, 또한 이 질문에 대한 대답에도 나타날 수 있다.

1.2.1.3. 가산명사와 불가산명사의 대립

가산명사가 불가산명사로 쓰이는 예도 있다. 예컨대 an egg는 하나 둘 셀 수 있는 개체이며, I have **five pumpkins** and **some watermelons** in my garden.(나의 정원에 호박 다섯 개와 수박 몇 개가 있다.)에서처럼 pumpkin과 watermelon이 줄기에 달려 있는 개체로 여겨지게 되면 가산명사로 쓰여 복수 형태로 나타날 수 있게 된다. 그렇지만 계란이 일단 음식의 재료가 되는 경우나, 예컨대 I'm eating **some pumpkin** and **some watermelon**.(나는 호박과 수박을 좀 먹고 있다.)의 경우처럼 pumpkin이나 watermelon 등이 음식으로 취급되어 일정한 형체가 사라지게 되면 불가산명사로 취급된다.[9]

I'd like a boiled **egg** for my breakfast. [가산명사]
[아침 식사로 삶은 계란을 먹고 싶다. → 계란이 일정한 형체를 갖추고 있으므로 가산명사로 쓰였음.]

You've got **egg** on your tie. [불가산명사]
[너의 넥타이에 계란이 묻었어. → 계란이 깨뜨려져 있어서 일정한 형체가 없기 때문에 불가산명사로 쓰이고 있음.]

She chopped **onions** to make a sauce. [가산명사]
[그녀는 소스를 만들려고 양파를 잘랐다. → 양파가 일정한 모양을 유지하고 있으므로 가산명사로 쓰이고 있음.]

This soup tastes of **onion**. [불가산명사]
[이 수프에서 양파 맛이 난다. → 양파를 썰어서 일정한 모양을 갖추고 있지 않으므로 불가산명사로 쓰인 것임.]

---

9 Huddleston & Pullum (2002: 337); Foodstuffs represent an interesting subset of the "arbitrarily divisible" category. There are many cases in which food on the hoof or on the vine is a count noun while the same food on the plate is expressed by an identical non-count noun. I have *five pumpkins* and *two watermelons* in my garden but I am eating *some pumpkin* and *some watermelon*. Mary owns *three lambs* but she had *lamb* for dinner. Pumpkins, watermelons, and lambs are discreet, identifiable entities in nature. However, when they are cooked, they lose their discrete boundaries. — Berk (1999: 79).

She began peeling **potatoes**. [가산명사]
[그녀는 감자 껍질을 벗기기 시작했다. → 감자가 아직 일정한 모양을 유지하고 있으므로 가산명사로 쓰이고 있음.]

She took a mouthful of **potato**. [불가산명사]
[그는 입안 가득 감자를 먹었다. → 감자가 일정한 모양을 잃었기 때문에 불가산명사로 나타나고 있음.]

Make it a rule to eat **an apple** a day. [가산명사]
[하루에 사과 한 개씩 먹는 것을 규칙으로 삼아라. → 사과가 일정한 모양을 유지하고 있으므로 가산명사로 쓰이고 있음.]

She fed the baby a teaspoon of **apple**. [불가산명사]
[그녀는 아기에게 차 수저로 사과 한 수저를 먹였다. → 일정한 모양을 유지하지 않고 있기 때문에 사과가 불가산명사로 쓰인 것임.]

chicken이나 lamb(= young sheep 어린 양) 등 일부 동물의 이름은 일반적으로 개체를 나타내는 가산명사로 쓰이지만, 일단 이들이 잘리거나 나뉘어져 식탁에 오르는 음식으로서의 '고기'를 뜻하는 경우에는 불가산명사로 취급된다.

Mary owns three **lambs** but she had **lamb** for dinner.
[메리는 양 세 마리를 갖고 있지만, 저녁 식사로 양고기를 먹었다.]

Put **some chicken** in the sandwiches.
[샌드위치에 닭고기를 좀 넣어라.]

He said that **dog** tastes best when it is cooked with ginger.
[개고기는 생강을 넣어 요리하면 가장 맛이 좋다고 그가 말했다. → dog meat은 개 먹이용 고기를 뜻하며, a dog는 '개'라는 동물을 뜻함.]

다음의 경우에 동물의 이름은 가산명사이지만, 그 동물의 고기를 나타내는 명사는 불가산명사이다.[10]

---

10 이러한 동물의 이름은 순수한 영어 단어이지만, 이들 동물의 고기로서 식탁에 오르는 것은 불어에서 온 단어들이다. 따라서 이들 동물을 기르는 사람은 영국의 하류층에 속하는 영국인들이지만, 이 동물의 고기를 먹는 사람은 상류층에 속하는 프랑스인이라고 설명된다. — Jespersen (1938: 82). See also Harley (2006: 257-258).

동물명	고기	동물명	고기
a cow	beef	a deer	venison
a pig	pork	a sheep	mutton
a calf	veal		

They raise a great many **calves, pigs,** and **sheep**.   [가산명사]
  [그들은 상당히 많은 송아지, 돼지, 그리고 양을 기른다.]
~ We eat a great deal of **veal, pork,** and **mutton**.   [불가산명사]
  [우리는 송아지 고기와 돼지고기, 그리고 양고기를 아주 많이 먹는다.]

또 다른 예 (1, 2)를 더 보기로 하자.

(1) The 'Korean' cockroach is very choosy about his food. He will eat **book** but he won't even touch **shelf.**
  [한국의 바퀴벌레는 먹이에 대하여 아주 까다롭다. 그것들은 책은 먹으려고 하지만, 선반은 건드리지도 않는다.]
(2) She finds **squashed spider** more nauseating than the thing alive.
  [그녀는 살아있는 것보다 눌러터진 거미가 더 구역질이 난다고 생각한다.]

문장 (1)에서 book과 shelf는 모두 바퀴벌레의 입장에서는 일종의 먹이를 뜻하는 물질로 보는 것이기 때문에 불가산명사로 취급되고 있는 것이다. 문장 (2)에서 spider 역시 눌러 터져서 이제는 더 이상 거미 본래의 모습을 유지하지 못하고 있기 때문에 불가산명사로 취급되고 있는 것이다.

1.2.2. 불가산명사

1) 불가산명사는 전형적으로 개별적인 단위로 간주되는 개체를 가리키는 것이 아니라, 특정한 모양이나 경계가 없는 분할 불가능한 질량(mass)의 덩어리를 나타내는 명사를 말한다. 그러므로 불가산명사는 starvation, gravity, desperation, pollution, happiness, humanity, time, information, ugliness, integrity 따위의 경우처럼 추상적이고 아주 일반적인 개념을 가리키거나, butter, flour, rice, carbon, equipment, water 따위의 경우처럼 셀 수 있는 단위가 아니라, 물질로 이해되는 구체적인 대상을 가리킬 수 있다.

가산명사의 단수형과 달리, 문법적으로 불가산명사는 아무런 수식어도 없이 단독으로 쓰이거나, *extra* heat이나 *good* advice의 경우처럼 적절한 형용사를 수반하여 <형용사 + 명사>의 구조로 나타날 수 있다. 또한 양(quantity)을 나타내는 경우에는 much, a lot of, a good/great deal of, (a) little, some(= 'a certain amount of': 약간의) 따위와 같은 한정사의 수식을 받을 수 있는 것으로서, How much _____?에서 밑줄 친 부분에 들어갈 수 있으며, 또한 이에 대한 대답에도 등장한다.

Patience and **perseverance** will do wonders.
  [인내와 불굴의 정신은 놀랄만한 성과를 이루어내기도 한다. → 불가산명사 patience와 perseverance가 모두 형용사나 한정사 없이 단독으로 쓰이고 있음.]

Beauty is in the eye of the beholder.
  [아름다움이란 보는 사람의 눈에 달려 있다.]

Oil usually lies thousands of feet below the earth's surface.
  [대개 기름은 지표에서 수천 피트 아래 매장되어 있다.]

Useful advice is distilled from a lifetime experience.
  [유익한 조언은 인생의 체험에서 우러나온다. → 불가산명사 advice가 형용사를 수반하고 있음.]

I didn't get ***much* satisfaction** from that movie.
  [그 영화가 별로 만족스럽지 못했다. → 불가산명사 satisfaction이 한정사 much를 수반하고 있음.]

This will do *a lot of* damage to her political reputation.
  [이 때문에 그녀의 정치적 명성이 크게 손상될 것이다.]

It gave him *little* time.
  [그 때문에 그에게는 짬이 별로 없었다.]

2) 모든 언어들이 사물을 동일하게 취급하지 않는다. 예컨대 다른 언어에서는 가산명사로 취급될 수 있는 다음과 같은 단어들이 영어에서는 불가산명사로 취급된다.

---

accommodation, advice, behavior, cash, conduct, damage(= harm), equipment, fun, furniture, harm, laughter, leisure, lightning, litter, luck, luggage, money, mud, music, news, permission, poetry, pollution, progress, research, rice, rubbish, scenery, soap, stuff, travel, weather, work

---

방금 언급한 명사들을 포함하여 일부 명사들의 경우에는 다음과 같이 가산명사와 불가산명사가 서로 다른 형태로 나타나는 것들도 있다. 이들 가산명사와 불가산명사는 의미(와 때로는 단어 형태)가 밀접한 관련이 있다. 예컨대 가산명사 a laugh와 불가산명사 laughter는 의미와 형태 양면에서 관련이 있으며, work과 a job는 형태는 다르지만 의미가 관련이 있다.

불가산명사	가산명사	불가산명사	가산명사
bread	a loaf	poetry[11]	a poem
clothing	a garment	work[12]	a job, a task
luggage[13]	a suitcase/bag	travel	a journey, a trip[14]
money	a coin/note	traffic	a vehicle
pay	a payment	machinery	a machine
permission	a permit	weaponry	a weapon
laughter	a laugh	food	a meal
trouble	a question		

---

11 poetry가 주로 문학 장르의 한 분야를 뜻하지만, 'poems in general'의 뜻으로도 쓰인다:
    Poetry isn't their favorite subject.
        [시는 그들이 가장 좋아하는 과목이 아니다.]
    The **poetry** of Philip Larkin is unusual.
        [필립 라킨의 시는 특이하다.]

12 work가 (a)에서는 '일'이라는 뜻의 불가산명사이지만, (b)와 같은 예에서는 '작품'이라는 뜻을 가진 가산명사이다.
    (a) It is difficult to find **work** in the present economic climate.
        [현재와 같은 경제적 풍토에서는 직장을 구하는 것이 어렵다.]
    (b) a **work** of art(예술 작품), the complete **works** of Shakespeare(셰익스피어 전집)

13 baggage는 bag + age라는 집합적인 뜻, 즉 'bags collectively'이다. 영국영어에서는 이 대신에 luggage가 쓰인다. 이에 대한 개별적인 단어는 a bag, a suitcase, a box 등이다.

14 travel, journey, trip 이 세 가지 단어는 뜻의 차이가 있다.
    (1) travel은 'travelling in general'(일반적인 의미의 여행)이라는 뜻을 가진 불가산명사이다. 서로 다른 여러 지역을 여행한다고 할 때, 특히 먼 곳으로 가는 여행을 뜻할 때는 travels라고 한다.
    He told us all about his **travels**.
        [그는 자신의 여행에 대한 말을 다 말하였다.]
    (2) 어느 한 곳에서 다른 곳으로 가는 여행을 뜻하는 경우에는 a journey가 쓰인다.
    He had made a **tortuous journey** across the pacific.
        [그는 험난한 태평양 횡단 여행을 했다.]
    (3) trip은 왕복 여행을 뜻한다.
    They're going on **a trip** to Canada this summer.
        [그들은 이번 여름에 캐나다 여행을 한다.]

Travel broadens the mind.
  [여행은 마음의 세계를 넓혀준다.]
Our **journey** from London to Istanbul by train was very tiring.
  [우리가 런던에서 이스탄불까지 기차 여행을 해서 무척 피곤했다.]
Would you like some more **food**?
  [식사를 더 드시겠어요?]
We liked every **meal**.
  [우리는 모든 식사를 맛있게 먹었다.]
Machinery in that textile mill is used to make fabric.
  [그 직물 공장의 기계들은 직물을 짜는데 사용된다.]
An automobile is **a machine** used for transportation.
  [자동차란 운송에 사용되는 기계 장치로 움직이는 것을 말한다.]
She's looking for **some interesting work**.
  [그녀는 어떤 재미있는 일자리를 찾고 있다.]
She's looking for **a new job**.
  [그녀는 새 직장을 구하고 있다.]
There is too much **traffic** on the road.
There are too many **vehicles** on the road.
  [도로에 차량들이 너무 많다.]

예컨대 furniture처럼 상위 개념을 나타내는 명사는 항상 집합적 단수형으로만 쓰이는 불가산명사이지만, 가구 개념에 포함되는 chair(s), bed(s), dresser(s), lamp(s), sofa(s), table(s) 등은 모두 -s를 붙여 복수형을 만들 수 있는 하위 범주에 해당된다. 이 이외에 crockery(사기 그릇), jewelry(보석류), silverware(은식기류)라는 상위 개념을 나타내는 단어와 여기에 속하는 하위 개념을 나타내는 단어들 사이에서도 마찬가지로 단수와 복수의 대립 관계가 있다.

  crockery(사기그릇): twelve bowls, three plates, five cups
  jewelry(보석류): one ring, six bracelets, two necklaces, two earrings, broches
  silverware(은식기류): one fork, two spoons, six knives, four dishes

이러한 불가산명사들은 예컨대 a piece of silverware, my/the most valuable piece of jewelry 따위에서처럼 a piece of …와 같은 부분 표현을 사용하여 수량을 나타낼 수 있다.

    4) 일부 명사들의 경우에는 한 가지 명사가 전달하고자 하는 뜻에 따라 가산명사 또는 불가산명사로 사용된다. 즉, 가산명사로 쓰인 것은 '특정하고 구체적인' 뜻을 나타내는 반면, 불가산명사로 쓰인 것은 '일반적이고 추상적인' 뜻을 나타낸다. 예컨대 kindness는 일반적으로 말하는 '친절'이라는 뜻이지만, **a kindness, (many) kindnesses**에서처럼 부정관사를 수반하거나 복수 형태로 나타나게 되면 예컨대 의식주 문제를 해결해 주거나 공부를 시켜 주는 등 어떤 사람이 특정한 경우에 구체적으로 행한 친절한 행위를 뜻한다.

  Kindness is repaid in an unexpected fashion.
    [친절이란 예상치 못한 형태로 보답을 받는 법이다.]
  I can never repay your **many kindnesses** to me.
    [내게 베풀어준 많은 친절을 결코 다 갚을 수 없다.]
  We all learn by **experience**.
    [우리는 모두 경험을 통해서 배운다. → experience는 '경험'이라는 추상적인 개념.]
  He's had **many** odd **experiences**.
    [그는 묘한 경험을 많이 했다. → experiences는 구체적으로 체험한 행위를 뜻함.]
  Wrap the parcel in brown **paper**.
    [누런 종이로 소포를 포장하라. → paper는 '종이'라는 뜻임.]
  Buy me **an** evening **paper**.
    [석간신문을 사다 달라. → a paper는 '신문'이라는 뜻임.]
  He has gone to New York on **business**.
    [그는 뉴욕으로 출장 갔다. → business는 '용무'라는 뜻임.]
  He is a tycoon who owns steel mills, a shipyard, and other **businesses**.
    [그는 철강회사, 조선소, 그리고 그밖의 사업체들을 갖고 있는 막강한 실업가이다. → business는 '상점, 회사'라는 뜻으로 쓰일 때에는 a business, businesses와 같이 단수와 복수형으로 나타날 수 있음.]
  I will come with **pleasure**.
    [물론 가고말고. → pleasure는 '즐거움'이라는 뜻임.]
  It will be a **pleasure** to see you.
    [너를 만나면 반가울 거야. → a pleasure는 '즐거운 일'이라는 뜻임.]

이와 같이 쓰이는 명사들 중 몇 가지 예를 더 들면 다음과 같다.

activity, agreement, bone, brick, cake, decision, duty, fire, hair, history, hope, language, noise, pain, sound, space, thought, time, virtue, war, worry,

불가산명사 dress(예: be in full **dress**(정장을 하고 있다), wearing evening **dress**(야회복을 입고 있는))는 남자든 여자든 성별에 관계없이 특별한 경우에 입는 옷이며, a dress(예: try on **a dress**(옷을 입어보다), a girl in **a** red **dress**(빨간 옷을 입고 있는 소녀))는 '여성복'이라는 뜻이다. 또 a justice는 '법관'이라는 뜻이고, an injustice는 '부당 행위'라는 뜻이다.

1.2.3. 부분 표현

1.2.3.1. 불가산명사의 부분 표현

일반적으로 명사를 가산명사와 불가산명사의 두 부류로 나누어, 복수 어미 –s를 첨가하여 수를 나타낼 수 있는 가산명사와 그렇지 못하는 불가산명사를 구분할 수 있다. 물론 불가산명사라고 하여 결코 수량화할 수 없는 것은 아니다. 설령 불가산명사일지라도 단순히 그 양이 적다는 뜻을 나타내는 bit, item, piece 따위를 포함하는 단위명사(unit nouns)를 사용하여 나눌 수 없는 물질이나 추상적인 내용의 일부를 수량으로 나타내는 부분 표현(部分表現: partitive expressions)을 할 수 있다.

> 부분 표현 ⇒ (한정사 +) 단위명사 of 불가산명사[15]

an article of clothing (의류 한 점)
~ some articles of clothing (의류 몇 점)

---

[15] 부분 표현은 불가산명사는 물론, 가산명사에 대해서도 사용할 수 있으며, 또한 그 불가산명사나 가산명사는 특정한 것이거나, 막연한 것일 수도 있다. 위에서는 막연한 대상에 대한 예를 제시하고 있기 때문에 여기서는 한정사가 수반된 특정한 대상에 대해서만 예시한다:
(71) a. one *pound* of [**those** beans]
b. three *feet* of [**that** wire]
c. a *quart* of [**Bob's** cider]
d. two *cartons* of [**the** yogurt]
e. several *boxes* of [**those** strawberries]
— Baker (1997: 170).

a bit of chalk/furniture (분필 한 조각/가구 한 점)
~ (two) bits of chalk (분필 두 조각), a few bits of furniture (가구 몇 점)
an item of clothing/news (의류 한 점/뉴스 한 가지)
~ two/some items of clothing/news (의류 두/몇 점, 뉴스 두/몇 가지)
a piece of cake (과자 한 조각)
~ pieces of cake (과자 몇 조각)

불가산명사에 대한 부분 표현은 다음과 같이 나타내고자 하는 단위에 따라 다양하게 나타낼 수 있다. 즉, 어떤 물체의 모양을 나타내는 명사를 단위명사로 하느냐, 물체가 담겨지는 그릇(container)을 단위명사로 하느냐, 또는 척도어(尺度語: words of measurement)를 단위명사로 하느냐에 따라 다양하게 수량을 나타낼 수 있다. 같은 불가산명사일지라도 단위명사를 달리 사용하여 부분 표현을 할 수 있다. 예컨대 불가산명사 sugar는 대체로 다음과 같이 이 세 가지 단위명사를 사용하는 부분 표현을 할 수도 있다.

a **lump** of sugar (각설탕 하나)
a **bag** of sugar (설탕 한 봉지)
a **kilo** of sugar (설탕 1킬로)

1) 물체의 모양에 따른 단위명사

단위명사로 물체의 모양을 나타내는 단어를 사용하여 수량을 나타낸다. 예컨대 실을 둘둘 감은 것이 마치 공(ball)과 같다고 하여 ball을 단위명사로 하여 a ball of string/wool(실/털실 한 뭉치)이라 하며, 이에 대한 복수로 two balls of string/wool, balls of string/wool이라 한다. 마찬가지로, 종이나 철판이 마치 침대에 깔아놓는 시트와 같이 얇다고 하여 종이나 철판 한 장을 a sheet of paper/metal과 같이 나타낼 수 있다.

a bar of chocolate/soap (초코렛 하나, 비누 한 장)
a blade of grass (풀 잎사귀 하나)
a block of ice (얼음 한 덩어리)
a cut of lamb/meat (양고기/고기 한 점)
a drop of glue/oil/rain/water (한 방울의 접착제/기름, 빗방울, 물 한 방울)
a flash of light/inspiration (한 줄기의 빛/영감)

a heap of earth (한 더미의 흙)

a loaf of bread (빵 한 덩어리)

a lump of coal (석탄 한 덩어리)

a piece/stick of chalk (분필 한 조각/한 개))

a roll of cloth/wallpaper (둘둘 감은 천/벽지 한통)

a slice of bread/meat/pizza (얇게 썬 빵/고기/피자 한 조각)

a slice of tomato/melon/watermelon/pineapple (토마토/참외/수박/파인애플 한 조각)

a speck of dust/dirt (미세한 먼지/얼룩)

a strip of cloth/land (좁고 긴 천/땅)

2) 그릇(container)과 관련된 단위명사

수량화의 단위명사가 어떤 그릇인가에 따른 것이다. 예컨대 과일이 바구니에 들어 있느냐, 상자에 들어 있느냐에 따라 a box/basket of fruit이라고 할 수 있으며, 물이 어떤 유형의 그릇에 담겨져 있느냐에 따라 a bowl/glass/bucket of water 따위와 같이 표현하게 된다.

a bag of flour/sugar (밀가루/설탕 한 봉지)

a bottle of ink (잉크 한 병)

a bowl of rice (밥 한 사발)

a bucket of water (물 한 양동이)

a can of cola/orange juice (콜라/오렌지 주스 한 캔)

a carton of milk (우유 한 봉지)

two cartons of yogurt (요구르트 두 봉지)

a dish of kimchi (김치 한 접시)

a pot of honey (꿀 한 단지)

a sack of coal (석탄 한 자루)

a can of tuna (참치 통조림 한 통; a tin of...는 영국식 영어)

a tin of paint (페인트 한 통)

a tub of ice cream/margarine/water (아이스크림/마아가린/물 한 통)

a tube of toothpaste/glue (치약/풀 한 튜브)

몇 가지 표현을 덧붙이자면, a barrel of, a box of, a jug of, a mug of, a pack of, a packet of, a plate of 따위에서와 같은 그릇을 포함하는 표현을 사용하여 특정한 물질의 부분 표현을 할 수 있다.

또한 bag, basket, box, cup, mouth, plate, (table)spoon, tank, teaspoon 따위와 같은 명사에 '가득'이라는 뜻을 가진 접미사 -ful이 첨가되어 만들어진 단위명사를 사용하여 불가산명사를 수량화할 수 있다. 예컨대 bag에 -ful을 첨가하여 a bagful of flour, several bagfuls of flour와 같이 나타낼 수 있다.[16]

a bucketful of cold water (찬물 한 양동이 가득)
a cupful of boiled water (끓인 물 한 컵 가득)
a houseful of guests (집안 가득한 손님들)
two teaspoonfuls of powder (두 찻수저 가득한 가루)
She took **a mouthful of water.**
  [그녀는 물 한 모금 가득 마셨다.]
She ate **three platefuls of spaghetti.**
  [그녀는 스파게티를 세 접시 가득 먹었다.]

a houseful of guests와 같은 예에서처럼 가산명사와 같이 쓰이기도 한다.

Eleanor was holding **an armful of red roses.**
  [엘리너는 빨간 장미를 한 아름 가득 안고 있었다.]

그릇을 뜻하는 단어에서 나오지 않은 정확한 척도 표현, 예컨대 a liter, a gallon, a ton 따위에는 –ful을 첨가하지 못한다. 그러므로 다음의 왼쪽에 놓인 것과 같이 척도를 나타내는 단어에 –ful이 첨가된 부분 표현은 모두 틀린 것이다.

*a literful of milk > a liter of milk
*a gallonful of oil > a gallon of oil
*a tonful of coal > a ton of coal

---

16 예컨대 two teaspoonfuls of powder의 경우처럼 복수 어미 -s를 대개 단어의 마지막에 첨가하지만, two teaspoonsful에서처럼 -ful 앞에 -s를 첨가하는 사람들도 있다.

예컨대 a bottle of milk는 실제로 우유가 병에 들어 있다는 뜻이지만, a milk bottle, a flour bag 따위와 같은 표현은 실제로 그 안에 내용물이 들어 있다는 뜻이 아니다.

3) 척도어와 관련된 단위명사

길이·깊이·무게·면적·체적 등을 나타내는 척도어를 사용하여 부분을 나타낼 수 있다.

길이: a foot of copper/wire (1 피트의 구리/철사)
　　　a yard of fabric/velvet (1 야드의 모직물/벨베트)
깊이: a foot of water (1 피트 깊이의 물)
무게: a kilo of sugar (1 킬로의 설탕)
　　　a ton of coal (1 톤의 석탄)
면적: an acre/a hectare of land (1 에이커/헥타르의 땅)
체적: a gallon/barrel of gasoline (1 갤런/배럴의 휘발유)
　　　a liter of milk (1 리터의 우유)

1.2.3.2. 가산명사의 부분 표현

부분 표현은 어떤 사람들의 무리 또는 사물의 많은 수를 하나하나 개별적으로 헤아리기가 불편한 복수 가산명사의 집합의 수를 편리하게 나타내게 하는 역할을 하기도 한다. 예컨대 사과를 forty apples, eighty apples라고 하는 대신, 만약 한 상자에 대충 40개의 사과가 들어 있는 것이라면 a box of apples, two boxes of apples처럼 상자를 단위명사로 하여 아주 간단하게 수를 셀 수 있게 된다. 또한 사람이나 새들, 또는 그밖의 무리에 대해서도 집합명사를 단위명사로 하여 수를 헤아리는 것이 간편하게 된다.

a bag of crisps (파삭파삭한 과자 한 봉지)
a tray of eggs (계란 한 판)
a basket of apples (사과 한 바구니)
a box of matches (성냥 한 갑)
a bowl of peanuts (땅콩 한 사발)
a bunch of flowers (꽃 한 다발)
a bunch of grapes/bananas (포도/바나나 한 송이)

a carton of cigarettes (담배 한 상자, 10갑 들이 한 상자, 200 cigarettes)
a heap/pile of papers/clothes/dishes/toys (서류/옷/접시/장난감 더미)
a (huge) flock of birds/sheep ((많은 무리의) 새/양떼)
a kilo of tomatoes (토마토 1 킬로)
a (large) crowd of people ((많은) 군중들)
a (small) herd of cattle ((소규모의) 가축떼)
a pack of cigarettes (담배 한 갑)
a peck of strawberries (딸기 한 팩)
a shelf of books (선반 하나 분량의 책)
a stack of chairs (겹겹이 쌓아놓은 의자 더미)
a swarm of bees (한 무리의 벌떼)

단수 가산명사에 대해서도 단위명사를 사용해서 그 일부를 나타낼 수 있다.

a piece of a loaf (빵 한 조각)
a branch of a tree (나뭇가지 하나)
a page of a book (책의 한 쪽)
a section of a newspaper (신문의 어느 한 란)

질(quality)적인 내용을 뜻하는 경우에도 부분 표현이 쓰인다.

a new kind of computer (신종 컴퓨터)
a delicious sort of bread (맛있는 빵 종류)
another type of research (다른 유형의 연구)
a/several species of fish (한/여러 종류의 물고기)

species는 단수와 복수의 형태가 같다. kind, sort, type는 보통 단수 한정사 다음에 단수 명사로 쓰이며, 이다음에 전치사 of-구에도 가산명사일지라도 부정관사를 수반하지 않은 단수 명사가 놓이는 것이 보통이다. 이들이 복수 한정사 다음에 복수형으로 쓰일 경우에는 전치사 of-구에도 복수 명사가 쓰인다.

명사(Nouns) 41

I have met **all** $\left\{\begin{array}{c}\textbf{kinds}\\\textbf{sorts}\end{array}\right\}$ **of salesmen** and tourists.

[나는 온갖 유형의 판매사원들과 관광객들을 만나 보았다.]

Imprisonment is not a good way of reducing **these kinds of crimes**.

[구속시키는 것이 이런 범죄를 줄이는 좋은 방법은 아니다.]

There are **many different** $\left\{\begin{array}{c}\textbf{kinds}\\\textbf{sorts}\end{array}\right\}$ **of snakes** in South America.

[남미에는 종류가 다른 뱀들이 많다.]

this kind/sort/type of + 명사...와 같은 표현 대신에 복수명사 + of this kind 따위의 표현으로 바꿔 쓸 수 있다. 따라서 I don't like **this kind of film**. 대신에 I don't like **films of this kind**.라고 할 수 있다.

This appears to be the natural way of interpreting **data of this kind**.

[이렇게 하는 것이 이런 자료를 번역하는 자연스러운 방식인 것 같다.]

Questions of that kind are very difficult.

[그런 류의 문제는 무척 까다롭다.]

Most references of this kind refer to a single identifiable place.

[이런 종류의 지시 대상들은 하나밖에 없는 식별 가능한 장소를 가리킨다.]

반면에 manner는 all manner of(= 'all kinds of'; 'every kind of')에서처럼 단수형이 단수와 복수의 모든 경우에 쓰인다.

There was **all manner of** food at the party.　　　　　　　　　　[단수]

[그 파티에는 온갖 음식들이 나왔다.]

All manner of vehicles were used.　　　　　　　　　　　　　　[복수]

[모든 종류의 차량들이 동원되었다.]

1.2.3.3. 부분 표현과 수식어

부분 표현에서 수식어는 어군 전체를 수식하는 것으로 여겨지기 때문에 an *expensive cup of coffee*와 같이 단위명사 앞에 놓이게 된다.

an *expensive* cup of coffee = a cup of coffee which is *expensive* (비싼 커피 한 잔)
an *excellent* piece of writing (아주 훌륭한 글)
an *amazing* stroke of luck (놀랄만한 행운)
a *sudden* gust of wind (한 차례의 돌풍)
an *attractive* piece of furniture (매력적인 가구)
a *really useful* bit of information (아주 유용한 한 가지 정보)
a *charming* piece of music (매혹적인 음악 한 곡)
a *valuable* piece of advice (소중한 조언 한 가지)
a *beautiful* roast of beef (먹음직한 불고기)
a *blank* sheet of paper (백지 한 장)
an *empty* box of Kleenex (텅빈 크리넥스 통)
a *half-empty* bottle of milk (반쯤 빈 우윳병)
a *large* bunch of grapes (큰 포도송이)

반면에 a piece of legal advice, a bit of good luck과 같이 두 번째 명사 앞에 수식어가 놓이기도 한다. 이처럼 수식어가 단위명사 앞에 놓이거나 두 번째 명사 앞에 놓일 수 있지만, 많은 경우에 어군 전체를 수식하는 수식어가 똑같이 두 번째 명사에도 적용될 수 있기 때문에 수식어가 어느 쪽에 놓이더라도 의미상의 차이가 별로 없다.

a good [stroke of luck] = a stroke of good luck (한 순간의 행운)
a beautiful [pair of legs] = a pair of beautiful legs (예쁜 다리 한 쌍)

a cup of hot coffee, a glass of cold water, a pound of fresh butter 따위와 같은 경우처럼 수식하는 형용사가 단위명사 앞에 놓이는 것은 허용되지 않는 것 같다.

1.3. 명사의 분류 (2)

또한 명사는 뜻을 고려하여 전통적으로 고유명사·보통명사·집합명사·물질명사·추상명사 등 다섯 가지로 분류되어 오기도 했다.

1.3.1. 보통명사

보통명사(普通名詞: common nouns)란 예컨대 book, clock, computer, cup, notebook, picture, professor, store, student, hospital, telephone 따위와 같이 사람이나 사물에 대하여 공통적으로 부를 수 있는 명사를 말한다. 이러한 단어들은 아무런 뜻의 변화 없이 부정관사를 붙일 수 있고, 또한 복수 어미 -s를 붙여 복수형으로 쓰일 수 있다.

My **friend,** an **educator**, was curious.
  [교육자인 나의 친구가 호기심에 차 있었다.]
He gives the impression of being **a** hard **worker**.
  [그는 열심히 일하는 사람이라는 인상을 준다.]
Bananas, apples and **oranges** are all fruit.
  [바나나, 사과와 오렌지는 모두 과일이다.]
Good **books** are your perpetual silent **friends.**
  — Paramhansa Yoganada, *How to be Happy All the Time*.
  [좋은 책은 여러분의 말없는 영원한 친구이다.]

이처럼 보통명사의 단수형이 관사를 비롯하여 갖가지 한정사를 수반하지만, 예컨대 father, mother, brother, aunt, uncle 따위와 같은 가족 관계를 나타내는 보통명사가 관사를 수반하지 않고, 마치 고유명사인 것처럼 쓰이기도 한다.

Even though the family was rich, both **mother** and **father** made special efforts to keep the children from putting too much value on money.
  — B. Lee, *John F. Kennedy: Boy, Man, President*.
  [가정이 넉넉했지만, 어머니와 아버지께서는 자녀들이 돈을 너무 중시하지 않게 하려고 각별히 노력했다.]
Now that **father** has lost his job, we are in desperate straits.
  [아버지께서 직장을 잃었으므로 우리는 엄청난 곤경에 처해 있다.]
Uncle will come Saturday.
  [아저씨께서 토요일에 오실 것입니다.]

또한 앞서 1.2.1.3에서 본 바와 같이, 보통명사가 특정한 뜻을 나타낼 때는 셀 수 없는 명사로 취급되어 한정사 없이 쓰이거나, 또는 양을 나타내는 한정사를 수반하기도 한다.

1.3.2. 고유명사

고유명사(固有名詞: proper nouns)는 유일무이한 대상을 가리키는 명사이다.

사람: Shakespeare, Edison, Churchill, …
장소: Chicago, Seoul, London, Asia, …
시간과 축제일: September, Thursday, Christmas, Easter, Thanksgiving Day, …

이러한 명사들은 예컨대 the United States, the Hebrides, the Hague의 경우처럼 일부 관용적인 경우를 제외하면 일반적으로 관사를 포함한 한정사를 수반하지 않을 뿐만 아니라, 복수형으로도 나타나지 않는다. 그러나 정관사나 부정관사를 비롯하여 적절한 한정사를 수반하거나 복수 어미를 첨가하게 되면 다음과 같이 특정한 뜻을 가지고 보통명사처럼 쓰이게 된다.

1) 특정한 고유명사로 나타난 이름을 가진 사람 그 자신이 제작한 '작품'을 뜻한다. 따라서 a genuine Michelangelo는 '미켈란젤로의 진짜 작품'이라는 뜻이다.

I'm reading **an Agatha Christie.**
  [나는 아가서 크리스티가 쓴 소설을 읽는 중이다. → Agatha Christie/ægəəə krísti/ (1891-1976): 영국의 추리 소설가. 따라서 an Agatha Christe는 아가서 크리스티가 쓴 소설 작품이라는 뜻임.]

I am looking at their **Picassos.**
  [나는 그들이 갖고 있는 피카소의 그림을 보고 있다. → Picassos는 피카소가 그린 그림들이라는 뜻임.]

When he bought the picture he was told it was **a Rubens**, but he later found out that it was a forgery.
  [그 그림을 샀을 때 그는 그 그림이 루벤즈가 그린 작품이라는 말을 들었지만, 나중에 알고 보니 모조품이었다. → Rubens[rúːbənz](1577-1640): 를랑드르의 위대한 화가로서, 2000점 이상의 작품을 남김.]

A. What beautiful paintings you have. They're **Gainsboroughs**, aren't they?
B. Well, actually there's only one of them/ This one **a real Gainsborough.**

The rest are copies. (Erdmann 1990: 117)
  [A. 참으로 멋진 그림을 갖고 있네. 게인즈버러가 그린 그림들이지, 안 그래? B. 글쎄. 실은 진품은 한 점 뿐이지.이 그림만 진짜로 게인즈버러가 그린 것이야. 나머지는 모두 모조품이야.]

2) 어떤 사람이나 장소 등이 갖고 있는 고유의 특성을 똑같이 다른 사람이나 장소도 마찬가지로 갖고 있다는 것을 나타낸다. 예컨대 a Korean Hyde Park은 영국 런던에 있는 Hyde Park이라는 공원이 갖고 있는 특성을 한국에 있는 어떤 특정한 공원도 똑같이 갖고 있다는 뜻을 전달하는 것으로, '한국의 하이드 파크'라는 뜻이다. 또한 어떤 사람을 일컬어 a Shakespeare라고 하면 그 사람은 Shakespeare에 버금가는, 또는 그와 마찬가지로 위대한 극작가라는 뜻이다. 특히 아래의 마지막 예문에서처럼 이렇게 쓰이는 고유명사가 of가 이끄는 전치사구의 제한을 받게 되면 부정관사가 아니라, 정관사를 수반하게 된다.

Perhaps Kim (Il Sung), whose agents in 1987 blew up a South Korean airliner, really wanted North Korea to be **an Asian Switzerland.**
  [1987년에 자신의 스파이들이 남한의 항공기를 폭파한 김(일성)은 사실상 북한이 아시아의 스위스가 되기를 원했다.]

He is, as it were, **a modern Sherlock Holmes.**
  [말하자면 그는 현대판 셜록 홈즈이다. → 셜록 홈즈와 같은 유명한 탐정이라는 뜻임.]

Clothes can transform **a Cinderella** into a princess.
  [옷이 신데렐라와 같은 아가씨를 공주로 만들 수 있다. → Cinderella[sindərélə].]

He thinks he's **a second Churchill.**
  [그는 자신이 제2의 처칠이라고 생각한다.]

He is **a real Romeo**, always surrounded by many women!
  [그 사람은 진짜 로미오와 같은 사람이므로 늘 뭇 여성들에 둘러싸인다.]

No one would have expected Wei to grow up to become **the Sakharov of China** — its greatest champion of democracy in the 20th century.
— Fergus M. Bordewich, "China's Fighter for Freedom"
  [어느 누구도 Wei가 20세기 민주주의에 있어서 가장 위대한 승자인 중국의 사하로프와 같은 사람으로 성장하리라고 예상치 못했을 것이다. → 사하로프: 옛 소련의 반체제 물리학자.]

3) 수식어를 수반하여 동일한 사람이나 지역의 상이한 모습을 대조적으로 나타낸다. 예컨

대 the future Michael Caine(미래의 마이클 케인)은 Michael Caine이라는 이름을 가진 사람이 나타내는 과거나 현재와 다른 미래의 모습을 나타낸다. 다시 말하자면, 고유명사가 나타내는 유일 지시의 특정한 대상을 서로 다른 여러 '부분'(parts)이나 '면모'(aspects)로 나누어 생각할 수 있다.[17]

The young Joyce already showed signs of the genius that was to be fulfilled in *Ulysses*.
[젊은 시절의 조이스는 「율리시즈」에서 이루어지게 될 천재성을 이미 보여 주었다. → = 'Even while he was young, Joyce ....' '조이스'라는 한 사람의 생애를 여러 단계로 나눈 어느 한 시기에 대하여 언급하는 것임.]

Genghis Khan's birth name was Temüjin, which means "ironworker".... **The young Temüjin** stepped in to take control, but he was denied the chiefdom by his own people.
— R. Jordens & J. Zeter, "The Rise and Fall of the Mongol Empire"
[징기스칸의 태어날 때 이름은 테무진이었는데, 이것은 "제철 직공"이란 뜻이다. 젊은 시절의 테무진은 장악하려고 했으나, 자신이 속한 부족의 족장(族長) 자리를 거절당했다. → the young Temüjin은 성장 과정의 어느 한 시절을 뜻함.]

The Chicago of the 1920s was a terrifying place.
[1920년대의 시카고는 끔찍스러운 곳이었다. → '시카고'라고 하는 한 도시의 여러 시기 중 어느 한 시기, 즉 1920년대 그 당시의 시카고의 면모를 나타내고 있음.]

In the decades following the Civil War, **the young United States** embarked on an economic revolution comparable to the one that industrialized nations are undergoing today.
[남북전쟁 이후 수십년 사이에 신생 미국은 오늘날 산업화된 나라들이 겪고 있는 것과 비교할만한 경제적 혁명에 착수했다. → 여러 단계로 나눈 '미국'이라는 나라의 한 면모에 대하여 언급하는 것임.]

4) 같은 이름을 가진 둘 이상의 사람이나 사물이 보통명사처럼 쓰여 부정관사를 수반할 수 있음은 물론, 복수형을 취할 수 있다. 더욱이 Susan이라는 이름을 가진 여러 사람을 식별하기 위하여 Which Susan (do you mean)?이라고 물을 수 있으며, 이에 대한 대답으로

---

17 Quirk et al. (1985: 290).

Susan이라는 고유명사는 수식어의 수식을 받게 됨으로써 특정한 대상을 가리키게 되므로 정관사를 수반하여 예컨대 the Susan next door처럼 대답할 수 있게 된다. 이렇게 되면 결국 같은 이름을 가진 여러 대상을 쉽게 식별할 수 있게 된다.

I know **several Mr. Williams.**
[나는 윌리암즈라는 사람을 몇 분 알고 있다.]

the Susan next door, not **the Susan** who works in your office
[너의 사무실에 근무하는 스잔 말고, 이웃에 사는 스잔]

Do you mean **the Memphis** which used to be the capital of Egypt, or **the Memphis** of Tennessee? (Quirk et al. 1985: 290)
[이집트의 과거 수도였던 멤피스 말인가, 아니면 미국 테네시 주에 있는 멤피스 말인가?]

the + 성(family name)의 복수형은 '...씨 가족들' 또는 '...씨 부부'의 뜻이다. 그러므로 예컨대 the Browns는 Mr. and Mrs. Brown이나 the Brown family라는 뜻이다.

The Careys made up their minds to send Philip to King's School at Tercanbury.
[커레이 씨 부부는 필립을 터켄베리의 King's School에 보내기로 결정했다.]

A doctor at a Children's Hospital in Washington, D. C., told **the Thomases** that there was no known cure.
[수도 워싱턴에 있는 어느 소아과 병원의 한 의사가 토마스 씨 부부에게 이미 알려진 치료법은 없다고 말했다.]

When 13-year-old Olga Trubak needed surgery to correct a life-threatening heart defect, her father Thadus Trubak and his wife scraped together their modest savings.... Told on arrival that Olga would not be able to have the operation for several weeks, **the Trubaks** grew frantic.
— Michael Castleman, "There's Joy in Giving Yourself Away"
[13세의 올가 트르백이 생명을 위협하는 심장 질환을 고치기 위해 외과수술을 받아야 할 때 아버지 싸더스 트르백과 그의 아내는 가까스로 저축한 돈을 긁어모았다. 도착 당시 올가가 수주일이나 수술을 받을 수 없다는 말을 듣고서 트르백 부부는 미칠 것 같았다.]

a Mr Kim이나 a Mrs Tadley 따위의 경우처럼 'a certain'이라는 뜻의 부정관사 + 존칭

(Mr, Mrs, Miss 등) + 성(family name)은 화자가 알지 못하는 어떤 사람, 즉 '김 모씨', '태드리 부인이라고 하는 어떤 사람'이라는 뜻이다.

5) 다음의 요일·월·계절·축제일 등은 특정한 연도의 특정한 시간을 가리킨다.

She'll be here { **on Monday** / **in October** / **in September** / **at Christmas** }.

[그녀는 월요일에/10월에/9월에/크리스마스에 여기에 올 것이다.]

그러나 이러한 시점들은 주기적으로 반복되는 것이므로 어떤 공통점을 갖고 있다고 보기 때문에 보통명사처럼 복수형으로도 쓰이고, 부정관사를 수반하여 단수형으로도 나타낼 수 있다.

She always spends { **Mondays** / **Octobers** / **Christmases** } here.

[그녀는 항상 월요일을/10월을/크리스마스를 이곳에서 보낸다. → 예컨대 Mondays는 매주 반복적으로 돌아오는 요일을 뜻하기 때문에 복수형으로 쓰였으며, Octobers도 해마다 반복해서 돌아오는 10월을 뜻하기 때문에 복수형으로 쓰이고 있으며, Christmases도 마찬가지임.]

Christmas was **a Wednesday** last year.

[지난해에는 크리스마스가 수요일이었다. → a Wednesday도 매주 반복적으로 돌아오는 어느 화요일을 뜻하기 때문에 부정관사를 수반하고 있음.]

Cold winters are the exception rather than the rule.

[추운 겨울은 규칙적이라기보다 오히려 예외적이다.]

1.3.3. 집합명사

1) 집합명사란 개체들이 모여 이루어진 전체인 집합체를 가리키는 단어들이다.

> assembly, board, clergy, audience, cabinet, committee, company, crowd, family, gentry, government, party, police, public, Labour, Parliament, youth

이들 집합명사들은 집합체의 구성원을 한 개의 집합체로 보느냐 개별적으로 보느냐에 따른 관점의 차이에 따라 한 가지 형태가 단수 또는 복수로 취급된다. 따라서 이들이 주어일 때 동사는 관점에 따라 단수 또는 복수가 된다.

The night shift arrive(s) at six o'clock.
[야간 교대반 근로자들은 여섯 시에 도착한다.]

The cabinet meet(s) tomorrow to discuss this problem.
[내각은 이 문제를 논의하려고 내일 회의를 갖는다.]

The Opposition $\begin{Bmatrix} \text{is} \\ \text{are} \end{Bmatrix}$ voting against the bill.
[야당 측에서는 그 법안에 반대투표를 한다.]

$\begin{Bmatrix} \textbf{The clergy} \\ \textbf{The gentry} \\ \textbf{The youth of today} \end{Bmatrix}$ $\begin{Bmatrix} \text{is} \\ \text{are} \end{Bmatrix}$ trying to adapt $\begin{Bmatrix} \textbf{itself} \\ \textbf{themselves} \end{Bmatrix}$ to rapidly changing circumstances.
[성직자/상류층/오늘날의 젊은이들은 급속도로 변모하는 상황에 적응하려고 노력하고 있다.]

다음과 같은 예에서처럼, 어떤 집단을 비인간적 집합체(nonpersonal collectivity)로 보게 되면 **단일성**(oneness)을 강조하는 것이 된다. 이와 같은 경우에 그 명사를 대신하는 인칭대명사, 재귀대명사 및 관계대명사는 각각 it, itself, which/that이며, 이 명사가 주어이면 단수 동사와 수의 일치(number agreement)가 이루어지게 된다.

The board of directors will hand down **its** decision on Monday.
[이사회는 월요일에 결정을 내릴 것이다. → board는 이사들 전체를 한 집단으로 보고 있기 때문에 단수 취급되고, 따라서 단수 동사를 취하고 이를 가리키는 대명사도 its로 쓰였음.]

The government, which hasn't been in power long, **is** trying to control inflation. **It** isn't having much success.
[권력을 잡은지 오래되지 않은 정부는 통화팽창을 막으려고 애쓰고 있지만, 큰 성과를 거두지 못하고 있다. → government를 이루는 집단을 하나로 보고 있기 때문에 단수 취급되고, 따라서 관계대명사로서 which가 쓰였으며, 동사도 단수 동사가 쓰였으며, 인칭대명사도 it가 쓰였음.]

A team which is full of enthusiasm **has** a better chance of winning.
[열정에 찬 팀은 승리할 공산이 더 많다.]

반면에 집단 구성원의 **개별성**(individualness)이 강조되는 경우에 집합명사는 복수 취급을 받는다. 따라서 이를 지시하는 인칭대명사, 재귀대명사 및 관계대명사는 각각 they, themselves, who를 사용하며, 이 명사가 주어이면 복수 동사와 수의 일치가 이루어지게 된다.

The audience were thrown into a panic when the fire started.
[화재가 발생했을 때 청중들은 당황했다. → audience는 청중들 한 사람 한 사람 개별적으로 보고 있기 때문에 복수 취급되고, 따라서 복수 동사가 쓰이고 있음.]

The management are looking for ways of improving productivity.
[경영진은 생산성을 향상시킬 방안을 모색하고 있다. → management는 경영진을 구성하는 사람들을 각자 따로 보고 있기 때문에 복수 취급되고 있으며, 따라서 복수 동사가 쓰이고 있음.]

The union said **they** would take action to defend **their** members' jobs.
[노동조합은 조합원들의 직업을 보호하기 위한 조치를 취할 것이라고 말했다.]

The government, who are looking for a quick victory, are calling for a general election soon. **They** expect to be re-elected. A lot of people are giving **them** their support.
[신속한 승리를 모색하고 있는 여당은 즉시 총선거를 실시할 것을 요구하고 있다. 그들은 재선되기를 기대하고 있다. 많은 사람들이 그들을 지지하고 있다.]

2) audience, class, company, committee, family, generation, government, group, party, staff, team 등은 한 집단을 나타내지만, 이들의 복수형을 사용하여 여러 집단을 나타낼 수 있다. 예컨대 a family + a family를 two families라 한다.

Foreign governments have been consulted about this decision.
[이 결정에 대해서 외국 정부와 논의되었다.]

Single-parent families are increasingly common.
[결손 부모 가정들이 점점 더 늘어나고 있다.]

The two teams know each other well.

[그 두 팀은 상대 팀을 잘 안다.]

어떤 집단의 구성원을 개별적으로 말할 때에는 다음과 같이 표현한다.

> a. staff: a staff member, staff members, members of the staff; ten staff/staffers
> b. committee: a committee member, committee members
> c. family: a family member

I discussed your offer with Mr. Yoon. He is **on the marketing staff** of our company. *or* He's **a member of our company's marketing staff.**
  [나는 윤 선생님과 너의 제안에 대해 논의했다. 그는 우리 회사의 마켓팅 부서에 소속되어 있다/일원이다.]
All the **members of my family** except my younger sister live here.
  [내 여동생을 제외한 우리 가족들은 모두 여기에 살고 있다.]

그러나 다음과 같은 집합명사들은 항상 한 가지 형태가 복수로만 취급되며, ( ) 안에는 각각 이에 대응하는 단수형이 들어 있다.

> aristocracy(*an aristocrat*), cattle(*a head of cattle: a cow, an ox, a bull*), clergy(*a clergyman*), crew(*a crewman*), livestock, nobility(*a nobleman*), peasantry(*a peasant*), people(*a person*), police(*a policeman/-woman*), public, vermin

These cattle were on their way to market.
  [이 가축들은 시장으로 끌려가고 있었다.]
Vermin are harmful animals or insects.
  [해충들은 해로운 동물이나 곤충이다.]

police는 정관사를 수반하면 경찰이라는 '조직체'를 뜻하고, 관사없이 쓰이면 경찰 '구성원'을 뜻하지만, 번역할 때에는 양자간의 구별이 없는 것 같다.

We'll have to tell **the police.**

[경찰에 신고해야 할 것입니다.]

The protesters surrendered to **police** after about an hour.
[항의자들은 약 한 시간 뒤에 경찰에 투항했다.]

1.3.4. 물질명사

1) 물질명사란 metal, food, water, beer, glass, paper, wood, sugar, meat, butter 등 물질이나 재료의 이름을 나타내는 명사를 말한다. 일반적으로 이러한 명사에 속하는 단어들은 부정관사를 수반할 수 없을 뿐만 아니라, 복수형으로 나타내지 못한다. 그러나 오늘날의 영어에서 명사의 종류가 미리 정해져 있는 것이 아니라, 쓰기에 따라 여러 가지 종류의 명사로 그 기능이 바뀔 수 있다. 이렇게 되면 물질명사라고 하는 단어일지라도 수시로 부정관사를 수반할 수 있음은 물론, 복수형으로 쓰여 일정한 뜻을 나타내게 된다.[18]

2) 물질명사가 보통명사화하게 되면 부정관사를 수반할 수 있고, 복수형이 가능하며, 다음과 같이 여러 가지 뜻을 가질 수 있다.

(1) '종류'를 나타낸다. 그러므로 예컨대 a wine은 'a kind of wine'이고, English cheeses는 'several kinds of cheese produced in England'라는 뜻이 된다. 이러한 경우에 명사는 종종 형용사의 전치 수식을 받거나 어떤 설명이 수반된다.[19]

There are **teas** both with and without caffeine.
[카페인이 함유된 차와 그렇지 않은 차가 있다. → 각종 차 종류.]

Two butters that we especially favor are a slightly sweet one from New Zealand and a richly creamed one from Wisconsin.
[우리가 특히 좋아하는 두 가지 버터는 뉴질랜드에서 생산되는 약간 달콤한 것과 위스콘신 주에서 생산되는 크림이 많이 함유된 것이다.]

---

18 Names of materials do not from their very nature admit of a plural in the usual sense: *wine, gold, copper, silver*, etc. *a.* The plural is often used to indicate different species, varieties, or grades of the same thing: *French wines, Rhine wines*, etc. Another word in plural form is often used in connection with the material to indicate different varieties: different *teas or sorts of tea. b.* The plural often denotes definite portions of the material: 'He washed his *hair*' (mass), but 'The very *hairs* of your head are numbered.' 'My father is sowing turnip-*seed* (in mass) in the garden', but There are 100 *seeds* in this packet.' — Curme (1931: 542-543). See also Jespersen (1913: 114-125).

19 Berry (1993: 12-13).

She knows **a good wine** when she tastes it.
[그녀는 맛을 보고 좋은 포도주를 식별할 줄 안다.]
They brew **several excellent beers** in this district.
[이 지역에서는 질이 아주 우수한 여러 종류의 맥주를 양조한다.]
When choosing **fruits and vegetables**, choose those with the most intense color.
[과일과 야채를 고를 때에는 색깔이 가장 짙은 것을 고르시오.]
Governments of all countries have laws which prevent the sales of **spoiled foods.**
[모든 나라 정부들은 상한 식품 판매를 금지하는 법을 갖고 있다.]
The North Sea produces **a light oil** which is highly prized in the oil industry.
[북해에서는 석유 산업에서 상당히 질 좋은 경유를 생산된다.]

예컨대 I don't drink coffee very often의 경우처럼 beer, coffee, juice, tea 따위가 불가산명사로 쓰이지만, 가끔 구어체 영어에서는 이들이 가산명사인 것처럼 a coffee, a juice라고 말할 수 있다. 이것은 이들 물질명사와 같이 쓰이는 단위명사(→ 1.2.3 참조)를 이용한 부분 표현이 생략된 것에 불과하기 때문이다. 따라서 an orange juice는 a glass of orange juice이고, a coffee는 a cup of coffee라는 뜻이다.

Six whiskies made him unsteady on his foot.
[위스키 여섯 잔을 마시고서 그는 제대로 설 수 없었다.→ six whiskies는 six glasses of whisky를 뜻함.]
Two sugars in my coffee, please!
[커피에 설탕 두 수저/개를 넣어 주세요!→ two sugars는 two (tea)spoonfuls of sugar 또는 two lumps of sugar라는 뜻일 수 있음.]
Three teas and **a coffee** please.
[차 석 잔과 커피 한 잔 주세요.]
Two glasses of cider and **a beer**, please.
[사이다 두 잔과 맥주 한잔 주세요.]

(2) 어떤 물질로 만들어진 '제품'을 뜻한다. 예컨대 copper는 물질명사로서 '구리'라는 물질을 뜻하지만, 이것이 가산명사로 쓰여 a copper, coppers처럼 부정관사를 수반하거나 복

수형을 취하게 되면 물질로 만들어진 제품, 즉 '동전'이라는 뜻이 된다.

> She wears **glasses** for reading.
> [그녀는 글을 읽을 때에는 안경을 쓴다.]
>
> He burnt **all papers** connected with the accident.
> [그는 그 사건에 관계된 서류들을 모조리 태워버렸다.]
>
> The beggar was dressed in **rags**.
> [그 거지는 누더기 옷을 입고 있었다.]

1.3.5. 추상명사

1) action, beauty, bravery, decision, discovery, judgment, kindness, neutrality, wisdom 등은 추상적인 개념 내용을 나타내는 추상명사이다. 이들은 일반적으로 관사를 수반하지 않고 복수형으로 쓰이지 않는다. 반면에 부정관사를 수반하거나 복수 어미가 첨가되어 구체적인 사람이나 사물 또는 행위를 뜻하게 되며, 특히 전치사구의 수식을 받아 그 지시 범위가 한정되는 경우에 추상명사는 정관사를 수반하여 특정하고 구체적인 뜻을 나타내게 된다. 예컨대 failure가 추상명사로서의 뜻은 단순히 '실패'라는 뜻이지만, a failure에서처럼 부정관사를 수반하거나 복수 형태를 취하게 되면 '실패한 사람/일'이라는 구체적인 뜻을 나타낸다.

> The whole thing was **a complete failure**.
> [그 일 전체가 완전히 실패작이었다. → failure는 추상명사이고, a failure는 보통명사로서 '실패작; 실패한 사람'이라는 뜻임.]
>
> The Norman kings were often totally ignorant of English, although Henry I, who had an English wife, was **an exception** and could speak some English.
> — McCrum, R. et al. *The Story of English*.
> [노르만인 왕들은 흔히 영어를 전혀 몰랐다. 그러나 영국인 왕비를 둔 헨리 1세는 예외적인 사람으로서 영어를 조금 말할 수 있었다. → exception은 추상명사로서 '예외'라는 뜻인 반면, an exception은 '예외적인 사람'이라는 뜻임.]
>
> The teacher told him to leave as he was **a disturbance** to the other students.
> [선생님께서는 그가 다른 학생들에게 방해가 되기 때문에 나가라고 말했다.]
>
> **Adversities** will make a jewel of you.

[갖가지 역경이 여러분을 보석과 같은 존재로 만듭니다. 즉, 많은 고통을 겪어야 비로소 훌륭한 사람이 된다는 뜻. → 추상명사의 복수형 adversities는 구체적으로 겪은 '갖가지 어려운 일들'이라는 뜻임.]

She did me many kindnesses.
[그녀는 나에게 많은 친절을 베풀어 주었다.]

Life has many joys and sorrows.
[세상살이에는 기쁜 일도 많고 슬픈 일도 많다.]

He has the wisdom of Solomon.
[그는 솔로몬과 같은 지혜를 갖고 있다.]

education과 knowledge 등 일부 명사가 형용사를 수반하여 특정한 종류를 뜻하는 경우에는 부정관사를 수반한다.

In most countries, education is the responsibility of the state.
[대부분의 나라에서 교육은 국가의 책임이다.]

Scott received a very strict education.
[스코트는 아주 엄격한 교육을 받았다.]

A baby has no knowledge of good and evil.
[아기는 선과 악을 모른다.]

A good knowledge of English is essential.
[영어를 잘 아는 것이 절대 필요하다.]

2) of + 추상명사가 전치사구를 이루어 형용사적으로 쓰여 앞에 놓인 명사(구)에 대한 수식어 역할을 하거나, be 동사에 대한 보어 역할을 한다. 예컨대 a man **of courage**에서 전치사구 of courage는 한 개의 형용사 courageous라는 뜻이다.

of ability (능력이 있는)	of great concern (대단히 관심이 있는)
of great importance (대단히 중요한)	of (great) intelligence ((대단히) 총명한)
of great urgency (아주 급한)	of no importance (중요하지 않은)
of no use (쓸모없는)	of property (= prosperous 부유한)
of rare talent (보기 드문 재능을 가진)	of tact (= tactful 재치있는)
of use (유용한)	of value (= valuable 귀중한)

A president should be imbued with a sense **of responsibility.**
 [대통령은 책임감으로 충만해 있어야 한다. → of responsibility = responsible.]

He was also, despite his illnesses, a man **of tremendous energy.**
 [여러 차례의 질병에도 불구하고 그는 엄청난 정력가이기도 했다. → of tremendous energy = tremendously energetic.]

Of vital importance is whether before visiting the U. S., he will dramatically change his stand on the sales tax issue.
 [가장 중요한 것은, 미국 방문에 앞서 그가 판매세 문제에 대한 자신의 입장을 과감하게 바꿀 것인가 하는 점이다. → cp. 중립적인 상황에서의 어순: Whether before visiting the U.S., he will dramatically change his stand on the sales tax issue **is of vital importance.**   of vital importance = vitally important.]

It is a matter **of great regret** that one scholar who would have eagerly welcomed this book died shortly before its publication.
 — Patrick J. Duffley, *The English Infinitive*.
 [이 책을 열렬히 환영했을 한 학자가 이 책이 출판되기 직전에 세상을 떠났다는 것은 아주 애석한 일이다. → of great regret = very regretable.]

I heartily wish that in my youth I had had someone **of good sense** to direct my reading. I sigh when I reflect on the amount of time I have wasted on books that were **of no great profit** to me.
 — William S. Maugham. *The Summing Up*.
 [나는 젊었을 때 내게 독서 지도를 해줄 아주 유능한 사람이 있었더라면 좋았을 걸 하고 진심으로 바란다. 나는 내게 별로 이득이 되지 못한 책을 읽으면서 보낸 시간을 되돌아보면 한숨이 난다. → of good sense = very sensible; of no great profit = not very profitable.]

반면에 with(out) + 추상명사로 이루어지는 전치사구는 부사적으로 쓰이며, 전달하려고 하는 뜻에 따라 명사가 적절한 형용사의 수식을 받을 수 있다. 그러므로 한 예로 with **(great)** dedication은 **(very)** dedicatedly라는 부사로 풀이된다.

with ease (쉽게)	with difficulty (가까스로)
with diligence (= diligently 부지런히)	with eagerness (= eagerly 열성적으로)
without hesitation (주저하지 않고, 곧, 즉각)	with interest (= interestingly 흥미롭게)

> with reluctance (=reluctantly 마지못해서)   with most thoroughness (매우 철저하게)
> without reservation (기탄없이, 솔직히)

The meeting was arranged **with utmost secrecy**
 [그 모임은 쥐도 새도 모르게 준비되었다.]

She arranged the flowers **with great care.**
 [그녀는 아주 신중하게 꽃꽂이를 했다.]

I support this measure **without reservation.**
 [나는 이 조치를 무조건 지지한다.]

It is **with profound sadness** that we inform you of the death of .... He died on the 27th of October following a short battle with cancer.
 [깊은 애도의 마음으로 ...의 죽음을 알립니다. 그는 짧은 기간동안 암과 싸우다가 10월 27일에 세상을 떠났습니다.]

It would be **with extreme reluctance** that I should leave the Metropolitan Museum, which contains the key to beauty.
 ─Helen Keller, "Three Days to See."
 [아름다움의 열쇠가 소장되어 있는 매트로폴라탄 박물관을 떠나는 것이 아주 마음에 내키지 않을 것이다.]

3) 추상명사구에 대해서는 1.9 (추상명사구)에서 다루게 된다.

1.4. 수

명사에는 단수와 복수의 구분이 있다. 대개 단수에 복수 어미 -(e)s를 붙여서 복수의 뜻을 나타내게 되지만, 복수 어미가 붙었다고 해서 반드시 복수의 뜻을 나타내는 것은 아니며, 반대로 복수 어미가 붙지 않았다고 하여 단수로만 취급되는 것도 아니다.

영어의 복수형에는 규칙 복수와 불규칙 형태의 두 가지가 있으며, 이 이외에 차용어(借用語: loan words)가 나타내는 외국 복수(foreign plural)가 있다.

1.4.1. 규칙 복수

1) 규칙 복수는 단수형에 복수 어미 -s를 첨가하거나, 단수 명사가 /s/, /z/, /ʒ/, /ʃ/, /dʒ/, /tʃ/와 같은 치찰음(sibilants) 다음에는 -es를 첨가하여 /əz/로 발음한다.

   horse**s**, size**s**, church**es**, rush**es**, mirage**s**, language**s**

유성음(有聲音: voiced sound) 다음에 첨가된 복수 어미 -s는 /z/로 발음되고, 무성음(無聲音: voiceless sound) 다음의 -s는 /s/로 발음된다.

   days[-z], beds[-z]; bets[-s], months[-s]

2) -o로 끝나는 명사의 복수형은 -os 또는 -oes로 나타난다. 즉, 모음 + o의 복수형은 -os가 되고, 자음 + o의 복수형도 대개 –os가 된다.

   bamboo**s**, embryo**s**, kangaroo**s**, radio**s**, studio**s**, zoo**s**; dynamo**s**, piano**s**, solo**s**

단축어(短縮語: clippings)도 마찬가지이다. 따라서 kilos(= kilograms), memos(= memoranda), photos(= photographs) 따위와 같은 단축어의 복수형에도 -s가 붙는다.
다음의 단어들의 복수형에는 -es가 붙는다.

   domino**es**, ech**oes**, embarg**oes**, her**oes**, potat**oes**, vet**oes**

3) 자음 + y로 끝나는 단어의 복수형은 자음 + ies가 되며, 모음 + y의 경우에는 모음 + ys가 된다.

   lady ~ lad**ies**, sky ~ sk**ies**, study ~ stud**ies**; day ~ day**s**, buoy ~ buoy**s**

그러나 soliloquy의 경우처럼 -quy/kwi:/로 끝나는 경우에는 -quies로 바꾸어 soliloquies가 된다. Germany, Mary의 경우처럼 -y로 끝나는 고유명사는 -s만 붙여 Germanys, Marys가 된다.

4) -f, -fe로 끝나는 명사의 복수형은 -ves이다.

leaf ~ lea**ves**, scarf ~ scar**ves**, shelf ~ shel**ves**, thief ~ thie**ves**, wharf ~ whar**ves**
wolf ~ wol**ves**, life ~ li**ves**, knife ~ kni**ves**, wife ~ wi**ves**

그러나 belief, chief, proof, roof 등은 -s를 첨가하여 복수형을 만들지만, dwarf, hoof, scarf, wharf 등의 경우에는 dwarf**s**와 dwar**ves**처럼 두 가지 복수형으로 나타난다.

1.4.2. 불규칙 복수

영어에는 몇 가지 유형의 불규칙 복수형이 있다. 그렇지만 오늘날 불규칙 복수형이라고 하는 것들이 원래는 불규칙적인 것이 아니라, 규칙에 따라 일정하게 복수형을 갖는 것들이었다. 다만 오늘날 규칙적인 복수형에 비해 불규칙 복수형이라고 말하는 것은 그 수효가 아주 극소수에 불과하기 때문인데, 여기에는 영복수, -en 복수, 모음변화 복수 등 세 가지 유형에 속하는 극소수의 형태만 남아 있고, 거의 모든 명사들이 -(e)s를 첨가해서 복수형을 만드는 규칙 복수에 자리를 내주고 말았다.

1.4.2.1. 영복수

1) 영복수(零複數: zero plural)란 단수형이 단수와 복수의 뜻을 모두 가질 수 있는 명사를 말한다. 이러한 명사들이 복수의 뜻을 갖게 되는 경우에는 복수 한정사를 수반하며, 주어로 쓰이게 되면 복수 동사를 수반한다.

This sheep is mine.
　[이 양은 내 것이다.]
All these sheep are ours.
　[이 양들은 모두 우리 것이다.]

antelope, elephant, lion, tiger, duck, pheasant, fish, herring 따위와 같은 일부 동물과 물고기의 이름을 나타내는 명사들은 규칙 복수와 영복수의 두 가지로 나타난다. 특히 이들이 사냥이나 수렵의 대상으로 간주되는 경우에는 영복수로 취급되는 경향이 있다. 그리고 물고기에 해당되는 명사들은 특히 종류를 나타내거나, 수를 강조하는 경우에는 복수형이 쓰일 수 있다.

> They shot **several lion.**
> [그들은 사자 몇 마리를 쏘았다. → 영복수형 several lion은 사냥의 대상으로 취급된 것임.]
> We saw **several lions** in the park.
> [우리는 공원에서 사자 여러 마리를 보았다. → several lions는 사냥의 대상이 아니기 때문에 규칙 복수형으로 나타나고 있음.]
> He caught **several salmon/plaice/mackerel.**
> [그는 연어/넙치/고등어 몇 마리를 잡았다.]
> He spoke about the Atlantic and Pacific **salmons**, which are closely related.
> [그는 가까운 인척 관계에 있는 대서양 연어와 태평양 연어에 대한 이야기를 했다. → salmons는 물고기 종류를 나타내고 있음.]
> **Six herrings** should be enough for this dish.
> [이 요리를 하는데 청어 여섯 마리면 충분할 것이다. → six herrings는 숫자를 특별히 강조하는 것임.]
> **The fishes** thrashed about in the net.
> [물고기들이 그물에서 몸부림쳤다. → the fishes는 각종 물고기들을 뜻함.]
> They caught **several fish** in the river.
> [그들은 강에서 물고기 몇 마리를 잡았다.]

사전에 따라서는 mackerel, plaice, trout 등을 영복수로 취급하고 있는가 하면, '종류'를 나타낸다고 하는 경우에는 규칙 복수로 취급하고 있다.

1.4.2.2. -en 복수

엄격한 의미에서 -en이 첨가되어 복수형이 되는 것은 ox ~ ox**en** 뿐이며, child ~ children과 brother ~ brethren과 같은 두 가지 경우는 이중 복수형이다. 즉, child와 brother의 원래 복수형은 각각 cildru와 brothru였는데, 중세영어시대에 childer와 brether로 변하고, 나중에 유추(analogy)에 의해 이미 복수형이 된 이 형태에 다시 -en이 첨가되어 각각

childeren과 bretheren이었다가 오늘날에는 children과 brethren으로 바뀌었다.[20]

1.4.2.3. 모음변이 복수

다음과 같은 것들이 모음변이(母音變異: mutation)에 의한 복수형이다.

foot ~ feet, goose ~ geese, louse ~ lice, mouse ~ mice, man ~ men, tooth ~ teeth, woman ~ women

이러한 모음 변이 복수형들은 영어가 탄생하기 이전의 언어에서 일정한 음성적 환경에 놓인 후설모음 /u/와 /o/가 각각 전설모음 /i/와 /e/로 변하고, 특히 장모음 /i/는 나중에 이중모음/ai/로 변하여서 만들어진 것이다. mouse ~ mice의 경우에는 이 단어들이 유래된 언어에 따라서 단수형과 복수형의 철자까지 바뀌고 있다.

1.4.3. 외국 복수

1) 외국에서 들어온 차용어(借用語: loan words)들 중에서, 수와 관련하여 명사는 세 가지 유형으로 나누어진다. 즉, 현재 완전히 영어화(英語化: Anglicization)한 명사들, 전혀 영어화하지 않고 본래의 언어에서 사용되는 복수형이 그대로 쓰이는 명사들, 그리고 이 중간 단계에 속하는 명사들 등 세 가지 유형이 있다. 완전히 영어화한 명사는 예컨대 albums, bonuses, campuses, kindergartens 따위의 경우처럼 단수형에 -(e)s를 첨가하여 복수형이 만들어진다.

2) 전혀 영어화하지 않은 명사들은 차용하기 이전과 같은 복수형이 사용되고 있다. 예컨대 다음과 같이 사선(/) 오른쪽의 명사들은 항상 외국 복수 형태로만 쓰인다.

spect**rum**/spect**ra**, bacte**rium**/bacte**ria**, stra**tum**/stra**ta**, ax**is**/ax**es**,

---

[20] The Old English plural for Anglo-Saxon *cild* (= child) was *cildru*; for *brother* it was *brothru*. (a form. In Middle English, *childru* became *childer* (a form that is still heard in dialect) and *brothru* became *brether*. Then to what were already plural words an extra plural ending *-en* was added making, *childeren, bretheren*, which developed to *children, brethren*. ― Eckersley & Eckersley (1963: 29).

anal**ysis**/anal**yses**, criter**ion**/criter**ia**, phenomen**on**/phenomen**a**

3) 일부 차용된 명사들은 외국 복수형과 규칙 복수형 두 가지를 모두 갖고 있다. 이 경우에 두 가지 형태들 사이에는 다음과 같이 뜻의 차이가 없는 것들도 있다.

curricul**um**/curricul**a**, curriculum**s**; maxim**um**/maxim**a**, maximum**s**

datum의 복수형에는 datums와 data가 있다. 그러나 오늘날 datums는 거의 쓰이지 않고 있으며, 대신에 data가 복수와 집합적 단수 명사로 쓰인다.

These data *show* that most cancers are detected as a result of clinical follow-up.
  [이 자료들은 대부분의 암들은 임상적으로 추적을 하면 탐지된다는 점을 보여준다.]
This data *was* collected from 69 countries.
  [이 자료는 69개 국가에서 수집된 것이었다.]

일부 명사들의 경우에는 다음과 같이 두 가지 복수형이 뜻을 달리 하기도 하는데, 외국 복수형은 대체로 과학적인 용어로 사용되는 경향이 있다.

antenna ~ antenn**ae**((식물학에서)촉각)/antenna**s**((TV 등의) 안테나)
append**ix** ~ append**ices**((책 등의) 부록)/append**ixes**((해부학에서의) 돌기, 맹장)
formula ~ formul**ae**((수학, 화학 등의) 공식)/formula**s**(일상인인 서식, 상투적 어구)
genius ~ gen**ii**(수호신)/genius**es**(천재)
ind**ex** ~ ind**ices**(주사위, (수학에서) 지수)/ind**exes**(색인표, 찾아보기)

1.4.4. 복합명사의 복수형

복합명사(複合名詞: compound nouns)란 예컨대 rail + way의 경우처럼 둘 또는 그 이상의 단어들이 결합되어 railway와 같이 한 개의 어휘적인 단위를 이루는 것을 말한다. 이러한 복합명사는 railway, headache의 경우처럼 한 단어로 결합되거나, tooth-brush, mouse-trap의 경우처럼 하이픈으로 연결되거나, 또는 flower shop, police station의 경우와 같이 두 단어로 결합되기도 하는데, 결합 형식이 어떻든간에 불행하게도 복합명사의 구조가 어떤 식으로 나타나느냐 하는 명확한 규칙이 없다. 그러나 복합명사를 구성하는 요소에 관계없이 마치 한 단어인 것처럼 간주하고 마지막 요소에 복수 어미가 첨가되는 것이 일반적이다.

복합어의 복수 어미 -(e)s는 일반적으로 마지막 요소에 첨가된다.

railway**s**, bookcase**s**, tooth-brush**es**, information office**s**

복합어를 이루는 첫 요소가 man이나 woman인 경우에는 두 요소에 모두 복수 어미가 첨가된다.

menservant**s**, **men** student**s**, **women** student**s**, **women** driver**s**

boy friend, girl friend, lady driver와 같은 복합명사에서는 마지막 요소에만 복수 어미가 첨가된다.

명사 + 전치사/전치사구로 이루어진 복합명사의 경우에는 명사에 복수 어미가 첨가된다.

looker**s**-on(방관자), passer**s**-by, brother**s**-in-law, grant**s**-in-aid, men-of-war, coats-of-mail, court**s** of appeal(미국영어: Court of Appeals), Justice**s** of the Peace(치안판사)

불어에서 차용된 명사로서 후치 수식어를 수반한 복합어의 경우에는 (a) 명사에 복수 어미가 첨가되지만, (b) 명사 + 형용사로 이루어진 복합어를 하나의 단위로 간주하여 이 두 요소를 한 개의 단어로 생각하면 자연히 뒤에 놓인 형용사에 복수 어미를 첨가하게 되는 것이다. 현재와 같은 추세대로 나아간다면 명사 + 형용사를 하나의 뜻의 단위로 간주하여 마지막 요소에 복수 어미를 첨가하려는 경향이 강한 것 같다.[21]

---

[21] Compounds with post-adjunct adjectives are chiefly French, and we sometimes find the French inflexion of both substantive and adjective. But generally only one *s* is found; in the older, and still to some extent in modern, literary language the sb took the *s*, while the tendency, especially in conversation, is now towards inflecting the group as wholes and thus to add *s* to the adjective. This tendency is strengthened by the fact that to the modern linguistic feeling the final element may often stand as a substantive rather than as an adjective (*patent, general, plural*). — Jespersen (1913: 25-26).

(a) nota**ries** public(공증인), pri**ces** current(= price list 정가표), fem**es** covert(유부녀), fem**es** sole(미혼 여성), Presid**ents**-elect(대통령 당선자);

(b) cou**rts** martial/court martia**ls**(군법회의), attorn**eys** general/attorney genera**ls**(검찰총장), hei**rs**-apparent/heir-apparen**ts**(법정 상속인),

동사/형용사 + 전치사로 이루어진 복합명사어의 경우에는 마지막 요소에 복수 어미가 첨가된다.

close-u**ps** (<close up)[22], grown-u**ps** (<grow up), pullove**rs** (<pull over), sit-i**ns** (<sit in), stand-b**ys** (<stand by), take-of**fs** (<take off)

1.4.5. -s 어미를 가진 명사

1.4.5.1. 절대복수

1) 일부 명사들은 항상 복수 어미 -s를 수반하는데, 이를 절대복수(絶對複數: absolute plurals)라고 한다. 다음의 명사들은 복수형으로만 나타나며, 이들이 주어이면 복수 동사가 수반된다. 그러나 이런 명사들은 복수를 나타내는 수사를 수반하지는 않는다.

the Middle Ages(중세기)[23]	(make) amends(수정(하다))
annals(연대기)	archives(문서 보관소)
arms(= weapons)(무기)	arrears(지연, 연체금, be in arrears 밀리다, 지체되다)
ashes(= human remains)(유해)	assets(자산)
auspices(보호, 후원)	banns(결혼 예고)
belongings(소지품)	bounds(= boundary)(경계, 한계)
clothes(옷, 의복)	congratulations (축하, a matter of congratulations 경사)
contents(목차)	credentials(신임장)

---

22 예컨대 "A<B"와 같은 표시는 'A is derived from B'(A는 B에서 나온 것이다.)라는 뜻이다. 그러므로 복합명사 close-up(근접 촬영)은 구동사 close up(밀폐하다, 닫다)에서 나온 것이다.
23 단수형 middle age는 나이가 '중년'이라는 뜻임:
People who live this type of life are lucky if they reach **middle age**.
[중년에 접어들면 이런 식으로 사는 사람들에게는 행운이 찾아온다.]

customs(세관)	damages(손해 배상금)
dregs(찌꺼기, 앙금)	earnings(이익, 수익)
entrails(내장)	funds(소지금, 재원)
goods(상품)	looks(= appearance 외모)
manners(= behavior 예절)	misgivings(의심, 의혹, 불안)
odds(가망, 공산)	outskirts(교외)
pains(= trouble 수고, 노력)	particulars (= detailed information 상세한 것)
premises(= buildings 건물)	proceeds(매상고, 매상 금액)
provisions(= food supplies 식량)	quarters (= lodgings, accommodation 거처)
regards(인사, 안부의 말)	remains(유물, 유고, 유작)
resources(자원)	riches(부, 재산)
shortcomings(결점)	spirits(감정, 기분 full of spirits 원기 왕성한)
suds(거품, (거품이 인) 비눗물)	surroundings(주변 환경)
thanks(감사)	the tropics(열대지방)
tidings(소식)	valuables(귀중품)
weeds(상복)	

Please cremate my body and scatter the **ashes** where the ship sank.
[나의 시체를 화장해서 유해는 배가 침몰한 곳에 뿌려주시오.]

Recourse to **arms** is not the best solution to a quarrel between two countries.
[무력에 호소하는 것은 두 나라 사이의 불화를 해결하는 최상의 해결책이 아니다.]

His greed for power knows no **bounds.**
[그의 권력욕은 끝을 모른다.]

Smaller animals feed on the **entrails** of zebras killed by lions.
[보다 작은 동물들은 사자가 잡은 얼룩말의 내장을 먹고 산다.]

Throughout **the Middles Ages** in England there was competition between Latin and English as a literary medium.
— G. L. Brook, *A History of the English Language.*
[중세기 전반에 걸쳐 영국에서 라틴어와 영어가 문학의 매개 언어로서 경쟁을 벌였다.]

These books must not be removed from the school **premises.**
[이 책들은 학교 건물에서 치우지 말아야 한다.]

The **proceeds** of the concert are going to the children's fund.
[음악회의 수익금은 어린이 기금으로 들어간다.]

These **ruins** are an eloquent reminder of the horrors of war.
[이 폐허는 전쟁의 공포를 웅변적으로 일깨워 준다.]

He had his mother's brains and his father's good **looks.**
[그는 어머니의 지력과 아버지의 멋진 외모를 지녔었다.]

2) 다음과 같이 동일한 두 부분으로 이루어진 물건을 가리키는 단어들이 있는데, 이들은 의류 품목, 연장/도구류 및 시력 보조 기구, 즉 안경류를 가리키는 것들이다. 이런 물건들은 반드시 한 쌍을 이루어야 제 역할을 다할 수 있기 때문에 반드시 복수형으로 나타나는데,[24] 이러한 명사의 복수형을 **총합복수**(總合複數: summation plurals)라고 한다.

> 의류: bermudas, braces, breeches, briefs, flannels, jeans, knickers, nylons, pajamas, panties, pants, shorts, slacks, tights, trousers
> 도구·연장류: bellows, clappers, fetters, handcuffs, irons, pincers, pliers, reins, scales, scissors, shears, tongs, tweezers
> 안경류: bifocals, binoculars, glasses, goggles, spectacles

이러한 명사들은 these, those, my, my father's, the 따위와 같은 특정 지시를 나타낼 수 있는 한정사를 수반할 수 있으며, 또한 복수 동사와 같이 사용된다. 수를 나타내는 경우에 이런 명사들은 ***Both trousers** are too small.이라고 하지 않고, 대신에 a pair of, two pairs of, some pairs of 등을 사용하여 **Both pairs of trousers** need ironing.(바지 두 벌 모두 다림질을 해야 한다.)이라고 나타내게 된다. 만약 이러한 부분 표현을 사용하지 않게 되면 쌍을 이루어야 제 기능을 할 수 있는 물건을 나타내는 명사들은 뜻이 애매성을 가져올 수 있다. 그러므로 these trousers, my other trousers, some more trousers는 양복바지 한 벌이나 여러 벌을 뜻할 수 있을 것이다. 그러나 all my trousers라는 어구는 분명히 여러 벌을 뜻한다.

These trousers are too tight for you.
[이 바지가 너에게는 너무 조인다.]

Your **pajamas** have not been ironed yet.

---

24 총합복수 형태로 나타나는 명사들도 이다음에 오는 명사를 한정적으로 수식하게 되면 일반적으로 단수형으로 나타난다: a **spectacle** case(안경 케이스), a **suspender** belt(= 미 garter belt (여성용) 양말 대님), a **trouser** pocket(양복 주머니), a **pajama** cord(파자마 끈), etc.

[당신 잠옷은 아직 다림질되지 않았습니다.]

The prisoner was kept in **fetters**.
[그 죄수는 수감 중이었다.]

I need **two more pairs of glasses**.
[나는 안경이 두 개 더 필요하다.]

a pair of + 복수 명사가 주어이면 단수 형태가 수반되지만, 이 명사구에 대한 동사가 관계사절 안에 있으면 대개 복수 형태가 된다.[25]

It is likely that **a new pair of shoes *brings*** more happiness to a child than a new car brings to a grown-up.
[어린이에게 한 켤레의 새 신발이 어른에게 새 자동차보다 더 많은 행복을 갖다 줄 것 같다.]

He put on **a pair of brown shoes**, which *were* waiting there for him.
[그는 누런 신발을 신었는데, 그 신발은 그를 기다리고 있었다.]

He wore **a pair of earphones**, which *were* plugged into a tape-recorder.
[그가 이어폰을 끼었는데, 그것은 녹음기에 연결되어 있었다.]

3) -ics로 끝나는 단어들은 수식어를 수반하지 않고 학문명으로 쓰이면 단수로 취급되지만, 수식어를 수반하여 보다 특정한 다른 뜻을 갖게 되면 복수로 취급된다. 예컨대 acoustics는 '음향학'이라는 학문의 명칭으로 쓰이면서 단수로 취급되지만, 다음 문장에서처럼 수식어를 수반하면 '음향 효과'라는 뜻이 되며 동시에 복수로 취급되어 복수 동사를 수반한다.[26]

The **acoustics** *in the new opera-house* **are** near-perfect.
[새로 문을 연 그 오페라 하우스의 음향 효과는 완벽에 가깝다.]

> (a) acoustics, aesthetics, economics, ethics, linguistics, mathematics, mechanics, metaphysics, phonetics, physics, politics, pragmatics, statistics, tactics;
> (b) athletics, gymnastics

---

25 Sinclair (1990: 16).
26 Huddleston & Pullum (2002: 347), Alexander (1996: 46), and Carter & McCarthy (2006: 341).

Politics *is* not the kind of thing he wants to read about in his newspaper.
[정치 문제는 신문에서 그가 읽고 싶지 않은 것이다.]

His politics[27] ***are*** somewhere to the left of my own.
[그의 정견은 나보다 좀 좌편향적이다.]

Economics *is* an important subject at this school.
[경제학은 이 학교에서 가르치는 중요 과목이다.]

The economics of the situation *are* being studied by experts.
[그 상황이 갖는 경제적 중요성이 전문가들에 의해 검토되고 있다.]

I teach **mathematics** and **statistics**.
[나는 수학과 통계학을 가르친다.]

These statistics *show* that there are 57 deaths per 1000 children born.
[이 통계 수치는 태어나는 1000명의 어린이 중 57명이 죽는다는 것을 보여 주고 있다.]

Phonetics *is* a study of speech sounds and their production.
[음성학은 언어음과 그 발성에 관한 연구를 하는 학문이다.]

The **phonetics** of English ***are*** very different from those of Japanese.
[영어의 음성은 일본어의 음성과 크게 다르다.]

Someone's ethics *are* the moral principles about right and wrong behavior which they believe in.
[어떤 사람의 윤리관이란 자신이 믿는 옳고 그름의 행동에 대한 도덕적 원칙을 말한다.]

Ethics *is* the study of questions about what is morally right and wrong.
[윤리학이란 도덕적으로 옳고 그름의 문제를 연구한다.]

The **mechanics of writing *are*** attained through rigorous training.
[글쓰기 기법은 엄격한 훈련을 통해서 습득된다.]

Mechanics *is* the part of science that deals with the natural forces that act on moving or stationary objects.
[역학이란 움직이거나 정지된 물체에 작용하는 자연력을 다루는 과학 분야이다.]

다음 예에서는 주어 역할을 하고 있는 mathematics가 수식어를 수반하고 있음에도 불구

---

27 다음 예에서는 politics가 수식어를 수반하지 않으면서도 복수로 쓰이고 있다:
   The English are a political nation and I was often asked to houses where **politics were** the ruling interest. — William S. Maugham, *The Summing Up*.
   [영국인들은 정치적인 국민이며, 나는 정치가 가장 큰 관심거리인 집안에 자주 초대를 받았다.]

하고 단수 또는 복수 동사를 수반하고 있다.

George's mathematics $\begin{Bmatrix} \text{are} \\ \text{is} \end{Bmatrix}$ not as good as $\begin{Bmatrix} \text{they were} \\ \text{it was} \end{Bmatrix}$.
(Close 1975: 117)
　[조오지의 <u>수학적 재능</u>은 이전만큼 뛰어나지 못하다.]
His mathematics are weak. (Thomson & Martinet 1986: 27)
　[그의 <u>수학적 재능</u>은 뛰어나지 못하다.]

acoustic, classic, ethic, statistic처럼 서로 관련된 단어들이 단수 형태를 갖는 것도 있다. 예컨대 statistic은 '한 가지 통계 수치'라는 뜻을 가지고 항상 단수로 쓰인다.

There **is** one surprising **statistic** in your report.
　[너의 보고서에는 한 가지 놀라운 통계 수치가 들어 있다.]

4) 일부 질병명과 오락명은 항상 복수형으로 쓰이지만, 단수로 취급된다.

질병명: AIDS, measles, German measles, mumps, rickets, shingles
오락명: billiards, darts, dominoes, draughts, bowls, fives, ninepins
---

Measles is an infectious disease.
　[홍역은 전염병이다.]
German measles is a dangerous disease for pregnant women.
　[풍진(風疹)은 임신한 여성에게 위험한 질병이다.]
Mumps makes the glands in your neck swell up.
　[유행성 이하선염은 목의 선(腺)을 부풀어 오르게 한다.]
AIDS is an illness which destroys the natural system of protection that the body has acquired against disease.
　[AIDS(선천성 면역 결핍증)는 인체가 질병에 저항해서 갖고 있는 선천적인 방어 조직을 파괴시키는 질병이다.]
Billiards is played with billiard balls on a billiard table.
　[당구는 당구대에서 당구공을 가지고 한다.]

It is **dominoes** that **is** my favorite game, not chess.
[내가 가장 좋아하는 게임은 서양장기가 아니라, 도미노 게임이다.]

복수형을 가진 오락명이 다음에 놓인 명사를 수식할 경우에는 단수형으로 바꾼다.

ninepins ~ a **ninepin** alley
billiards ~ a **billiard** ball/table

5) 다음과 같은 명사들은 단수 또는 복수 양쪽으로 사용된다.

means, barracks, gallows, golf-links, innings,[28] series, bellows, gas-works, headquarters, kennels, species

We must find **a means**(= a way) of solving our problem.
[우리는 우리가 안고 있는 문제를 해결하는 방법을 찾아내야 한다.]
There are **several means** of solving it.
[그 문제를 해결하는 방법이 여러 가지가 있다.]
This **species** of rose is very rare.
[이런 종류의 장미는 매우 희귀하다.]
There are **thousands of species** of butterflies.
[나비의 종류에는 수천 가지가 있다.]

1.4.5.2. 분화복수

위에서 본 일부 명사들의 경우를 포함하여 어떤 명사들은 복수형으로 쓰이게 되면 이에 대응하는 단수형과 다소 다른 뜻을 갖는 것들이 있는데, 이런 복수형을 분화복수(分化複數: differentiated plurals)라고 한다. 이러한 경우에는 대체적으로 두 가지 유형을 식별할 수 있겠는데, 그 하나는 복수형이 되더라도 단수형이 갖는 뜻을 어느 정도 그대로 유지하면서 또 다른 특수한 뜻을 나타낸다는 것이다. 다른 하나는, 복수형이 되면 단수형이 갖는 것과

---

[28] 미국영어에서는 야구 경기에서 one inning, two innings라고 한다.

전혀 다른 뜻을 갖는 것들이다.[29] 그러므로 분화복수형을 갖는 명사의 경우에는 복수형이 되면 단수형과 전혀 다른 뜻을 나타내는 수가 많기 때문에 이 점에 특히 유의하여야 한다.

advice(충고, 조언)	advices(기별, 통지)
air(공기)	airs(거만한 태도)
ash(재)	ashes(유해)
ban(금지)	banns(결혼 통보)
bitter(쓴맛, 고통)	bitters(쓴술, 고미주(苦味酒))
color(색채)	colors(군기)
compass(나침판)	compasses((제도용) 컴퍼스)
custom(풍습)	customs(세관)
damage(손해)	damages(손해 배상금)
force(힘)	forces(군대)
letter(글자)	letters(학문, 문학)
manner(태도, 방법)	manners(예절)
moral(교훈)	morals(도덕, 행실, 품행)
pain(고통)	pains(수고)
regard(존경)	regards(안부 인사)
return(돌아옴)	returns(표 따위의 집계 결과)
spirit(정신)	spirits(기분)
trouble(수고)	troubles(곤경, 애로)
writing(글쓰기)	writings(작품)

He's demanding $2000 **damages.**

[그는 손해배상금으로 2000 달러를 요구하고 있다.]

The earthquake caused **damage** to property estimated at $6 million.

[지진으로 인하여 6백만 달러로 추산되는 재산 피해가 발생했다.]

George has very good **manners.**

[조오지는 예절이 아주 바르다.]

---

29 That a language has many meanings or shades of meaning is a feature more characteristic of English than of probably any other modern language. As regards nouns, the change from the singular to the plural form naturally involves a change in the notional content of the word. Usually this change simply consists in the difference between the idea of singularity and that of the plurality, or in shades of related meanings. But in nouns ... the singular and the plural have radically differentiated meanings. — Meyer-Myklestad (1967: 68). See also Jespersen (1913: 85-90) and Christophersen & Sandved (1971: 27).

I didn't like that man's **manner**.
[나는 그 사람의 태도가 맘에 들지 않았다.]

Early **returns** show Bulgaria's opposition may have won.
[조기 집계 결과는 불가리아의 야당이 이겼을 것이라는 점을 말해 준다.]

She begged for the **return** of her kidnapped baby.
[그녀는 납치당한 자신의 아기를 돌려달라고 애원했다.]

That is not on the **minutes**.
[그 내용은 회의록에 들어 있지 않다.]

A minute is a short official note or memorandum.
[minute란 공식적으로 적어놓은 짧막한 노트, 즉 비망록을 말한다.]

We can use our **savings**(= money saved) to buy some new furniture.
[우리는 새 가구를 좀 사기 위해 저축한 돈을 쓸 수 있다.]

The sale price of $599 represents a **saving** of $100 off the regular price.
[판매가 599불은 정가에서 100불을 절약한다는 뜻이다.]

1.4.5.3. 근사복수

연대는 in the 1970s/1970's처럼 나타내고, 막연한 나이를 나타낼 때에는 in one's (early/mid-/late) 20s(20대 초반/중반/후반)처럼 나타내는데, 이를 근사복수(近似複數: plurals of proximity)라고 한다. 이들은 같은 숫자의 합계가 아니라, 그 기간에 걸친 숫자의 합계를 나타내어, 예컨대 the sixties of the last century에서 '60년대'라는 것은 60 + 60 + 60 ... + 60이 아니라, 60 + 61 + 62 ... + 69까지의 합계를 뜻한다.[30]

Many people still remember the great depression of **the 1930s**.
[많은 사람들이 아직도 1930년대의 대공황을 기억하고 있다.]

The theme of our discussion was 'Europe **in the 1980's**'.
[우리의 토론 주제는 '1980년대의 유럽'이었다.]

---

30 I next come to speak of what I have termed the plural of approximation, where several objects or individuals are comprised in the same form thought not belonging exactly to the same kind. *Sixties* (a man in the sixties; the sixties of the last century) means, not (on) sixty + (another) sixty ..., but sixty + sixty-one + sixty-two and so forth till sixty-nine. — Jespersen (1924: 191-192).

Her family emigrated to America **in the 1950s.**
  [그녀의 가족들은 1950년대에 미국으로 이민 갔다.]
She married **in her late twenties.**
  [그녀는 20대 후반에 결혼했다.]
She is not yet out of **her teens.**
  [그녀는 아직도 10대의 나이를 벗어나지 않았다.]

예컨대 twenty(-)something (years ago)은 나이 등을 정확히 모를 때 20에서 30 사이의 어느 숫자(20 몇 년 전에)를 뜻한다. 사전에 따라 숫자와 something 사이에 하이픈의 유무가 다르고, something이 단수형 또는 복수형으로 나타나고 있다.

'How much did you spend on groceries?' 'A hundred and **twenty something.**'
  — *Longman Exams Dictionary.*
  ['식료품 값으로 돈을 얼마 썼느냐?' '120 몇 불인가 썼어.']
a newly comedy aimed at **twenty-somethings**
  — *Oxford Advanced Learner's Dictionary.*
  [20대의 사람들을 겨냥한 새로운 희극]
Most American **twenty-somethings** do not read about politics.
  — *Collins Cobuild English Dictionary for Advanced Learners.*
  [미국의 대부분의 20대들은 정치에 관한 글을 읽지 않는다.]

1.4.5.4. 상호복수

일부 명사들은 예컨대 be/make **friends** with(친구 사이이다/친구로 삼다), to exchange **presents**(선물을 주고받다)의 경우처럼 친구가 되거나 선물을 주고받으려면 반드시 둘 이상의 상대가 있어야 한다. 바로 이러한 이유 때문에 문장을 통해서 이런 뜻을 나타내려면 그 명사는 반드시 복수형으로 표출되어야 하는데, 이를 상호복수(相互複數: plurals of reciprocity)라고 한다.

Did he tear it in **shreds?**

[그 사람이 그것을 여러 조각으로 찢어버렸는가?]

We were **comrades** in the war.
[우리는 전우(戰友)였다.]

He folded his **arms.**
[그는 팔짱을 끼었다.]

He clapped his **hands** in delight.
[그는 기뻐서 손뼉을 쳤다.]

We interchanged **partners**; he danced with mine, and I danced with his.
[우리는 파트너를 서로 바꿨다. 그래서 그는 나의 파트너와 춤추고, 나는 그의 파트너와 춤을 췄다.]

There's a weird noise every time I change **gears.**
[기어를 변속할 때마다 아주 이상한 소리가 난다.]

Many farmers use **clappers** to stop birds eating the crops.
[많은 농부들은 새들이 농작물을 먹는 것을 방지하려고 딱따기를 이용한다.]

Meanwhile, individuals who feel vulnerable may clasp their **hands** in front of them or fold their **arms** as if trying to make themselves less conspicuous.

— Dianne Hales, "The Secret Language of Success"
[한편 마음이 약한 사람들은 그들 앞에서 박수를 치거나 자신들이 덜 눈에 띠도록 하려는 것처럼 팔짱을 끼려고 한다.]

1.4.5.5. 강의복수

일부 물질명사나 추상명사들이 복수형을 취하는데, 이들은 수와 관련된 복수의 개념을 나타내기 위한 것이 아니라, 무수히 많은 물질이나, 추상적인 개념을 강조하기 위한 것이다.[31] 예컨대 the **sands** of the Sahara Desert에서 복수형 sands는 사하라 사막에 무수히 많이 쌓여 있는 모래더미를 뜻하는 것이지, 하나 둘 셀 수 있는 모래알을 뜻하는 것이 아니다. 마찬가지로 the **waters** of the Pacific에서 waters도 무수히 많은 양의 바닷물을 뜻하는 것이다. 이처럼 쓰이는 복수형을 강의복수(强意複數: intensive plurals)라고 한다.

---

31 **249.** The plural of some abstract and material nouns may be used to express intensity, great quantity or extent. — Zandvoort (1969: 98).

The labours of twenty years were reduced to a heap of **ashes**.

[20년간의 노력의 결과가 잿더미로 변해버렸다.]

High atmospheric pressure impedes airborne moisture from condensing into **clouds.**

[고기압은 공중에 떠 있는 습기가 응축되어 구름을 형성하지 못하게 한다.]

Shadows are larger when the sun is low in the sky.

[하늘에 해가 낮게 떴을 때 그림자가 더 커진다.]

They live on the **outskirts** of a small city.

[그들은 어느 소도시 교외에 살고 있다.]

It's a thousand **pities.**

[참으로 유감스럽다.]

He had no great **hopes** for the success of his undertaking.

[그는 자신이 하는 일이 성공하기를 크게 바라지 않았다.]

Now that father has lost his job, we are in desperate **straits.**

[아버지께서 실직했으므로 우리는 절망적인 곤경에 빠져있다.]

1.4.6. 수의 일치

1.4.6.1. 단일 주어

일치란 두 개의 문법적인 요소 중 어느 하나가 어떤 자질(資質: feature)을 가지면 이에 따라 다른 요소도 이와 똑같은 자질을 갖는 관계를 말하는데, 영어에서 가장 중요한 유형의 일치는 주어와 이에 따른 동사 사이에서 나타나는 수의 일치(subject-verb concord, agreement)의 문제이다. 수의 일치란 주어가 단수이면 이에 따라 나타나는 동사도 단수이고, 주어가 복수이면 이에 따라 동사도 복수 형태로 나타나는 것을 말한다.[32] 먼저 주어가 단

---

32 CONCORD (also termed 'agreement') can be defined as the relationship between two grammatical units such that one of them displays a particular feature (*eg* plurality) that accords with a displayed (or semantically implicit) feature in the other. The most important type of concord in English is concord of 3rd person number between subject and verb. The normally observed rule is very simple:
   A singular subject requires a singular verb
   My daughter *watches* television after supper. [singular subject + singular verb]
   [내 딸은 저녁 식사 후에 텔레비전을 본다. → 단수 주어(my daughter) + 단수동사(watches)]

일 명사구로 나타나는 경우를 보기로 하겠다.

The tiniest hair *casts* a shadow.
  [가장 가느다란 머리카락도 그림자를 만든다.]
The trip *was* quite enjoyable after all.
  [그 여행이 결국 아주 즐거웠다.]
The books on this shelf *are* for the use of staff only.
  [이 선반에 있는 책들은 직원들만 볼 수 있다.]
My favorite subjects *are* history and geography.
  [내가 가장 좋아하는 과목은 역사와 지리이다.]

집합명사가 주어일 때 동사의 수에 대해서는 1.3.3(집합명사)에서 이미 다루었다.

1.4.6.2. 단일 주어인가? 이중 주어인가?

두 개의 단수 명사구가 주어로서 접속사 and에 의해 연결되어 있으면서 그것이 서로 다른 내용을 전달한다면 복수 동사가 쓰이게 된다.

Fire and water *do* not agree.
  [불과 물은 어울리지 않는다.]
Happiness and success in life *do* not *depend* on our circumstances, but on ourselves.
  [인생에서 행복과 성공은 환경에 달려 있는 것이 아니라, 우리 자신에게 달려 있다.]

설령 두 개의 단수 명사구가 and에 의해 연결되어 있더라도 그것이 동일한 대상을 가리키는 사람이거나, 동일한 개념 내용을 나타내거나, 또는 서로 긴밀한 관계를 가진 물건을 나타낸다고 생각되는 것이면 단수 동사가 수반된다.

A plural subject requires a plural verb
My daughters *watch* television after supper. [plural subject + plural verb]
  [내 딸들은 저녁 식사 후에 텔레비전을 본다. → 복수 주어(my daughters) + 복수 동사(watch)]
— Quirk et al. (1985: 755).

a. 동일한 사람:

The secretary and accountant of the Company *was* present.
[그 회사의 비서이며 회계사 역할을 하는 사람이 참석했었다.]

My colleague and dear friend *is* near death's door.
[나의 동료이자 친한 친구가 죽음이 임박해 있다.]

다음 문장에서는 두 개의 주어 역할을 하는 명사구가 같은 사람/사물이나 개념 내용이냐, 서로 다른 사람/사물이나 개념 내용이냐에 따라 동사의 형태가 결정된다. 구문 형태로 보면 두 개의 명사구가 and로 연결되어 있기 때문에 복수 동사를 선택해야 하겠지만, 각 문장의 주어 위치에 있는 두 개의 명사구가 서로 별개의 사람이나 개념 내용을 나타내는 것이 아니라, 동일한 사람이나 한 가지 개념을 나타내는 것이기 때문에 단수로 취급되는데, 이를 개념적 일치(notional concord)라고 한다.[33] 그렇지만 문제는 이에 그치지 않고 화자나 필자의 마음 속에서 단일성과 개별성 중 어느 것이 우위에 있느냐에 따라 동사의 수가 결정된다.

His aged servant and the subsequent editor of his collected papers $\begin{Bmatrix} was \\ were \end{Bmatrix}$ with him at his death-bed.
[...가 그의 임종시에 같이 있었다. → 주어 위치에 놓인 his aged servant and the subsequent editor 부분을 '나이 많은 그의 하인이자 동시에 그의 논문집 후임 편집자'라고 한 사람이 두 가지 역할을 한다고 보면 단수 취급될 것이고, '그의 나이 많은 하인과 그의 논문집의 후임 편집자'라고 servant와 editor를 두 사람으로 보면 복수 취급되어 복수 동사를 수반하게 됨.]

Your **fairness and impartiality** $\begin{Bmatrix} has \\ have \end{Bmatrix}$ been much appreciated.
[너의 ...가 크게 칭찬을 받았다. → 주어 위치에 있는 your fairness and impartiality를 '공정해서 어느 한쪽으로 치우치지 않는 너의 마음씨'라고 하면 뜻의 한 단위가 되어 단수 동사를 수반하게 되지만, 이 두 개의 명사를 각각 따로 보고 '공정성과 공명정대한 마음씨'라고 해석하게 되면 두 개의 개념이기 때문에 복수 동사를 수반하게 됨.]

Her **patience and understanding** $\begin{Bmatrix} is \\ are \end{Bmatrix}$ amazing.

---

[33] Notional concord is agreement of verb with subject according to the *idea* of number rather than the actual presence of the grammatical marker for the idea. ─ Quirk et al. (1972: 360).

[그녀의 ...은 놀랍다. → patience and understanding을 <u>참고 이해하는 마음씨</u>라고 해석하면 한 가지 개념이기 때문에 단수 동사가 쓰이게 되지만, <u>인내심과 이해심</u>이라는 두 가지 서로 다른 개념이 연결된 것으로 해석하면 복수 동사가 쓰이게 됨.]

b. 동일한 개념:

The stitching and binding of books *is* done on this machine.

[책을 꿰매고 제본하는 일이 이 기계에서 이루어진다. → stitching과 binding은 한 가지 개념, 즉 책을 제본하는 일을 가리키기 때문에 이에 따라 단수 동사가 쓰이고 있음.]

The relative power and prestige and strength of the United States *is* increasing in relation to that of the Communists.

[미국의 상대적인 힘, 명성, 세력이 공산국가의 것에 비해 늘어나고 있다. → power, prestige, strength를 모두 같은 개념으로 보고 있음.]

Accuracy and precision *is* a more important quality.

[정확성이란 보다 중요한 자질이다. → accuracy와 precision은 같은 개념을 나타내는 것임.]

Man's **mind and spirit** *remains* invincible.

[인간의 정신력이란 정복할 수 없는 것이다. → 형식적으로는 mind와 spirit가 and로 연결된 두 가지 개념으로 간주되는 것 같지만, 사실은 이 두 개념이 '정신력'이라는 하나의 개념을 나타내는 것임.]

On the other hand, **the very copiousness and heterogeneousness** of English *leads* to vagueness or lack of clarity.

— C. L. Wrenn, *The English Language*.

[반면에 영어가 풍부해서 이질성을 나타내는 바로 그러한 점이 결국 애매성, 즉 명료성을 부족하게 만든다. → the very copiousness and heterogeneousness를 결국 동일한 개념으로 취급하고 있기 때문에 단수 동사가 쓰인 것으로 볼 수 있음.]

c. 긴밀하게 관련된 두 개의 물건:

The typewriter and the case *weighs* about 15 pounds.

[타자기와 케이스의 무게가 대충 15 파운드가 된다. → 타자기와 타자기를 넣는 케이스를 하나의 물건으로 간주되고, 또한 이것이 주어이기 때문에 동사를 단수형으로 나타낸 것임.]

A cart and horse *was* seen at a distance.

[멀리서 짐마차가 보였다. → cart와 horse를 따로 떼어 놓고 보는 것이 아니라, 이 두 가지가 한 단위가 되고 있어서 단수 동사를 수반하고 있음.]

The hammer and sickle *was* flying over the Kremlin.

[소련 국기가 크레믈린 상공에 휘날리고 있었다. → hammer and sickle은 각기 다른 물건을 가리키는 것이 아니라, 이 두 개의 물건이 합쳐서 '옛 소련 국기'라는 뜻으로 단수 취급됨. 미국 국기 the Stars and Strips(성조기)도 마찬가지임.]

Bread and butter *is* good for patients.

[버터를 바른 빵이 환자들에게 좋다. → bread와 butter라는 두 가지 물건을 뜻하는 것이 아니라, 버터를 바른 빵이라는 한 가지 개념을 나타내기 때문에 단수로 취급되고 있음.]

Bacon and eggs *is* still the standard American breakfast.

[베이컨에 달걀 반숙을 얹은 요리가 아직도 미국인들의 표준적인 아침 식사이다.]

Macaroni and cheese *is* not good when it is cold.

[마카로니 치즈는 차가우면 맛이 없다. → 마카로니 치즈는 치즈 소스로 조미한 마카로니 요리. 미국영어에서는 macaroni and cheese라고 나타내는 반면, 영국영어에서는 접속사 없이 macaroni cheese라고 함.]

1.4.6.3. 수의 일치와 관련된 나머지 문제들

위에서 본 문제들 이외에 몇 가지 수의 일치와 관련된 문제들이 있다.

more than 다음에 단수 명사가 오는 경우와 복수 명사가 오는 경우를 예로 들기로 한다. 먼저 more than 다음에 단수 명사가 오는 경우를 보기로 한다.

More than one person *has protested* against the proposal.

[한 사람 이상이 그 제안에 항의를 했다.]

개념상으로 보면 more than one person은 복수이지만, 이 부분에서 one person이 주어로 간주되기 때문에 이에 따르는 동사는 단수형을 선호하는 경향이 있다. 그리고 여기서 more than은 'not merely'라는 부사적인 뜻을 갖는 것으로 분석된다.[34]

---

34 more than one person을 more [than one person]으로 분석하여 than one person은 앞에 놓인 복수 부정대명사 more를 수식하는 것으로 간주되기 때문에 복수로 취급되어 이에 따른 동사는 복수 형태로 나타나게 된다. — After the group *more than* there is a difference of usage according to the meaning. The usual form of expression is the singular verb since *more than* is felt as an adverb, as equivalent to *not merely*; but others feel *more* as a plural indefinite pronoun and employ the plural verb: 'More than one *has* (or *have*) found it so. Of course, the plural is used when the words are separated: 'More *have* found it so than just he.' — Curme (1931: 59).

그러나 more than 다음에 복수 명사가 놓이면 복수 동사가 쓰인다.

More than a thousand inhabitants *have signed* the petition.
[1천명 이상의 주민들이 그 청원서에 서명했다.]

등위접속사로 유도되지 않은 구와 절은 동사의 수에 영향을 미치지 않는다. 그러므로 단수 주어가 (together) with,[35] as well as, no less than, like, but, including, accompanied by 등으로 유도되는 경우에 이들은 단수 주어가 나타내는 수에 영향을 미치지 않기 때문에 이 다음에 오는 동사는 단수 동사 형태로 나타난다.

My mother, *together with my sisters*, *is* at the store.
[나의 누이동생들과 같이 어머니께서 가게에 있다.]
Mr. Smith, *accompanied by his wife and his three children*, ***has*** just ***arrived***.
[자기 아내와 세 명의 자녀를 대동한 스미스 씨가 방금 도착했다.]
Man, *no less than the lower forms of life*, *is* a product of the evolutionary process. — Curme, Syntax.
[하등동물들과 마찬가지로, 인간은 진화 과정의 산물이다.]
The prime minister *with other cabinet members* *is* now in the conference.
[다른 각료들과 더불어 총리께서 지금 회의에 참석 중이다.]

시간·거리·금액·무게 등 척도어구들이 한 단위를 나타내는 것으로 해석되는 경우에는 단수로 취급되어 이러한 단위의 명사들이 주어이면 이에 따른 동사는 단수 형태가 된다. 이러한 척도어구들이 단수로 취급되는 것은 바로 이러한 어구들이 amounts of money(금액), units of time(시간 단위) 따위와 같은 뜻을 나타내는 것으로 간주되기 때문이다.[36]

Five miles *is* too far to walk.

---

35 전치사 with가 구어영어에서 접속사 and로 취급되어 복수 동사가 수반되기도 한다:
   The headmaster with the rest of the staff *were* having a heated discussion.
   [과장과 나머지 직원들 사이에 열띤 토론이 벌어지고 있었다.]
   — Quirk et al. (1972: 364).
36 Huddleston & Pullum (2005: 89).

[5마일이란 거리는 걸어가기에는 너무 멀다. → 이 문장에서 five miles는 the distance of five miles라는 뜻이기 때문에 단수로 취급되어 단수 동사를 수반하는 것임.]

Five dollars *is* the price of that shirt.

[5달러가 그 셔츠의 값이다.]

Two hundred yards *is* a long way to crawl.

[200 야아드 거리는 기어가기에 먼 길이다.]

From this ***comes* five tons of pure sulphur.**

[여기에서 5톤의 순수 유황이 나온다. → sulphur에 대한 미국영어의 철자는 sulfur임.]

1.4.6.4. 수의 불일치

때로는 수의 일치가 이루어지지 않은 문장을 볼 수 있다. 즉, 주어와 이에 따른 동사 사이에 다른 요소들이 길게 놓여 있어서 결과적으로 주어와 동사가 서로 멀리 떨어져 있으면 앞에 놓인 주어가 어느 것인가 하는 것을 까마득히 잊어버리고 동사에 가까이 놓여 있는 단수 명사 또는 복수 명사에 일치시키는 예를 가끔 볼 수 있다. 이를 견인(牽引: attraction)이라 한다.[37] 그러나 어떠한 경우에도 주어와 동사 사이에 어떤 명사 형태가 오든 주어가 단수 명사이면 단수 동사가 오고, 주어가 복수 명사이면 이에 대한 동사는 복수 형태라야 한다.[38]

The **opinion** of *several eminent lawyers **were*** in his favor.

[여러 명의 저명한 변호사들의 견해가 그의 호감을 샀다. → 이 문장의 주어가 the opinion 임에도 불구하고 동사 가까이에 놓여 있는 복수 명사 **lawyers**가 주어라고 생각한 나머지 이에 일치시키고 있기 때문에 틀린 문장임.]

All rights of voting in *the election **was*** abolished.

---

37 A singular subject separated from the verb by intervening words containing plural substantives sometimes (about 30 per cent of the instances in Group I) has a verb in the plural number. The greater the distance between the subject noun and the verb, the greater the power of attraction to the plural form of the intervening substantives. — Fries (1940: 55). 동사에 가까운 명사에 동사의 수를 일치시키는 것을 principle of proximity(근접의 원칙)라고도 한다.

38 Be careful to observe the rule of agreement in longer sentences, where mistake is easy (especially where the subject is singular and a plural noun comes between it and the verb); *e.g.* 'The appearance of many things in the country, in the villages one passed through, and in this town, *reminds* [not *remind*] me of Dutch pictures.' — Onions (1929: 29).

[선거에서의 모든 투표권이 폐지되었다. → 이 문장의 주어는 all rights임에도 불구하고 동사에 가까운 위치에 있는 the election을 주어로 착각한 나머지 동사는 이 명사에 일치시키고 있음.]

1.5. 수사

1) 수사(數詞: numerals)에는 one, two three, four 따위와 같은 기수(基數: cardinal number)와 first, second, third, fourth 따위처럼 차례를 헤아리는 서수(序數: ordinal number)가 있다. 서수는 대개 정관사를 비롯하여 다른 한정사를 수반하는 것이 일반적이다.

'How many people are taking part in the competition?' — 'There are **ten** on the list, so you are **the eleventh.**
['경기에 몇 명이 출전하는가?' — '명단에는 열 명이 출전하는 것으로 되어 있어서 너는 열한 번째야.']

They have **five children** already, so this will be **their sixth.**
[그들에게는 이미 다섯 자녀가 있어서 이 아이는 여섯 번째가 된다.]

기수가 in **twos** and **threes**(둘씩 셋씩) 따위에서처럼 동일한 숫자의 반복을 나타낼 경우에는 복수형으로 쓰이며, 단수형으로 나타난 in **two**는 '두 개로'라는 뜻이다.

Hundreds of containers lie neatly stacked **in twos** and **threes** at the MTL yard awaiting transfer. — *Reader's Digest*, May 1989.
[수백 개의 컨테이너들이 운송되기를 기다리면서 둘씩 셋씩 보기 좋게 MTL 야적장에 쌓여 있다.]

People arrived **in twos** and **threes.**
[사람들이 한 번에 둘씩 셋씩 도착했다.]

He broke the bar of chocolate **in two** and gave me half.
[그는 초콜릿을 둘로 쪼개어서 내게 반쪽을 주었다.]

Slavery was dividing the nation **in two** — a northern part, where there was no slavery, and a southern part, where slavery still existed.
— *The Complete Book of United States History* (2002).
[노예제도가 이 나라를 둘로 나누고 있었다. 즉, 노예제도가 없는 북부와 여전히 노예제도가

있는 남부로. →2002년판 미국 초등학교 3-5학년용 역사 교과서에서.]

2) hundred, thousand, million, billion에는 반드시 a 또는 one이 첨가되어 **a/one** hundred students, **a/one** thousand employers 따위와 같이 나타내야 한다. 그러나 숫자의 중간에서는 부정관사 a를 사용하지 않고 반드시 one을 사용한다. 그러므로 3,100은 three thousand **one** hundred라고 말해야 한다.

특히 수를 셀 때에는 세 자리 숫자마다 붙이는 쉼표가 중요하다. 예컨대 2000의 경우에 *2,*000처럼 쉼표를 붙여서 two thousand라고 말해야 함에도 불구하고, 2*0,*00처럼 백 단위 다음에 쉼표를 붙이면 twenty hundred라고 잘못 말하게 된다. 그러므로 쉼표 바로 앞에 놓인 숫자의 단위가 중요하다. 따라서 예컨대 34,867은 34**천** 867로, 그리고 589,219는 589**천** 219를 다음과 같이 영어로 말하면 된다. 영국영어에서는 십 단위 앞에 and를 첨가하지만, 미국영어에서는 이를 생략할 수 있다.

3*4,* 867 thirty-**four thousand**, eight hundred (and) sixty-seven

58*9,*219 five hundred (and) eighty-**nine thousand**, two hundred (and) nineteen

*2,*89*5,*372 **two million**, eighty hundred (and) ninety-**five thousand**, three hundred (and) seventy-two

5*9,*25*6,*210 fifty-**nine million**, two hundred (and) fifty-**six thousand**, two hundred (and) ten

19*3,*97*4,*853 a/one hundred (and) ninety-**three million**, nine hundred seventy-**four thousand**, eighty hundred (and) fifty-three

*3,*72*8,*99*8,*638 **three billion**, seven hundred twenty-**eight million**, nine hundred (and) ninety-**eight**, thousand six hundred (and) thirty-eight

1,100을 one thousand one hundred, 1,200을 one thousand two hundred라고 말하는 대신에, 비격식적인 경우에는 흔히 eleven hundred, twelve hundred라고 말한다. 특히 1100, 1200, 1300, …1900까지의 숫자처럼 끝자리가 없는 숫자를 말할 때 이렇게 말하는 것이 아주 흔하다.

3) ten, decade(= 10), score(= 20), dozen, hundred, thousand, million, billion, gross (= 144), head, brace, ton, couple, stone(= 14 pounds) 등 수량명사(quantifier nouns)나 척도어(words of measurement)는 수사나 a few, several 등 다른 수량어(quantifier) 다

음에 놓여 일정한 수를 나타내는 경우에는 영복수가 된다.

a hundred pages, **two hundred** dollars, **three thousand four hundred** men
The normal span of man's life is **three score** and ten (years).
　[인간의 보통 수명은 70년이다.]
He owns **a hundred** head of cattle.
　[그에게 가축 100 마리가 있다.]
The farmer was too fat: he weighed nineteen **stone.**
　[그 농부는 몸이 너무 비만이었다. 그래서 그는 몸무게가 266 파운드였다.]

반면에 막연한 수를 나타내는 경우, 즉 one, two ... ten 따위와 같은 수사가 앞에 놓여 있지 않는 경우에 위에서 본 수량명사는 decades, scores, hundreds, thousands 따위와 같이 복수형을 취하고, 이다음에 of가 이끄는 전치사구가 온다.

Thousands of cattle are starving.
　[수천 마리의 가축들이 굶어 죽어가고 있다.]
Tens of thousands of workers are forced to think up new ways of earning a living.
　[수만 명의 노동자들이 새로운 생계 방법을 생각하지 않을 수 없게 되었다.]
The Olympic Games were watched by literally **billions of** people around the world.
　[사실상 올림픽 경기는 전 세계의 수십억 인구가 지켜보았다.]

수량(quantity) · 무게(weight) · 가치(value) 등을 나타내는 명사들은 복수의 뜻을 나타낼 때 복수형을 사용한다.

The sea is twenty **fathoms** deep here.
　[이곳 바다의 깊이는 12피트나 된다.]
I need fifty-six { **dollars** / **pounds** }.
　[나는 56 달러/파운드가 필요하다.]
The tank contains a hundred **gallons** of gasoline.

명사(Nouns)

[그 탱크에는 백 갤런의 휘발유가 들어 있다.]

The length of the street is one and a half **kilometers.**

[그 길의 길이는 1.5 킬로미터가 된다.]

길이를 나타내는 foot와 무게를 나타내는 pound는 특히 수사가 뒤에 놓여 있으면 종종 영복수가 쓰이지만, 복수형 feet, pounds가 보다 일반적이다. pound가 금액을 나타내는 경우에도 마찬가지이다.

George is six **feet** tall.

[조오지는 키가 6 피트이다.]

I want two **pound** fifty of sugar.

[나는 설탕 2 파운드 50 온스의 설탕이 필요하다.]

The hole is eight $\begin{Bmatrix} \textbf{foot} \\ \textbf{feet} \end{Bmatrix}$ two deep.

[그 구멍은 8 피트 2 인치가 된다.]

This ticket costs only $\begin{Bmatrix} \textbf{two pound(s) fifty} \\ \textbf{two pounds} \end{Bmatrix}$.

[이 표 값은 2 파운드 50 실링밖에 되지 않는다.]

이러한 수량명사들이 또 다른 명사들을 수반하여 형용사처럼 그 명사를 수식하게 되면 이들은 복수의 뜻을 가질지라도 단수형으로 나타난다. 그러므로 a cave eleven **feet** deep은 an eleven-**foot**-deep cave라는 형태를 취한다. 이러한 경우에 척도어는 역사적으로 고대영어에서 파생된 속격 복수형의 잔재이다.[39] 예컨대 고대영어에서 복수 속격형은 -a로 끝났고, 이것이 중세영어에 들어와 굴절형의 평준화로 -e[ə]가 되었다가 나중에는 이것조차도 탈락되어 오늘날까지 그 영향이 남아 있다.

---

[39] It will be noted that in all declensions the genitive plural form ended in *-a*. This ending survived as [ə] (written *-e*) in Middle English in the "genitive of measure" construction, and its effects continue in Modern English (with loss of [ə], in such phrases as *sixty-mile drive* and *six foot tall* (rather than *miles* and *feet*). Though *feet* may more often occur in the latter construction, only *foot* is idiomatic in *three-foot board* and *six-foot man*. *Mile* and *foot* in such expressions are historically genitive plurals derived from the Old English forms *mīla* and *fōta*, rather than the irregulars they now appear to be. — Pyles & Algeo (1993: 113).

> a ten-**minute** call(10분간의 통화), the forty-**hour** week(주당 40시간), a five-**pound** note(5 파운드짜리 지폐), at twenty-**minute** intervals(20분 간격으로), a four-**story** house(4층짜리 집), a two-hundred-**page** book(200쪽짜리 책), a three-**bedroom** house(침실이 셋 있는 집)

This is **a nine-chapter book.**
 [이것은 9장으로 된 책이다.]
A 500-year-old church in Reading is being threatened with demolition.
 [레딩에 있는 500년이 된 교회가 헐릴 위험에 놓여 있다.]
During the 1980s China sold conventional arms to both Iran and Iraq during **their eight-year war.**
 [1980년대에 중국은 이란과 이라크 사이의 8년 전쟁 기간 동안에 이들 두 나라에 재래식 무기를 팔았다.]
Lincoln's portrait can be seen on the **one-cent coin** and the **five-dollar bill.**
 [링컨 대통령의 초상화는 1센트짜리 동전과 5달러짜리 지폐에서 볼 수 있다.]

5) 분수는 분자와 분모의 순으로 읽는데, 분모는 서수로 나타난다. 분자가 2 이상이면 분모인 서수에 복수 어미 -s를 붙인다. 분모와 분자가 비교적 큰 숫자이면 모두 기수로 나타내며, 분자와 분모 사이에 over가 첨가된다.

 1/2 (a) half: They stayed (for) half an hour.
 1/3 a third
 1/4 a fourth/quarter
 3/4 three fourths/quarters
 2/3 two thirds
 9/13 nine thirteenths or nine over thirteen
 3/568 three over five six eight

소수점 이하는 숫자 하나하나를 따로 말한다.

 0.9 zero/nought point nine
 2.5 two point five

3.14 three point one four

온도: 온도는 영상(above zero)과 영하(below zero)로 나타낸다.

-10° ten (degrees) below zero 또는 minus ten (degrees Centigrade)
   (a temperature of -10 degrees)
1°C one degree above zero
32°C thirty-two degrees Centigrade (또는 a temperature of 32 degrees C)

년도: 대개 년도는 두 짜리씩 읽는다.

1996 (the year) nineteen ninety-six
2000 (the year) two thousand
2006 two thousand and six

달과 날짜는 다음과 같이 읽는다. 즉, 달을 먼저 말하고, 다음에 날짜를 서수로 읽는다.

August 18(th), 1993

영국영어에서는 18 August, 1993이라 쓰고 읽을 때는 the eighteenth of August nineteen ninety-three라고 날짜에 정관사를 붙여서 말한다.

연월일을 숫자로만 쓸 때 영국영어에서는 30-5-1962(May 30th, 1962)라고 하는 반면, 미국영어에서는 5-30-1962라고 나타낸다.

세기는 the twenty-first century의 경우처럼 정관사를 수반한 서수를 사용한다. 그러나 a twenty-first century scientist의 경우처럼 세기 + 명사 표현일 경우에는 전달하고자 하는 뜻에 따라 부정관사를 수반할 수 있다.

책, 장(chapter) 등을 말할 때, 수사가 명사 다음에 오게 되면 기수로 나타내고, 명사 앞에 오게 되면 정관사를 수반한 서수 형태로 나타낸다.

the fourth book/Book Four (4권)
the thirty-second page/page thirty-two (32쪽)

the third act/Act Three (3막)
Mozart's thirty-nine symphony/Symphony No. 39, by Mozart (모차르트의 교향곡 39번)
the Second World War/World War II (2차 세계 대전)

그러나 왕과 여왕의 이름은 항상 서수로만 나타낸다.

Henry III: Henry the Third (헨리 3세)
Elizabeth II: Elizabeth the Second (엘리자베스 2세)
Louis XIV: Louis the Fourteenth (루이 14세)

1.6. 격

1.6.1. 공통격과 속격

역사적으로 보면 영어 명사의 격에는 문법적인 기능에 따라 주격(subjective)·속격(genitive)·대격(accusative)·여격(dative) 등 네 가지 격 형태가 있었다. 그러나 오늘날의 영어에서 명사는 주격형과 대격형은 같은 형태를 가지며, 여격형은 사라지고 말았으며, 그 문법적 기능에 따라 공통격(common case)과 속격과 같은 두 가지 형태만 남아 있다. 다음 예에서 보듯이, (3a, b)에서 주어와 목적어 위치에 놓이는 것은 공통격이고, (3c)에서처럼 명사 mother 앞에 놓인 것은 속격이다.

(3) a. The **teacher** loves the **students.**
　　　[주격: 공통격]　　　[목적격: 공통격]
　　　[그 선생님은 그 학생들을 사랑한다.]

　b. The **students** respect the **teacher.**
　　　[주격: 공통격]　　　[목적격: 공통격]
　　　[그 학생들은 그 선생님을 존경한다.]

　c. The **baby's** mother deserted him soon after giving birth.
　　　[속격]
　　　[그 아기의 엄마는 출생 직후에 그를 버렸다.]

공통격은 속격이 차지하는 위치 이외의 모든 위치에 놓인다. 즉, 주어·보어·동사와 전치사의 목적어·동격과 같은 역할을 하는 위치에 놓인다.

The **operation** was a success and she is now out of danger.
  [수술이 성공을 해서 이제 그녀는 위험한 고비를 넘겼다. → 공통격 neighbors : 주어]
They are close **neighbors** of ours.
  [그들은 우리와 가까운 이웃이다. → 공통격 neighbors: 보어]
Albert Einstein, the greatest **scientist** of our age, did not invent anything "practical" in his life.
  [우리 시대의 가장 위대한 과학자 앨버트 아인스타인은 자신의 생애에 아무런 실질적인 것도 발명하지 않았다. → 공통격 scientist: 동격]
We thought the fellow a **coward**.
  [우리는 그 사람이 겁쟁이라고 생각했다. → 공통격 a coward: 목적보어]
I always get a **headache** if I drink too much.
  [나는 과음하면 항상 머리가 아프다. → 공통격 a headache: 직접목적어]
I gave the **boy** some money.
  [나는 그 소년에게 돈을 좀 주었다. → 공통격 the boy: 간접목적어]

전통적으로 -'s에 대하여 '소유격'(possessive case)이라는 용어가 즐겨 사용되었으며, 지금도 여전히 이 용어가 국내외의 문법책에서 많이 쓰이고 있다. 그러나 -'s가 단순히 '소유'(possession)의 뜻만 나타내는 것이 아니라, 이 이외의 여러 가지 많은 뜻을 나타내기 때문에 '속격'이라는 보다 폭넓은 용어가 쓰이는 것이다.[40]

1.6.2. 속격형을 만드는 방법

1) 속격은 단수 명사와 -s로 끝나지 않는 복수 명사에 -'s를 붙여서 만들어지며, -s로 끝나

---

40 We're about to investigate one of the most deceptive topics of English grammar. The reason it's so deceptive is that what appears to be quite straightforward and relatively uncomplicated on the surface (after all, aren't we just talking about -'s/-s' and of?) is really somewhat perplexing when you get below the surface. As with other topics covered in this book, we're going to focus our attention on those points that tend to be troublesome to understand and explain. Although many ELT grammar books refer to -'s/-s' and of as "possessives," we prefer to use the broader term "genitives," which includes any and all of their uses, some of which do not indicate possession. — Firsten & Killian (2002: 189).

는 복수 명사의 속격은 어포스트로피(')만 붙인다.⁴¹

Obama's frustration (오바마 대통령의 좌절)
the man's maltreatment of his children (어린이들에 대한 그의 학대)
women's magazines (여성 잡지)
out of children's reach (어린이들의 손이 닿지 않은 곳에)

-s로 끝나는 단수 명사에는 -'s를 첨가한다.

an **actress's** career, a **waitress's** job

단수 명사에 복수 어미 -s가 첨가된 복수 명사를 속격형으로 만들 때에는 속격 표지로서 어포스트로피만 첨가한다.

a few minutes' walk (몇 분간의 산책)
ten years' imprisonment (10년간의 투옥)
the Wright brothers' success (라이트 형제의 성공)
the Owens' children (오웬씨 부부의 자녀들)

2) -s로 끝나는 고유명의 경우에는 어법이 일정치 않은 것 같다. -e 이외의 다른 모음 다음에 -s가 오는 희랍어의 고유명의 경우에는 어법이 일정하지 않다.

Aeneas' [iːníəs(iz)] journey [트로이의 용사 이에네아스의 여행]

---

41 다음과 같이 화살표 오른쪽에 풀어 쓴 부분이 보여주는 것처럼, 속격 어미 -'s는 수식받는 명사와 이 앞에 놓인 명사와의 관계를 나타내는 것이 아니라, 앞에 놓인 전치 수식구조 전체와 수식받는 명사와의 관계를 나타내는 것이다. 그러므로 엄격히 말하자면, 속격이란 '명사'가 갖는 형태가 아니라, '명사구'가 갖는 형태이기는 하지만, 속격 어미 -'s는 주로 명사에 따라 결정되는 경우가 많기 때문에 관례상 명사의 속격형이라고 하는 것이다. ― Ek & Robat (1984: 130).
John's books → the books **belonging to *John***
the student's future → the future **belonging to *the student***
my dear old friend's books → the books **belonging to *my dear old friend***

-es로 끝나는 1음절 이상의 단어:

Thucydides'[θjuːsídiːz] prose (희랍 역사가 투키디데스의 산문)

Moses'[moziz] law (모세의 십계명)

Socrates' philosophy (소크라테스의 철학)

Achilles' tendon (아킬레스건)

Archimedes' Principle (아르키메데스의 원리)

Prometheus' freedom (프로메테우스의 자유)

Zeus의 속격형은 Zeus'[zjuːs]이다.

-s로 끝나는 희랍인명 이외의 이름도 어법이 일정치 않다. 글로 쓸 때는 어포스트로피만 첨가하는 것이 보다 보편적이지만, 말로 할 경우에는 -'s가 첨가된 것처럼 발음하는 것이 그렇지 않은 것보다 더 보편적이다.

Dickens'/Dickens's [dikinsiz] work (디킨스의 작품),

Keats'/Keats's [kitsiz] poems (키츠의 시)

Though no fan of spendthrifts, the controller was struck by **Clonaris's** honesty and found a way to advance him the money.

— Donna Brown Hogarty, "Six Big Career Mistakes and How to Avoid Them."

[돈 씀씀이가 헤픈 사람을 좋아하는 사람은 아니지만, 경리부장은 클로너리스의 정직함에 감명을 받아 그에게 자금을 선불해 줄 방도를 찾아냈다.]

One of **H. G. Wells'** early stories had to do with a giant brain encased in a glass box from which it controlled world society.

— Joseph W. Krutch, " If You Don't Mind My Saying So ..."

[H. G. 웰즈의 초기 소설 가운데 하나는 세계를 통제하는 유리 상자 안에 들어 있는 대뇌와 관계가 있었다.]

이상과 같이 -s로 끝나면 명사를 속격형으로 나타낼 때 -'s를 첨가하느냐 하는 문제는 문법적인 것이라기보다는 오히려 언어 사용상의 문제이기 때문에 어느 것이 옳다고 단정적으로 말할 수 없다.

3) -'s의 발음은 복수 어미를 발음할 때와 같다.

a) 어미가 모음으로 끝나거나 유성 자음으로 끝날 때는 /z/로 발음된다: boy's[bɔiz], men's[menz]
b) 어미가 [z, s, ʃ, ʒ] 따위와 같은 치찰음(sibilant)으로 끝나는 명사이면 /iz/로 발음된다: mice's, witch's, judge's
c) 어미가 치찰음 이외의 무성 자음으로 끝나는 것이면 /s/로 발음된다: book's, cat's, wife's

a boy's friend와 some boys' friends, a lady's handbag와 ladies' handbags에서처럼 단수 속격형과 복수 속격형이 서로 구별되지 않고 똑같이 발음되기도 한다. 그러나 단수 속격형 wife's[waifs]와 복수 속격형 wives'[waivz]의 발음은 서로 다르다.

1.6.3. -'s 속격과 of-구

속격형에는 명사에 -'s를 붙여 만드는 것이 먼저 생겨나고, 나중에 전치사 of가 이끄는 구, 즉 of-구가 등장하면서 현대영어에서 두 가지 형태인 -'s 속격과 of-구를 쓸 수 있게 되었다.

this clergyman's young wife ~ the young wife *of this clergyman*(이 성직자의 젊은 부인)
the company's offices ~ the offices *of the company* (그 회사의 사무실)
the farmer's children ~ the children *of the farmer* (그 농부의 자녀들)

1.6.3.1. 문미 초점과 문미 중점의 원칙

-'s와 of-구라는 두 가지 속격 형태가 언어 사용자의 자의적인 의지에 따라 맘대로 선택해서 사용할 수 있는 것이 아니다. 연속적으로 등장하는 문장의 연속체에서 적용되는 문미 초점과 문미 중점이라는 원칙이 작용함으로써 -'s 속격과 of-구 중에서 어느 하나를 선택하는 것이 일반적이라고 말할 수 있다. 그 한 가지 예로서 다음과 같은 문장 (4a, b)에서 문미에 놓인 두 가지 명사구에 나타나는 구조상의 차이를 보자.

(4) a. The explosion damaged the **ship's** *funnel*.
    [폭발 사고로 인해 그 배의 굴뚝이 파손되었다.]

b. Having looked at all the funnels, she considered that the most handsome was **the funnel *of the Orion.*** (Quirk et al. 1985: 323)
[모든 굴뚝을 보고 나서 그녀는 가장 멋진 것이 오리온호의 굴뚝이라고 생각했다.]

(4a, b) 두 문장에서 문미에 놓인 두 가지 속격 형태가 모두 사용 가능하지만, 그 차이는 문미 초점의 원칙(principle of end-focus)에 따른 정보의 중요성에 따라 설명할 수 있다. 대개 어구의 마지막 단어가 중요한 정보를 제공해 주기 때문에 (4a)에서처럼 화자가 funnel에 더욱 관심을 두는 경우에는 -'s를 선택하게 되지만, 반대로 (4b)에서처럼 the Orion이라는 요소에 보다 더 많은 관심을 갖게 된다면 of-구를 선택하게 된다.

또한 문장 (5)의 마지막 부분에서 the output **of the country**라고 하지 않고, the country's **output**와 같이 나타낸 까닭은, the country는 앞에서 이미 언급된 America를 가리키는 것이므로 구정보(old information)에 해당되는 것이고, 반면에 output는 신정보(new information)로서 청자에게 보다 더 중요한 정보를 제공해 주는 것이기 때문이다.[42] 바로 이러한 점 때문에 the country's output 대신에 the output of the country라고 한다면 문법적으로 옳으냐 옳지 않으냐 하는 문제를 떠나서 상당히 어색하게 여겨질 것이다.

(5) In 1870 America was still rural. More than half of all working Americans toiled on family farms and produced 35 percent of **the country's output.**
[1870년에도 미국은 여전히 농업국이었으며, 모든 근로자의 절반 이상이 가족 소유 농장에서 열심히 일하여 이 나라 생산의 35%를 차지하였다.]

또한 보다 긴 명사구는 (6a)에서와 같은 -'s를 사용하지 않고, (6b)에서처럼 of-구를 사용한다. 즉, 속격으로 나타내는 부분이 다른 어구의 수식을 받게 됨으로 말미암아 길어지게 되면 문미 중점의 원칙(principle of end-weight)에 따라 필연적으로 of-구를 사용하게 되는 것이다.

---

42 Further factors influencing the choice of genitive are the principles of end-focus and end-weight (*cf* 17.45, 18.3*f*), which encourage the placing of more complex and communicatively more important units towards the end of the noun phrase. According to the principle of end-focus, the genitive tends to give information focus to the head noun, whereas *of* construction tends to give focus to the prepositional complement. — Quirk et al. (1985: 323).

(6) a. **the law's** demand (법에 대한 요구)

~ **the new law's** demand (새로운 법을 요구하는 것)

b. the demands **of the laws concerning terrorism** (테러에 관한 법을 요구하는 것)

더욱이 다음과 같은 각 쌍의 명사구에서는 -'s를 선택하느냐 of-구를 선택하느냐에 따라 뜻이 달라진다.

the King's English ('왕의 영어'라는 뜻일 수도 있지만, 특히 영국의 '표준 영어'를 뜻함.) [43]
the English *of the King* (왕이 말하거나 글을 쓰는 영어)
the Lord's Day (일요일, 주일)
the Day of the Lord
(= the Day of Judgment, Judgment Day 최후의 심판일)
Nelson's life (넬슨의 생애)
the life of Nelson (넬슨의 생애, 넬슨의 전기 (= the history of Nelson))
the world's end (= the utmost part of the world 지구의 말단/끝)
the end of the world (= the last moment of the world 이 세상의 종말)

1.6.3.2. 속격형의 선택과 성의 관계

1) 속격형으로 -'s를 선택하느냐, of-구를 선택하느냐 하는 문제가 성(gender)의 구분과 밀접한 관련을 갖기도 한다. 전형적으로 남성(masculine)이나 여성(feminine)으로 취급되는 명사들은 보편적으로 -'s 속격형을 취한다. 전형적으로 중성(neuter)으로 취급되는 명사들은 대개 -'s 속격형으로 나타나지 않는다. 한편 중성으로 취급되기는 하지만, 남성이나 여성으로도 취급될 수 있는 명사들은 -'s 속격과 of-구로 모두 나타난다.

Mary's books ~ the books *of Mary*
the car's headlight ~ the headlight *of the car*
*the table's leg[44] ~ the leg *of the table*

---

[43] cf. to {abuse / murder} the king's English(순수한 영어를 더럽히다, 엉터리 영어를 사용하다). Fowler, H.(1949)의 *The King's English*라는 영문법서는 바로 이러한 순수 영어의 관점에서 쓰여졌음.
[44] the table's leg 대신 복합명사로서 the table leg라고 한다.

특히 성의 경우처럼 두 가지 속격 형태 중 어느 한 가지를 선택하는 주된 기준은 명사가 '유생적' 존재(animate entities)를 가리키는 것인가, '무생적' 존재(inanimate entities)를 가리키는 것인가 하는 것인 듯하다. 인간명사는 전형적으로 -'s 형태를 선택하고, 무생명사는 of-구로 나타난다. 인간과 무생물의 양극단 사이에 놓인 명사들의 경우에는 어법이 일정하지 않다. 일반적으로 -'s를 허용하는 명사의 범위는 성에 있어서 he/she로 지시되는 명사의 범위보다 넓다. 이 말은 곧 예컨대 book은 it으로 가리키는 명사이지만, of-구는 물론, -'s도 사용할 수 있다는 뜻이다. 대체로 그 원칙은 다음과 같다.

첫째, he/she에 의한 지시의 경우처럼, -'s를 선택하는 것은 관심 대상의 존재가 유생적인 것으로 간주되거나, 그것이 의인화된 것이라거나, 또는 화자/필자의 입장에서 보아 그 명사가 인간적으로 애정이나 강한 관심의 대상이라는 점을 나타낸다.

둘째, -'s와 of-구를 모두 선택 가능할 경우에는 이 두 가지 구조가 모두 동일하게 사용될 수 있다는 것이 아니라, 좀더 유생적 존재로 간주될 경우에는 -'s를 선택할 가능성이 더 많고, 그렇지 않으면 of-구를 선택할 가능성이 더 많다는 것이다.

2) 다음과 같은 명사의 범주들은 일반적으로 of-구 형태보다 주로 -'s를 사용하거나 대개 그렇게 쓰인다.

(1) 인간명사(human nouns)의 경우에:

John's name, **someone else's** opinion, **my father's** sister, **the crowd's** enthusiasm, **the President's** arrival

인간과 관련된 집합명사에는 -'s와 of-구를 모두 쓸 수 있다.

the party's policy/the policy **of the party** (당의 정책)
the union's support/the support **of the union** (노동조합이 지원하는 것)
the crowd's anger/the anger of the crowd (군중들의 노여움)

father's car, **mother's** favorite, **the cat's** litter 등 소유 관계(*have* relationship)를 나타낼 때에는 주어가 대개 유생적 존재(animate being)이기 때문에 -'s를 취한다.

The Prime Minister's residence is Number Ten Downing Street.
[수상 관저는 다우닝가 10번지이다.]

His grandmother's living room is full of little china ornaments.
[그의 할머니의 거실에는 조그마한 도자기 장식품들이 가득 차 있다.]

주어 + 동사의 관계는 -'s를 선호하는 편이고, 동사 + 목적어 관계는 of-구를 선호하는 경향이 있다.

The **government's** success means the defeat **of the opposition.**
[여당의 승리는 곧 야당의 패배를 뜻한다. → the government's success는 The government succeeds.라는 뜻이고, the defeat of the opposition은 X defeats the opposition.의 뜻임.]
Big Ben's famous chime stops during the cleaning **of the clock.**
[Big Ben의 유명한 종은 시계를 청소하는 동안에는 멈춘다.]

예컨대 the poor, the rich 따위와 같이 어떤 사람들의 부류 전체를 뜻하는 the + 형용사 표현(→ 2.3.3.4 참조)은 of-구를 사용한다. 그러므로 ***the poor's** education이라 하지 않고, the education **of the poor**와 같이 나타낸다.

the needs **of the poor**, the education **of the young**, the care **of the sick**, the protection **of the innocent**

(2) 고등동물의 경우에:

a dog's bark, **an elephant's** trunk,

반면에 the sound **of the mosquito**의 경우처럼 하등동물과 관련해서는 of-구가 쓰인다.
(3) 무생물일지라도 인간 활동과 관련된 경우에. 예컨대 the **board's** decision과 같은 경우에 board가 무생물이지만, 그것을 구성하는 사람들과 관련된다는 점을 고려하여 -'s가 쓰이는 것이다.

the board's decision, **the government's** plans, **the church's** position, **our country's** future, **the book's** author, **the plan's** importance, **the report's** conclusions, **the university's** president

(4) 지명(place names)도 종종 -'s를 취한다. 이 경우에도 지명에 -'s가 첨가된 것은 사실상 그 지역과 특정한 사람들이 관련된 내용을 전달하는 것으로 간주되기 때문이다. 예컨대 Asia's future라는 말은 글자 그대로 '아시아의 장래'라는 말이 아니라, '아시아인들의 장래'를 뜻하는 것이다.

Asia's future(아시아의 장래), **London's** famous square(런던의 유명한 광장), **America's** leadership(미국의 지도력), **Japan's** industry(일본의 산업)

1.6.3.3. 관용어구

시간·거리·금액·무게 등을 나타내는 명사들은 관용적으로 항상 -'s를 수반한다.

> a good day's work(꼬박 하루 걸리는 일), today's paper (오늘 신문), a month or two's time (한두 달의 시간), five minutes' walk (5분간의 산책), within a stone's throw of the house(그 집에서 가까운 곳에), two pounds' weight (2파운드의 무게), five dollars' worth of sugar (5달러어치의 설탕)

이러한 표현이 형용사적으로 쓰여 다음에 오는 명사를 수식하게 되면 명사 앞에 놓인 두 요소는 하이픈으로 연결되며, 아울러 복수형의 속격은 -'s 없이 단수형으로 바뀐다.

five **miles'** walk → a **five-mile** walk (5마일의 산책); a ten-**foot** pole (10 피트의 장대), a **twenty**-minute speech (20분 동안의 연설)

무생물은 대개 of-구를 사용한다.

> the legs **of the table**(테이블의 다리), the color **of the wall**(벽지의 색깔), the feathers **of this bird**(이 새의 깃털), the arrival **of the computer**(컴퓨터의 도착), the price **of success**(성공의 대가), the cost **of living**(생활비), the bottom/top/inside **of the box**(상자의 밑바닥/윗쪽/안쪽)

1.6.4. 속격의 의미 관계

예컨대 the child's refusal, Hemingway's novels, their passenger's safety, the child's growth, a tyrant's oppression of his people 따위와 같은 구조들이 외형적으로 보면 모두 똑같은 구조로 나타나는 것처럼 보이지만, 속격형 -'s와 속격의 수식을 받는 명사 사이에 종종 내부적인 특정한 문법 관계가 있으며, 그 관계가 주어 속격·목적어 속격·기원 속격·소유 관계·주어와 보어의 관계 등 여러 가지로 나타난다. 대개 이러한 명사구에서 내부적인 문법 관계가 명확히 드러나기도 하지만, 때로는 애매한 경우도 있기 때문에 문장의 전후 문맥을 통해 올바르게 파악하여야 한다.

1) 주어 속격

주어 + 동사의 관계를 나타낸다. 즉, -'s를 수반한 속격형 명사는 주어 역할을 하고, 수식받는 명사는 동사 역할을 한다. 예컨대 the ruler's death(그 통치자의 죽음)는 The ruler(주어) died(동사).라고 풀어 쓸 수 있기 때문에 양자 사이에는 일종의 주어 + 동사의 문법적 관계가 있음을 알 수 있다.

The President's support is an important factor in the success of the project.
 [대통령의 지원이 그 사업을 성공으로 이끄는데 중요한 요인이다. → The President supports someone.]
The next day many people came to hear **the judge's decision.**
 [그 이튿날 많은 사람들이 판사의 판결을 들으러 왔다. → The judge decided ....]
At first nobody noticed **the child's disappearance.**
 [처음에는 아무도 그 아이가 없어진 것을 알지 못했다. → The child disappeared.]
Poor diet can stunt **a child's growth.**
 [음식이 보잘 것 없으면 어린이가 성장하지 못할 수 있다. → A child grows.]

2) 목적어 속격

동사 + 목적어의 관계를 나타낸다. 즉, -'s를 수반한 속격형 명사는 목적어 역할을 하고, 수식받는 명사는 동사 역할을 한다. 예컨대 John's punishment라는 명사구에서 속격형 명사는 목적어 역할을 하고, 이것의 수식을 받는 명사는 동사 역할을 하는데, 주어는 명시적으로 나타나지 않았기 때문에 편의상 someone이라고 하면 이 구조는 (Someone)(주어) punished(동사) John(목적어)으로 풀어쓸 수 있다.

The government's supporters welcomed the new law.
[정부를 옹호하는 사람들은 새로운 그 법을 환영했다. → They support the government.]

Wives of inventors are often **their husbands' greatest supporters.**
[발명가의 아내는 종종 자기 남편의 가장 훌륭한 조력자 역할을 한다. → Wives of inventors support their husbands.]

In a poll conducted in November 2003 by ABC News, seven in ten Americans believed **president Kennedy's assassination** was the result of a plot and not the act of a lone gunman.
[2003년 11월 ABC News 방송사에서 행한 여론조사에서 미국인 10명 중 7명은 케네디 대통령의 암살은 음모의 결과이지, 단독으로 총을 발사한 행위가 아니라고 믿었다. → Someone assassinated President Kennedy. Texas의 주도 Dallas에 있는 케네디 대통령 박물관에 게시된 글 중에서.]

The love of money is the root of all evil.
[돈을 좋아하는 것은 모든 죄악의 근원이다. → Someone loves money.]

She declared herself (to be) **a supporter of the cause.**
[그녀는 자신이 대의명분을 지지한다고 선언했다. → She supported the cause.]

방금 속격과 수식받는 명사 사이에 나타나는 주어 관계와 목적어 관계를 나타내는 예를 개별적으로 보았는데, -'s 속격과 of-구가 포함된 하나의 복합 명사구를 사용하여 주어 + 동사 + 목적어 관계를 명시적으로 나타낼 수 있다. 예컨대 뜻을 고려해서 분석해 보면 다음과 같은 명사구 (a)는 (b)와 같이 주어 + 동사 + 목적어의 구조를 가진 문장으로 풀이된다. 즉, (a)에서 -'s 속격은 주어 역할을 하고, of-구는 목적어 역할을 하는 구조이다.

(a) Rome's(주어) annexation **of Britain**(목적어) in 43 A. D.
   [A. D. 43년에 로마의 브리튼 합병.]
(b) Rome annexed Britain in 43 A. D.
   [A. D. 43년에 로마가 브리튼을 합병했다.]

또한 이러한 문법 관계에서 주어 기능은 'by + 동작주'의 구조를 사용하여 the defeat of

the rebels **by the army**(군대가 반란군을 격파함)와 같이 표출되기도 한다.

> **Julius Caesar's first invasion of the island**(= Britain) took place in 55 B. C.
> [줄리어스 시자의 이 섬(브리튼 섬)에 대한 1차 침공이 기원전 55년에 감행되었다. → **Julius Caesar invaded the island** first in 55 B.C.]
>
> The massacres and destruction began with **the invasion of Tibet by China** in 1950 and its annexation in 1951.
> [1950년에 중국이 티베트를 침공하고 1951년에 티베트를 합병하면서 대량 학살과 파괴 행위가 시작되었다. → China invaded Tibet in 1950.]
>
> **The use of narcotics by teenagers** is a problem in many countries.
> [10대들이 마약을 복용하는 것이 많은 나라의 문제가 되고 있다. → Teenagers use narcotics.]

속격이 나타내는 뜻이 주어 속격 관계인지 목적어 속격 관계인지 애매할 때도 있다. 특히 속격형이 동사적인 뜻을 가진 명사를 수식하는 경우에 문법적인 관계가 애매하게 되는 수가 있다.[45] 그러므로 다음 (6a-8a)는 각각 (6b, c)-(8b, c) 중 어느 하나와 같은 문법 관계가 있는 것으로 분석할 수 있을 것이다.

> (6) a. William's memory (윌리엄의 추억)
> b. **William** remembered someone. (주어 속격)
> c. Someone remembered **William**. (목적어 속격)
> (7) a. Thompson's murder (톰슨의 살해)
> b. **Thompson** murdered someone. (주어 속격)
> c. Someone murdered **Thompson**. (목적어 속격)
> (8) a. the King's praise (왕의 칭찬)
> b. **The King** praised someone. (주어 속격)
> c. Someone praised **the King**. (목적어 속격)

---

45 V. When a possessive word qualifies a noun that has something of verbal force (i.e. that denotes an action), the relation of this noun to the possessive word may be that of (a) a verb to a subject, or (b) a verb to an object.
— Eckersley & Eckersley (1963: 47). See also Broughton (1990: 120).

예컨대 the love of his wife에서처럼 of-구를 이용했을 때도 주어 속격과 목적어 속격 중 어느 것인지 애매하다. 즉, Someone loves his wife.라는 뜻인지, His wife loves someone.이라는 뜻인지 불분명하다.

3) 소유 속격

소유 속격은 X **'has'** something.이라는 뜻으로, 'have' 관계를 갖는다. 즉, 속격형이 주어 역할을 하고, 속격의 수식을 받는 명사는 타동사 have에 대한 목적어 역할을 한다. 따라서 Mrs Broody's passport(브르디 여사의 여권)는 Mrs Broody **has** a passport.라는 뜻이다.

The baby's mother deserted him soon after giving birth.
[아기의 엄마는 태어난 즉시 그 아기를 버렸다.]
Walker's premises were bombed in the Second World War.
[워커의 가옥이 2차 세계 대전 당시 폭격을 당했다.]
IAEA inspectors examined **Iraq's nuclear facilities** for more than a decade before the Gulf War.
[국제 원자력 기구 조사원들은 걸프전이 일어나기 전에 10년 이상이나 이라크의 핵시설을 조사했다.]

4) 기원 속격

출처, 기원의 뜻을 나타낸다. 즉, 속격형 명사의 수식을 받는 명사가 나타내는 대상이 어디에서 생겨났는가 하는 점을 나타낸다. 예컨대 Darwin's theory of evolution은 a theory from Darwin(다윈의 진화론)이라는 뜻을 갖는다.

Shakespeare's plays [셰익스피어의 극작품 → 'plays written by Shakespeare']
Stravinsky's "Rite of Spring" was a seminal work.
[스트라빈스키의 "봄의 축제"는 아주 중요하고 영향력있는 작품이었다.]
Boyle's law is a scientific principle.
[보일의 법칙은 과학의 원리이다. → 'a law discovered by Boyle']
"Hamlet" is one of **Shakespeare's best known tragedies.**
["햄릿"은 셰익스피어가 쓴 가장 유명한 비극 가운데 하나이다.]

5) 주어 + 보어의 관계

-'s를 수반한 속격형 명사는 주어 역할을 하고, 수식받는 명사는 형용사로서 보어가 된다. 예컨대 Miriam's timidity(Miriam의 수줍음)는 Miriam(주어) is timid(보어).라고 풀이 쓸 수 있는 것으로, 속격은 주어 역할을 하고, 수식받는 명사는 형용사 형태로 바뀌어 보어 역할을 한다.

his mother's jealousy = His mother is jealous. [그의 어머니의 질투심]
The statue is a lasting reminder of **Churchill's greatness.**
　[그 동상은 처칠의 위대성을 영원히 기억하게 한다.]
The busy road is a menace to **the children's safety.**
　[교통의 왕래가 빈번한 도로는 어린이들의 안전에 위협적이다.]

6) 부분 속격

the earth's surface, the baby's eyes 따위의 경우처럼 수식받는 명사가 수식하는 명사구의 일부를 가리킨다. 다시 말하자면, 속격형과 속격형의 수식을 받는 명사 사이에는 전체와 일부의 관계를 나타내는 것이다. 예컨대 **the book's** cover에서 the book은 전체이고, cover는 그 일부를 나타내는 것이다. 또한 the roof **of the barn**에서도 the barn은 전체이며, the roof는 그 일부를 나타낸다.

A spaceship entering **the earth's atmosphere** at full speed would get so hot that it would burn up and completely disappear.
　[전속력으로 대기권으로 진입하는 우주선은 너무 뜨거워지기 때문에 전소되어 완전히 사라져버릴 것이다.]
A man's muscle power is rated at one-twentieth of a horsepower.
　[인간의 근력은 1마력의 20분의 1로 평가된다.]
The sun's energy is free for the taking.
　[태양 에너지는 요구하기만 하면 무료로 얻을 수 있다.]

7) 동격 속격

속격형이 수식하는 명사에 대하여 동격의 관계를 가지게 될 때, 이러한 속격 관계를 동격

속격이라고 하며, 그 형태는 주로 of-구 형태로 나타난다.[46]

The habit *of preserving an internal happy attitude of mind* should have been started when you were very young, but it is not too late to begin now.
— Yogananda, Paramhansa. *How to be Happy All the Time*. pg. 38.
[내면적으로 행복한 마음의 태도를 유지하는 습관은 아주 어릴 적에 시작되었어야 하지만, 지금 시작된다고 하여 너무 늦은 것은 아니다.]

Citizens (in Athens) needed to speak persuasively and correctly if they were to guide **the ship** *of state*.
— James D. Williams, *The Teacher's Grammar Book*.
[아테네 시민들이 국가라는 배를 이끌려면 설득력있고 올바르게 말을 할 필요가 있었다.]

So instead of importing expensive fuels, these countries may someday use **the free fuel** *of the sun*.
[그러므로 값비싼 연료를 수입하는 대신에 이 나라들은 언젠가 태양이라는 무료 연료를 사용하게 될 것이다.]

At first Morton considered **the possibility** *of putting the patient into trance during surgery*.
[처음에 모튼은 수술하는 도중에 환자를 혼수상태에 빠지게 하지나 않을까 하는 생각이 들었다.]

In 1945, of course, **the idea** *of getting a satellite out into space* seemed fantastic.
[물론 1945년에는 위성을 우주 공간으로 진입시킨다는 생각이 불가능할 것처럼 여겨졌다.]

이밖에도 the crime *of murder*(살인죄)나 the City *of Seoul*(서울시) 따위와 같은 어구들도 동격 관계를 나타내는 예가 된다.

1.6.5. 속격의 종류

1) 속격은 **특정**(specifying) **속격**과 **종별**(classifying) **속격**의 둘로 나누어진다. 특정 속

---

46 동격 속격으로 예컨대 Dublin*'s* fair city (= Dublin, a fair city 더블린이라는 아름다운 도시)와 같이 -'s 속격 형으로 표출되는 경우는 지극히 드물고, 대개 이 대신 of-구를 이용하여 the fair city *of Dublin*과 같이 표현한다.

격은 my father's new hat, George's book, Korea's future, the ship's deck 따위와 같이 '누구에게 속한 것이냐' 하는 뜻을 나타내는 일종의 수식 구조이고, 종별 속격은 '어떠한 종류의 것이냐' 하는 뜻을 나타내는 일종의 복합어 구조이다.[47] 예컨대 종별 속격을 나타내는 a cat's paw는 '고양이 발톱'이 아니라, '앞잡이, 괴뢰'라는 뜻이다. 마찬가지로, a summer's day는 '여름철다운 날'이라는 뜻으로, 여름철에 기대할 수 있는 그런 날씨를 뜻한다. 다음은 종별 속격에 해당되는 몇 가지 예이다.

---

a women's college(여자 대학)
a fool's errand(헛수고)
a doctor's degree(박사 학위)
a giant's task(어마어마한 일)
a climber's mind(분별심)
widow's weeds(미망인의 상복)

a fool's cap(어릿광대 모자)
a cat's eye(묘안석: 단백광을 내는 보석)
to make sheep's eyes at
(...에게 추파를 던다)
her child's face (그녀의 어린애같은 얼굴)
a clergyman's week
(일요일이 두 번 낀 휴가)

---

2) 특정 속격과 달리, 종별 속격은 속격형과 그 다음에 오는 명사가 서로 수식 관계를 갖는 것이 아니라, 일종의 복합어 관계이기 때문에 두 요소 사이에 형용사를 삽입할 수 없다.[48]

---

47 Classifying genitives differ in a number of respects from specifying constructions. First they respond to the question 'What kind of ...?' rather than 'Whose ...?', which displays their similarity to adjectives and other such noun premodifiers, rather than to determiners. In fact they cannot be replaced by possessive determiners. Second, they can be preceded by determiners and modifiers of the whole noun phrase, rather than of the genitive noun alone .... Third, they form an inseparable combination with the following noun and do not usually allow an intervening adjective .... Finally, they are frequently paraphrased by a *for*-phrase rather than an *of*-construction, as in *clothes for children*. — Biber (1999: 294-295). See also Zandvoordt (1969: 107-109), Ek & Robat (1984: 118) and Aarts & Aarts (1988: 111).

48 Note that this (**classifying**) genitive is different from the (**specifying**) genitive that functions as central determiner. The latter type may be separated from the head noun by an adjective. Compare:
John's expensive shirt — *a men's expensive shop
— Aarts & Aarts (1988: 111).

특정 속격	종별 속격
my father's students → my father's **diligent** student my husband's aunt → my husband's **old** aunt [속격과 명사 사이에 수식어가 놓일 수 있음.]	a children's hospital → *a children's **new** hospital → a **new** children's hospital [속격과 명사 사이에 수식어를 둘 수 없고, 속격 앞에는 둘 수 있음.]

특정 속격을 나타내는 my father's students에서 한정사 my는 father's를 한정하고 다시 my father's 전체가 students를 한정하는 것이다. 반면에 종별 속격을 나타내는 a children's hospital에서 a는 children's를 한정하는 것이 아니라, children's hospital에서 hospital과 관계된 것이라는 점에 유의하여야 한다. 즉, 후자를 a hospital for children이라고 바꿔 썼을 때 부정관사 a가 hospital과 관련된다는 점이 명백해진다.

방금 본 것과 같은 종별 속격 구조에 형용사가 첨가된 다음과 같은 두 개의 명사구 (9a, b)를 보자.

(9) a. a **new** children's hospital
   b. an **old** man's coat

(9a)와 같은 경우에는 의미상 형용사 new의 수식을 받을 수 있는 단어가 명확하게 정해져 있기 때문에 뜻이 분명하다. 그러나 (9b)와 같은 명사구에 형용사 old가 첨가되면 이 형용사가 수식하는 것이 어느 것인지 애매하다. 즉, 이 명사구는 a man's coat that is old(남성용 낡은 코트)라는 뜻이거나, a coat which is designed for an old man(노인용 코트)라는 뜻일 수 있다.

3) 음성적으로도 특정 속격과 종별 속격이 서로 다르다. 즉, 특정 속격은 속격과 다음에 놓인 명사가 대충 동등한 강세(even stress)를 받는 반면, 종별 속격을 나타내는 어구는 복합어와 같아서 앞에 놓인 속격 형태가 제1강세를 받고 다음에 놓인 명사는 제2강세를 받는다.

1.6.6. 독립 속격

독립 속격이란 my father's study, the minister's speech, Mozart's style 따위에서처럼 속격 -'s가 다음에 놓인 명사를 수식하는 구조로 나타나지 않고, 수식받는 명사 없이 단독으로 쓰인 것을 말하는데, 다음과 같은 두 가지 경우에는 독립 속격이 나타난다.

1) 속격의 수식을 받을 명사가 문장의 어디엔가 이미 나왔기 때문에 그 명사가 다시 반복되는 것을 피하기 위하여:

My generation behaves differently from **my father's** and **grandfather's.**
[우리 세대는 아버지와 할아버지 세대와 다르게 행동한다. → father's와 grandfather's 다음에 이미 앞에 나와 있는 generation이 생략되었음.]

His **character** is very different from **his wife's.**
[그의 성격은 아내의 성격과 매우 다르다. → wife's 다음에 character가 생략되었음.]

What strikes me about his **poetry** is its similarity to **Wordsworth's.**
[그의 시에 대해서 내가 받은 인상은 그것이 워즈워스의 것과 비슷하다는 점이다.]

Over the past five years South Korean **wages** have nearly tripled, becoming the second highest in Asia after **Japan's.**
[지난 5년간 남한의 임금은 거의 세배로 올라서 일본에 이어 아시아에서 두 번째로 임금이 가장 높다.]

이러한 표현 대신에 of-구문을 사용하게 되면 대개 that, those와 같은 대명사가 다음과 같이 쓰인다.

A blind person's sense of touch is more sensitive to shape and size than **that of a person with normal vision.**
[맹인의 촉각은 정상적인 시각을 가진 사람들의 것보다 모양과 크기에 더 민감하다.]

The new CD players are much better than **those of the first generation.**
[새로 나온 CD player는 제일 먼저 등장한 것들보다 훨씬 낫다.]

2) 주택·점포·교회·사원·학교·궁전 등의 건물이 생략되는 경우에:

I've got an appointment at **the dentist's.**
[나는 치과의원에 만날 약속이 있다.]

Take it to **the dry cleaner's.**
[그것을 드라이크리닝 세탁소에 가져가라.]

I went to **the jeweller's** to collect my wristwatch.

[나는 손목시계를 찾으러 보석상에 갔다.]

I bought it at **the baker's.**

[빵 가게에서 그것을 샀어.]

The whole family planned to meet later at **Jane's** to discuss what to do.

[가족들 모두 할 일을 의논하려고 나중에 제인의 집에서 만날 계획을 했다.]

대체로 조그마한 가게를 나타낼 때는 -'s를 사용하지만, 널리 알려진 대형 백화점이나 기업체 등의 이름일 경우에는 -'s 대신에 예컨대 Harrods나 Macys의 경우처럼 주로 복수형이 쓰인다. 그리고 이들이 주어이면 단수 또는 복수 동사를 수반한다.

You can't go to London without visiting { **Harrod's** / **Harrods** }.

[런던에 갔다 하면 해롤드 백화점에 들르지 않을 수 없지요.]

Selfridges is in Oxford Street.

[셀프리즈 백화점은 옥스퍼드 가에 있다.]

Harrods are offering some interesting wines.

[해롤드 백화점에는 관심을 끄는 몇 가지 포도주를 팔고 있어요.]

1.6.7. 어군 속격

어군 속격이란 단어들의 무리, 즉 하나의 어군(語群: word group)의 마지막 요소에 -'s를 첨가하여 이루어진 것을 말한다. 예컨대 [**the chairman** of the Finance Committee]'**s pointed remarks**의 경우를 보자. 논리적인 뜻으로 보면 이 표현은 '재정 위원회 의장의 날카로운 말'이라는 뜻이기 때문에 -'s가 the chairman에 첨가되어야 타당함에도 불구하고, 그렇지 않고 [ ] 안에 놓인 어군 전체의 마지막에 첨가되고 있다.[49]

The man on the street's *opinion* is often odd.

[평범한 사람들의 의견이 이상할 때도 종종 있다.]

---

49 오늘날과 달리, 고대영어와 중세영어 시대에는 속격 어미 -'s가 수식받는 명사 중심어에 첨가되었다가 초기 현대영어 시대, 즉 17세기 초에 들어와서 어군의 맨 마지막에 첨가하게 되었다. 따라서 오늘날의 the Queen of **England's robe**(영국 여왕의 의상)가 옛날 영어에서는 the **Queen's robe** of England처럼 표현되었다. — Pyles & Algeo (1993: 185) and Berk (1999: 74).

The people next door's *dog* kept me awake all night.
[이웃 사람들이 기르는 개가 나를 밤새 잠을 못 이루게 했다.]
She is **someone I used to go to school with's *sister***.
[그녀는 내가 학교에 같이 다녔던 사람의 누이동생이다.]

물론 -'s를 이용한 이러한 어군 속격 구조 대신에 다음과 같이 of-구를 이용하여 위의 문장들을 다음과 같이 풀어쓸 수도 있다.

The opinion of the man on the street is often odd.
The dog of the people next door kept me awake all night.
She is ***the sister*** of someone I used to go to school with.

그러나 어군이 긴 경우에는 -'s 속격형을 어군의 마지막에 첨가하는 것보다 오히려 of-구를 이용하여 어군 속격을 풀어쓰는 것이 수식 관계를 명백하게 하는데 도움이 된다. 예컨대 다음과 같은 문장 (10)의 경우처럼 수식어가 긴 경우에는 풀어쓰는 것을 보다 선호하게 되는 타당한 이유를 제공해 준다.

(10) **The people who live next door to my sister's *junk-filled yard*** is an eyesore.
[나의 누이동생의 이웃에 사는 그 사람들의 폐품 투성이 뜰이 눈에 거슬린다.]

이 문장에서 my sister's가 junk-filled yard를 수식하는 것이라면 이 문장의 주어가 the people이 되기 때문에 이상한 뜻이 된다. 바로 이와 같은 애매한 점을 없애려면 수식어가 긴 경우에는 (11)에서처럼 풀어쓰는 것이 더 바람직스럽게 된다.

(11) ***The junk-filled yard*** of the people who live next door to my sister is an eyesore.

1.6.8. 이중 속격

1.6.8.1. 구조

예컨대 다음과 같은 명사구 구조는 <명사구 + 전치사구> 구조로 이루어져 있는데, 여기서 앞에 놓인 명사구는 바로 다음에 나온 전치사구의 수식을 받고 있다. 그리고 이 전치사구는 이른바 이중 속격(double genitive)[50] 구조를 가지고 앞에 놓인 명사구를 수식하고 있다.

a novel **of E.Hemingway's**
a friend **of mine**

여기서 이중 속격이라는 용어는 굴절형 <-'s>와 우언형 <of-구>라고 하는 두 가지 형태의 속격형이 이중으로 등장하고 있기 때문에 붙여진 명칭이다. 즉, 하나는 E. Hemingway's처럼 명사구에 -'s가 첨가되거나, 이 명사구 대신에 mine과 같은 소유대명사 형태로 나타나고, 또 다른 하나는 전치사구 of E. Hemingway와 of mine의 경우처럼 of-구 형태로 나타나고 있다.

위와 같은 이중 속격형은 예컨대 **a** friend와 **my father's** friend와 같은 두 개의 명사구를 하나의 명사구로 합칠 때 나타난다. 이 두 개의 명사구를 합쳐 하나로 만들 때 부정관사 a와 my father's가 모두 중심 한정사이며, 이들은 '상호 배타적'(mutually exclusive)이기 때문에 나란히 놓여 뒤에 놓인 명사를 동시에 한정할 수 없다. 따라서 *a my father's friend나 *my father's a friend는 모두 비문법적인 표현이기 때문에, 이 대신에 a friend **of my father's**와 같은 이중 속격 표현을 사용하게 되는 것이다.

a friend + my father's friend ⇒ { ***a** my father's friend / *my father's **a** friend / **a** friend **of my father's** }

단순 속격과 달리, 이중 속격은 대개 그 의미가 유일하다는 것을 나타내는 것이 아니라,

---

[50] 이중 속격이라는 용어 대신에 '후치 속격'(post-genitive)이라는 용어도 사용된다. — Ek & Robat (1984: 137), Greenbaum & Quirk (1990: 106-107), and Kruisinga (1932: 47).

어떤 대상이 여럿이 있다는 점을 암시한다.

He's **my wife's brother**.
He's **a brother of my wife's**.

여기서 my wife's brother는 그가 나의 아내의 유일한 남동생이라는 뜻을 암시하는 반면, 이중 속격 구조가 포함된 a brother of my wife's는 나의 아내에게 남동생이 한 사람 이상 있다는 점을 암시한다.

1.6.8.2. 이중 속격에 따른 제약

이중 속격의 구조로 나타내려면 그것은 다음과 같은 두 가지 조건을 모두 충족해야 한다.
1) 앞에 놓여 이중 속격의 수식을 받는 명사구는 '막연한'(indefinite) 대상을 가리키는 한정사 a(n), several, any, many, which/what(의문사), another, no 등을 수반하거나, 또는 **friends** of my father's에서 friends의 경우처럼 이러한 한정사를 수반하지 않은 복수 명사라야 하며,
2) 전치사구 안에 포함된 명사구는 my father's, the person's, Ms Lee's, Shakespeare's 또는 소유대명사 따위처럼 '특정한 사람'(definite person)을 가리키는 것이라야 한다. 그러므로

***the** sonata of **a** violinist's
***a** house of **a** person's
***a** funnel of the **ship's**

따위와 같이 이중 속격 구조를 포함하는 명사구는 위의 두 가지 조건 1)과 2)를 모두 또는 어느 한 가지 조건에서 벗어났기 때문에 문법적으로 틀린 표현이 되는 것이다. 그러나 다음과 같은 문장에서 고딕체 부분으로 나타난 명사구 구조는 위의 두 가지 조건을 모두 충족시키고 있는 예들이다.

A letter reached her from **an old friend of her mother's.**
 [그녀의 어머니의 옛 친구로부터 편지가 그녀에게 왔다.]

No eloquence of his friend's could move them.
[그의 친구의 어떤 웅변적인 말로도 그들을 감동시킬 수 없었다.]

Which story of Maugham's is your favorite?
[너는 모옴의 어느 소설을 가장 좋아하느냐?]

Another book of Mr Kim's is going to be out soon.
[김 씨의 또 다른 책이 곧 출간됩니다.]

Some beautiful pictures of Gainsborough's were displayed a month ago.
[게인즈버러가 그린 멋진 그림 일부가 한달 전에 전시되었습니다.]

that/those, this/these와 같은 한정사가 of-구의 수식을 받는 명사구에 수반되기도 하는데, 이것은 여러 개 중 어느 것을 구별해서 말하는 것이 아니라, 화자(speaker)가 잘 알고 있는 어떤 특정한 것을 뜻한다. 그러므로 **that** nose of Mr Kim's는 '김 씨의 바로 그 코'라는 뜻이지, 그에게 있는 여러 개의 코 중의 하나라는 뜻이 아니다.

다음과 같은 예에서 this와 that은 '직시적인'(deitic) 의미를 나타내는 것이 아니다. 예컨대 **that** temper of Mary's는 메리에게는 오직 한 가지 성질밖에 없는데, 바로 우리가 잘 알고 있는 '메리의 그 성질'이라는 뜻이다. 따라서 이것은 'this aspect of Mary's character, namely her temper'라는 뜻을 나타낸다. 마찬가지로, **this** Last Supper of Da Vinci's는 'this instance of Da Vinci's work, namely the Last Supper'라는 뜻이다.[51]

I cannot stand **that temper of Mary's.**
[나는 메리의 그러한 성질을 참을 수 없다.]

---

51 Yet we are able, in apparent defiance of this statement, to use demonstratives as follows:
That wife of mine
This *War Requiem* of Britten's
In this instances, which always presuppose familiarity, the demonstratives are not being used in a directly defining role; rather, one might think of them as having an ellipted generic which allows us to see *wife* and *War Requiem* appositively as members of a class of objects: 'This instance of Britten's works, namely *War Requiem*'. Even where more than one object exists corresponding to the noun, the double genitive phrase preceded by this should be regarded as having a generic partitive; for example
this hand of mine
should be interpreted not as 'This one of my (two) hands' but rather as 'This part of my body that I call "hand"'. — Quirk et al. (1972: 890). See also Ek & Robat (1984: 138).

This Last Supper of Da Vinci's is found on all the souvenirs here.
[다빈치가 그린 이 최후의 만찬이라는 그림은 이곳 모든 기념품점에 있다.]

'**This foolish wife of mine** thinks I'm a great artist', said he.
— W. S. Maugham, *The Moon and Six Pence.*
['나의 이 어리석은 아내는 내가 위대한 예술가라고 생각하지요.'라고 그가 말했다.]

이러한 예에서처럼 처음에 놓인 명사구에 포함된 명사가 that/those나 this/these를 수반하고 있으면 그것은 (1) 달갑지 못함·경멸·노여움 등 심리적으로 거리감이 있다는 뜻을 포함하거나,[52]

That dog of yours has trampled down my flowers again.
[네가 기르는 그 개가 다시 우리 꽃밭을 밟아버렸어.]

That crazy friend of Alice's is going to betray us!
[그 미치광이 같은 너의 친구 엘리스가 우리를 배반하려고 해!]

This foolish wife of mine thinks I'm a great artist.
[이 어리석은 내 아내가 나를 위대한 예술가라고 생각하지.]

(2) 이와 반대로 애정·자부심·찬사 등을 뜻하기도 한다.[53]

This car of yours is really the tops!
[네가 갖고 있는 이 자동차는 정말 최고급이네!]

This essay of my student's is a laborious piece of work.
[내 제자가 쓴 이 에세이는 역작이다.]

This idea of theirs is great.
[그들이 갖고 있는 이 생각은 훌륭해.]

이중 속격을 포함하는 명사구가 관계사절의 수식을 받는 경우에 이 명사구는 정관사를

---

52 If you've written that this **double genitive plus the addition of the demonstrtives *this*, *that*, *these*, or *those* shows some sort of extra emotion or feeling**, you've hit on it exactly. Among other things, this special phrase can communicate **affection or disdain, approval or disapproval**. — Firsten & Killian (2002: 206).

53 Declerck (1991: 257).

수반할 수 있다.

The friend of mine *who gave me this dress* wants it back.(Berk 1999: 74)
[나에게 이 옷을 준 나의 친구가 이 옷을 돌려줬으면 한다.]

He's a friend of mine.은 He is my friend.보다 더 보편적이며, 수식받는 명사가 부정한정사 no를 수반한 He's **no friend** of mine.은 I don't know him.이라는 뜻을 포함하고 있거나, 또는 He's my enemy.라는 뜻일 수 있다.

a picture of my father's와 a picture of my father는 다르다. 전자는 이중 속격 구조이지만 후자는 나의 아버지를 찍은 사진이라는 뜻이거나 나의 아버지가 갖고 있는 사진이라는 뜻이다. 다음의 두 문장에서도 두 가지 구조가 서로 뜻이 다르다.

He is a student of Boerhave's.
[그는 보어헤이브의 제자 가운데 한 사람이다.]
He is a student of Boerhave.
[그는 보어헤이브를 연구하는 사람이다.]

1.7. 성

오늘날과 달리, 영어 발달의 초기 단계인 고대영어 시대(Old English Period: 450-1100)에 명사는 문법성(grammatical gender)을 따랐다. 즉, 고대영어의 성은 오늘날의 독일어에서처럼 성적인 함축이 전혀 없었다. 그 한 예로, 'wife' 또는 'woman'이라는 뜻을 나타내는 고대영어의 단어 wīf는 중성명사이고, 'mouth'라는 뜻을 나타내는 명사 muð[muɵ]는 남성명사, 그리고 'tongue'이라는 뜻의 고대영어의 명사 tunge는 여성명사였다. 이처럼 고대영어에서는 명사의 성이 전적으로 문법성을 따랐기 때문에 오늘날 boy는 남성명사, girl은 여성명사, 그리고 book은 중성명사로 취급되는 것과는 전혀 다른 상황이었다.

1) 오늘날의 영어에서 명사가 나타내는 성은 일반적으로 자연성(natural sex)을 따라 남성·여성·중성으로 구분된다. 따라서 husband, king, wizard, nephew, bachelor 등은 남성명사이고, wife, queen, witch, niece, spinster 등은 여성명사, 그리고 computer, television, body 등은 중성명사에 속한다.

2) 이처럼 성의 구분이 가능한 단어들도 있지만, 일부 명사들은 특정한 접미사(接尾辭

suffix)를 첨가해서 성을 구분한다.

  a) 성을 나타내는 접미사 첨가:

count/count**ess**, hero/hero**ine**, usher/usher**ette**, bride/bride**groom**, widow/widow**er**

성을 표시하는 접미사 중에서 -ess가 가장 생산적(productive)이다. 즉, 접미사 -ess를 첨가해서 여성명사를 만드는 경우가 가장 많다는 뜻이다.

godd**ess**, empr**ess**, heir**ess**, steward**ess**, waitr**ess**, host**ess**, baron**ess**, count**ess**, princ**ess**, actr**ess**, lion**ess**, tigr**ess**, author**ess**, etc.

  b) 성을 나타내는 단어 첨가:

he-goat/**she**-goat, **he**-wolf/**she**-wolf, **he**-bear/**she**-bear, **billy**-goat/**nanny**-goat, **cock**-pheasant/**hen**-pheasant, **man**servant/**maid**servant, **woman** doctor/artist/clerk/driver/teacher

3) 인간명사들 중 student, doctor, professor, teacher, singer, librarian, friend, guest 등은 남성과 여성을 모두 가리킬 수 있는 이른바 양성명사(兩性名詞: dual gender noun)이다. 이런 명사들은 지시 대상의 성을 알고 있는 경우에는 그 성에 따른 인칭대명사를 선택한다. 그러나 성의 구분이 불가능하거나, 성의 구분이 중요하지 않거나, 또는 일반적으로 어떤 특정 대상을 지칭하지 않을 경우에는 인칭대명사 he로 지시하기도 하지만(주로 미국영어에서), he or she, s/he와 같이 나타내기도 한다.

  That **athlete**'s ability is very impressive; **she** can jump as high as **her** older brother.
    [그 운동선수의 능력은 아주 인상적인데, 그녀는 자기 오빠만큼 높이 뛸 수 있다. → athlete이 여자 선수를 염두에 두고 있음.]
  His **boss** is very prescriptive and wants **her** orders followed exactly.
    [그의 사장은 아주 권위적이라서 자신의 명령이 그대로 이행되기를 바란다. → boss가 여

자 사장임을 나타냄.]

The **criminal** was immune from strong punishment because **he** helped the police find the bank robber.
  [그 범인은 경찰이 은행 강도를 찾는데 도왔기 때문에 강력한 처벌을 면했다. → criminal 이 남자 범인임을 나타냄.]

When **a person** has an infectious disease, **he** is usually isolated.
  [어떤 사람이 전염병에 걸리면 그는 대개 격리된다. → 양성 명사를 남성 인칭대명사로 받고 있음.]

A **teacher** cannot give individual attention to **his** pupils if **his** class is very large.
  [학급 규모가 아주 크면 선생님은 학생들에게 개별적인 관심을 갖지 못한다.]

We need to know more about **the learner** and **his or her** needs.
  [우리는 학습자와 그들의 욕구에 대해서 알아야 한다. → 양성명사 learner를 his or her 로 받고 있음.]

그러나 양성명사를 대신하는 대명사를 he or she 등으로 나타내는 것이 반복될 경우에는 다소 어색하기 때문에 이를 피하기 위하여 인칭대명사의 복수형을 대신 사용하는 추세이다.[54] 또는 문제가 되는 단수 명사형 대신에 복수 명사형을 사용하게 되면 전혀 아무런 문제도 발생하지 않게 된다.

Every **student** who turns in **their** paper late will lose half of **their** grade.
→ All **students** who turn in **their** papers late will lose half of **their** grade.
  [답안지를 늦게 제출하는 학생은 점수가 반으로 감점된다.]

---

54 The use of *his* or *her* sometimes sounds slightly formal and it is becoming more common to use the plural pronoun *their*:
  Each student has been given their own email address.
    [학생들 각자에게 이메일 주소가 부여되었다.]
  — A. S. Hornby (2010), *Oxford Advanced Learner's Dictionary of Current English.*
  그럼에도 불구하고 다음의 예에서는 인칭대명사가 반복적으로 쓰이고 있다.
  The philosophy of this text is that we want to praise a language student for **his or her** accomplishments before we begin to suggest that that student has made a mistake because **he or she** fail to use a rule of grammar. — Master (1996: 91).
    [이 텍스트의 철학은 우리는 언어를 공부하는 학생이 문법 규칙을 제대로 사용하지 못해서 잘못을 범했다고 말하기 전에 그 학생의 학업 성취도를 칭찬하고 싶다는 점이다.]

All pilots are responsible for **their** passengers' safety.
  [모든 조종사들은 승객들의 안전에 책임이 있다.]

Students invent all sorts of unlikely explanations as to why **they** can't do their homework.
  [학생들은 숙제를 하지 못한 이유에 대하여 말도 되지 않는 온갖 핑계를 꾸며댄다.]

3) baby, child, infant, toddler 등 통성명사(common gender noun)는 성을 알고 있는 상황에서는 그 아이의 성에 따라 남성 또는 여성으로 취급되지만, 그 아이의 성을 모르거나 성이 관심의 대상이 아닐 경우에는 중성으로 취급된다.

What's the matter with **the baby**? **It's** been crying all night.
  [그 아기 어디 아픈가? 밤새 울었어. → the baby를 중성으로 취급해서 중성 인칭대명사 it 으로 받고 있음.]

He has a knack for getting **the baby** back to sleep; when he holds the baby, **she** stops crying and falls asleep.
  [그는 그 아기를 잠재우는 재주를 갖고 있어서 아기를 안으면 그는 울음을 멈추고 잠을 잔다. → the baby가 여자 아기라는 점을 내세워 이것을 인칭대명사 she로 받고 있음.]

Don't give **your baby** any solid food until **he** is fully recovered.
  [아기가 완전히 회복될 때까지는 딱딱한 것은 주지 마십시오. → your baby가 남자 아기라는 점을 뜻하기 때문에 남성 인칭대명사 he가 이 대신에 쓰이고 있음.]

The toddler had been asleep when **her** grandmother slipped out of the apartment at 11 am to buy food for lunch.
  [이 어린 아기는 할머니께서 점심에 먹을 것을 사러 11시에 아파트를 얼른 나와 있을 때 잠 들어 있었다.]

4) 동물의 경우, 고등동물은 중성으로 취급되지만, 그 동물의 성을 알고 있으면 그 성에 따라 남성 또는 여성으로 취급된다.

The dog was shot because **it** was believed to have rabies.
  [그 개는 광견병에 걸렸다고 여겨져서 사살되었다.]

Please let **the cat** in and give $\begin{Bmatrix} \text{him} \\ \text{her} \end{Bmatrix}$ something to eat.

[고양이를 들어오게 해서 먹을 것을 주어라.]

반면에 snakes, insects 따위와 같은 하등동물(lower animal)들은 대개 중성으로 취급된다.

5) 국가는 지리적인 관점에서는 중성으로 취급되지만, 정치·경제적인 관점에서는 여성으로 취급되는 것으로 간주된다고 한다.

> **Guatemala** was the next country we visited. **It** lies in Central America.
> [과테말라는 우리가 그 다음에 방문한 나라였는데, 이 나라는 중앙 아메리카에 위치해 있다.]
>
> There can be no great literature in **America** until **her** writers have learned to trust **her** implicitly and love **her** devotedly.
> — E. Hemingway. "Advice to a Young Man"
> [작가들이 미국을 은연중에 신뢰하고 헌신적으로 사랑하게 될 때 비로소 미국에 위대한 문학이 탄생할 수 있다.]
>
> **England** lost **her** leadership in the shipbuilding industry.
> [영국은 조선 산업 분야에서 선두 자리를 잃었다.]

그러나 이러한 용법은 결코 절대적인 것이 아니며, 따라서 오늘날의 영어에서는 정치·경제적인 관점으로 보는 경우에도 중성으로 취급되는 경향이 매우 강하다.

> **The country** is heavily dependent on **its** exports of agricultural commodities.
> [그 나라는 농산물 수출에 크게 의존하고 있다. → 국가를 경제적인 관점에서 말하고 있음에도 불구하고 중성 취급하고 있음.]
>
> After **its** independence **India** was proclaimed(ie. officially declared to be) a republic.
> [독립하고 나서 인도는 공화국이라고 (공식적으로) 선포되었다. → 국가가 정치적인 단위로 간주됨에도 불구하고 중성으로 취급하고 있음.]
>
> **Haiti** was the first to win **its** independence in 1804. **Mexico** began the fight for **its** independence in 1808. However, it was a long struggle. **Mexico** finally won **its** independence in 1821.

[하이티는 1804년에 최초로 독립했다. 멕시코는 1808년에 독립하기 위한 싸움을 시작했다. 그러나 그 싸움은 오래 지속되었다. 마침내 멕시코는 1821년에 독립을 쟁취했다.]

반면에 국가 대표 스포츠 팀의 경우에, 영국영어에서는 복수 취급되고, 미국영어에서는 단수로 취급되는 경향이 있다.

England $\begin{Bmatrix} \text{is} \\ \text{are} \end{Bmatrix}$ playing France at football tomorrow.

[잉글랜드 팀은 내일 프랑스 팀과 축구 경기를 벌인다.]

Argentina $\begin{Bmatrix} \text{was} \\ \text{were} \end{Bmatrix}$ well beaten by Italy in the first round.

[아르헨티나 팀은 1회전에서 이탈리아 팀에게 대파당했다.]

1.8. 동격

동격(同格: apposition)이란 전형적으로 둘 또는 그 이상의 단위들이 같은 수준의 성분이라는 점에서 보면 등위 관계(coordination)를 갖는 것과 비슷하다. 그러나 등위 관계에 있는 경우에는 서로 다른 성분들의 결합체이지만, 동격 관계를 갖고 서로 나란히 놓인 두 개의 요소는 의미나 문법적 기능면에서 동일한 대상을 지시하는 것을 말한다.

A neighbor, *Fred Brick*, is on the telephone.
[프레드 브릭이라는 이웃 사람이 통화중이다.]

이 문장에서 a neighbor는 Frerd Brick와 동일 인물이며, 이러한 동격 관계의 밑바닥에는 Fred Brick is a neighbor.라는 일종의 주어와 보어의 관계가 있다.

동격 관계에는 두 가지, 즉 '제한적'(restrictive) 동격과 '비제한적'(nonrestrictive) 동격으로 나누어진다.

1) 제한적 동격이란 동격의 두 요소 중 두 번째 요소가 첫 번째 요소의 지시 범위를 제한하는 역할을 하는 것으로, 이 경우에는 두 요소 사이에 쉼표가 붙지 않는다.

<u>The Spanish artist</u> **Goya** painted a famous picture of a recumbent woman.
[스페인의 화가 고야는 누운 여인의 유명한 그림을 그렸다.]

I met <u>your old friend</u> **George Lamb.**
   [너의 옛 친구 George Lamb을 만났어.]
As he was always cheerful he had <u>the nickname</u> **'Smiler.'**
   [그는 항상 쾌활하기 때문에 'Smiler'라는 별명을 갖게 되었다.]

2) 반면에, 첫 번째 동격 요소가 어떤 식으로든지 이미 제한되어 있기 때문에 더 이상 그 요소를 제한시킬 필요가 없을 때, 그 두 개의 요소는 비제한적 동격 관계를 갖게 된다. 그러므로 두 번째 요소는 첫 번째 요소에 대하여 부수적인 설명을 하는 것이며, 두 요소 사이에 쉼표가 삽입된다.

Almost immediately his possession of the crown was challenged by <u>William I</u>, **the seventh duke of Normandy**.
   [거의 즉각적으로 그의 왕위 계승이 노르만디의 제7 공작 윌리엄 1세의 도전을 받았다. → 1066년에 Edward the Confessor가 자식 없이 세상을 떠나자 서섹스의 백작 Godwin의 아들 Harold가 왕위에 올랐다. 이에 북부 프랑스의 로만디의 공작 윌리엄 1세가 왕권을 주장하며 군대를 거느리고 영국을 침공, 해롤드 군대를 격파하고 영국의 왕위에 오름.]
<u>Paul Jones</u>, **the distinguished art critic**, died in his sleep last night.
   [유명한 미술 평론가 폴 조운즈가 어젯밤 잠을 자다가 세상을 떠났다.]
<u>Their suggestion</u>, **that we should buy another car**, didn't please my wife.
   [우리가 자동차를 한 대 더 사야 한다는 그의 제안은 내 아내를 즐겁게 해주지 못했다.]

3) 동격 관계를 갖는 두 번째 요소로서 명사구 이외에 부정사절, 동명사절, that-절, 또는 전치사 of-구 따위가 나타나기도 한다.
   a. 다음과 같은 명사들이 부정사절을 동격 요소로 취한다: ability, attempt, decision, desire, effort, willingness.

He made <u>an attempt</u> **to lift the stone.**
   [그는 그 돌을 들어올리려고 시도해 보았다.]
<u>Tom's efforts</u> **to lose weight** hasn't been very successful.
   [체중을 줄이려는 톰의 노력은 아주 성공적이지는 못했다.]

b. 절을 동격 요소로 취하는 명사들: chance, hope, idea, fact, rumor, suggestion.

He came here in <u>the hope</u> **that I would help him.**
[내가 도와주리라는 희망으로 그가 여기에 왔다.]

c. hope, idea, probability, possibility 등은 of-구를 수반한다.[55]

He gives <u>the impression</u> **of being a hard worker.**
[그 사람은 열심히 일하는 사람이라는 인상을 준다.]
<u>The thought</u> **of playing against them** aroused all my aggressive instincts.
[그들과 겨룬다는 생각이 나의 모든 공격적 본능을 자극시켰다.]

4) 직책/칭호 + 고유명사로 이루어진 동격의 경우, 두 요소 사이가 제한적 동격 관계이면 관사가 없고, 비제한적 동격 관계이면 정관사를 수반한다.

<u>President</u> **Kim**(김 대통령)
<u>The actor</u>, **David Niven**, was an Englishman.(영화배우 데이비드 니벤은 영국인이었다.)

첫 번째 예는 Critic Paul Jones, Democratic leader Robinson, Lawyer Wright 등의 경우처럼 관사가 없는 앞 요소가 다음에 놓인 요소를 수식하는 수식어적 역할을 하고 있거나 일종의 존칭(title) 구실을 하는 것이다. 그러나 이보다 더 일반적인 것은 다음과 같이 정관사 + (형용사 +) 보통명사 + 고유명사의 표현이다.

the distinguished ecologist Dr. Schaller (유명한 생태학자 샐러 박사)
the singer Robeon (가수 로벤)
the novel "Great Expectations" ("위대한 기대"라는 소설)
the number three (3이라는 숫자)
the year 1890 (1890년도)

5) 고유명사가 선행하는 비제한적 동격 관계에서, 두 번째 요소가 많은 대상 중 어느 하나를 지칭하는 것이면 부정관사를 취하지만, 유일한 대상을 지칭하는 경우에는 정관사를 수

---

55 이렇게 나타나는 of-구는 동격 관계를 나타내는 속격이다. 이에 대해서는 "1.6.4 속격의 의미 관계 (7)"을 참조.

명사(Nouns) 121

반한다.

> Norman Jones, at that time a student (그 당시 학생이었던 노만 조운즈)
> Mr Hall, an old friend of mine (나의 옛 친구중의 한사람인 홀)
> Ronald Reagan, the President of the United States of America
> (미국 대통령 로널드 레이건)

그러나 두 번째 요소가 유일한 대상이 아닌 경우에는 정관사를 선택적으로 수반하게 된다. 특히 미국영어에서는 일반적으로 정관사가 생략된다.

> <u>Mr. J. Jones</u>, **(the) author of *The Ugly Room***, was a good friend of mine.
> [The Ugly Room의 저자 제이 조운즈 씨는 나의 좋은 친구였지.]

1.9. 추상명사구

1.9.1. 추상명사화

추상명사구(abstract noun phrase)란 대개 <주어 + 동사 + ...> 등의 구조를 가진 완전한 문장에서, 동사에서 파생된 추상명사가 중심적인 역할을 하는 명사구 구조로 바뀐 것을 말한다. 동사에서 추상명사로 바뀌더라도 이 명사에는 여전히 동사적인 성격이 그대로 남아 있다. 바로 이러한 점 때문에 하나의 문장이 추상명사구로 바뀌게 되더라도 거기에는 문장에서 나타나는 단어와 단어 사이의 일정한 문법 관계가 그대로 나타난다.

> (13) (a) <u>The doctor **arrived** extremely quickly</u> and (b) <u>**examined** the patient uncommonly carefully</u>; the result was that (c) <u>she **recovered** very speedily</u>.
> [그 의사가 무척 빨리 도착해서 환자를 매우 세밀하게 진찰한 결과 그 환자는 아주 빨리 회복했다.]

이 문장 (13)에서 밑줄 친 부분은 각각 <주어 + 동사 + (목적어) + 부사어구>의 구조라는 완전한 문장으로 이루어져 있다. 이제 (13a-c) 세 개의 문장을 각각 (14a-c)에서처럼 축약

(reduction)시키게 되면 각 문장에 있는 동사는 추상명사 형태로 바뀌고, 주어가 나타나면 그것은 -'s 속격형 또는 <by + 동작주>구 형태로 나타나고, 원래 문장에서의 동사의 목적어는 of-구 형태로 나타나게 된다.

(14) a. the doctor's extremely quick arrival
[의사의 엄청나게 신속한 도착 → 의사가 날아가듯 신속히 도착하다]

b. $\begin{Bmatrix} \text{the doctor's} \\ \text{his} \end{Bmatrix}$ uncommonly careful examination of the patient
[(의사의) 환자에 대한 매우 세밀한 진찰 → (의사가) 아주 세밀하게 환자를 진찰하다. 이 대신에 the uncommonly careful examination of the patient **by the doctor**에서처럼 주어를 by-구로 나타낼 수도 있음.]

c. her very speedy recovery [그녀의 매우 빠른 회복 → 그녀가 매우 빠르게 회복하다.]

1.9.2. 추상명사의 파생

추상명사구에서 중심적인 역할을 하는 추상명사는 완전한 문장에 포함되어 있는 동사나 서술 형용사에서 파생된 것이다. 예컨대 동사에서 파생되는 추상명사에는 -tion, -ance, -age, -ment 따위와 같은 파생 어미를 가진 것이 있는가 하면, 파생 어미가 없이 동사와 형태가 같은 것들도 있다.

He **moved** slowly.   his slow **movement**
[그가 천천히 움직였다.]   [그의 느린 동작]

She **married** him.   her **marriage** to him
[그녀가 그 남자와 결혼했다.]   [그녀의 그 남자와의 결혼]

She **requested** a transfer.   her **request** for a transfer
[그녀가 자리를 옮겨달라고 요청했다.]   [그녀의 전출 요구]

John **loved** money.   John's **love** of money
[존은 돈을 좋아했다.]   [존의 돈에 대한 애착]

서술 형용사에서 파생된 추상명사에는 -y, -ance, -ity, -ness 따위와 같은 파생 어미가 첨가되는 것이 있고, 파생 어미가 첨가되지 않는 것들도 있다.

He was very **vigilant**.
[그는 아주 조심성이 있었다.]

his great **vigilance**
[그의 대단한 조심성]

The woman was **jealous**.
[그 여인은 질투심이 강했다.]

the woman's **jealousy**
[그 여인의 질투심]

The soldier was **courageous**.
[그 병사는 용감했다.]

the soldier's **courage**
[그 병사의 용기]

The writer is **famous**.
[그 작가는 유명하다.]

the writer's **fame**
[그 작가의 명성]

이처럼 하나의 완전한 문장이 추상명사구로 바뀌게 되면, 동사에서 파생되는 추상명사에는 수, 인칭 및 시제에 따른 특성이 사라져 이러한 구분이 이루어지지 않는다. 더 나아가 이런 명사는 태와 관련해서도 중립적이어서 능동의 뜻일 수도 있고, 수동의 뜻일 수도 있다. 그러므로 the development of the land라는 추상명사구는 시간적으로 과거시를 나타내거나 미래시를 나타내는 것일 수 있다. 그리고 태와 관련해서도 과거 수동의 뜻이거나 미래 수동의 뜻으로 해석될 수 있다.

Someone $\begin{Bmatrix} \text{developed} \\ \text{will develop} \end{Bmatrix}$ the land.

[어떤 사람이 그 땅을 개간했다./할 것이다.]

The land $\begin{Bmatrix} \text{was developed} \\ \text{will be developed} \end{Bmatrix}$ (by someone).

[그 땅이 (어떤 사람에 의해) 개간되었다./개간될 것이다.]

이처럼 추상명사 그 자체는 시제를 나타낼 수 없지만, 대체로 이 명사구가 포함된 문장의 동사에 의하여 시간 관계를 추론할 수 있다.

The inauguration of the President **is taking** place now.
[지금 대통령 취임식이 거행되고 있다. → 동사가 현재진행형으로 되어 있기 때문에 추상명사 inauguration도 현재진행의 뜻을 나타내는 것을 알 수 있음.]

The inauguration of the President **will take** place tomorrow.
[내일 대통령 취임식이 거행될 것이다. → 이 문장은 will take place를 사용하여 미래시를 나타내고 있기 때문에 추상명사 inauguration도 미래시를 나타내는 것으로 이해됨.]

1.9.3. 추상명사구의 명사적 기능

추상명사구는 일반적인 명사구처럼 문중에서 주어·목적어·보어 등의 역할을 한다.

His rejection of that good offer surprised me.
  [그가 그 좋은 제안을 거절한 것이 나를 놀라게 만들었다. → 주어]
I can't understand **his rejection of that good offer**.
  [나는 그가 그 좋은 제안을 거절한 것을 이해할 수 없다. → 타동사 understand의 목적어]
We talked about **his rejection of that good offer**.
  [우리는 그가 그 좋은 제안을 거절한 데 대해 말했다. → 전치사 about의 목적어]
What I can't understand is **his rejection of that good offer**.
  [내가 이해할 수 없는 점은 바로 그가 그 좋은 제안을 거절한 것이다. → be 동사에 대한 보어]
I can't understand one thing — **his rejection of that good offer**.
  [나는 한 가지 점, 즉 그가 그 좋은 제안을 거절한 것을 이해할 수 없다. → one thing과 동격]

1.9.4. 추상명사구의 주어

추상명사는 동사 또는 형용사에서 파생된 것이기 때문에 추상명사구 안에 그 자체의 주어를 명백히 가질 수 있으며, 그렇지 않을 경우에는 주어가 문중의 다른 위치에 놓이거나 적어도 암시될 수 있다.

1) 문맥 앞뒤 내용으로 미루어 보아 어떤 것이 주어가 될지 암시될 수 있다.

The construction of bridges is a difficult undertaking.
  [다리를 건설하는 것은 힘든 일이다. → 일반적으로 어떤 토목업자가 주어가 될 수 있음.]
The drugs now used for **the prevention of diseases** have saved many lives.
  [질병을 예방하기 위해 현재 쓰이고 있는 약이 많은 생명을 구출했다. → 주어는 일반적으로 질병의 예방에 종사하는 의사를 비롯하여 의료 행위를 하는 사람일 수 있음.]
All his friends were astounded at **Mr. Smith's arrest for fraud.**
  [그의 모든 친구들은 스미스 씨가 사기죄로 체포된 것에 무척 놀랐다. → 주어는 예컨대 by the police 등으로 나타낼 수 있을 것임.]

2) 추상명사구의 주어가 문중의 다른 위치에 나타날 수 있다.

He is responsible for **the management of the office.**
  [그는 그 사무실의 관리 책임자이다. → 추상명사의 주어가 문장의 주어 He라는 점을 알 수 있음. 그러므로 이 문장에 나타난 추상명사구가 his management of the office라고 나타낼 수 있을 것임.]

He consulted his lawyer for **advice on how to draw up the contract.**
  [그는 계약 체결에 관한 조언을 들으려고 변호사와 의논했다. → 추상명사의 주어는 his lawyer라는 점을 알 수 있음.]

He is wanted for **the murder of a teenage girl.**
  [그는 어떤 십대 소녀를 살해했다고 해서 수배를 받고 있다. → 추상명사의 주어가 He라는 점을 알 수 있음.]

3) 추상명사에 대한 주어가 추상명사구 안에 뚜렷이 나타나 있기도 한다. 특히 추상명사가 자동사에서 파생된 것이면 논리적인 주어가 전치사의 지배를 받는 목적어로 나타나기도 한다.

The threatening monetary crisis made <u>**their departure for Europe**</u> unwise.
  (= They depart for Europe.)
  [위협적인 통화 위기 때문에 그들이 유럽으로 떠나는 것이 현명치 못한 처사가 되었다. → their departure for Europe은 They depart for Europe.라는 뜻을 내포하고 있으므로 추상명사구에서 주어가 they라는 점을 알 수 있음.]

The police were immediately notified about **the disappearance of the money.**
  [경찰은 돈이 없어졌다는 것을 즉시 통보받았다. → 추상명사구 the disappearance of the money는 The money disappeared.라는 뜻을 내포하고 있기 때문에 논리적인 주어가 전치사의 지배를 받는 목적어 the money라는 점을 알 수 있음.]

The sudden death of an old friend was a great shock to them.
  [옛 친구가 갑자기 세상을 떠난 것이 그들에게 큰 충격이었다. → 추상명사구 the sudden death of an old friend는 An old friend died suddenly.라는 뜻이기 때문에 주어는 an old friend임을 알 수 있음.]

일반적으로 인칭대명사를 주어로 삼을 때는 of-구로 나타나지 않는다. 그러므로 *the arrival **of them**이라 하지 않고, 이 대신에 **their** arrival이라고 하게 된다. 그러나 추상명사구에서 주어가 많은 수식어를 동반하는 경우에는 of-구를 쓴다.

They were grateful for **the help of their many kind and generous neighbors.**
(= Their many kind and generous neighbors helped.)
[그들은 친절하고 너그러운 많은 이웃들의 도움에 감사했다.]

He greatly desires **the approval of everyone involved in the production of the play**. (= Everyone involved in the production of the play approves ...)
[그는 그 연극 제작에 관계된 모든 사람들이 승인해 주기를 갈망하고 있다.]

인칭대명사가 주어가 되는 경우를 제외하면, 생물(living being)을 가리키는 짧은 주어는 -'s 속격 형태로 나타나거나 of-전치사구 형태로 나타날 수 있다.

the actors' arrival at the theater ~ the arrival **of the actors** at the theater.
(= The actors arrive at the theater.)
[그 배우들의 극장에 도착 → 그 배우들이 극장에 도착했다/한다.]

Robert's dependence on his parents ~ the dependence **of Robert** on his parents (= Robert depends on his parents.)
[로버트의 부모에 대한 의존 → 로버트가 부모님께 의존했다/한다.]

그러나 무생물이 주어이면 일반적으로 of-전치사구를 선호하는 편이다.

Some authorities believe in **the existence of flying saucers.**
(= **Flying saucers** exist.)
[일부 권위자들은 비행접시가 존재한다는 것을 믿는다.]

The absence of pain does not mean the disease has been cured.
[고통이 없어졌다고 질병이 치료된 것을 뜻하지는 않는다.]

주어가 by-구로 표현되는 경우도 있는데, 이것은 곧 추상명사구가 수동태라는 점을 말해주는 유일한 형식상의 표시이다.

The destruction of the bridge by the retreating army gave them time to flee to safety. (= The bridge was destructed by the retreating army.)
[후퇴하는 군인들이 다리를 파괴시킴으로써 그들은 안전하게 도망칠 시간적 여유가 있었다.]

We wondered about **his sudden dismissal by the company**.
                (= He was suddenly dismissed by the company.)
[우리는 그가 회사에서 갑자기 해고당한 점 때문에 놀랐다.]

문장에 따라서는 주어로서 of-구와 by-구 중에서 어느 것이라도 선택할 수 있다.

these inventions { by / of } Edison (에디슨이 발명한 이 물건들)
the performance { by / of } the young musicians (젊은 음악가들의 연주)

1.9.5. 추상명사구의 목적어

완전한 문장이 추상명사구로 축약되면 그 문장에서 목적어 역할을 하던 명사구는 흔히 of-구 형태로 나타나지만, 가끔 속격형으로 나타나기도 한다.

{ **The execution of the prisoner** / **The prisoner's execution** } will cause much public disapproval.

(= (...) will execute the prisoner.)
    [그 죄수를 처형하면 대중들이 상당히 불만을 품게 될 것이다.]

the prisoner's execution의 경우처럼 목적어가 사람이면 속격형으로 나타나는 것이 보다 일반적이지만, 인칭대명사로 나타낼 경우에는 반드시 속격형이라야 한다.

his murder = (Somebody) murdered **him**.
their arrest = (The police) arrested **them**.
our education = (They) educated **us**.

사물을 가리키는 목적어일 때에도 가끔 인칭대명사의 속격형이 쓰인다.

its(= gold) discovery = (The miners) discovered **it**.
their(= books) publication = (The publisher) published **them**.

속격형과 of-구가 모두 주어나 목적어가 될 수 있기 때문에 추상명사구에 이 두 개 중 하나만 나타나는 경우에는 뜻이나 구조가 애매해질 가능성이 있다.

    (15) a. **His murder** outraged the people.
        (= He murdered someone *or* Someone murdered him.)
        [_____이 국민들을 격분케 했다.]
       b. **A translation of Jefferson** is being published.
        (= Jefferson translated something *or* Someone translated Jefferson.)
        [_____이 출간되고 있다.]

(15a)에서 his murder가 He murdered someone.(그가 어떤 사람을 살해했다.)이라는 뜻인지, Someone murdered him.(어떤 사람이 그를 살해했다.)이라는 뜻인지 애매하다. 또한 (15b)에서 a translation of Jefferson이 Jefferson translated something.(제퍼슨이 어떤 것을 번역했다.)에서 온 것인지, Someone translated Jefferson.(어떤 사람이 제퍼슨을 번역했다.)에서 온 것인지 애매하다.

추상명사구에 주어와 목적어가 모두 전치사구로 나타날 때 대개 주어는 <by + 동작주>라는 구 형태로, 목적어는 of-구로 나타난다. 목적어는 동사 뒤에 놓인다는 영어의 일반적인 경향에 맞추어 of-구는 대개 <by + 동작주> 구보다 앞에 놓일 때가 많다.

    the **discovery** of oil by the farmer (그 농부의 유전 발견)
    (<The farmer discovered oil.)
    the **seizure** of power by the Bolsheviks (볼셰비키 노동당의 권력 장악)
    (<The Bolsheviks seized power.)
    the **persecution** of the minority by the majority (소수에 대한 다수의 박해)
    (<The majority persecuted the minority.)

1.9.6. 추상명사구에서 부사의 형용사화

원래 완전한 문장이 추상명사구로 바뀌게 될 때, 그 문장에 포함된 -ly가 첨가된 부사는 추상명사구에서 대개 형용사 형태로 바뀌게 된다.[56] 즉, 추상명사구에서는 형용사가 나타나고, 추상명사가 동사일 경우에는 이 형용사에서 –ly 부사형으로 바뀌게 된다.

<u>문장: 동사 + 부사</u> ⇔ <u>추상명사구: 형용사 + 추상명사</u>

promote **rapidly**　　　　　　**rapid** promotion
　[빨리 승진하다]　　　　　　　[쾌속 승진]
fail **completely**　　　　　　**complete** failure
　[완전히 실패하다]　　　　　　[완전한 실패]
assassinate **recently**　　　　**recent** assassination
　[최근에 암살하다]　　　　　　[최근의 암살 사건]
translate **literally**　　　　　**literal** translation
　[글자 그대로 번역하다]　　　　[글자 그대로의 번역, 즉 자구 번역]

원래 문장에서 부사가 어미 -ly를 갖지 않는 것이면 추상명사를 수식하는 그 부사에 대한 형용사는 부사와 같은 형태로 나타난다.

The train arrived **late**. → the **late** arrival of the train
　[열차가 늦게 도착했다.]　　　[열차의 지연 도착]

보어 역할을 하는 서술 형용사 앞에 놓인 very와 동사 다음에 놓인 very much는 대개 추상명사 앞에서 great로 바뀌지만, 다른 부사 앞에 놓인 very는 변하지 않는다.

56　It is function that provides the primary basis for the distinction between adjectives and adverbs. Consider such adjective-adverb pairs as those in:
　　[4]　　　ADJECTIVE　　　　　　　ADVERB
　　　　i a. *a rapid improvement*　　b. It *rapidly improved*.
　　　　ii a. *a surprising depth*　　　b. *surprisingly* deep/deeply
　　　　iii a. *Progress was rapid.*　　b. *We progressed rapidly.*
　In [i-ii] the underlined word is in modifier function, and the adjective member of the pair occurs when the modifier is modifying a noun (*improvement* in [ia], *depth* in [iia]), and the adverb occurs when it is modifying a verb (*improved* in [ib] or else an adjective or another adverb (*deep* and *deeply* respectively in [iib]). While *rapid* in [ia] is attributive, in [iiia] it is predicative complement, and adverbs cannot function as predicatives: in [iiib] *rapidly* is modifying the verb, just as in [ib], differing only in its position relative to the head. — Huddleston & Pullum (2002: 529-530).

She is **very** generous.
[그녀는 아주 너그럽다.]

He loved his children **very much**.
[그는 자녀들을 극진히 사랑했다.]

He was promoted **very** rapidly.
[그는 쾌속 승진을 했다.]

her **great** generosity
[그녀의 대단한 관용 정신]

his **great** love for his children
[자녀들에 대한 그의 극진한 애정]

his **very** rapid promotion
[그의 쾌속 승진]

제2장

관사(Articles)

2.1. 관사의 종류와 명사

관사와 명사는 불가분의 관계를 갖는다. 관사가 있기 때문에 다음에 놓인 명사의 뜻이 결정되고, 명사가 있기 때문에 관사가 쓰이게 되는 것이다.

2.1.1. 관사의 종류

1) 영어의 관사에는 세 가지가 있다. 즉, 정관사(定冠詞: definite article)와 부정관사(不定冠詞: indefinite article), 그리고 영관사(零冠詞: zero article) 등 세 가지가 있다. 아래의 (1c, d) 두 개의 문장에서 각각 주어와 목적어 역할을 하는 life와 cigarette ash의 경우처럼 관사가 없는 소위 영관사도 관사의 한 종류에 포함시키는 이유는 명사가 관사를 수반하지 않는 이른바 영관사도 정관사나 부정관사에 못지않게 문장에서 명사가 나타내고자 하는 뜻을 파악하는데 더할 나위없이 중요한 역할을 하기 때문이다. 이러한 점은 수학에서 공집합도 집합의 한 종류로서 중요한 역할을 하는 것과 마찬가지라고 할 수 있겠다.

(1) a. Please take these letters to **the post office**.
　　　[이 편지를 우체국에 갖다 주시오.]
　　b. He remained **a bachelor** all his life.
　　　[그는 한 평생을 독신으로 살았다.]
　　c. Don't drop **cigarette ash** about.
　　　[담뱃재를 여기저기 털어 놓지 마시오.]
　　d. **Life** can be beautiful.
　　　[인생살이가 아름다울 때도 있다.]

흔히 영관사라는 용어 대신에 마지막 두 문장에서 cigarette ash와 life의 경우처럼 관사가 없이 명사가 단독으로 쓰인 것을 '관사의 생략'이라고 하여 설명하는 경우를 볼 수 있지만, 이것은 잘못된 설명이다. 관사의 생략이란 예컨대 He is $\begin{Bmatrix} \text{the captain} \\ \text{captain} \end{Bmatrix}$ of the team.(그는 그 팀의 주장이다.)의 경우처럼 보어 역할을 하는 명사 captain 바로 앞에 놓인 관사 the가 별다른 뜻의 차이 없이 탈락되는 경우를 말하는 것이다. 본래 명사들이 관사를 수반하고 있던 것이 아니라, 적절한 뜻을 나타내기 위해 명사의 특성과 나타내고자 하는 뜻에 따라 관사의 선택을 달리 하는 것에 불과한 것이다.

2.1.2. 관사와 명사

관사는 영어에서 가장 흔히 쓰이는 단어 가운데 하나로서, 비록 용법은 다르지만 불어, 독일어, 스페인어, 덴마크어, 네덜란드어, 스웨덴어, 노르웨이어 등 대부분의 서유럽에서 사용되는 언어에는 관사에 속하는 단어들이 있기 때문에 서유럽인들이 영어를 공부하는데 관사와 관련하여 별로 어려움이 없다. 그러나 한국어에는 관사라고 하는 단어가 없기 때문에 영어를 공부하는데 여간 골칫거리가 아닐 수 없다.[1] 다음과 같은 문장을 보자.

> Please can you lend me **pound** of butter till **end** of **week**?
> (Swan 2005: 51)
> [주말까지 버터 1 파운드를 빌려줄 수 있을까요?]

이 문장에서처럼 pound, end, week와 같은 명사에서 관사를 모두 없애버리더라도 대개 이 문장을 어느 정도까지는 전달하고자 하는 뜻을 이해할 수 있겠지만, 명사구에서 관사가 차지하는 비중이 대단히 크기 때문에 의사소통이 제대로 이루어지려면 관사의 용법을 올바르게 익히는 것이 무엇보다 중요한 일이 아닐 수 없다.

그런데 관사라는 것이 명사와 결합해서 문맥 속에 있지 않다면 어떤 뜻을 갖는다고 말할 수 없지만, 일단 문장에서 명사 앞에 놓이게 되면 그 명사에 특정한 뜻을 부여해 주는 역할을 하는데,[2] 바로 이러한 점 때문에 관사를 일종의 '한정사'라고 부르는 것이다. 한 예로써

---

[1] Swan (2005: 51).

[2] Articles can help you to make meaning clearer or to choose between meanings. — Berry (1993: vi).
명사가 관사와 결합하여 명사가 특정한 뜻을 나타내는 점에 대해서는 이미 "제1장 명사"편에서 다루었

a book, **the** book(s), books에서처럼 book이 특정한 관사를 수반하게 되면 이들은 각각 막연한 어떤 한 권의 책, 화자와 청자가 다같이 알고 있는 특정한 책(들), 그리고 화자와 청자에게 모두 막연한 책(들)이라는 뜻이 된다. 또한 Xerox는 고유명사로서 상표 이름을 뜻하는 것이지만, 여기에 부정관사가 첨가되어 **a xerox** of something이라고 하게 되면 보통명사가 되어 '복사본'(a photocopy)이라는 뜻이 된다.[3] 이처럼 관사는 명사가 나타낼 수 있는 다양한 뜻 가운데 구체적으로 오로지 어느 한 가지 뜻을 선택할 수 있게 해주는 역할을 하는 것이다.

He thinks he's **a Napoleon.**
[그는 자기 자신이 나폴레옹과 같은 사람이라고 생각한다. → 고유명사 Napoleon이 부정관사를 수반함으로써 '나폴레옹과 같은 사람'이라고 하는 뜻을 갖게 되었음.]

Abortion was formerly **a crime** in Britain.
[이전에 영국에서 낙태는 범죄행위였다. → a crime은 구체적인 한 가지 범죄행위를 뜻함.]

She wasn't **a success** as a teacher.
[교사로서 그녀는 성공하지 못했다. → success는 '성공'이라는 뜻인 반면, a success는 '성공한 사람'이라는 뜻임.]

The streets were ablaze with lights.
[거리들이 불빛으로 휘황찬란했다. → the streets는 화자와 청자가 모두 알고 있는 특정한 거리를 뜻함.]

I've bought { **a house** / **the house** } on the hill.
[나는 언덕 위에 있는 집을 한 채 샀다. → a house는 청자가 모르는 막연한 집을 뜻하고, the house는 화자와 청자가 모두 알고 있는 특정한 집을 뜻하게 됨.]

물론 명사가 반드시 관사를 수반해야 하는 것은 아니다. 전달하고자 하는 뜻에 따라서 명사는 this/ these, that/those, his, my, some, no 따위와 같은 다른 한정사를 수반하거나, 단수 가산명사가 아니면 전혀 관사를 수반하지 않을 수도 있다.

기 때문에 여기서는 상세히 다루지 않는다.
3 Articles can show whether we are talking about things that are known to both to the speaker/writer and to the listener/reader ('definite'), or that are not known to them both ('indefinite'). — Swan (2005: 51).

I am taking **these** flowers to the sick neighbor.
  [나는 이웃 집 환자에게 이 꽃을 갖고 가고 있어.]
After **some** weeks **his** efforts bore **fruit**.
  [몇 주일 뒤에 그의 노력이 결실을 보았다.]
Another had only **bread** and **soup** for Sunday **dinner.**
  [또 다른 사람은 일요일에 저녁 식사로 빵과 스우프만 먹었다. → bread가 불가산명사이기 때문에 관사가 첨가되지 않았으며, 일반적인 식사 이름에는 관사가 첨가되지 않기 때문에 dinner가 단독으로 쓰인 것임.]

2.2. 부정관사

2.2.1. 부정관사의 발음

부정관사 a와 an은 각각 다음에 놓인 단어가 (2a)에서처럼 자음의 발음으로 시작되면 /ə/로 발음되고, (2b)에서처럼 모음으로 발음되면 /ən/으로 발음된다. 이것은 철자상의 구분이 아니라, 발음상의 구분이다. 그러므로 (2c)에서처럼 e, o, u와 같은 모음 철자로 시작되지만, 이들이 모두 자음으로 발음되기 때문에 이 앞에 a가 놓였으며, 반대로 (2d)에서처럼 h-로 시작되고 있지만 h가 묵음(黙音: silent)이고⁴ 이다음의 발음이 모음이기 때문에 이 앞에 an이 놓였으며, 또한 f-, l-, m-, x-로 시작되는 단어의 철자 하나하나를 개별적으로 읽을 때 발음이 모음 [e-]로 시작되기 때문에 an이 수반되는 것이다.

(2) a. a book, a student, a table;
  b. an ant, an ace, an authority, an oak;
  c. a European[ə juərp…] car, a one-parent[ə wʌn…] family, a university[ə juːn …],

---

4 h-로 시작되는 단어의 첫 음절이 강세를 받지 않으면 부정관사로서 an을 사용하는 사람들도 있다. 그러나 이러한 경우일지라도 an을 사용하지 않고 a를 사용하는 것이 일반적이다. — Swan (2005: 57).

  ***An* historical** metathesis rule switched these two consonants, producing *ask* in most dialects of English. — G. L. Brook, *A History of the English Language.*
  [역사적인 음위전환(音位轉換) 규칙에 의해 이 두 자음의 위치가 바뀌어 그 결과 대부분의 영어 방언에서 ask라는 단어가 만들어졌다.]
h-로 시작되는 F. Th. Visser 저술의 서명도 부정관사 an을 사용하고 있다:
  F. Th. Visser. 1966. ***An* Historical** Syntax of the English Language, Pt. II: *Syntactical Units with One Verb.*

a young[ə jʌŋ] artist, etc;
d. an **h**onor; an **M**BA, an **M**P, an **X**-ray, etc.

Born in 1947, she majored in psychology at Smith College and earned **an MBA** at Columbia University in 1970 with a focus in marketing.
— Maria Bartiromo, "Money Makers" (*Reader's Digest*, October 2006)
[1947년에 태어난 그녀는 스미스 대학에서 심리학을 전공하고, 1970년에 콜럼비아 대학교에서 마케팅에 초점을 맞춰 경영학 석사학위를 받았다.]

때로는 머뭇거리는 말 앞에서, 다음에 오는 말을 강조하고자 하는 경우에, 또는 정관사 the와 대립 관계를 나타내고자 할 때는 a를 /eɪ/로 발음한다.

I think I'll have **a/eɪ/** chocolate ice cream.
[초콜릿 아이스크림을 먹을까 한다.]
It's **a/eɪ/** reason — it's not the only reason.
[그것은 유일한 이유가 아니라, 한 가지 이유에 불과하다.]

2.2.2. 부정관사의 용법

부정관사 a/an은 '*indefinite* article'이라는 영어 명칭에서 'indefinite'라는 단어가 가리키듯이, 단수 가산명사 앞에 놓이는 한정사의 한 유형으로서, 막연한 대상을 가리키는 경우에 사용되는 가장 기본적인 형태이다. 막연한 대상을 가리킨다는 점과 아울러, 부정관사는 관련된 명사의 수(number)의 개념상 '하나'라고 하는 단수를 나타내는데 쓰이는 것이다. 이를 토대로 부정관사의 용법을 구체적으로 살펴보기로 한다.

2.2.2.1. 특정적

1) 대화나 문맥(context)상에 처음으로 등장하여 청자가 그 대상 — 사람이나 사물 — 을 모른다고 여겨지는 단수 가산명사에. 다시 말해서, 언급되는 지시 대상을 화자는 이미 알고 있는 '특정한'(specific) 대상이지만, 청자에게는 처음으로 언급된 것이므로 그것은 특정한 것이기는 하지만, 아직 구체적으로 밝혀지지 않은(unspecified) 대상이 된다. 예컨대 다음

문장을 보자.

I saw a **funny-looking dog** today.
[오늘 이상하게 생긴 개 한 마리를 보았어.]

이 문장에서 a funny-looking dog이 화자에게는 특정하고 구체적으로 밝혀진 대상이지만, 청자에게는 그 개가 많은 개들 중에서 어느 특정한 한 마리의 개이기는 하지만 아직 구체적으로 밝혀진 것은 아니다.

There was **a table** set out under **a tree**.
[나무 아래 식탁이 차려져 있었다.]
A judge absolved **a woman** of punishment for killing **a man** because she was protecting herself.
[판사는 정당방위라 해서 어떤 남자를 죽인 여자에게 무죄를 선고했다.]
Do you know you had **a spot** on your nose?
[코에 얼룩이 묻어 있는 걸 알고 있니?]

그렇지만 **An intruder** has stolen my valuable vase.(어떤 침입자가 나의 소중한 꽃병을 훔쳐 갔다.) 에서 an intruder는 청자와 화자에게 모두 막연하고 구체적으로 밝혀지지 않은 대상을 뜻한다.

2) 화자나 청자에게 모두 알려지지 않은 불특정하면서 구체적으로 밝혀지지 않은 대상을 언급할 때. 따라서 이렇게 쓰이는 a/an은 'any'의 뜻을 갖는다. 예컨대 We need **a leader** urgently.(우리에게는 당장 지도자가 필요해.)에서 a leader는 'any leader'라는 뜻을 나타내는 것이다. 다음과 같은 예에서도 a/an이 같은 뜻을 나타내고 있다.

Daisy refused to look for **a job**.
[데이지는 직장을 구하지 않겠다고 했다.]
I can't afford **a new car**.
[나는 새 자동차를 살 수 있는 형편이 못된다.]
Have you got **a book** that would tell me what to do?
[내가 할 일이 무엇인지 알 수 있는 책을 갖고 있니?]

The excellence of **a gift** lies in its appropriateness rather than its value.
— Barbara Bartocci, "Real Ways to Say You Care"
[선물의 가치란 그 가격이 아니라, 얼마나 적절한 선물이냐에 달려 있는 것이다.]

이러한 용법의 부정관사는 want, look for, need 따위의 동사 다음에, 또는 의문문이나 부정문에서 흔히 나타난다. 특히 처음으로 화제 대상으로 등장하는 명사가 특정하고 구체적으로 밝혀진 대상을 가리키는 것인가, 막연한 대상을 가리키는 것인가 하는 문제는 이 명사가 같이 나타나는 술부의 동사가 나타내는 시점(point of time)이나 그밖의 폭넓은 문맥에 따라 크게 달라질 수 있다.

The young couple *have* **a baby girl.**
[그 젊은 부부에게는 여자 아기가 있다.]
The wealthy businessman *drives* **a Ford**
[그 돈 많은 사업가는 포드 자동차를 타고 다닌다.]

이 두 개의 문장에서 현재시를 뜻하는 동사 다음에 놓인 명사구 a baby girl과 a Ford가 화자에게 특정한 대상이지만, 다음과 같이 미래시를 나타내는 동사 다음에 이와 똑같은 명사구들이 놓이는 경우에는 특별한 다른 정보가 추가되지 않는 한 더 이상 특정한 대상이 되지 못한다.

The young couple *are hoping for* **a baby girl.**
[그 젊은 부부는 여자 아기를 갖고 싶어 한다. → 막연한 아기를 뜻함.]
The wealthy businessman *wants* **a Ford.**
[그 돈 많은 사업가는 포드 자동차를 갖고 싶어 한다. → 막연한 포드 자동차를 뜻함.]

더욱이 이러한 용법은 어떤 특정한 대상을 가리키는 것이 아니라는 점에서 위의 (1)에서 말한 용법과 다르다. 그러므로 이 명사가 나중에 이어지는 대화나 문맥에서 재차 언급되는 경우에 그것은 특정한 대상이 아니기 때문에 이 명사구는 인칭대명사 it, he, she로 대신할 수 있는 것이 아니라, 부정대명사 one으로 대신하게 된다. 다음 두 개의 문장 연속체에서 앞에 나온 명사구를 가리키는 대명사로서 각각 부정대명사 one과 인칭대명사 it이 쓰이고 있

음을 비교하여 보자.[5]

I'm looking for **a ballpoint pen**. I can't find **one** anywhere. Could you lend me **one**?
  [나는 볼펜을 찾고 있어. 아무데도 없네. 네 것을 빌릴 수 있을까? → 앞에 나온 a pen은 막연한 대상이며, 따라서 나중에 나온 두 개의 부정대명사 one은 막연한 대상 a pen을 가리키고 있음. 이 경우에는 one 대신에 인칭대명사 it을 쓸 수 없음.]

I'm looking for **a ballpoint pen**. It's a blue one. I was using **it** a few minutes ago.
  [나는 펜을 찾고 있어. 파란 것이지. 몇 분 전에 그것으로 쓰고 있었어. → 문맥 내용으로 미루어 보아 처음 문장에 나온 명사구 a pen은 특정한 대상이며, 따라서 이것을 지시하는 대명사로서 부정대명사 one을 쓸 수 없고 인칭대명사 it을 선택하여야 함.]

다음 두 연속체의 문장에서도 위와 같은 설명을 할 수 있다.

I have never had **a dog** since Jonnie; I have not wanted **one**.
  [나는 조니를 가졌던 이후 개를 길러 본 적이 없다. 나는 개를 원치 않았다. → one은 앞에 놓인 a dog를 대신하는 것이 아님.]

I bought **a new television** last week, but my wife doesn't like **it**.
  [지난주에 텔레비전을 한 대 샀는데, 아내는 좋아하지 않는다. → it은 앞에 놓인 a new television을 가리키고 있음.]

2.2.2.2. 분류적

부정관사가 어떤 사람이나 사물의 구성원 하나를 가리키는 뜻을 나타낸다. 이 때 a/an은 'a member of ...'라는 뜻이다. 부정관사의 이러한 용법은 be, look, seem, sound 따위와 같은 연결동사에 대한 주격보어, 또는 전치사 as 다음에 놓인 어떤 대상을 분류할 때, 즉 그 대상이 어떤 부류, 집단, 또는 유형에 속하는 것인가 하는 점을 나타낸다. 모든 명사들이 부정관사를 수반하여 이처럼 분류적인(classifying) 뜻을 나타낼 수 있다.[6]

---

5 Swan (2005: 199).

6 **1310.** The numerical meaning is closely connected with the most important function of the indefinite article in living English: its use with singular class-nouns. In fact, all nouns can

John is **a** good **student** who is not discouraged by failures.
[존은 실패해도 좌절하지 않는 훌륭한 학생이다. → a student는 학생이라는 부류에 속하는 한 학생이라는 뜻임.]

Our country is **a sanctuary** for political refugees from all over the world.
[우리나라는 전 세계의 정치 망명객들의 피난처이다. → a sanctuary는 피난처로 분류되는 한 지역이라는 뜻임.]

I extended my arm like **a blind person** feeling his way.
[나는 더듬어 길을 찾는 맹인처럼 팔을 뻗쳤다.]

Don't use your plate as **an ashtray.**
[접시를 재떨이로 쓰지 마라.]

2.2.2.3. 부정관사 a, an과 one

역사적으로 보면, 오늘날의 영어에서 우리가 사용하고 있는 부정관사 a, an은 고대영어(Old English)[7]의 수사(numeral) an(= one)에서 온 것이다. 고대영어에서는 오늘날처럼 뚜렷한 부정관사가 없었고, 단지 수사 an이 수식하는 명사의 수와 성에 따라 일정한 굴절 형태를 가지고 있었다.[8] 이러한 역사적인 사실 때문에 오늘날 많은 경우에 부정관사 대신에 one을 쓸 수 있지만, 그렇지 못하는 경우들도 있다는 점에 명심하여야 한다.

---

be converted into class-nouns by prefixing the indefinite article. Thus *virtue* is usually an abstract noun but it is a class-noun in *poverty is not a crime but it is not a virtue either*. *Milton* is usually a proper name, but it is a class-noun in *Nobody is bound to be a Milton*.
— Kruisinga (1932: 313).

7 고대영어는 450년경부터 대충 1100년경까지의 영어를 말한다. 프랑스의 로만디(Normandy) 땅에 정착하여 살고 있던 바이킹의 후예 William I세가 1066년에 영국을 정복한 이른바 로만정복(Norman Conquest)이 일어남으로써 그 이후 약 200년 이상 프랑스가 영국을 지배하면서 불어가 영국의 공용어로 쓰였다. 그후 영어가 영국의 공용어로 재등장했을 때 영어의 모습은 이전과 사뭇 달라졌다.

8 The indefinite article is, speaking historically, the weak form of attributive *one*. The two words, although formally distinct, have so much in common that a treatment of the uses of the indefinite article can best be made intelligible if we base it on the original identity of the two words.
The indefinite article is sometimes used in a purely numerical meaning. As in the case of attributive *one*, however, this has led to two functions that we may distinguish by the terms applied to the similar uses of attributive *one*: (1) the classifying article; (2) the individualizing article.
— Kruisinga (1932: 312). See also Roberts (1954: 105-106) and Berry (1993: 18).

1) 시간 · 거리 · 금액 · 무게 등을 나타내는 다음과 같은 경우에는 a/an과 one을 서로 바꿔 쓸 수 있다.

Wait here for **a moment**, and I'll be with you soon.
[여기서 잠깐만 기다리면 곧 오겠어.]
He paid **a hundred dollars** for his suit.
[그는 옷값으로 100달러를 지불했다.]
Rome was not built in **a day.**
[로마는 하루아침에 이루어지지 않았다.]
Jane's grief overwhelmed her for nearly **a year.**
[제인은 거의 일 년 동안 슬픔에서 헤어나지 못했다.]

대부분의 분수 표현에서는 부정관사와 one을 모두 쓸 수 있지만, 부정관사가 더 보편적이다.

$\begin{Bmatrix} a \\ one \end{Bmatrix}$ tenth [10분의 1]

$\begin{Bmatrix} a \\ one \end{Bmatrix}$ quarter [4분의 1]

to kill birds with $\begin{Bmatrix} a \\ one \end{Bmatrix}$ stone
[하나의 돌로 두 마리의 새를 잡는다, 즉 일석이조(一石二鳥).]

대개 어떤 대상이 '하나' 이상이 아니라는 뜻을 강조하거나,[9] 예컨대 **only one student**에서처럼 어떤 대상이 단지 하나밖에 없다는 뜻을 보다 정확하게 나타내고자 할 때, 또는 another의 뜻을 강조하는 경우에는 부정관사 대신에 'one more + 명사'의 형태로 쓰이게 된다.

I have two younger brothers and **one sister.**
[나에게는 남동생이 둘 있고, 여동생은 한 사람 있다. → 둘이나 그 이상의 숫자가 아니라, '하나'라는 뜻을 뚜렷이 내세우기 위해서 a 대신에 one이 쓰이고 있음.]

---

9 However, we use **one** rather than **a/an** if we want to emphasize that we are talking about *only* one thing or person rather than two or more. — Hewings (2005: 88).

Are you staying only **one night**?
   [하룻밤만 묵으실 것인가요?]

I think she should be given **one more chance.**
   [그녀에게 한 번 더 기회가 주어져야 한다고 생각해. → one more는 another의 뜻임.]

한 쌍이나 집단의 어느 하나와 다른 것을 대립적으로 나타낼 때 쓰이는 것도 오로지 one 뿐이다.

She was hopping on **one foot.**
   [그녀는 한쪽 발로 깡충깡충 뛰고 있었다.]

I went off with a bottle under **one arm** and some extra diapers under the other.
   [나는 한쪽 팔에는 병을 끼고 다른 한쪽 팔에는 남은 기저귀 몇 개를 끼고 가버렸다. → one ... the other와 같이 서로 대립 관계를 나타냄.]

Bees carry pollen from **one plant** to another.
   [벌들은 어느 하나의 식물에서 다른 식물로 꽃가루를 나른다. → one ... another가 서로 대립 관계를 이루고 있음.]

또한 100, 1000과 같은 숫자를 글로 쓸 때는 부정관사나 one을 붙여 쓸 수 없다. 그러나 이러한 숫자를 말로 할 때는 부정관사나 one을 붙여 각각 {a / one} hundred, {a / one} thousand 라고 말하게 되는데, 부정관보다 one을 더 즐겨 사용하는 경향이 있는 것 같다.[10]

2100과 같은 경우에는 맨 앞에 오는 단어가 아니면 a 대신에 반드시 one을 써서 two thousand **one** hundred라고 말해야 한다. 그리고 1100에서 1999까지의 수를 말할 때에는 반드시 one을 사용하여 예컨대 1100은 **one** thousand **one** hundred라고 말해야 한다.

물론 The rent is £100 **a week.**(임대료가 일주일에 100 파운드이다.), You look **an idiot.**(너는 바보처럼 보인다.) 따위에서처럼 a, an을 one으로 바꿔 쓸 수 없으며, 다음과 같이 수량을 나타내는 표현에서도 부정관사만 쓰인다.

---

10 ninety-nine times out of **a** hundred(= 'nearly always')나 **a** thousand times(= 'very many times') 따위와 같이 강조하는 관용적인 고정된 표현에서 부정관사 대신에 one을 쓸 수 없다. — Berry (1993: 19).

three times **a** day

half **an** hour

a quarter of **an** hour

a day or so

a week or two (**one** week or two도 가능함)

1940 won **a** liter — cf. for **a/one** liter

2.2.2.4. 배분적

가격 · 속도 · 비율 등을 나타내는 표현에서 배분적 용법(distributive use)으로 쓰여[11] 'per' 또는 'each'의 뜻을 나타낸다.

Altogether, the United States produces about 3.5 billion pounds of cheese **a year**, making us the world leader. — J. Scott, "Cheese"
> [모두 합쳐서 미국은 연간 35억 파운드의 치즈를 생산하여 세계 1위를 차지하고 있다. → 여기서 a year는 '1년에' 또는 '매년'이라는 '배분적인' 뜻을 나타내고 있음.]

She made a rule of eating an apple **a day.**
> [그녀는 하루에 사과 하나씩 먹는 것을 규칙으로 삼았다. → 독일 속담에서는 하루에 사과 하나씩 먹으면 의사를 멀리 한다고 함.]

The temperature's rising by about three degrees **an hour.**
> [기온이 한 시간에 3도 정도씩 오르고 있다.]

Children's fingernails grow one millimeter **a week.** Toenails grow one-quarter as fast as fingernails — one millimeter **a month.**
— David Shields, *The Thing about Life is that One Day you'll be Dead.*
> [어린이 손톱은 일주일에 1 밀리미터 자란다. 발톱은 손톱 성장 속도의 4분의 1, 즉 한 달에 1 밀리미터 자란다.]

But Korea's economic miracle was built largely on the strong backs of poorly paid workers who often toiled 12 hours **a day**, six days **a week.**

---

[11] *A* is occasionally used distributively, with the meaning 'each', as in "sixpence a pound," etc. This *a* was originally the preposition *an, on* as used before words denoting time, e.g. "once a day," and then was extended to words denoting weights and measure, etc. — Jespersen (1949: 425)

— Andrew Tanzer, "Samsung: South Korea's Economic Giant" (*Condensed from Forbes, Reader's Digest*, March 1989)

[그러나 한국의 경제적 기적은 주로 흔히 하루 12시간, 일주일에 6일간씩 애써 일하며 낮은 보수를 받는 근로자들의 강력한 지원을 받아 이루어졌다.]

부정관사의 이러한 용법은 once, twice, three times 등을 사용하여 어떤 상황이 발생하는 빈도(frequency)를 나타내는 경우에도 적용된다.

Mom and I go out for dinner *a couple of times* **a month**.
— David Farrell, "That Other Woman in My Life"
[엄마와 나는 한 달에 두 번씩 저녁 식사를 밖에서 한다.]

She does aerobics *twice* **a week**.
[그녀는 일주일에 두 번씩 에어로빅 운동을 한다.]

보다 강조하고자 할 경우에는 부정관사 대신에 each나 every를 사용하여 이와 비슷한 뜻을 나타낼 수 있다.

Approximately 10 per cent of households move **each** year.
[대충 10%의 가구들이 해마다 이사를 간다.]

보다 격식적이거나 전문적인 글에서는 per를 사용해서 thirty miles **per** gallon 따위처럼 표출할 수 있다. (mile per gallon은 m.p.g로, kilometers per hour는 kph 따위처럼 약자로 표기할 수 있다.)

The annual income **per person** in those countries was less than $250.
[그런 나라들의 일인당 연간 수입이 250불에도 못 미쳤다.]

This machine can perform two million calculations **per second**.
[이 기계는 1초에 2백만 개의 계산을 해낼 수 있다.]

Ellen can type 100 words **per minute**.
[앨렌은 1분에 100 단어를 타이핑할 수 있다.]

전치사 per가 'each; one'의 뜻이기는 하지만, 예컨대 the annual income **per person**

과 같은 표현에서 per 대신에 each 또는 one으로 바꿔 쓸 수 없다는 점에 유의하여야 한다.[12] 만약 이러한 표현에서 per person 을 each person이나 one person으로 바꿔 쓰면 결국 두 개의 명사구 중 두 번째 명사구가 담당하는 역할이 분명치 못하게 된다. 그러나 per person 은 명사구가 아니라 전치사구이며, 따라서 전치사 per 는 앞에 놓인 명사구와 그 자신이 지배하는 명사구 person의 관계를 맺어주는 역할을 하기 때문에 아무런 문제도 발생하지 않는다. 이런 경우에 per 대신 each나 one을 쓰려면 the annual income **for** $\left\{\begin{array}{c}\text{each}\\\text{one}\end{array}\right\}$ **person**에서처럼 전치사 for가 필요하다.

부정관사가 배분 단위의 구체적인 실례를 나타내는 것이라면, 어떤 대상에 대한 척도 단위를 나타내는 경우에는 예컨대 by the hour(시간당 ...), by the yard(야드당 ...)에서와 같이 by the + 단위명사가 쓰인다.

> Carpets are sold by **the square meter.**
> [카펫은 평방미터로 팔고 있습니다.]
> Sugar is still sold by **the kilo** here.
> [아직도 이곳에서는 설탕을 킬로당 가격으로 팝니다.]
> We hire out our cars by **the day.**
> [우리는 하루에 얼마씩 지불하고 자동차를 빌립니다.]
> They're paid by **the hour.**
> [그들은 시간제로 보수를 받는다.]

2.2.2.5. any와 some

정관사와 달리, 부정관사 a/an은 단수 가산명사에만 쓰인다. 그러나 그 의미가 막연한 경우에 복수 명사나 불가산명사에는 some이나 any, 또는 영관사가 사용되어 부정관사와 비슷한 뜻을 나타낸다.

> There are **rats** under the floorboards.

---

[12] Huddleston & Pullum (2002: 408)에서도 예컨대 다음과 같은 예에서 per를 사용한 구조 이외에 허용되는 구조가 없다고 말하고 있다:
The output **per worker** has increased dramatically.
[근로자 1인당 생산량이 급격히 증가되었다.]

[마룻바닥 밑에 쥐들이 있다.]

We met **some nice French girls** on holiday.
[휴가때 우리는 예쁜 프랑스 아가씨 몇 명을 만났다.]

Have you got **any matches?**
[혹시 성냥 있으세요?]

There's **some milk** in the fridge.
[냉장고에 우유가 좀 있다.]

Whisky is made from **barley.**
[위스키는 보리로 만들어진다.]

All you need is **love** and **patience.**
[네가 필요한 것은 애정과 인내뿐이다.]

2.2.2.6. 명사구에서 부정관사의 위치

부정관사는 일종의 한정사이기 때문에 a black leather boot와 같은 구조의 명사구에서처럼 일반적으로 수식어 앞에 놓이지만, 다음과 같이 특정한 위치를 차지할 때가 있다.

1) 다른 전치 수식어(premodifier)가 없으면 rather나 quite은 관사 앞에 온다.

He's **rather a** fool.
[그는 좀 바보스럽다.]

That was **quite a** party.
[그 파티는 대단했다.]

만약 이러한 명사구에 형용사가 있으면 부정관사는 quite, rather의 앞이나 뒤에 놓일 수 있다.

quite a good picture ~ **a quite** good picture
[상당히 잘 그린 그림]

rather a heavy responsibility ~ **a rather** heavy responsibility
[좀 무거운 책임]

There are many spelling mistakes; even so it's just **quite a** good essay.
[철자가 많이 틀리기는 했지만, 그래도 그것은 상당히 좋은 수필이다.]

2) as, too, how(ever), so 등 부사들은 바로 다음에 오는 명사를 수식할 수 없으므로 이들과 명사 사이에 형용사가 놓여 '부사 + 형용사'의 구조가 되는데, 이런 경우에 명사는 반드시 단수 가산명사라야 한다. 그리고 이 명사를 한정하는 부정관사는 명사 바로 앞에 놓인다.

$$\begin{Bmatrix} \text{as} \\ \text{how(ever)} \\ \text{so} \\ \text{too} \end{Bmatrix} + 형용사 + a(n) + 단수\ 가산명사$$

Tokyo is **as important** *a* **financial center** as New York.
  [동경은 뉴욕만큼 중요한 금융 중심지이다.]
How fretful *a* **child** she is!
  [그 애는 참으로 성미가 까다롭구나!]
However intelligent *a* **man** he may be, he won't be able to solve this problem.
  [그가 아무리 똑똑하다 해도 이 문제를 풀 수 없을 것이다.]
I've never seen **so large** *a* **patio**.
  [지금까지 나는 그렇게 넓은 안뜰을 본 적이 없다.]
He is **too sensible** *a* **student** to do a thing like that.
  [그는 참으로 분별심 있는 학생이라서 그와 같은 짓을 하지 않는다.]

이러한 어순은 다음과 같이 불가산명사나 복수 명사 앞에서는 적용되지 않는다.

They are too intelligent people to do such a thing.
  [→ too 다음에 복수 명사가 놓였기 때문에 부정관사를 쓸 수 없음.]

$\begin{Bmatrix} \text{*How} \\ \text{What} \end{Bmatrix}$ nice people they are!

  [그들은 참으로 훌륭한 사람들이군!]

They seem to be $\begin{Bmatrix} \text{such} \\ \text{*so} \end{Bmatrix}$ strange stories.

  [그 이야기들은 아주 이상한 것 같다.]

such, many, 그리고 감탄문에 쓰일 경우의 what이 전치 한정사일 때 이들은 반드시 부정관사를 수반하게 되는데, 바로 이다음 위치에 부정관사가 놓이게 된다.

such *a* nice girl
many *a* young woman
What *a* fool you are!

2.3. 정관사

정관사의 사용이 영어를 유창하게 말하는 사람에게도 어려움이 있는 문제이다. 따라서 정관사를 쓸 것인가 쓰지 않을 것인가를 놓고 심지어 성인 영어 학습자들에게도 좌절감을 안겨 주는 경우가 빈번하다.[13]

2.3.1. 정관사의 발음

정관사 the는 다음과 같이 세 가지 방법으로 발음된다.
1) 자음이나 반모음 /j/ 또는 /w/로 시작되는 단어 앞에서는 /ðə/로 발음된다.

The same name was given to this island.
[ðə]
　[이 섬에 동일한 이름이 부여되었다.]
We were plagued throughout our travels by **the u**biquitous mosquito.
　　　　　　　　　　　　　　　　　　　　　　　[ðə]
　[우리는 여행하는 도중 내내 가는 곳마다 모기 때문에 괴롭힘을 당했다.]

다음과 같은 단어들은 모음의 철자로 시작됨에도 불구하고 음가는 /j/이기 때문에 이 앞

---

[13] *The* is one of the most common words in the English language. In even a short conversation, a fluent speaker in effect decides many times whether or not to use it. Decades of linguistic research have shown that the unconscious rules responsible for the use of this word require complex calculations on the part of speakers and hearers. Besides being a source of challenging puzzles for linguists, these complexities have been a source of frustration for many adult learners of English. — Baker (1997: 178).

에 놓이는 정관사는 /ðə/로 발음된다.

> ubiquitous, unanimous, unicorn, uniformed, uniformity, unification, unilateral, union, unique, unit, united, unity, universal, universe, university, useful, usual, utility, utopian

2) 정관사 the가 /ðɪ/로 발음되는 경우는 다음 세 가지 상황이다.
  a. 모음이나 이중모음으로 시작되는 경우.

    The emphasis is on discipline.
    [ðɪ]
        [훈련에 역점이 주어지고 있다.]

  b. heir, honest, honesty, honorary, honor, honorable, hour 따위와 같이 묵음 h-로 시작되는 단어 앞에서.

    The king's eldest son is **the h**eir to the crown.
        [왕의 큰 아들이 왕위를 계승한다.]

  c. f, l, m, n, s, x 따위와 같은 자음 철자를 읽을 때 발음상 모음으로 발음되기 때문에, 예컨대 the **M**P[empíː]의 경우처럼 이들 철자로 시작되는 단어의 각 철자를 개별적으로 발음할 때 이 앞에 놓인 정관사는 /ðɪ/로 발음된다.

    Liverpool won **the** FA Cup.
        [리버풀 팀이 FA 컵 축구대회에서 우승했다. → FA: Football Association.]
    The NBS pays interest on your balance.
        [NBS에서 네 계좌에 이자를 납부해 준다.]
    The X-rays were negative.
        [방사선 촬영 결과는 이상이 없었다.]

2.3.2. 정관사의 용법

역사적으로 고대영어의 지시대명사 남성 주격형 sē, se에서 발달된 정관사[14]는 일반적으로 '*definite*' article이라는 영어 명칭이 나타내는 바와 같이 화자와 청자가 모두 이미 알고 있는 특정한 대상을 가리키는 경우에 쓰인다.[15] 그 특정한 것은 우리가 처한 상황에 따라 무엇을 지시하는지 알 수 있는 이른바 상황적 지시(situational reference)에 의한 것이거나, 언어 사용에 있어서 전후 문맥을 통하여 알 수 있는 언어적 지시(linguistic reference)에 의해 알 수 있다. 그렇지 않으면 영어 사용자들이 관용적(idiomatic)으로 특정한 명사에 정관사를 사용하는 경우를 들 수 있다.

2.3.2.1. 상황적 지시

상황적 지시는 '언어외적인'(extralinguistic) 상황을 뜻하는 것으로서, 우리를 둘러싸고 있는 특정한 상황과 관련되어 어떤 대상이 무엇을 가리키는지 알 수 있는 경우이다. 그 상황은 바로 지금 대화의 당사자가 있는 장소나 그 주변에서부터 우주 전체에 이르기까지 다양할 수 있다.

2.3.2.1.1. 근접 상황

먼저 상황적 지시의 범위를 화자와 청자의 '주변적' 상황(immediate situation)에 있는 대상으로 한정시켜 살펴볼 수 있다. 즉, 화자와 청자가 함께 있는 주변 상황에서 시각적으로 보아 어느 대상을 가리키는지 알 수 있는 경우이다. 가령, 식사 도중에 식탁에 놓여 있는 소금을 보면서 Pass me **the salt** please.라고 말한다면 청자는 어느 소금을 뜻하는지 뚜렷이 알 수 있는 특정한 것이 되기 때문에 정관사가 쓰이게 되는 것이다. 정관사를 이렇게 쓸 수 있는 것은 화자와 청자가 특정한 상황에서 알 수 있는 것으로 기대되는 경우에만 가능하다. 예컨대 부엌에서 Where's **the salt**?라는 물음은 적절하지만, 부엌이 보통 분필을 두는 적

---

14 오늘날의 정관사 the는 고대영어의 지시대명사 남성 주격형 sē, se에서 유래되었다. 이 형태가 나중에는 þ-로 시작되는 다른 형태에 대한 유추(analogy) 때문에 þē가 되었으며, 중세영어 시대에 불어에서 th가 도입되면서 þ가 th로 바뀌어 결국 þē가 오늘날과 같이 the로 변했다: sē, se>þē>the.

15 The definite article signals **definite reference**. This means that the use of *the* is an indication that the hearer should be able to identify the person, thing, or set that is being referred to. — Declerck (1991: 321).

절한 장소가 아닌 경우에 부엌에서 Where's **the chalk**?라고 묻는 것은 이상하게 여겨진다. 정관사의 이러한 용법은 우리 주변 상황에만 국한되며, 따라서 주로 말로 하는 경우에서 엿볼 수 있다. 다음 문장에 나타난 정관사들이 바로 이러한 설명에 적절한 예가 될 것이다.

Could you close **the door**?
[문을 좀 닫아줄 수 있을까? → 눈에 보이는 어느 특정한 문을 보면서 말할 때.]
Doesn't **the bride** look beautiful?
[신부가 예뻐 보이지 않는가? → 예식장에서 신부를 보면서 하는 말.]
It's far too hot in this room; open **the windows**.
[이 방은 너무 더워. 창문을 열어라. → 이 방에 있는 창문을 뜻하는 것임.]

직접적으로 눈에 보이지는 않지만, 대화의 상황으로 미루어 보아 청자도 알고 있다고 생각되는 대상을 말하는 경우에도 정관사가 쓰인다. 가령

Do not feed **the animals**.
[동물들에게 먹이를 주지 마십시오.]

라는 말이 동물원의 안내문에 게시된 내용이라면 the animals는 동물원에서 사육되는 동물을 가리키는 것이 분명하다.[16] 다음 문장들도 똑같이 설명될 수 있다.

Don't go in there. **The dog** will bite you.
[그 안에 들어가지 마라. 개에게 물릴 거야. → 그곳에 있다고 여겨지는 특정한 개를 염두에 두고 말할 때.]
When Judy Gage got "the call," her husband, math professor Howard Gage, was mowing **the lawn**.
[쥬디 게이즈가 전화를 받았을 때 수학 교수인 그녀의 남편 호워드 게이즈는 잔디를 깎고

---

16 (1a)는 상황에 의해 정관사를 수반하게 된 것이지만, 만약 상황이 주어지지 않게 되면 부정관사가 수반된다. 즉, (1a)에서 the train는 주변 상황으로 미루어 보아 특정한 것이면서 식별 가능한 것으로 판단될 수 있는 것이며, (1b)에서 a train은 혹시 달려올지도 모르는 열차에 충돌하여 죽을지도 모르는 일을 피하도록 하기 위한 일종의 경고의 뜻을 담고 있다.

(1) a. Don't go; **the** train's coming.
　　b. Don't go; **a** train's coming. (Halliday & Hasan 1976: 71)

있었다. → 게이즈 부부가 살고 있는 특정한 집의 잔디를 뜻함.]

Before I go to bed I always turn down **the heating.**

[잠자리에 들기 전에 나는 항상 난방장치를 끈다. → 주어 자신이 살고 있는 집에 설치된 난방장치를 뜻하기 때문에 특정한 지시 대상이 됨.]

Have they found **the murder weapon** yet?

[그들이 이미 그 살인 무기를 찾았는가? → 이미 알고 있는 살인 사건에 사용되었던 특정한 무기를 뜻함.]

물론 어떤 주변의 어떤 대상에 대해서도 청자가 이미 알고 있으리라고 화자가 잘못 판단한 나머지 그 대상에 정관사를 사용할 수 있는 것이다. 이러한 경우에 청자는 그 지시 대상을 명확히 하기 위하여 which ...?, what ...? 과 같은 의문문을 사용하여 묻게 될 것이다.

A: Have you fed **the dog?**

[개에게 먹이를 주었느냐? → 화자가 말하는 개를 청자도 알고 있을 것이라고 생각했기 때문에 정관사가 쓰인 것임.]

B: Which dog (do you mean)?

[어느 개 말인가요? → 화자가 말하는 개를 청자가 보지 못하거나 알고 있지 않을 때.]

A: Aren't **the red roses** beautiful?

[빨간 장미들이 예쁘지 않은가? → 청자도 화자가 말하는 특정한 장미를 보았을 것이라고 생각했기 때문에 정관사가 쓰였음.]

B: What red roses?

[어떤 빨간 장미 말인가? → 화자가 말하는 빨간 장미를 청자가 보지 못하였거나 어떤 장미를 뜻하는지 알지 못할 때.]

2.3.2.1.2. 광역 상황

상황적 지시의 두 번째 경우는 보다 넓은 의미의 상황(wider situation)과 관련된 대상에 대하여 화자와 청자가 모두 알고 있는 경우에 그것은 특정한 것이 되기 때문에 정관사를 사용하게 된다. 즉, 인간 사회의 제도와 관련된 상황을 지시하는 경우에 그것은 화자와 청자에게 특정한 대상이 되기 때문에 정관사가 쓰인다는 점이다. 이 경우에 보다 폭넓은 상황은 전 세계적인 것일 수도 있고, 또는 특정한 시점에 한국, 미국 따위와 같은 한 나라의 국민과 관련되어 지시할 수도 있다. 예컨대 우리나라의 어느 방송 뉴스에서 **The President** will announce ... on TV tonight.이라고 말하면 그 대통령은 말할 필요조차 없이 한국의 대통령을 뜻하는 것이지, 다른 나라와 관련된 대통령을 뜻하는 것이 아니라는 사실을 안다. 만약 이 방송이 미국 TV에서 한 것이라면 the President는 당연히 미국 대통령을 뜻하는 것이 된다. 또한 특정한 도시에서 the mayor라고 하면 다른 도시가 아닌 바로 그 도시의 시장을 뜻하게 된다.

"This conduct is unacceptable and **the prime minister** and other Iraqi officials have condemned these abuses," Bush said.
["이러한 행위는 용납할 수 없는 것이므로 수상과 이라크의 다른 관료들은 이러한 악습을 비난했다." 라고 부시 (대통령)가 말했다.]

"There's still a lot of difficult work to be done in Iraq," **the president** said, "but thanks to the courage of the Iraqi people, the year 2005 will be recorded a turning point in the history of Iraq, the history of the Middle East and the history of freedom."
["이라크에는 아직도 처리해야 할 힘든 일들이 산적해 있지만, 이라크 국민들의 용기로 말미암아 2005년은 이라크 역사, 중동의 역사, 그리고 자유의 역사의 전환점으로 기록될 것이다."라고 (부시) 대통령이 말했다.]

Has **the government** redeemed all its election promises?
[여당에서는 선거 공약을 모두 이행했는가?]

When a Cockney lad named Maurice Joseph Micklewhite, Jr., was 19, he was sent to **the Korean War.**
[모리스 조지프 미클화이트 2세라는 런던 토박이가 19살 때 한국 전쟁에 파병되었다. → the Korean War는 1950년에 일어났던 6.25 전쟁이라는 특정한 전쟁이기 때문에 정관사를 수반하고 있음.]

다음과 같은 예들도 보다 넓은 의미의 상황과 관련하여 사용할 수 있는 문장들이다. 즉, 다음과 같은 예들은 특정 지역에 살고 있는 사람들이 자주 다니는 특정한 장소를 뜻한다고 여겨진다.

$$\text{I'm going to} \begin{Bmatrix} \text{the store/mall} \\ \text{the bank} \\ \text{the park} \\ \text{the movies} \\ \text{the beach} \end{Bmatrix}.$$

[나는 가게/몰/은행/공원/극장/해변으로 가고 있다.]

물론 막연한 장소일 경우에는 부정관사가 수반되며, 또한 그 장소의 범위를 상당히 제한하기 위하여 수식어를 첨가하는 경우에도 부정관사를 수반할 수 있다.

You can pay your phone bill at a **post office.**
[우체국에 가서 전화 요금을 납부할 수 있다. → 막연한 우체국을 가리킴.]

I'm going to **a store.**
[나는 가게에 가고 있어.]

I'm going to **a store** *I've never been to before.*
[전에 한 번도 가 본 적이 없는 가게에 가고 있어. → 수식어에 의해 지시 범위가 제한되고 있지만, 여전히 막연한 가게를 가리키고 있음.]

그러나 이처럼 보다 폭넓은 상황과 관련해서 생각할 수 있는 대상들도 다소 성격을 달리하여 볼 수 있다. 예컨대 다음과 같은 예를 보기로 하자.

My sister goes to **the theater** once or twice a week.
[내 누이동생은 일주일에 한두 번씩 극장에 간다.]

이 문장에 나타난 the theater는 두 가지 해석이 가능할 것이다. 상황적 지시에 의하면, the theater는 나의 누이동생이 늘 다니는 어느 특정한 극장일 수 있다. 그러나 이보다 나의 동생이 반드시 늘 다니는 극장에만 간다고 볼 수 없을 것이다. 그러므로 이 경우의 the theater는 오히려 하나의 제도로서의 극장을 가리키는 것이다. 따라서 어떤 화자가 위와 같은 말을 했을 경우에 청자가 Which theater (do you mean)?이라고 묻는다면 그것은 적절치 못한 질문이 될 것이다. 이렇게 쓰이는 정관사를 '산발적'(散發的: sporadic) 용법으로 쓰였다고 한다.

the news, the radio, the television, the paper(s), the press 따위처럼 대중 매체들을 가리킬 때도 정관사가 이와 비슷하게 쓰인다.

When the weatherman on **the radio** predicted rain and high winds, Sally glanced at her barometer and noticed it was rising.
[라디오 방송에서 일기예보 아나운서가 비가 오고 강풍이 불겠다고 예보했을 때, 샐리가 기압계를 보니 기압이 올라가고 있었다.]

The affair was dramatized by **the press.**
[그 사건은 언론에서 극적으로 표현되었다.]

What's in **the papers** this evening?
[오늘 석간신문에 어떤 기사가 났던가?]

산발적 지시라는 개념은 the bus, the train, the post/mail, the telephone 따위와 같은 교통 및 통신 기관을 가리키는 표현에도 적용된다. 이 경우에도 the bus나 the mail 등이 특정한 버스나 우편을 뜻하는 것이 아니라, 교통/통신 체계를 뜻하는 것으로 해석될 수 있다.

We rang for **the ambulance.**
[우리는 앰블런스를 보내달라고 전화를 걸었다.]
Mary took **the train** to London.
[메어리는 기차로 런던에 갔다.]
She's not on **the telephone**[17] yet, though she may have one installed soon.
[그녀는 아직 전화를 갖고 있지 않지만 곧 가설할 것이다.]

3) 상황적 지시의 마지막으로, 다음과 같이 해당 명사에 의해 지시될 수 있는 대상이 이 세상에 오로지 하나밖에 없는 유일한 것을 가리키는 경우에 정관사가 쓰인다.

> the devil, the earth, the equator, the moon, the planets, the north pole, the pope, the sea, the sky, the solar system, the south pole, the sun, the universe, the world, the zenith, the weather, the Pope, the cosmos, etc.

이러한 대상들은 그 자체로서 화자와 청자 모두 이미 알고 있는 특정한 것이 되기 때문에 정관사가 쓰이게 되는 것이다. 따라서 We haven't seen **the sun** for days.(우리는 여러 날 동안 태양을 보지 못했다.)라고 말할 때 어느 태양을 뜻하는지 청자도 안다. 일반적으로 the sun이라고 부를 수 있는 태양이 오로지 하나밖에 없고, 따라서 특정한 것이기 때문이다.

---

17 be on the phone이 'to be using the telephone'(통화중)이라는 뜻이지만, 영국영어에서는 'to own'(소유하다)이라는 뜻으로 쓰인다:
He's been on the phone to Kate for more than an hour.
[그는 한 시간이 넘게 케이트와 통화를 하고 있다.]
They're not on the phone at the holiday cottage. (영국영어)
[그들의 휴일 별장에는 전화가 없다.]

We're one of the most generous nations in **the world.**
[우리는 세상에서 가장 아량이 넓은 국민 중 한 국민이다.]

The heat near **the equators** might be unbearable for human inhabitants.
[적도 부근의 열기는 인간이 견디기 어려울 것이다.]

She had just read in a book that **the earth** is closer to **the sun** in January than in July.
[그녀는 방금 책에서 지구가 7월보다 1월에 태양에 더 가까워진다고 읽었었다.]

The sun, the stars, and **the moon** are celestial bodies.
[태양, 별, 그리고 달은 천체이다.]

이러한 대상들은 사실상 유일한 대상을 가리키기 때문에 일종의 고유명사처럼 취급되어 예컨대 the Earth, the Equator, the North Pole, the South Pole과 같이 대문자로 시작되는 것들도 있다.

earth는 정관사 없이 쓰이는 경우가 아주 많은데, 특히 전치사 on과 결합했을 때 정관사 없이 쓰인다.

One evening in April 1990, she got a call from M. M., offering her a trip to any place **on earth.**
[1990년 4월 어느 날 저녁에 그녀는 M. M으로부터 지구 어느 구석이라도 여행하게 해주 겠다는 한 통의 전화를 받았다.]

Weather that affects our day-to-day lives **on earth** occurs in the troposphere. This is the lowest region of the atmosphere. It extends 13 kilometers above the surface of **the earth.**
[지구상에서 우리의 일상생활에 영향을 주는 기후는 대류권에서 형성된다. 이 지역은 대기권에서 가장 낮은 곳으로, 지구 표면 위로 13킬로미터 뻗어 있다.]

2.3.2.2. 언어적 지시

인간이 처한 상황에 따른 화자와 청자의 공통된 지식에 의해 특정한 것을 지시하기 때문에 정관사를 사용한다는 규칙을 다음과 같은 경우에도 확대 적용시킬 수 있을 것이다. 즉, 특정한 문맥에 따른 언어적 지시(linguistic reference)에 의해 화자와 청자 두 사람의 마음 속에 동일한 이름으로 불리우는 많은 대상들 중에서 다른 모든 대상들을 제외시키고 오로지 '특정한'(specific) 어느 하나 (또는 하나 이상)의 대상만을 머리에 떠올리게 될 때 정관사를 사용한다. 다시 말하자면, 이들의 머릿 속에는 그 부류에 속하는 다른 모든 대상들은 더 이상 관심의 대상이 아니기 때문에 모두 지워져 버리고 오로지 어느 하나의 대상만 남아 있어서 '유일한' 것으로 생각되기 때문에 정관사가 쓰이게 된다는 것이다. **예컨대 students는 불특정 다수의 막연한 학생들을 가리키는 것이지만, 언어적 문맥이나 수식어(구, 절) 등을 첨가함으로써 the student라고 하게 되면 방금 말한 불특정 다수의 학생들 가운데 어느 특정한 한 학생을 가리키게 되고, 그 나머지 학생들은 모두 화자와 청자의 머릿속에서 지워져 버린다. 바로 이처럼 화자와 청자의 머릿속에 오로지 어느 하나의 특정하면서 구체적으로 밝혀진 대상만 남아 있을 때 그것은 본래 하나밖에 없거나, 상황적 지시에 의해 특정한 대상을 가리키는 경우와 마찬가지로 반드시 정관사를 필요로 하게 되는 것이다.**

물론 여러 문법책에서 언어적 지시에 따른 정관사의 용법을 아래와 같이 설명해 왔다. 그렇지만, 방금 위에서 유일하고 특정한 대상에 정관사가 사용된다고 설명한 내용이 언어적 지시에도 확대 적용될 수 있는데, 이제 그 구체적인 사례들을 보기로 하겠다.

2.3.2.2.1. 전방 조응적 지시

1) 화제의 대상으로 한 번 언급되었던 대상이 뒤에서 다시 언급될 때. 예컨대 I bought **a book** yesterday. **The book** is very interesting.과 같은 문장의 연속체에서 두 번째 문장의 문두에 놓인 the book은 바로 앞에 놓인 문장에 나타난 a book을 가리킨다. 즉, 앞 문장과 관련해서 **the book**은 곧 'the book which I bought yesterday'라는 뜻을 나타내는 것이다. 따라서 두 번째 문장에서 the가 쓰인 것은 뒤따르는 관계사절에 의해 그 지시 범위가 제한을 받아 화자와 청자에게 다 같이 특정하고 구체적으로 밝혀진 대상이 되기 때문이다. 따라서 '그 책'이라 하게 되면 많은 책들 중에서 다른 책들은 화자와 청자의 머릿속에서 모두 지워지고, 오로지 내가 어제 산 그 책으로 지시 범위가 한정되기 때문에 그 책은 특정한 것이며 동시에 구체적으로 밝혀진 것으로 간주되는 유일한 대상이 된다. 이처럼 언어적 문맥에 따라 사용된 정관사를 앞에 나온 대상을 가리키는 것이기 때문에 '전방 조응적'(前方 照應的: anaphoric)으로 쓰였다고 한다. '전방 조응적'이라는 말은 정관사가 쓰인 이유를 알기 위해 앞을 비추어 보니 정관사에 대응하는 부정관사가 놓여 있다고 하는 뜻이다. 즉, 정관사가 쓰이게 된 것은 이미 그것을 가리키는 대상이 앞에 놓인 언어적 상황에서 직접 언급되어 있어서 이것이 특정하고 구체적으로 밝혀진 대상이 되도록 환경을 만들어주었기 때문이다.

I smoke only out of **habit**; I wish I could break **the habit.**

[난 단지 습관 때문에 담배를 피운다. 이 습관을 없앨 수 있으면 좋겠다. → the habit은 이미 앞에 나와 있는 담배피우는 습관을 뜻하는 것임. habit에 부정관사가 첨가되지 않은 것은 이것이 불가산명사이기 때문임.]

The full development of **an idea** may well take years of hard work but **the idea** itself may arrive in a flash of insight.

[한 생각이 원숙해지려면 오랜 세월에 걸쳐 애써 노력을 해야 하겠지만, 그 생각 자체는 순간적인 통찰력에서 우러나올 것이다.]

A strange dog came on the porch. **The dog** seemed very friendly.

[이상하게 생긴 개 한 마리가 현관에 나타났다. 그 개는 매우 다정스러워 보였다. → 두 번째 문장에서 the dog는 앞 문장에서 언급된 현관에 나타난 개를 가리킴.]

You can use your dictionary to find **a synonym** for each boldfaced word below. Write **the synonym** on the blank line.

[여러분의 사전을 사용해서 아래 고딕체로 된 각 단어의 동의어를 찾을 수 있다. 그리고 그 동의어를 빈 칸에 쓰시오. → the synonym은 이미 앞에서 말한 고딕체로 쓰인 동의어를 가리키는 특정한 대상을 가리킴.]

I saw **a film** last night. **The film** was about **a soldier** and **a beautiful girl. The soldier** was in love with **the girl** but **the girl** was in love with **a teacher.** So **the soldier** shot **the teacher** and married **the girl.**

[어젯밤에 영화를 보았다. 그 영화는 한 군인과 한 처녀에 대한 것이었다. 그 군인은 그 처녀와 사랑하는 사이였지만, 그 처녀는 어느 선생님과 사랑하는 사이였다. 그래서 이 군인은 그 선생님을 쏘아 죽이고 이 처녀와 결혼했다.]

시중에 나와 있는 대부분의 문법책에는 한 번 언급된 대상이 뒤에서 다시 언급되는 경우에는 정관사가 사용된다고 쓰여 있다. 그러나 다음의 첫 번째 예에서처럼 대개 앞에서 언급된 대상과 상당한 거리를 두고 재차 언급되는 경우가 아니면 그 대상이 정관사를 수반해서 나타나는 것보다 오히려 it, he, him, she, her와 같은 인칭대명사를 사용하는 것이 보다 보편적이다.[18]

---

18 The most important point, then, is that you use the indefinite article when people do not know what you are referring to. Later on, if you want to refer to the thing (or person) again, you can in some cases repeat the noun with the definite article, although more often you use a personal pronoun such as 'it', 'he', 'him', 'she', or 'her'. — Berry (1993: 16, 24).

A car pulled up in front of our old house in Rector, Pa. **A man** got out, hat in hand, and came up to the porch. "Is George here?" My uncle was back at the barn, tinkering with his car. He came out front and shook hands, and **the man** spread out some drawings on the hood of his car.

— Ralph Kinney Bennett, "My Uncle's Secret"

[펜실베니아주 렉터에 있는 낡은 우리집 앞에 자동차 한 대가 와서 멈췄다. 한 남자가 손에 모자를 들고 자동차에서 내려 현관으로 다가왔다. "조오지 있나?" 삼촌께서는 집 뒷편 창고에서 자동차를 고치고 있었다. 삼촌께서 집 앞으로 나와 이 남자와 악수를 했다. 이 남자가 자기 자동차 뚜껑 위에 설계도 몇 장을 펼쳐놓았다. → 앞에 나온 a man과 동일한 지시 대상이 거리를 두고 나타났기 때문에 the man이라고 했으며, 이 대신에 he라고 하게 되면 my uncle을 가리키는 것으로 오해할 수도 있음. Pa는 Pennsylvania의 약자임.]

I asked **a boy** the way to the station, but **he** misdirected me.

[한 소년에게 정거장으로 가는 길을 물었더니 그는 내게 길을 잘못 가르쳐 주었다. → he는 a boy를 가리킴.]

If you describe **a woman** as shapely, you mean that **she** has an attractive shape.

[만약 어떤 여성을 shapely하다고 묘사한다면 그 말은 그녀의 모습이 매력적이라는 뜻이다. → she는 앞에 놓인 a woman을 가리킴.]

Touch is the first sense we develop, and we acquire **it** before birth.

— Lowell Ponte, "The Sense That Shapes Our Future"

[촉각은 가장 먼저 발달하는 감각이라서, 우리는 태어나기 이전부터 촉각을 느낀다. → it은 앞에 나온 불가산명사 touch를 가리키는 것임.]

2) 처음 화제에 등장하는 어떤 대상이 언급되고 난 뒤에 다시 그 대상과 관련된 다른 대상이 등장하게 되는 경우, 그 대상은 설령 처음으로 언급된 것일지라도 정관사를 수반한다. 그 까닭은 처음 언급된 대상으로부터 추론(推論 inference)에 의해 두 번째 대상이 어떤 것을 가리키는지 분명히 알 수 있기 때문이다. 예컨대 a book을 화제의 대상으로 삼아서 말하거나 글을 쓸 경우에 대충 다음과 같은 대상들은 설령 처음으로 언급된 것일지라도 화제 대상의 책과 간접적으로 관련된 것으로 간주되기 때문에 정관사를 수반하게 되는 것이다.[19]

---

19 Berry (1993: 25-26).

> the author, the bibliography, the chapters, the contents, the cover, the exercises, the index, the introduction, the pages, the plot, the price, the publisher, the title, the reviews, etc.

그러므로 다음과 같은 문장에서 먼저 a valuable book이 언급되었고, 이다음에 나타난 the cover와 the pages는 처음으로 화제의 대상으로 언급된 것들이기는 하지만, 이 책과 관련된 특정하고 구체적으로 밝혀진 것으로 추론되기 때문에 정관사를 수반하는 것이다.

I lent Bill *a valuable book*, but when he returned it, **the cover** was filthy, and **the pages** were torn. (Quirk et al. 1985: 268)
[빌에게 소중한 책을 빌려줬다가 돌려받았을 때 표지는 더러웠고 몇 쪽은 찢어져 있었다.]

이처럼 우리는 어느 하나의 대상에 대하여 알게 되면 그 대상과 관련된 다른 대상들은 화자와 청자가 갖고 있는 공통된 지식에 의해 유일하고 특정한 것이 된다. 이 문장에서 보듯이, 비록 정관사를 수반한 명사(the cover, the pages)가 앞에서 언급된 대상을 재차 가리키는 것이 아니지만, 앞에서 언급된 대상(a valuable book)에 의해 간접적인 전방 조응적 지시(indirect anaphoric reference) 관계가 이루어지는 것이라고 할 수 있다. 왜냐하면 앞에서 표지와 쪽수에 대한 언급이 없었지만, 이들은 추론에 의해 앞에서 언급된 책과 관련된 것이라는 점을 충분히 알 수 있기 때문이다.
한 가지 예를 더 보면서 설명을 추가적으로 하고자 한다.

We were going to sell the house yesterday, but **the estate agent** didn't show up. (Keizer 2007: 228)
[우리는 어제 그 집을 팔려고 했었는데, 부동산 중개업자가 나타나지 않았다.]

이 문장에서도 the estate agent가 처음으로 문장에 등장하고 있지만, 바로 앞에서 집을 사고 팔 때에는 당연히 특정한 중개업자가 사고파는 사람들 사이에 개입하게 되는 특정한 사람을 가리키기 때문에 정관사가 수반되는 것이다.
이와 관련된 몇 가지 예문들을 추가해서 들기로 하겠다.

I was driving on the freeway the other day when suddenly **the engine** began to make a funny noise. I stopped **the car** and when I opened **the hood**, I saw **the radiator** was boiling.

[요전날 나는 고속도로를 달리고 있었는데, 그때 갑자기 엔진에서 이상한 소리가 나기 시작했다. 나는 자동차를 멈추고 뚜껑을 열어보니 라디에이터에서 물이 끓고 있었다. → drive 라는 동사에서 car를 생각할 수 있고, 따라서 the engine, the car, the hood, the radiator는 모두 자신이 운전하는 그 자동차와 관련된 특정한 대상임을 알 수 있기 때문에 정관사를 수반하고 있음.]

Pumpkins are low in calories, fat and sodium, and high in fiber. **The seeds** are high in protein and are loaded with magnesium and iron.
— Dean Ornish, "Food for Life"

[호박은 칼로리, 지방, 나트륨은 낮고, 섬유질이 많다. (호박) 씨에는 단백질이 많고, 마그네슘과 철분이 듬뿍 들어 있다. → 앞에 놓인 문장에 pumpkins가 언급되어 있으며, 다음 문장에서 the seeds는 바로 호박에 들어 있는 씨를 뜻한다는 점을 쉽게 알 수 있음.]

A woman was shopping for a room air conditioner. **The salesman** told her she needed either one 230-volt unit or two 115-volt models with the same cooling capacity. — Per Ola & Emily D'aulaire, "Everyday Mysteries"

[한 여인이 방에 설치할 에어컨을 고르고 있었다. 판매원은 둘다 냉방 능력이 같다면서 230 볼트 짜리 한 대를 설치하거나 115 볼트짜리 두 대를 설치하라고 권했다. → the salesman은 특정한 매장에서 일하는 특정 판매원을 가리키고 있음을 알 수 있음.]

My partner and I were in our police car when we were dispatched to stop *a domestic dispute*. We spoke with **the couple**, and **the problem** was quickly resolved.

[나의 파트너와 나는 경찰차에 있다가 어떤 가정불화를 제지하러 출동하게 되었다. 우리는 그 부부와 대화를 해서 그 문제는 재빨리 해결되었다. → the couple과 the problem은 모두 화제에 오르고 있는 부부와 그들간의 문제를 뜻하기 때문에 특정한 지시 대상이 됨.]

There was *a clock* in the gray tower of the ancient church, and **the hands** on **the dial-plate** had now almost reached the hour of noon.

[오래된 교회의 잿빛 탑에 시계가 걸려 있었다. 문자반의 시계 바늘이 거의 정오를 가리키고 있었다. → 시계에는 시침, 분침, 초침이 있으며, 또한 이들이 나타나는 문자반이 있다는 점을 상식적으로 알기 때문에 처음 등장하고 있음에도 불구하고 각각 the hands와 the dial-plate라고 하고 있음.]

3) the를 수반한 다른 명사를 사용하여 앞서 언급된 그 대상을 가리킬 수도 있다. 이처럼

앞에서 언급된 어떤 대상이 이어지는 대화나 문맥에서 재차 언급될 때 정관사 + 명사로 나타내거나, 대명사로 나타내지 않고 정관사가 수반된 보다 일반적인 다른 명사로도 나타낼 수 있다.[20] 한 예로 다음과 같은 문장을 보자.

> He was trying to warn that there was **a leopard** about and to say that all night long he had been threatened by **the animal.** (Berry 1993: 25)
> [그는 주위에 표범이 있다고 귀띔해 주고, 또 밤새껏 이 동물(즉, 표범)의 위협을 받았었다고 말하려고 했었다.]

이 문장에서처럼 먼저 a leopard가 등장하고, 뒤에서 이것이 재차 언급될 때 the leopard나 대명사 it으로 가리키게 하지 않고, 대신에 the animal 따위와 같이 일반적인 뜻을 가진 명사구를 이용하여 나타낼 수 있다는 것이다.

다음 예들도 마찬가지로 설명된다.

> As he(= Chris Hani) got out of his car, eyewitnesses said, **a white man** approached and fired four pistol shots into him at close range. Hani died almost instantly, blood pumping from his shattered head. **The gunman** got into a red car and drove off. — *Time*.
> [크리스 하니가 자동차에서 내리자 어떤 백인이 다가가 가까운 거리에서 그에게 권총 네 발을 쏘았다고 목격자들이 말했다. 하니는 박살난 머리에서 피를 뿜으며 즉사하다시피 했고, 총을 쏜 이 사람(= 백인)은 빨간 자동차를 몰고 가버렸다. → a white man이 재차 언급될 때 the white man이라고 하는 대신에 the gunman이라는 다른 명사를 사용해서 가리키고 있음.]

> The sailors knew that the shortcut was a dangerous one. Suddenly **a dolphin** appeared. It seemed to guide the ship. Days later, the ship arrived safely in Sydney, thanks to **the faithful creature.**
> [이 선원들은 지름길이 위험한 길임을 알고 있었다. 갑자기 돌고래가 나타났다. 이 고래는 뱃길을 안내해주는 것 같았다. 며칠 뒤 이 배는 이 충실한 동물(= 돌고래) 덕택에 무사히 시드니에 도착했다. → the faithful creature는 앞에 나온 a dolphin을 가리키는 것임.]

---

20 When you are referring back to something, you don't have to repeat the same noun or use a pronoun; you can also use another, more general, noun. — Berry (1993: 25).

Navy Pier has enjoyed a remarkable evolution during its nearly 100 year history. Originally designed for shipping and recreational purposes in 1916, **the facility** is now a premiere entertainment center.

[네이비 피어는 거의 100년의 역사가 흐르는 동안 두드러진 혁명을 일으켰다. 원래 1916년에 선박 정박과 오락 목적으로 설계된 이 시설은 현재 주요한 위락 센터이다. → 고유명사 Navy Pier는 시카고에 있는 오대호의 하나인 미시건호(Lake Michigan)에 있는 레저·문화 복합단지. 매년 8백만 이상의 관광객들이 다녀감.]

My father was then fighting his own battle, a 12-year war with **prostate cancer.** By Christmas, 1997, **the illness** had taken over his body.
— Sherry Hemman Hogan, "A Question of Trust"

[그 당시 아버지께서는 자기 자신의 전쟁, 즉 12년간에 걸친 전립선암과의 전쟁을 벌이고 계셨다. 1997년 크리스마스 무렵에 이 병은 아버지의 몸 전체에 퍼졌다. → 앞에 나온 prostate cancer가 다음 문장에서는 the illness로 받고 있음. cancer는 셀 수 없는 명사이므로 부정관사를 수반하지 않고 있음.]

The American Cancer Society estimates about one in six U.S. men will be diagnosed with **prostate cancer** during his lifetime, and one in 36 will die of **the disease.** — *Chicago Tribune*, June 19, 2013.

[미국 암 학회는 일생 동안에 대략 미국인 남성 6명 중 한 명은 전립선암 진단을 받고, 36명 중 한 명은 이 병으로 사망하게 될 것으로 추산한다. → 바로 위의 문장의 연속체의 경우와 같음.]

2.3.2.2.2. 후방 조응적 지시

1) 관계사절, 부정사절, 전치사구, 그리고 분사절 등의 수식을 받는 명사의 지시 대상이 한정되는 것으로 해석되는 경우에는 특정한 것이 되기 때문에 정관사를 수반한다. 이러한 정관사를 '후방 조응적'(後方照應的: cataphoric) 용법으로 쓰였다고 한다.[21] 즉, 여기에 정

---

21 By the CATAPHORIC use of *the* may be understood the use of the definite article in a context where what follows the head noun, rather than what precedes it, enables us to pinpoint the reference uniquely. 'Cataphoric' is therefore the opposite of 'anaphoric' reference. In practice, however, the cataphoric use of the definite article is limited to cases where the modification of the noun phrase restricts the reference of the noun, so that its referent is, for the purpose of the discourse, uniquely defined. — Quirk et al. (1985: 268).
연속적으로 등장한 다음 두 개의 문장에서 두 번째 문장의 문두에 놓인 the holiday에서 the는 첫 번째 문장에 a holiday가 나왔기 때문에 쓰였다고 보면 전방 조응적으로 쓰였다고 하겠지만, 관계사절 we had there가 놓였기 때문이라고 보면 후방 조응적으로 쓰인 것이라고 할 수 있다.

관사가 쓰이게 된 것은 이 명사 다음에 놓인 수식구조에 의해 그 지시 범위가 한정되어 특정한 대상이 되고 있기 때문이라는 것이다. 예컨대 다음과 같은 문장을 보자.

What did you do with **the camera** I lent you?
[내가 빌려준 그 카메라 어떻게 했니?]

이 문장에서 카메라가 특정한 대상이라고 하여 the camera라고 하게 된 이유는, 바로 명사 뒤에 놓여서 수식하는 역할을 하는 관계사절 (that) I lent you가 많은 카메라들 중에서 오로지 내가 빌려준 그 카메라로 지시 범위를 한정하고 있어서 그것은 이 세상에 단 하나밖에 없는 것처럼, 또는 주변적 상황이나 넓은 의미의 상황에 의해 지시 범위가 한정되는 것처럼 간주되기 때문이다.

다음 예에서 명사에 정관사가 수반된 이유도 마찬가지로 설명된다.

This is **the way** to do it.
[이렇게 하는 것이 그 일을 하는 방법이다. → 유일한 한 가지 방법이라는 뜻임.]
Who's **the girl** over there with John?
[저기 존과 같이 있는 소녀가 누구인가? → 존과 같이 있는 소녀는 단 한 사람밖에 없음.]
Of course he knew **the answer** to that question.
[물론 그는 그 문제에 대한 답을 알고 있었다.]
The man standing near the window will be our guest speaker tonight.
[창가에 서 있는 그 사람은 오늘 저녁 우리의 초청 연사가 될 것이다. → 창가에 서있는 사람은 오직 한 사람뿐이므로 특정하고 유일한 사람을 가리킴.]

방금 위에서 본 예들과 달리, 명사가 이다음에 놓인 부정사절, 관계사절, 분사절 등의 후치 수식을 받을지라도 그로 말미암아 결과적으로 그 명사가 화자와 청자 모두에게 특정한 것으로 한정되지 못하는 대상으로 간주된다면 정관사를 수반하지 못한다. 다음 두 문장 (3a, b)를 비교하여 보자.

[2:65] Last year we went to Devon for a holiday. The holiday we had there was the best we've ever had. (Halliday & Hasan 1976: 73)
[작년에 우리는 데번으로 휴가를 갔다. 그곳에서 보낸 휴가는 우리가 그때까지 가졌던 휴가 중에서 가장 좋았다.]

(3) a. I must attend to **work** that has accumulated while I have been away.
   [나는 출타 중에 쌓여 있는 일을 처리해야 한다.]
   b. I must attend to **the work** that has accumulated. (Close 1992: 45)
   [나는 쌓여 있는 그 일을 처리해야 한다]

(3a, b)에서 관계사절의 수식을 받고 있는 두 개의 명사구 work와 the work이 모두 허용된다. 다만 (3a)에서 화자는 불특정한 일에 대해서 말하고 있는 반면, (3b)에 the work은 특정한 일을 가리키고 있다는 점이 다를 뿐이다. 바로 이러한 예에서 보듯이, **명사구가 관계사절 따위와 같은 수식 구조의 수식을 받느냐 그렇지 않느냐 하는 것이 중요한 것이 아니라, 수식을 받게 됨으로써 수식받는 대상이 특정한 것으로 간주되느냐 그렇지 않느냐 하는 점이 대단히 중요한 기준이 된다.**

다음과 같은 몇 가지 문장에서는 명사구가 부정사절, 전치사구, 관계사절, 분사절 등의 수식을 받고 있음에도 불구하고 그로 말미암아 수식받는 명사구가 특정한 대상을 가리키는 것이라고 여겨지지 않기 때문에 정관사를 수반할 수 없게 된 것이다.

This is **a good way** to do it.
   [이렇게 하는 것이 그 일을 하는 한 가지 좋은 방법이다. → a good way는 여러 가지 방법들 가운데 막연한 어느 한 가지 방법을 뜻하는 것이지, 결코 특정한 방법이 아님.]

David was **a doctor** on duty that evening.
   [그날 저녁에 데이비드가 당직 의사였다. → 데이비드는 여러 명의 당직 의사 가운데 한 사람일 뿐, 유일한 당직 의사가 아니기 때문에 부정관사를 수반하고 있음.]

Milk which is pasteurized is safe to drink.
   [살균된 우유는 안심하고 마실 수 있다. → 제한적 관계사절의 수식을 받고 있는 milk가 특정한 대상을 가리키는 것이 아니라, 단지 '살균된 우유' 종류라는 점을 제시해 줄 뿐, 그로 말미암아 그 대상을 특정한 것으로 한정지어 주지 못하고 있기 때문에 정관사를 수반할 수 없게 된 것임.]

Doctors who don't follow the guidelines can be imprisoned for up to 12 years. — Brian Eads, "A License to Kill"
   [지침을 따르지 않는 의사들은 최고 12년까지 형무소 생활을 할 수도 있다. → 지침을 따르지 않는 '어느 의사라도' 라는 막연한 대상을 가리키는 뜻이기 때문에 정관사를 수반하지 못하고 있음.]

Food that people use for medicine is called medicinal food.

[약으로 사용하는 식품을 약용 식품이라고 한다. → 관계사절에 의해 수식을 받고 있음에도 불구하고 특정한 식품으로 한정되고 있지 않고 있으므로 food 앞에 정관사가 수반되지 않고 있음.]

He is a manufacturer of **parts** used in the automobile industry.
[그는 자동차 산업에 쓰이는 부품 제조업자이다. → 자동차 산업에 쓰이는 불특정 부품을 뜻하고 있음.]

특히 위의 세 번째에서 다섯 번째 예문에서처럼 불특정한 주어가 관계사절 따위와 같은 후치 수식하는 요소가 없으면 문장의 뜻의 전달에 문제가 된다. 예컨대 **The milk** is safe to drink.에서처럼 특정한 대상이 주어일 때와 달리, 세 번째 문장에서 후치 수식하는 관계사절을 생략한 ?**Milk** is safe to drink.는 의미 전달이 제대로 이루어지지 않는다.

2) 불가산명사나 복수명사가 전치 수식어로서 형용사를 수반하는 경우에는 이 명사가 가리키는 대상을 어느 정도 일반화해서 말하는 경향이 있다. 예컨대 **History** repeats itself.에서 history가 어느 시기, 어느 나라와 관련된 것이 아닌 '총칭적인'(generic) 뜻의 '역사'를 말하는 것이라면, eighteen-century **history**는 모든 역사에 대해서 말하는 것은 아니지만, 다소 일반화해서 말하는 것이다.[22] 그러나 이러한 명사가 지시 범위를 제한하는 전치사구, 그 중에서 특히 of-구의 수식을 받게 되면 대개 정관사를 수반하게 된다.[23]

Chinese history ~ **the history** of China [중국 역사]
American society ~ **the society** of America [미국 사회]
early medieval architecture ~ **the architecture** of the early Middle Ages [중세초기의 건축]
animal behavior ~ **the behavior** of animals [동물의 행동]
18th century morality ~ **the morality** of the 18th century [18세기의 도덕성]
philosophical problems ~ **the problems** of philosophy [철학적 문제들]
human evolution ~ **the evolution** of man [인간의 진화]

---

22 Declerck (1991: 329).
23 A phrase beginning with *of* will usually provide sufficient specification to justify the use of *the* before mass nouns or unit nouns in the plural: cp. *Oxford University* but *the University of Oxford*. Similarly, *Chinese history* but *the history of China*; *nineteenth-century literature* but *the literature of the nineteenth century*. — Close (1992: 44-45). See also Leech & Svartvik (2002: 55) and Swan & Walter (2011: 147).

각 쌍의 예에서 of-구는 명사가 나타내는 현상들 중에서 특정한 하위 부류를 골라내는 것으로서, 총칭적인 의미를 특정하거나 부분적인 의미로 바꾸는 역할을 한다. 바로 이러한 점 때문에 위에서 왼쪽과 오른쪽에 놓인 두 가지 구조 사이에는 약간의 뜻의 차이가 있다.[24]

특히 수식받는 명사가 추상적인 개념을 나타내는 것일 때 정관사가 수반되는 경향이 강하며, 구체성을 띤 불가산명사와 복수명사는 정관사를 수반하는 경향이 다소 약하여 생략되기도 한다.

eighteen-century furniture ~ (**the**) **furniture** of the eighteen century [18세기 가구]
tropical fruits ~ (**the**) **fruits** of the tropics [열대성 과일]

They are doing some interesting research on $\begin{Bmatrix} \text{Iron Age forts} \\ \text{(the) forts of the Iron Age} \end{Bmatrix}$.
  [그들은 철기시대의 요새에 관한 어떤 재미있는 연구를 하고 있다.]

또한 of-구의 수식받는 명사는 유일한 것으로서 특정한 대상으로 해석되기 때문에 대개 정관사를 수반한다. 이러한 경우에 of-구의 수식을 받는 명사는 행위, 사건, 또는 상태 등을 나타내고, of-구는 동작을 수행하는 주체이거나 동작의 영향을 받는 대상이 된다. 한 예로써 the death of the person은 The person died.라는 뜻을 가진 명사구로서 전치사구에서 전치사의 지배를 받는 명사 the person은 사건의 주체이고, 수식받는 명사 death는 사건을 나타내는 것이다.

There are two problems that recycling can help solve: **the loss** of natural resources and **the use** of space.
  [재활용이 해결하는데 도움을 줄 수 있는 두 가지 문제가 있는데, 자연 자원의 손실과 공간 활용 문제이다.]
The freedom <u>of the individual</u> is worth fighting for.
  [개인의 자유를 위해서는 투쟁할 가치가 있다.]
The disease could have killed off half **the population** <u>of the country</u>.
  [그 질병으로 그 나라 인구의 절반이 사망할 수도 있었을 것이다.]

---

24 Quirk et al. (1985: 286-289).

어떤 대상의 일부, 또는 그 특성을 나타내는 명사들은 대개 of-구를 수반하며, 따라서 유일한 지시 대상이 된다. 즉, 명사가 of-구의 수식을 받게 됨으로써 그 결과 이 명사는 지시 대상이 한정되어 특정하고 유일한 대상이 되기 때문에 정관사를 수반하는 것이다. 예컨대 아래의 처음 두 문장을 예로 들자면, 구리의 가격은 오로지 한 가지뿐이며, 또 책의 각 쪽에는 하단이 한 군데 뿐이기 때문에 특정하고 유일한 지시 대상이 되는 것이다.

The price of copper fell spectacularly.
 [구리 가격이 크게 떨어졌다.]
Footnotes are given at **the bottom** of each page.
 [각 쪽 하단에 각주가 제시되어 있다.]
We were surprised by **the size** of the bill.
 [우리는 그 청구서의 청구 요금 액수를 보고 놀랐다.]
I loved **the beginning** of the book but hated the rest.
 [그 책의 처음 시작되는 부분은 맘에 들었지만, 나머지 부분은 무척 싫었다.]
In **the middle** of his speech he started to cough uncontrollably.
 [연설 도중에 그는 참을 수 없을 정도로 기침을 하기 시작했다.]
Such great artists as Michelangelo and Rembrandt were better at **the end** of their careers than at **the beginning.**
 [미켈란젤로나 렘브란트와 같은 위대한 예술가는 생애의 초기보다 말기에 더 훌륭했다.]

이처럼 특정 지시적으로 쓰여 정관사를 수반하는 명사에는 대충 back, beginning, bottom, edge, end, front, height, length, middle, price, size, title, top, weight와 같은 단어들이 있다.

4) 정관사가 good, expensive, happy, large 따위와 같이 정도의 차이를 나타낼 수 있는 이른바 '등급 형용사'(ranking adjectives)의 최상급 형태는 그 다음에 놓인 명사의 지시 범위를 좁히는 역할을 하게 되며, 때로는 어느 하나의 대상만을 가리키게 되므로, 이들의 수식을 받는 대상은 특정하고 유일한 것이 되기 때문에 정관사를 수반하게 된다. 이 이외에도 등급 형용사의 최상급 형태와 같은 역할을 하는 것으로는 first 따위의 서수, next, last, following 따위의 시간·공간적 전후 관계(sequence)를 나타내는 일반적인 서수, 또는 same, only, sole, unique 등이 있다.

She is **the best** cook I know.
[그녀는 내가 아는 사람 중에서 가장 훌륭한 요리사이다. → 내가 아는 요리사 중에서 가장 요리를 잘 하는 사람은 그녀뿐이기 때문에 유일한 대상이 되며, 따라서 정관사가 쓰이게 된 것임.]

They bought **the most** expensive furniture in the store.
[그들은 그 가게에서 가장 값비싼 가구를 샀다. → 그 가게에서 가장 값비싼 가구는 하나뿐이며, 따라서 유일한 대상이 되기 때문에 정관사가 쓰인 것임.]

When is **the first** flight to Chicago tomorrow?
[내일 시카고행 첫 비행기가 몇 시에 있습니까?]

A student in **the last** row was asleep.
[마지막 줄에 앉아 있는 학생은 자고 있었다.]

He arrived in town on Wednesday. On the **following** day he gave his lecture.
[그는 수요일에 읍에 도착했다. 그 다음날 그는 강연을 했다.]

Exam results are not **the only** yardstick of a school's performance.
[시험 결과가 학교의 학업 수행에 대한 유일한 척도는 아니다.]

Big hotels all over the world are very much **the same.**
[전 세계의 대형 호텔들은 대동소이하다.]

2.3.3. 정관사의 기타 용법

지금까지 상황적 지시와 언어적 지시에 의한 정관사의 용법을 대충 살펴보았다. 이제는 정관사의 관용적 용법을 포함하여 앞에서 다루지 못한 그밖의 정관사가 쓰이는 상황을 더 살펴보기로 하겠다.

2.3.3.1. last와 the last 등

next, last가 시간의 전후 관계(sequence)보다 오히려 시간상의 한 점을 나타내면 정관사와 같이 쓰이지 않는다.

He will give his lecture **next** week.
[그는 다음 주에 강연을 할 것이다.]

All the bills were paid **last** month.
[지난달에 모든 청구서 요금이 지불되었다.]

This book is an expansion of a series of lectures given **last** year.
[이 책은 작년에 행한 일련의 강의 내용을 확장시킨 것이다.]

next가 지금 또는 과거 어느 시점부터 시작되는 기간을, last나 past가 지금까지 계속된 기간을 뜻하게 되면 이들은 정관사를 수반한다.[25] 그러므로 예컨대 the last year/month/week 따위에는 과거 어느 시점에서 바로 지금 현재 시점에 이르기까지의 기간이 포함되어야 하기 때문에 이러한 어구가 내포된 문장에서 동사는 반드시 현재완료 형태라야 한다.[26]

I'm going to be abroad for **the next week.**
[이 다음 한 주일은 외국에 나가 있게 된다. → the next week은 오늘부터 시작되는 한 주일 동안]

They started building the bridge in 1984 and finished it **the next year.**
[그들은 1984년에 다리를 놓기 시작해서 그 이듬해에 완공했다. → 1984년부터 시작해서 그 다음 해를 뜻함.]

A lot of things *have gone* wrong during **the last few months.**
[지난 몇 달 동안에는 많은 일들이 잘 돌아가지 않았다. → the last few months는 오늘 이 시점까지 포함된 지난 몇 달이라는 뜻이기 때문에 이 문장의 동사로 현재완료형 have gone이 쓰이고 있음.]

I had flu **last week.**
[나는 지난주에 유행성 감기를 앓았다. → last week은 금주 이전 주일을 뜻하므로 지금은

---

25 *Next week, month* etc (without *the*) is the week, month etc just after this one. If I am speaking in July, *next month* is August; in 2006, *next year* is 2007. *The next week, month* etc is the period of *seven/thirty* etc days starting at the moment of speaking. On July 15th 2006, *the next month* is the period from July 15th to August 15th; *the next year* is the period from July 2006 to July 2007.
  Compare:
  ─ Goodbye ─ see you *next week*. (NOT ... see you the next week.)
     I'll be busy for *the next week*. (= the seven days starting today)
  ─ *Next year* will be difficult. (= the year starting next January)
     The next year will be difficult. (= the twelve months starting now)
  ─ Swan (2005: 351).
26 Swan (2005: 298).

유행성 감기가 나았다는 뜻을 암시함.]

Next year will be difficult.
[내년은 살기 힘들 것이다. → 내년 1월 1일부터 시작되는 한 해]

만약 the last week이 현재까지의 기간을 뜻하는 것이 아니라, 과거 특정한 어느 시점까지의 시간의 지속을 뜻한다면 과거완료 동사형을 수반한다.

I decided to see the doctor, because I*'d been feeling* ill during **the last two months.**
[그때까지 두 달 동안 몸이 안 좋았기 때문에 의사의 진찰을 받아보려고 결심했었다. → 그 이전부터 결심한 과거 어느 시점까지를 뜻하기 때문에 과거완료 형태가 쓰였음.]

2.3.3.2. 신체의 일부

eye, face, hand, head, knee, leg, shoulder, stomach 등 신체의 일부를 나타내는 명사는 가산명사이기 때문에 정관사나 부정관사를 수반할 수 있다. 그러나 이러한 신체의 일부를 나타내는 명사가 the를 수반하여 총칭적인 뜻으로 전치사구에 나타나는 특수한 용법이 있다. 구체적으로 말해서, 예컨대 They pulled her by **the hair**.(그들은 그녀의 머리를 잡아 당겼다.)에서처럼 신체 일부의 소유자(possessor) — 이 문장에서는 her — 는 목적어 역할을 하며, 정관사를 수반한 사람의 신체의 일부는 특정한 전치사에 대한 목적어 역할을 한다.[27] 수동태의 경우에도 마찬가지이다. 이와 같은 문장 구조에서 동사는 주로 '접촉'(touching)이나 '상처'(injuring) 등을 나타내는 단어들이다.

Their dog bit her **on the leg.**

---

27 신체의 일부와 관련해서 정관사가 쓰이는 경우에 그 신체의 일부는 반드시 '영향을 받는 사람'(the part of the person affected)의 신체 관련이라야 한다: The precise conditions governing the use of such sentences are not easy to state. One thing all the acceptable ones seem to have in common is a sensation (or presumed sensation) on the part of the person affected. — Wierzbicka (1988: 198).
 1a. A rock hit John on the head.
  b. *A rock hit the house on the roof.
 2.a. John kissed Mary on the forehead.
  b. *John kissed the Bible on the cover.

[그들의 개가 그녀의 다리를 물었다.]

He kissed her **on the cheek.**
[그는 그녀의 볼에 키스를 했다.]

I patted him **on the shoulder.**
[나는 그의 어깨를 가볍게 때렸다.]

He was hit **on the head.**
[그는 머리를 얻어맞았다.]

He was cut **in the hand.**
[그는 손을 잘렸다.]

I shook him **by the hand.**
[나는 그의 손을 흔들었다.]

Gandhi grabbed her **by the hand**, dragged her to the gate, opened it, and was about to push her out.
— Louis Fischer, *Gandhi: His Life and Message for the World.*
[간디는 그녀의 손을 붙잡아 문으로 끌고 가, 문을 열고 그녀를 밖으로 밀어 내려고 했다.]

이러한 표현에서 신체의 일부가 arm, eye, hand, leg의 경우처럼 하나가 아니라, 두 개씩이 있는 경우에 그 둘 중에서 어느 것을 가리키느냐 하는 것은 중요하지 않다. 중요한 것은 신체의 어느 부분이냐 하는 점이다.

신체의 일부를 나타내는 명사가 동사 또는 동사 + 전치사 바로 다음에 올 때는 명사 앞에 his, their, her 따위와 같은 소유 한정사 + 신체의 일부를 나타내는 명사 표현을 쓰게 된다.[28]

I shook **his hand.**
[나는 그의 손을 흔들었다.]

Have you broken **your arm?**
[팔이 부러졌느냐?]

신체의 일부가 정관사를 수반하는 경우와 속격이 나타나는 경우 사이에 약간의 의미상의 차이가 생기는 예도 있다.[29] 다음의 예는 모두 그의 팔을 붙잡았다는 동일한 뜻으로도 해석

---

28 Berry (1993: 51).
29 Quirk et al. (1985: 271. note). 한학성 (1996: 163).

되지만,

They grabbed { his by the arm / his arm }.
　　[그들이 그의 팔을 붙잡았다.]

특히 소유 한정사 + 신체의 일부로 나타난 his arm은 예컨대 전쟁 중에 신체로부터 팔이 절단되어 땅에 떨어진 그 팔을 잡았다고 하는 아주 유쾌하지 못한 상황일 때 쓰일 수 있다.

또한 다음 두 개의 문장은 모두 의사이거나 그렇지 않은 사람이 '나의 눈을 보다'라는 뜻이지만, 두 번째 문장은 오로지 의사가 진찰을 목적으로 나의 눈을 살펴보는 뜻일 경우에만 쓰인다.

She looked me in **the eye**.
She looked in **my eye**.

2.3.3.3. the + 비교급, the + 비교급

한 쌍의 부사나 형용사의 비교급이 각각 부사적인 뜻을 가진 정관사를 수반하여 그 둘이 동일하게 증가하거나 감소한다는 점을 나타낸다.

The more one has **the more** one wants.
　　[사람은 더 많이 가지면 가질수록 더 많이 갖고 싶어 한다.]
The fewer trees have to be cut down, **the better.**
　　[더 적은 나무를 베어야 하면 할수록 더 좋다.]
The prettier the girl (is), **the more foolishly** he behaves.
　　[그 소녀가 더 예쁘면 예쁠수록 그는 더 어리석게 행동한다.]

보다 상세한 내용은 본서 제4권 19.4.2.4를 참조.

2.3.3.4. the + 형용사

2.3.3.4.1 뜻

형용사가 갖는 보편적인 기능은 명사구에서 명사를 수식하는 역할을 하지만, 일부 형용사들은 예컨대 the rich, the absurd의 경우처럼 정관사를 수반하여 그 자신이 명사구에서 중심어(head) 역할을 할 수 있다. 이러한 형용사에는 다음과 같이 두 가지 부류가 있는데, 둘 다 특정한 일부 대상을 가리키는 것이 아닌 그 대상 전체를 가리키는 이른바 '총칭적' 지시(generic reference)를 한다.[30]

1) 일반적으로 어떤 사람들의 집단 전체를 가리키는 경우에 <the + 형용사>가 복수 보통명사의 뜻을 나타낸다. 이러한 경우에 사람들의 집단은 **대체로 사회 · 경제적 집단, 신체적 건강 상태와 관련된 집단, 및 특정한 연령층의 집단** 등을 가리킨다.[31] 그러므로 예컨대 the rich는 'rich people in general'이라는 뜻이며, 어느 특정한 부자들을 뜻하는 the rich people과 서로 뜻이 다르다. 대충 다음과 같은 형용사들이 정관사를 수반하여 이러한 뜻을 나타낸다.

> (a) **사회 · 경제적인 지위 관련**: the celebrated, the disadvantaged,[32] the homeless, the hungry, the jobless, the needy, the oppressed, the poor, the privileged, the rich, the starving, the strong, the underprivileged[33], the (un)educated, the (un)employed, the weak

---

30 the + 형용사 구조가 일반적인 부류가 아니라, 특정한 집단의 사람을 뜻하는 경우들도 약간 있다. 예컨대 다음과 같은 예에서 the accused와 the deceased는 단수 또는 복수의 특정한 사람을 가리키고 있다. 이러한 점은 다음 예에서 보듯이 이를 지시하는 대명사의 형태나 주어와 동사 사이에 이루어지는 수의 일치에 의해 알 수 있다:

> **The accused** sat in the courtroom with **her** lawyer.
> [그 피고인은 변호사와 함께 법정에 앉았다. → the accused를 가리키는 인칭대명사 her가 쓰였으므로 the accused가 단수로 쓰이고 있음을 알 수 있음.]
> **The accused** *are* three men in their early twenties.
> [그 피고인들은 20대 초반의 세 남자였다. → 복수 동사를 수반하고 있으므로 주어 역할을 하고 있는 the accused는 복수의 뜻을 갖고 있다는 점을 알 수 있음.]

31 Eastwood (1997: 258; 2013: 250).
32 the disadvantaged: 자신의 사회적 지위나 가정적인 배경 등으로 인하여 불이익을 당하는 사람들의 집단.
33 the underprivileged: 가난, 보잘 것 없는 주거 환경, 질 좋은 교육을 받지 못하는 것과 같은 여건 때문에 보통 사람들의 생활에서 누릴 수 있는 혜택을 받지 못하는 사람들의 집단.

> (b) **신체적인 상황, 건강 관련**: the blind, the deaf, the dead, the disabled, the dumb, the handicapped, the injured, the insane, the living, the sick, the wounded
> (c) **나이 관련**: the elderly, the middle-aged, the old, the over-sixties, the under-fives, the young
> (d) **기타**: the brave, the fortunate

For over three centuries the United States has been the Promised Land for **the oppressed** and **the hungry** of Europe and of other parts of the world.
— A. H. Live, *Yesterday and Today in the U.S.A.*
>[3세기 이상의 세월이 흐르는 동안 미국은 억압을 받는 자들과 유럽과 세계의 다른 지역의 굶주린 자들을 위한 약속의 땅이었다.]

Are **the rich** to be envied?
>[부자들은 선망의 대상이 될 수 있는가?]

Printed information is not always accessible to **the blind.**
>[인쇄물이 항상 맹인들이 읽을 수 있는 것은 아니다.]

Congress amended the Social Security Act in 1967 to help **the disabled.**
>[의회는 1967년에 불구자들을 돕기 위한 사회안전법을 수정했다.]

On the final flight to Tahiti, Patrick vowed to do all in his power to improve the lot of **the handicapped.** — Bernard Jolivalt, "Globetrotter in a Wheelchair"
>[마지막으로 타이티로 가는 비행기에서 패트릭은 신체 장애인들의 삶을 향상시키기 위해 자신의 힘으로 할 수 있는 모든 일을 다 하겠다고 맹세했다.]

Saliva flow gradually slows with age, which explains why **the elderly** have more bad-breath trouble than younger people do.
— Mary Murry, "Kiss Bad Breath Good-Bye"
>[나이가 들어가면 점차적으로 침이 흐르는 속도가 느려지는데, 이러한 사실이 젊은이들보다 노인들의 입 냄새가 더 많이 난다는 점을 설명해 준다.]

This government has helped **the rich** but done nothing to improve the condition of **the poor.**
>[이 정부는 부자들은 도와주었지만 가난한 자들의 상황을 개선하기 위해서는 아무것도 하지 않았다.]

It (= Standard American English) is that form of English that is expected

in public discourse in the United States: in newspapers and magazines, in radio and television news broadcasts, in textbooks, and in public lectures. It is the form of English that is recognized as the English of **the educated,** irrespective of region, gender, or ethnicity.
— Anita K. Barry, *English Grammar: Language as Human Behavior.*
[표준 미국영어는 신문과 잡지, 라디오와 텔레비전 방송, 교과서, 공개 강연 등 미국 대중들의 대화에서 사용하리라고 기대되는 영어의 형태이다. 그것은 지역·성·인종에 관계없이 교육을 받은 사람들이 사용하는 것으로 인정받는 영어의 형태이다.]

정관사 대신에 다른 한정사가 쓰인 예도 볼 수 있다.

Quite often, tomorrow's grammar can be anticipated from the speech of **today's young**. — T. Givón, *English Grammar*, Vol. I.
[내일의 문법이 어떻게 될 것인가 하는 것이 오늘의 젊은이들의 말에서 예상될 수 있는 경우가 아주 흔하다.]

Every day try to uplift **those physically, mentally,** or **spiritually sick** as you would help yourself or your family.
— Paramhansa Yoganada, *How to be Happy All the Time.*
[날마다 여러분이 자신이나 가족을 돕고자 하듯이 신체적, 정신적 또는 영적으로 아픈 사람들의 더 큰 행복을 위해 노력하십시오.]

예컨대 rich and poor, young and old, 따위에서처럼 서로 대립적인 관계를 가진 단어들이 and, or와 같은 등위접속사에 의해 등위적으로 연결된 일부 평행어구에서는 일반적인 경향에 맞춰 관사가 나타나지 않는다.[34]

Reducing the gap between **rich and poor** is one of the main challenges facing the government.
[빈부의 격차를 좁히는 것이 정부가 직면한 주된 난제의 하나이다.]

---

34 **11.2.** Adjectives very often stand uninflected as principals when they go together in pairs. They have then no article in accordance with a general tendency, which is found in other languages as well, to leave out the usual 'formalities' when words are contrasted in more or less stereotyped combinatiuons. — Jespersen (1913: 272).

All languages and dialects are rule-governed, whether spoken by **rich or poor, powerful or weak, learned or illiterate.**

— Fromkin, Rodman & Hyams, *Introduction to Language*.

[부자나 거지, 힘 있는 사람이나 힘없는 사람, 또는 학식 있는 사람이나 글을 모르는 사람이 말하든 간에 모든 언어와 방언은 규칙의 지배를 받는다.]

Bowling is a popular sport with **young and old.**

[볼링은 젊은이와 노인들 모두에게 인기 있는 스포츠이다.]

..., but it (= bird) gradually came to have its broader, modern meaning, which includes all fowl both **young and old.**

— Heidi Harley, *English Word: A Linguistic Introduction*.

[그러나 bird는 점차적으로 오늘날처럼 더 넓은 뜻을 갖게 되어 어린새와 어미새를 모두 포함한다. → 고대영어에서 bird는 '어린새'(young fowl)라는 좁은 뜻으로 쓰이다가 오늘날에는 그 뜻이 넓어져서 '모든 새'를 가리키게 되었음.]

다음과 같은 -(i)sh, -ch, -ese, -ss 등의 어미로 끝나는 국적을 나타내는 고유 형용사도 정관사를 수반하여 '국민 전체'를 나타낸다. 그러나 예컨대 the British people은 마음속으로 생각하고 있는 어떤 특정한 영국민들을 뜻하므로 the British와 뜻이 다르다.

---

the British, the Spanish, the Welsh, the English, the Irish, the Dutch, the French, the Swiss, the Chinese, the Japanese, etc.

The British are very proud of their sense of humor.

[브리튼 사람들은 유머 감각을 크게 자랑으로 여긴다. → 명사형 Britain은 England, Wales, Scotland를 통틀어 부르는 단어임. 따라서 the British는 이들 국가들의 국민을 뜻함.]

In 1796 **the French** invaded northern Italy.

[1796년에 프랑스는 북부 이탈리아를 침략했다.]

The Swiss see no need to change their policy of 'armed neutrality.'

[스위스 국민들은 그들의 '무장 중립' 정책을 바꿀 필요성이 없다고 여기고 있다.]

The English drink a lot of tea.

[영국인들은 차를 많이 마신다.]

이 이외에는 the Americans, the Indians, the Iraqis, the Koreans, the Poles, the Russians, the Spaniards 따위의 경우처럼 단수 국적 명사에 -s가 첨가되어 국민 전체를 총칭적으로 가리킨다.

The Poles had struggled for freedom in a series of wars and revolutions.
[폴란드 국민들은 연쇄적인 전쟁과 혁명을 통해 자유를 얻기 위한 투쟁을 벌였었다.]
The Russians[35] were ruled by the Tsars until 1917.
[러시아 국민들은 1917년까지 전제 군주의 통치를 받았다.]
What **the Africans** made of him will never be known.
[아프리카인들이 그를 어떤 사람으로 만들었는지 결코 알려지지 않을 것이다.]

그러나 일부 국적 명사들의 경우에는 다른 가산명사들의 경우와 마찬가지로 관사 없이 복수형이 총칭적으로 쓰이기도 한다.

I like **Americans. Americans** have consciences.
[나는 미국인들을 좋아한다. 미국인들은 양심이 있다.]
Finns are fond of sport.
[핀란드 국민들은 스포츠를 좋아한다.]
Koreans are fond of singing.
[한국인들은 노래부르기를 좋아한다.]

2) 추상적인 개념을 나타낸다. 다시 말하자면, 이 경우에 'the + 형용사'는 이 형용사가 갖는 일반적이고 추상적인 성질을 나타내는 표현으로서, 주로 철학적인 글에서 쓰인다. 따라서 the impossible은 'things which are impossible'(불가능한 일/것)을 뜻한다. 대충 다음과 같은 형용사들이 정관사를 수반하여 이렇게 추상적인 개념을 나타내는데 쓰인다.

> bizarre, beautiful, exotic, (im)possible, good, incredible, indispensable, inevitable, needful, new, obvious, old, ridiculous, sublime, supernatural, true, unbelievable, unexpected, unknown, unreal, unthinkable, etc.

---

35 다음 문장에서 the Russians는 국민 전체가 아니라, 특정한 러시아인들을 가리킨다.
   The Russians are just drinking beer in the garden.
   [그 러시안인들은 바로 지금 정원에서 맥주를 마시고 있다.]

Science proceeds from **the known** to **the unknown.**

[과학은 이미 알려진 세계로부터 미지의 세계로 진행된다.]

Gradation means passing from **the known** to **the unknown** by easy stages, each of which serves as a preparation for the next.

— H. E. Palmer, *The Principles of Language -Study.*

[점진적 단계란 손쉬운 단계를 이용해서 아는 것으로부터 모르는 것으로 옮아가는 것을 뜻하는데, 각 단계들은 다음 단계에 대한 준비 역할을 한다.]

The new drives out **the old.**

[새로운 것이 낡은 것을 몰아낸다.]

Forgiveness has an overwhelming power to do **the unexpected.**

— Gregory L. Jantz, *How to De-stress Your Life.*

[남을 용서한다는 것은 예상치 못하는 일을 행할 수 있는 엄청난 힘을 발휘한다.]

Throughout the nineteenth century **the True, the Good**, and the **Beautiful** preserved their precious existence in the minds of earnest atheists.

— B. Russell, *Unpopular Essays.*

[19세기 전반에 걸쳐 진 · 선 · 미가 진지한 무신론자들의 마음속에 그들의 고귀한 존재를 보존하고 있었다.]

Wise men and women know that happiness comes from accepting **the impossible**, doing without **the indispensable**, and bearing **the intolerable.**

— Gregory L. Jantz, *How to De-stress Your Life.*

[슬기로운 사람들은 행복이라는 것이 불가능한 것을 받아들이는데서, 없어서는 안 될 것이 없어도 살아가는데서, 그리고 참을 수 없는 것을 참는데서 온다는 점을 알고 있다.]

It is alleged that history deals with **the unique** and **particular**, and science with **the general** and **universal**. — E. H. Carr. *What is History?*

[역사는 유일한 것과 특정한 것을 다루고, 과학은 일반적인 것과 보편적인 것을 다룬다고 한다.]

The eyes of seeing persons soon become accustomed to the routine of their surroundings, and they actually see only **the startling** and **spectacular.**

— Helen Keller, "Three Days to See"

[사물을 볼 수 있는 사람들의 눈은 곧 그들의 주변 환경의 일상적인 것에 익숙하게 되기 때문에 실제로 깜짝 놀라운 것과 특이한 것밖에는 보지 못한다. → 헬렌 켈러가 쓴 이 글은 1933년에 미국의 종합 월간 잡지 *Atlantic Monthly*에 기고되었음.]

2.3.3.4.2. 구조

앞에서 보았듯이, 'the + 형용사'는 뜻으로 보면 명사적으로 쓰였음이 명백하다. 그러나 이와 같은 구조를 보면 형용사는 양면성(double-sidedness)을 갖고 있어서 다음의 예들이 보여주는 것처럼 형용사로서의 성격은 물론, 명사적 성격도 갖고 있다고 할 수 있다.

1) 사전적으로 볼 때 the 다음에 놓인 단어는 -er, -est를 첨가하여 비교급과 최상급을 만들 수 있으며, 또한 부사의 수식을 받을 수 있기 때문에 형용사적으로 쓰인 것이 명백하다고 할 수 있겠다.

The victims are **the poor*est*** of **the poor** from Asia's villages and slums.
— Paul Ehrlich, "Asia's Shameful Trade"
[희생자들은 아시아의 여러 촌락과 빈민가의 가난한 자들 중에서도 가장 가난한 자들이다.
→ the poor에서 poor가 최상급 형태 poorest로 나타나고 있음.]

Mother Teresa has long been a wonderful example of God's love. She once said that the aim of her work was to take God, to take his love, to the homes of **the poor*est*** poor and to lead them to him.
— Gregory L. Jantz, *How to De-stress Your Life*.
[테레사 수녀님은 오랫동안 하느님의 사랑의 놀라운 표본이셨다. 언젠가 수녀님은 자신이 하는 일의 목적은 하느님을, 하느님의 사랑을 가난한 사람들 중에서도 가장 가난한 사람들의 가정에 전하고, 그들을 하느님에게로 인도하는 것이라고 말했다. → the poorest poor는 the poorest of the poor와 같은 뜻임.]

The rich*est* are not always **the happi*est*.**
[가장 부유한 사람이라고 반드시 가장 행복한 사람은 아니다.]

Why do you seek only to improve yourselves rather than strive to help **the *less* fortunate**? — Margo Pfeiff, "Shih Cheng-yen's Power of Love"
[어째서 별로 운이 좋지 않은 사람들을 도와주려고 하지 않고 오로지 자신들의 삶을 향상시키려고만 하는가?]

The *very* wise avoid such temptations.
[아주 현명한 사람들은 그런 유혹에 빠져들지 않는다. → wise가 부사 very의 수식을 받고 있음.]

He went from **the *extremely* sublime** to **the *extremely* ridiculous.**
[그는 아주 숭고한 모습에서 아주 어리석은 모습으로 변했다. → sublime과 ridiculous가 모두 부사 extremely의 수식을 받고 있음.]

From time immemorial man has sought a better understanding of the human organism, with the ultimate aim of bringing peace of mind to the ***mentally*** disturbed and good health to the ***physically*** sick.
— Samuel Belkin, "The Four Dimensions of Higher Education"
[태고 이래로 인간은 정신적으로 불안한 사람들에게 마음의 평화를 가져 오고, 신체 질환자 들을 건강하게 한다는 궁극적인 목적을 가지고 인간 유기체를 더 잘 이해하려고 노력해 왔다.]

2) 또한 이것은 형용사, 전치사구, 또는 관계사절의 수식을 받을 수 있다는 관점에서 보면 명사적으로 쓰이고 있음이 분명하다고 하겠다.

More than any other force, the war in Vietnam alienated **the American young** from their elders.
[다른 어떤 힘보다 더 베트남 전쟁이 미국의 젊은이들과 어른들을 분리시켜 놓았다. → young이 형용사 American의 수식을 받고 있음.]

The young in spirit enjoy life.
[정신적으로 젊은 사람들은 세상을 즐겁게 살아간다. → young이 전치사구 in spirit의 수식을 받고 있음.]

The old who resist change are brushed aside.
[변화를 거부하는 노인들은 외면당한다. → old가 관계사절 who resist change의 수식을 받고 있음.]

2.3.3.5. the + 악기명

악기 연주와 관련해서 어떤 사람의 연주 능력에 대하여 말하는 경우에는 대개 악기명이 정관사를 수반한다. 특히 누가 어떤 악기를 연주하느냐 하는 뜻을 나타내고자 하는 경우에는 악기명에 전치사 on이 수반된다.

He played **the trumpet** in a jazz band.
[그는 재즈 악단에서 트럼펫을 연주했다.]

The violin is more difficult than **the piano.**
[바이얼린은 피아노보다 더 연주하기 어렵다. → 이 문장에서 the violin과 the piano 앞에는 각각 to play가 생략된 것임.]

She decided to take up **the flute**.
[그는 프룻 연주하는 법을 배우기로 결심했다.]

She sang and he accompanied her *on* **the piano**.
[그녀는 노래를 부르고 그는 피아노로 그녀를 반주해 주었다.]

Who's that *on* **the piano**?
[피아노를 연주하는 저 사람이 누구인가?]

학문 분야의 하나로서 특정한 악기를 뜻할 경우에는 정관사를 수반하거나 그렇지 않기도 한다. 이런 경우에는 다음 예에서처럼 study나 teach와 같은 동사와 같이 쓰인다.[36]

He teaches **piano**.
[그는 피아노를 가르친다. → 전공 분야로 가르친다는 뜻임.]

She studied **Oboe** and **Saxophone** at the Royal Academy of Music.
(Swan 2005: 64)
[그녀는 왕립 음악원에서 오보에와 색스폰을 공부했다.]

Wolfgang is studying **(the) piano** at the Royal College.
(Huddleston & Pullum 2002: 408)
[볼프강은 왕립대학에서 피아노를 공부하고 있다.]

특정 악단이나 어떤 한 곡의 음악과 관련된 악기의 역할을 나타낼 때는 정관사를 수반하지 않는다.[37]

... making up an unusual trio of **trumpet, guitar**, and **drums**.
[트럼펫, 기타, 그리고 드럼이 묘한 삼중주곡을 이루고 있다.]

I don't think I know of any duets for **piano** and **trumpet**.
[나는 피아노와 트럼펫으로 이루어지는 어떤 이중주곡을 안다는 생각이 들지 않는다.]

---

[36] Nouns denoting musical instruments take the definite article in the context of the verb *play*.... When the interpretation is that of an academic subject, however, in the context of the verb *study*, either a bare NP or one with the definite article NP is possible. — Huddleston & Pullum (2002: 408).

[37] Berry (1993: 45).

2.3.3.6. the + 방위와 방향

east, west, south와 north와 같은 방위를 나타내는 명사와 left나 right와 같은 방향을 가리키는 명사는 정관사를 수반한다. 이러한 명사들이 부사적으로 쓰이면 영관사를 수반한다.

A strange light appeared in **the west.**
[서쪽에서 이상한 불빛이 보였다.]

A gale was blowing from **the east.**
[동쪽에서 강풍이 불어오고 있었다.]

His family moved **north** from Florida.
[그의 가족들은 플로리다 주 북쪽으로 이사갔다. → 방위를 나타내는 단어 north가 부사적으로 쓰이고 있음.]

The mountains **south of** San Francisco make a pretty picture.
[샌프란시스코 남쪽에 있는 산들은 한 폭의 멋진 그림을 이룬다.]

At any single moment, it is not the same time of day in different places on Earth. This is because Earth rotates toward **the east**. As you travel **west**, the time is one hour earlier in each time zone.
[어느 한 순간에도 지구상의 어느 지역에서도 시간이 동일하지 않다. 그 이유는 지구가 동쪽으로 회전하기 때문이다. 서쪽으로 갈수록 각 시간대마다 시간이 한 시간씩 빨라진다.]

In Britain, Japan and some other countries, you should drive on **the left**, but in most of the world people drive on **the right**.
[영국, 일본과 일부 다른 나라에서는 좌측으로 운전해야 하지만, 세계 대부분의 나라에서는 우측 운전을 한다.]

He turned **left** and began strolling slowly.
[그는 왼쪽으로 돌아 천천히 걷기 시작했다. → left가 부사적으로 쓰이고 있음.]

the left(좌파, 좌익)와 the right(우파, 우익)은 각각 사회주의와 민주주의를 지지하는 정치적 운동(political movement)과 관련해서 쓰이는데, 때로는 이 단어들이 대문자로 시작되기도 한다.

There will be a radical swing to **the right** or to **the left.**
[우파 또는 좌파로 급격히 바뀌게 될 것이다.]

The government's industrial policy has been fiercely attacked by **the left**.
[정부의 산업 정책이 좌파로부터 심한 공격을 받았다.]

After Mrs Thatcher's first election victory in 1979, Labour moved sharply to **the left** ....
[대처 여사가 1979년에 최초 선거에서 승리하고 난 다음에 노동당은 급격히 좌익으로 돌아섰다.]

They see the shift to **the Right** as a world-wide phenomenon.
[그들은 우파로 이동하는 것을 전세계적인 현상이라고 여긴다.]

He's on **the right** of the Labour Party.
[그는 노동당 내에서 우파에 속한다.]

The Right in British politics is represented by the Conservative Party.
[영국 정치에서 우파는 보수당으로 대표된다.]

the left, the right 이외에 the left wing과 the right wing도 같은 뜻이다.

She belongs on **the left wing** of the Democratic Party.
[그녀는 민주당 내에서 좌익에 속한다.]

In 1789 the first French National Assembly convened after the Revolution. The assembly was packed with 1177 deputies. As it happened, the liberal or radical members were seated to the left of the speaker, and the conservative members to the right. The practice spread, and the terms **left wing** and **right wing** are still used around the world to denote the two political beliefs, liberalism and conservatism.
— Lynette Padwa, "Things You Pretend to Know"
[1789년 프랑스 혁명 이후 최초의 프랑스 의회가 소집되었다. 의회는 1177명의 대표로 구성되었다. 공교롭게도 급진당 의원들은 의장 왼쪽에 자리를 했고, 보수당 의원들은 의장 오른쪽에 자리를 했다. 이러한 관례가 퍼져 나가 left wing과 right wing이라는 용어가 아직도 전 세계에서 쓰여 진보주의와 보수주의라는 정치적 신념을 가리킨다.]

이들이 주어일 때 이에 대응하는 동사는 단수형 또는 복수형이 수반된다.

The Left only { has / have } a small chance of winning power.

[좌파가 권력을 잡을 가능성이 아주 희박하다.]

<the + 방위 명사>가 한 나라의 '... 지역/지방'을 나타내는데, 이러한 지역이 이미 널리 용인되는 지역으로 여겨질 경우에는 고유명사처럼 대문자로 시작되기도 한다. 특히 대문자로 쓰인 the East와 the West가 각각 '동양'과 '서양'을 뜻하기도 한다.

He was away in **the north.**
[그는 북부 지방에 나가 있었다.]
Houses are less expensive in **the North** (= of England) than in **the South.**
[(영국의) 북부 지방의 주택 값이 남부 지방보다 덜 비싸다.]
The rain will spread to **the West** later.
[나중에는 서부 지역에도 비가 내릴 것이다.]
China's strengthening links with **the West.**
[중국은 서방 세계와 관계를 강화하고 있다.]
It has long been a fashion to say that **the East** is "spiritual" and **the West** is "material". — Pearl S. Buck, "East and West"
[동양은 "정신적"인 반면에 서양은 "물질적"이라고 말하는 것이 오랫동안 유행이었다.]

2.3.3.7. the + 지역명

일부 국가 이름·군도·산맥·사막·반도·바다/대양·강·운하 등 지역과 관련된 이름에 정관사가 관용적으로 수반된다.

1) 국가명

국가 이름은 Canada, Japan, Israel, Britain, France, Germany, Africa 따위의 경우처럼 관사 없이 쓰이지만, 이러한 국가 이름이 제한적인 수식을 받게 되면 정관사를 수반한다.

The Germany *of 1960s* was smaller than **the Germany** *of before the war.*
[1960년대의 독일은 전쟁 전의 독일보다 더 작았다.]
The England *of Cromwell* was one of terror and famine.
[크롬웰 시대의 영국은 공포와 기아의 나라였다.]

국가 이름들 중에서도 다음과 같이 복수형을 취하거나 복합어 형태로 이루어진 이름은 정관사를 수반한다. 이들 국가 이름이 어두 문자어(語頭文字語: acronyms)[38] 로 나타나는 경우에도 마찬가지이다.

the Netherlands
the Philippines (= the Philippine Islands)
the United Arab Emirates
the United Kingdom (= the UK)
the United States (of America) (= the USA),
the Soviet Union
the Democratic Republic of Congo
the Republic of Korea (cp. Korea)
the People's Republic of China (cp. China)
the Irish Republic (cp. Ireland)
the Dominican Republic

The United States has few military forces left in **the Philippines** and has reduced its presence in Japan.
— Fareed Zakaria, "The Threat the West Ignores"
[미국은 필리핀에 잔여 군사력이 얼마 안 되며, 일본 주둔 군사력을 줄였다.]

Russia's economy is half the size of what **the Soviet Union**'s was.
[오늘날 러시아 경제 규모는 과거 소련 경제의 절반 정도이다.]

The goals Mr. Obama has settled on may be elusive and, according to some critics, even naïve. Among other things, officials said he plans to recast the Afghan war as a regional issue involving Pakistan as well as India, Russia, China, **the United Arab Emirates**, Saudi Arabia and the Central Asian nations. — *The New York Times*, March 27, 2009.
[오바마 대통령이 설정한 목표는 실현 불가능할지도 모르며, 일부 비평가들에 따르면 순진한 것일지도 모른다. 무엇보다도 특히 관리들은 그가 아프칸 전쟁을 인도, 러시아, 중국, 아랍 에미레이트 연합, 사우디아라비아, 및 중앙 아시아 국가들은 물론 파키스탄과 관련된 지

---

38 어두 문자어란 예컨대 the United Kingdom이 the UK라고 하는 것처럼 어두 글자를 합쳐 하나의 단어로 사용되는 것을 말한다 (본서 제4권 24.2.4 참조).

역 문제로 전환시킬 계획을 하고 있다고 말했다.]

Cuba and the Dominican Republic are Spanish; Haiti is French.
— Robert McCrum, R. MacNeil, and W. Cran, *The Story of English*.
[쿠바와 도미니카 공화국에서는 스페인어를, 하이티에서는 불어를 사용한다.]

일부 국가명들 중에는 정관사를 붙이는 것도 있고, 그렇지 않은 것도 있다. 특히 지명에서 유래된 국가명은 정관사를 선택적으로 수반할 수도 있지만, 생략되는 경향이 있다.[39]

> Cameroun (the Cameroons)
> (the) Congo
> the Gambia,
> (the) Yemen
> (the) Lebanon
> (the) Sudan
> (the) Ukraine
> Argentina (the Argentine라고도 하지만, Agentina가 더 보편적으로 쓰임.)

2) 공공 기관이나 시설물, 예컨대 박물관, 극장, 회랑, 호텔, 식당 등의 이름에 대개 정관사가 수반된다.

> the British Museum(대영 박물관), the Louvre(르불 박물관), the Hilton (Hotel)(힐튼 호텔), the Empire (Hotel)(엠파이어 호텔), the Apollo(아폴로 극장), the Tate (Gallery)(테이트 화랑), the Sidney Opera House(시드니 오페라 극장)

공공 시설물의 명칭이 사람 이름의 속격 형태로 시작되는 경우에는 정관사가 수반되지 않는다.

> St. Martin's Theater, Brown's (Hotel), Durrant's (Hotel), Gaylord's (Restaurant), Guy's (Hospital), St John's (College)

---

39 Berry (1993: 56).

3) 기구의 이름

기구의 이름은 정관사를 수반하는 것도 있는 반면, 그렇지 않는 것들도 있다. 특히 널리 알려진 이름들은 전형적으로 정관사를 수반하며, 어두 문자어로 나타날 때에도 마찬가지이다. 그러나 NATO, OPEC, UNICEF의 경우처럼 어두 문자어를 한 단어처럼 읽는 단어들은 정관사를 수반하지 않는다.[40]

> the United Nations(= the UN), the BBC, the Labor Party, the Republican Party, the Democratic Party, the FBI, the EC; Organization of Petroleum Exporting Countries (=OPEC)

The UN tries to make sure there is peace in the world and that all countries work together to deal with international problems.
  [UN은 세계 평화가 이루어지고 모든 국가들이 국제 문제를 해결하기 위한 공동의 노력을 기울이고 있다.]
She works for **the BBC**.
  [그녀는 BBC 방송국에 근무한다.]
As a member of **NATO**
  [나토 회원국으로서 ...]

정치 기구의 이름에도 일반적으로 정관사가 수반된다.

> the House of Commons(영국 의회의 하원)/the House of Lords(영국 의회의 상원), the House of Representatives(미국 의회의 하원)/the Senate(미국 의회의 상원), the Department of Trade and Industry(통상산업부), the State Department(국무부), the Cabinet(내각)

Congress와 Parliament(but the Houses of Parliament 영국 의사당, 의회)는 예외.

... when I was elected to **Parliament** in 1964.
  [내가 1964년에 의회 의원으로 선출되었을 때 ...]
He attended **Congress** only nine times.

40　Berry (1993: 61).

[그는 의회에 아홉 차례밖에 출석하지 않았다.]

4) 신문과 정기 간행물 등

영국에서 발행되는 대부분의 일간지를 포함하여 영어로 발행되는 신문의 이름은 정관사를 수반하는 경향이 있다.

> the Times, the Guardian, the Independent, the Daily Telegraph, the Financial Times, the Daily Mail, the Daily Mirror, the Sun, the Star. (단, Today는 예외)

미국에서 발행되는 상위 25개 신문들을 발행부수 차례로 열거해 보면, 정관사를 수반한 것들과 그렇지 않은 것들이 있다. ( )에 제시된 지명은 발행지를 나타낸다.

> the Wall Street Journal, USA Today, the New York Times, Los Angeles Times, The Washington Post, Daily News (뉴욕), New York Post, San Jose Mercury News, Chicago Tribune, Chicago Sun-Times, Houston Chronicle, the Philadelphia Inquirer, Newsday, the Denver Post, the Arizona Republic, Star Tribune (미네아폴리스), the Dallas Morning News, the Plain Dealer (클리브랜드), the Seattle Times, Detroit Free Press, Tampa Bay Times, the Oregonian, the San Diego Union-Tribune, San Francisco Chronicle, the Star-Ledger (뉴왁)

잡지와 학술지 등 정기 간행물의 이름에는 정관사를 수반하는 것도 있고, 그렇지 않은 것도 있다.[41]

> Reader's Digest, Punch, Newsweek, Times, ELT Journal, Language, Linguistic Inquiry; the Journal of American Psychology, the Spectator

5) 군도

> the Azores, the British Isles, the Canary Islands *or* the Canaries, the Bahamas, the Scilly Isles, the Falklands, the Hawaiian Islands, the Maldives, the West Indies, the Hebrides, the Marshall Islands, the West Indies, etc.

---

41 Berry (1993: 62).

군도는 섬들의 집합(groups of islands)이기 때문에 반드시 복수형으로 나타나지만, Borneo, Sicily, Long Island 등 개별적인 섬 이름은 단수형으로 나타나고, 정관사를 수반하지 않는다. 또한 the Isle of Wight, the Isle of Man의 경우처럼 of-구를 수반한 섬 이름은 정관사를 수반한다.

때로는 the Orkney Islands 대신에 the Orkneys, the Solomon Islands 대신에 the Solomons라고도 한다.

> **The Solomons** are an island chain in the Western Pacific lying east of New Guinea and roughly parallel to it. — D. C. Horton, "Trial by Ordeal"
> [솔로몬 군도는 뉴기니아 섬 동쪽의 서태평양에 있으며, 대충 이 섬과 평행선을 이루고 있는 섬의 연쇄이다.]

> Until 1942, I should think there were a good many people who had never heard of **the Solomon Islands** — quite apart from knowing where they were or who owned them. — D. C. Horton, "Trial by Ordeal"
> [1942년까지는 솔로몬 군도에 대해서 들어 본 적이 없는 사람들이 상당히 많았을 것이라고 생각된다. 이 군도의 위치며 소유주가 누구인지 모르는 것은 제쳐두고.]

6) 산맥(mountain ranges)

> the Alps, the Andes, the Himalaya Mountains(= the Himalayas), the Pyrenees, the Rocky Mountains(= the Rockies), the Ural Mountains(= the Urals), etc.

the Caucasus와 같이 일부 산맥의 이름은 단수형으로 쓰이지만, 완전한 이름으로 말할 경우에는 복수형 mountains로 나타난다.

> Besides these larger groups there are numerous languages and dialects in the highlands of the Pamir, on the shores of the Caspian Sea, and in the valleys of **the Caucasus.**
> — Albert C. Baugh & Thomas Cable, *A History of the English Language*.
> [이처럼 보다 더 많은 집단 이외에 파미르 고원의 고지대와, 카스피해의 해안지대, 그리고 코카서스 산맥의 계곡지대에는 수많은 언어와 방언들이 존재한다.]

Armenian is found in a small area south of **the Caucasus Mountains** and the eastern end of the Black Sea.

— Albert C. Baugh & Thomas Cable, *A History of the English Language.*
[아르미니아어는 코카서스 산맥 남부의 조그마한 지역과 흑해의 동쪽 끝에서 발견된다.]

개별적인 산 이름에는 정관사가 수반되지 않는다.

> (Mount) Everest, Mount Halla, Mont Blanc, Mount Fuji, (Mount) Kilimanjaro, Mount McKinley, Mount Vesuvius

개별적인 산 이름과 관련하여 주의할 점은, 영어에서는 보통명사가 앞에 올 때는 mount가 쓰이고, 뒤에 올 때는 mountain이 쓰인다. 그러므로 *Mountain X라고 표현하지 않고, Mount X라고 하거나, 또는 X Mountain이라 한다. 마찬가지로 **Mount** Everest in the Himalayas, Bald Mountain in the Rockies라고 한다. 그러나 mountain과 mount 두 단어에 대한 약어는 모두 Mt.이다.

7) 반도/해협

> the Iberian Peninsula, the Italian Peninsula, the Korean Peninsula, the Monterey Peninsula; the Bering Strait, the Formosa Strait, the Korea Strait, the Strait of Gibraltar

8) 바다/대양

> the Pacific (Ocean), the Atlantic (Ocean), the Indian Ocean, the Aegean, the Baltic (Sea), the Red Sea, the North Sea, the Mediterranean (Sea), the Caribbean (Sea), the Caspian Sea

바다와 대양의 이름에서 ocean과 sea가 흔히 생략되기도 하지만, the Black Sea, the Red Sea, the Indian Ocean 등 일부 이름에서는 생략되지 않는다.

9) 강

> the Amazon (River), the Danube, the Euphrates, the Mississippi (River), the Potomac, the Salt River, the Severn, the Rhine, the Thames, the Han (River), on the (River) Aire, the Yangtze

강의 이름에는 특히 river가 고유명의 일부인 것처럼 쓰여 the **River** Thames, the **River** Rhine처럼 나타나기도 하며, 또한 the river Amazon과 the Missouri (river)에서처럼 소문자로도 쓰이는 것 같다. 마지막 예에서처럼 River가 the 다음에 놓이기도 한다: the **River** Avon vs. the Potomac **River**. 주로 신대륙에 있는 강이름의 경우에는 고유명이 앞에 놓이지만, the Tiber River와 같은 예도 있다.

10) 호수

the Great Lakes,[42] the Finger Lakes와 같이 지리적으로 하나의 그룹을 형성하는 호수의 이름은 정관사를 수반한 복수 명사형으로 쓰인다. 그러나 the Great Salt Lake처럼 예외도 있지만, Lake Michigan, Lake Baikal, Lake Victoria처럼 개별적인 호수는 단수형으로 쓰이고 정관사를 수반하지 않는다. 대개 Lake Michigan의 경우처럼 고유명사가 나중에 오지만, Silver Lake에서처럼 고유명사가 먼저 나오는 예들도 있다.

11) 사막

> the Kalahari Desert, the Sahara (Desert), the Gobi Desert

12) 선박

> the Titanic, the Queen Elizabeth, the Mayflower, the Arirang, the Sewol

---

42 the Great Lakes: Lake Michigan, Ontario, Erie, Huron, Superior 등 오대호를 말하며, 이중 Michigan호를 제외한 나머지 4개의 호수는 카나다의 오타와주에 인접함.

2.4. 영관사

2.4.1. 영관사와 명사

명사가 관사를 수반하지 않고, 즉 영관사 형태로 홀로 사용되는 것은 영어에서 아주 기본적이다. 특히 복수 가산명사를 비롯하여 추상명사와 물질명사와 같은 불가산명사가 특정한 대상을 가리키지 않을 경우에는 관사 없이 쓰인다.

Children should eat **eggs.**
[어린이들은 계란을 먹어야 한다. → 어떤 특정한 어린이들을 가리키는 것이 아니라, 모든 어린이들을 가리키는 것임.]
Women are fighting for their rights.
[여성들이 자기들의 권리를 위한 투쟁을 벌이고 있다.]
Do you like **music?**
[너는 음악을 좋아하느냐? → 고전음악이든, 현대음악이든, 한국음악이든, 미국음악이든 가리지 않고 모든 음악을 가리키는 것임.]
Milk is good for you.
[우유가 네 몸에 좋아.]
Water consists of **hydrogen** and **oxygen.**
[물은 수소와 산소로 이루어져 있다.]

고유명사도 일반적으로는 관사를 수반하지 않는다.

Chicago is a well-run city.
[시카고는 경영 상태가 좋은 도시이다.]

이러한 명사들이 형용사나 다른 어구의 수식을 받을 수 있는데, 설령 수식을 받더라도 그로 말미암아 특정한 대상으로 지시 범위가 한정되지 않는다면 관사를 수반하지 못한다.

local **museums** [지방 박물관]
oil from the North Sea [북해산 석유]
purified **water** [정화수]

Tiny **Tim** [키가 아주 작은 팀]

young **Elizabeth** [나이 어린 엘리자베스]

women all over the world [전 세계의 여성들]

여기서 Tiny Tim과 young Elizabeth의 경우처럼 관사 없이 '형용사 + 고유명사'의 구조는 두 요소 사이의 관계가 보다 밀접하게 연결되어 있어서, 그 결과 두 요소가 마치 한 개의 고유명사처럼 역할을 한다.

그러나 특정한 대상을 가리키는 경우에는 이런 명사들이 보통 정관사를 수반한다.

The suntan lotion I sent to you is a free sample.
[내가 너에게 보내준 햇빛 방지용 그 로션은 무료 견본이다. → 관계사절 (that) I sent to you가 첨가됨으로써 가리키는 대상이 한정되어 있기 때문에 the sunstan lotion은 특정하고 구체적으로 밝혀진 것이 되며, 따라서 정관사가 쓰인 것임.]

The water we drank last night had a lot of chlorine in it.
[우리가 어젯밤에 마신 그 물에는 염소 성분이 많이 들어 있었다. → 관계사절이 첨가됨으로써 가리키는 범위가 한정되었기 때문에 the water라고 정관사가 쓰인 것임.]

The Chicago of 1920s was a terrifying place.
[1920년대 당시의 시카고는 무시무시한 곳이었다. → 전치사구 of 1920s가 첨가됨으로써 고유명사 Chicago가 가리키는 범위가 제한을 받고 있기 때문에 정관사가 붙여진 것임.]

2.4.2. 유일한 직위 · 신분

정부나 회사(business) 등 특정한 사회에서 어느 한 사람이 맡고 있는 특정하고 유일한 역할을 나타내는 명사가 be와 become 등의 연결동사에 대한 주격보어로 쓰이게 되면 의미상 별로 차이 없이 영관사나 정관사를 수반할 수 있다.[43] 대개 다음에 열거된 직위를 나타내는 단어들이 이렇게 쓰인다.

> boss, captain, chairman, director, head, king, leader, manager, mayor, president, prime minister, queen, secretary, etc.

---

43 한 통계에 의하면, 대개 이런 유형의 문장 구조에서 약 5:1 정도로 영관사가 더 많이 쓰인다고 한다.

John F. Kennedy was **(the) President** of the United States in 1961.
[존 F. 케네디는 1961년에 미국 대통령이었다.]

Joan Houston Hall became **Chief Editor** of *Dictionary of American Regional English* in 2000.
[조안 휴스톤 홀은 2000년에 「미국 지역 영어 사전」 편집 주간이 되었다.]

George was **the head** of our household, my surrogate father.
[조오지는 우리 집안의 가장으로서, 나의 아버지 격이었다.]

He later became **president** of Ford, then **chief executive officer** of Chrysler.
[나중에 그는 포드회사의 사장이 되었고, 그 뒤 크라이슬러사의 회장이 되었다.]

Nehru became **Prime Minister** of India on September 2nd.
— Louis Fischer, *Gandhi: His Life and Message for the World*.
[네루(1889-1964)는 9월 2일에 인도 수상이 되었다.]

마찬가지로, as 뒤에 놓인 명사도 유일한 직위나 신분을 나타낼 때에는 정관사를 수반하지 않는다.

His nomination **as chief executive** was approved by the board.
[그의 대표 이사직 선임이 이사회에서 승인되었다.]

His position as **chairman** is purely nominal.
[그의 의장직은 순전히 명목적이다.]

As president, I (= George W. Bush, the 43rd President of the U.S.) found it morally unacceptable for the United States to stand aside while millions of people died from disease we could treat. — *Time*, October 19, 2015
[대통령으로서 나는 치료할 수 있는 질병으로 수많은 사람들이 죽어가는 사이에 미국이 방관만 하는 것이 도덕적으로 용납할 수 없다는 것을 알게 되었다.]

이와는 달리, 이런 위치에 놓인 명사가 부정관사를 수반하거나 (관사 없이) 복수형이 되면 같은 그 직위·신분에 속하는 여러 사람 가운데 한 사람이거나, 이에 속하는 여러 사람이라는 뜻이 된다.

He became **a famous President**.
[그는 유명한 대통령이 되었다. → 역사상의 여러 대통령 가운데 한 사람이라는 뜻임.]

They elected Mr White **a director** of the company.
  [그들은 화이트 씨를 그 회사의 중역으로 선출했다. → 그 회사의 여러 명의 중역 중 한 사람이라는 뜻.]

The Mazetti brothers are **(the) heirs** to Max's fortune. (Langendoen 1970: 123)
  [마제티 형제들은 막스의 재산 상속인이다. → 마제티 형제들이 모두 재산 상속라는 뜻.]

be와 become에 대한 주격보어일 때와는 달리, 소위 '명명동사'(命名動詞: naming verbs)에 속하는 appoint, elect, make, name, nominate 등 상태의 변화를 나타내는 복항타동사와 이런 동사들의 수동형이 쓰였을 때 다음에 놓인 특정하고 유일한 역할을 나타내는 명사는 정관사를 수반하지 않는다.[44]

The President named him **Secretary of State.**
  [대통령은 그를 국무장관으로 임명했다.]

They have made her **director.**
  [그들은 그녀를 중역으로 삼았다. → 특정 회사의 중역이 오로지 한 사람뿐이라는 뜻임.]

Why should we elect him **Mayor?**
  [우리가 그를 시장으로 선출해야 하는 이유가 뭔가?]

He was made **spokesman** by the committee.
  [위원회에서 그를 대변인으로 만들었다.]

He was elected **governor** of the State of California.
  [그는 캘리포니아 주지사로 선출되었다.]

---

44 The definite article is never used when the predicational NP is OC (in the passive: SC) after a verb expressing a change of state. — Declerck (1991: 334). See also Cowan (2008: 218, 501).
그럼에도 불구하고 다음과 같이 정관사가 선택적으로 쓰인 용례를 문법서에서 볼 수 있다:
  She has been appointed (**the**) head of the company. (Hewings 2005: 92)
    [그녀는 그 회사의 사장으로 임명되었다.]
또한 Allerton (1982: 107) 역시 이러한 명명동사 다음에 목적보어로 나타나는 것은 고유명사이거나 특정한 대상을 가리키는 명사구(definite noun phrase)인데, 특정한 대상이라는 점은 동사의 결합가(valency)에서 보아 명확하기 때문에 정관사가 생략될 때가 많다고 하여 위의 Declerck와 상반된 견해를 피력하고 있다:
  They elected him (the) president. (Allerton 1982: 107)

Who was appointed **captain** of the team?
[누가 그 팀의 주장으로 임명되었는가?]

He (= Harold II) was finally chosen by the Witan (= the king's council) to be **king**. — Joseph M. Williams, *Origins of the English Language.*
[마침내 해롤드 2세는 왕립 의회 위탄에서 왕으로 선출되었다.]

On Christmas Day in 1066, William I was crowned **King of England**.
[1066년 크리스마스날에 윌리엄 1세는 영국 왕위에 올랐다.]

이상과 같은 예에서 보는 것처럼, be 동사류나 복항타동사 뒤에서 보어 역할을 하는 서술 명사들(predicate nouns)은 사람 그 자체를 뜻하지 않고, 칭호(title) 내지 직위(position)를 뜻한다. 다시 말하자면, a President는 한 사람의 대통령이라는 뜻이지만, 이들 예문에서 보어 역할을 하는 (the) President는 presidency라는 추상적인 뜻으로서의 대통령이라는 칭호 내지 직위를 나타내는 것이다.

2.4.3. 사회 제도와 시설물 등

건물·사물·장소를 나타내는 명사가 본래의 목적을 나타내는 경우에는 영관사를 수반한다. 예컨대 다음 예에서처럼 school, bed, church가 바로 다음에 놓인 부정사절이 나타내는 본래의 목적을 뜻할 때에는 영관사를 수반한다는 것이다.

to go to **school** *to study* [공부하러 학교에 가다]
to go to **bed** *to sleep* [침대에 잠자러 가다]
to go to **church** *to pray* [교회에 예배하러 가다]

그러나 이러한 명사들이 본래의 목적을 나타내는 경우가 아닌 어느 특정한 '위치'(location)를 나타내는 경우에는 적절한 관사를 수반한다. 다음 각 쌍의 문장에서 예컨대 school ~ the school 등에서처럼 정관사가 있느냐 없느냐에 따른 뜻의 차이를 비교하여 보기로 한다.

School helps to form a child's character.
[학교는 어린이의 인격 형성에 도움이 된다. → 여기서 school은 'school activities'(수업)를 뜻함.]

The school is in the center of the village.
[그 학교는 마을 중심지에 있다. → 학교 건물을 뜻함.]

The murderer will be $\begin{Bmatrix} \text{in} \\ \text{out of} \end{Bmatrix}$ **prison** soon.

[그 살인자는 곧 수감될/석방될 것이다.]

Vegetables are delivered to **the prison** twice a week.
[일주일에 두 번씩 야채가 교도소에 배달된다.]

As a youngster he dreamed of going to **sea.**
[젊었을 적에 그는 선원이 될 꿈을 꾸었다.]

She lives in a little cottage by **the sea.**
[그녀는 바닷가 조그마한 오두막집에 살고 있다.]

건물·사물·장소를 나타내는 다음과 같은 명사들이 관사 없이 at, to와 같은 전치사나 이 밖의 다른 전치사로서 in, into, from, out of 따위의 전치사를 수반하여 위와 같이 쓰인다.[45]

단어	영관사	정관사
bed	in bed, go to bed (to sleep), get out of bed	sit on the bed, make the bed (침구를 펴다/개다)
church	in/at church, after church, go to church (to pray)	in the church
class	do work in class	
court	appear in court	explain to the court
home	at home, be home, go/come/get home	in the house
market	take animals to market	at/in the market, put a house on the market (집을 팔려고 시장에 내놓다)
prison	in/out of prison, go/be sent to prison, released from prison; in jail	Don't stop near the prison.
school	in/at school, go to school	
sea	at sea, go to sea (선원으로)	on the sea, by the sea, at the seaside, The sea looks calm.

---

45 Declerck (1991: 331).

town	in town, go to town, leave town	in the town center
university	at university, go to university, at college	미국영어에서는 at/to the university라 함.
work	go to work, leave work, at work	

이러한 뜻과 관련하여 hospital은 영국영어에서는 정관사의 유무에 따른 뜻의 차이가 있지만, 미국영어에서는 the hospital이 두 가지 뜻으로 쓰인다.[46]

He is still in **hospital**, but out of danger. (영국영어)
 [그는 아직도 입원중이지만, 위험한 고비는 넘겼다.]
I left my coat in **the hospital** when I was visiting Jane. (영국영어)
 [제인을 문병 갔다가 외투를 병원에 두고 왔다.]
Over the years, Grosvenor has helped troubled students, just the way he was helped. He's been by their bedsides in **the hospital**. (미국영어)
 [오래 전부터 그로스버너는 자신이 도움을 받았던 것처럼 어려운 처지에 놓인 학생들을 도와오고 있다. 그는 병원에 입원한 학생들의 병상을 지켜왔다.]
A man at the bank where I am a teller presented a check made out to his wife.
"Sir," I said, "I can't cash this without her identification."
"But she's **in the hospital**," he pleaded. "Can't you make an exception?"
 — *Reader's Digest,* November 1992.
 [내가 은행원으로 있는 은행에서 한 남자가 자기 아내 앞으로 발행된 수표를 제시했다. "선생님, 아내의 신분 확인 없이는 현금으로 지급할 수 없어요." 라고 내가 말했다. "하지만 아내는 입원해 있어요. 한번 예외로 해주실 수 없어요?" 하고 나는 애원했다.]

university는 어법이 일정치 않다. 즉, 영국영어에서는 be at/go to (the) university의 경우와 같이 정관사가 선택적으로 쓰이지만, 미국영어에서는 필수적이다.

She was pushed into going to **university** by her parents.
 [그녀는 부모님의 강제로 말미암아 대학에 들어갔다.]
He went to **(the) university** after having worked in a factory for two years.

---

46 Swan & Walter (2011: 148).

[그는 2년간 공장에서 일하고 난 뒤에 대학에 진학했다.]

2.4.4. 식사명

The doctor says **breakfast** is an important meal.
[의사들은 아침 식사가 중요하다고 말한다.]

Dinner is now being served.
[지금 저녁 식사가 제공되고 있다.]

The couple ate French bread with jelly for **breakfast**, French bread with cheese for **lunch**, French bread with tomatoes and raw carrots for **supper**.
[그 부부는 아침은 프랑스빵과 젤리를, 점심은 프랑스빵과 치즈를, 그리고 저녁 식사는 프랑스빵에 토마토와 날 당근을 먹었다.]

식사명이 형용사의 수식을 받을 때는 부정관사를 수반할 뿐만 아니라, 청자도 알고 있다고 여겨지는 특정한 식사를 뜻할 때는 정관사를 수반한다.

It's also important to start the day with **a healthful breakfast.**
[건강에 좋은 아침 식사로 하루를 시작하는 것도 중요하다.]

He ate **a good sustaining breakfast** before he went out.
[그는 외출하기 전에 활력을 불어 넣는 훌륭한 아침 식사를 했다.]

We had invited our friends Bob and Sheila to **a special dinner.**
[우리는 특별 만찬에 우리의 친구 보브와 쉴러를 초대했었다.]

Balladur invited his new cabinet for **a traditional lunch** at his official residence.
[밸러더는 새 내각을 공관에서 있었던 전통적인 오찬에 초대했다.]

The wedding breakfast was held in her father's house.
[결혼 피로연은 그녀의 아버지 집에서 있었다.]

I didn't like **the dinner** we had yesterday.
[어제 우리가 먹은 저녁 식사는 좋지 않았어.]

dinner와 lunch가 다음과 같이 특별한 공식적인 행사의 뜻을 나타내는 경우라면 형용사

의 수식을 받지 않더라도 부정관사를 수반한다.[47]

> a dinner: a formal social occasion, often held in someone's honour, at which an evening meal is served(어떤 사람을 축하하기 위하여 저녁 식사가 나오는 격식을 갖춘 사교적인 행사)
>
> a lunch: a formal meal around midday, usually in honour of a famous person or to celebrate an important event(대개 요인을 위하거나, 중요한 행사를 경축하는 정오경의 공식적인 식사)

A friend who was employed at the United Nations prepared **a dinner** in honor of Baldridge and her husband, Robert, and invited ambassadors from two countries. — Mary Murray, "When You've Done Wrong"
  [UN 본부에 취직한 한 친구가 볼드리즈와 그의 남편 로버트를 위한 만찬을 준비해서 두 나라 대사를 초대했다.]

Kim hosted **a dinner** last night at Chong Wa dae in honor of the visiting prime minister.
  [어제 저녁 김 대통령은 청와대에서 방문 중인 수상 (태국 수상 Chuan Leekpai)을 위한 만찬을 베풀었다.]

On December 1st we are planning to have **a dinner** to celebrate the fifth anniversary of the Stockton Clean Environment Agency.
  [12월 1일에 우리는 스톡톤 청정 환경청 5주년 기념 만찬을 계획을 하고 있다.]

Is the Prime Minister giving **a lunch**?
  [수상께서 오찬을 베푸는가?]

대개 breakfast는 이처럼 쓰이지 않기 때문에 I've been invited to **a breakfast**.라고는 말하지 않는다.[48]

---

47 *Collins Cobuild English Language Dictionary*. See also Berry (1993: 50).

48 It would be unusual to say 'I've been invited to **a breakfast**' since breakfast is not usually a formal occasion. (boldface is mine.) — Berry (1993: 50).

2.4.5. 시간 개념과 관련된 단어들

관사의 용법과 관련된 기간은 그 유형에 따라 잘 설명될 수 있다.

1) 계절명
보통 계절명에는 의미상 별로 차이 없이 정관사 또는 영관사가 수반된다. 단, the fall은 항상 정관사를 수반한다.

> These birds migrate to North Africa in **winter**.
> [이 새들은 겨울이 되면 북아프리카로 날아간다.]
> In **spring** the garden is a feast of flowers.
> [봄이 되면 정원은 꽃들의 축제장이다.]
> Birds mate in **the spring**.
> [새들은 봄에 짝짓기를 한다.]
> Swallows fly south in **(the) winter** and come back in **(the) summer**.
> [겨울이 되면 제비들은 남쪽으로 날아갔다가 여름이 되면 돌아온다.]

그러나 어느 특정한 계절을 지시하는 경우에는 그 계절이 문맥이나 기타 이유로 확인 가능할 경우에는 정관사가 쓰이고, 그렇지 않을 때는 부정관사가 쓰인다.

> You'll feel better in **the spring**.
> [봄이 오면 몸이 좋아질 것이다. → 말하는 시점에서 보아 돌아오는 새봄을 뜻함.]
> **The spring** *of last year* was cold.
> [작년 봄은 추웠다. → 전치사구에 의해 지시 범위가 제한되고 있음.]
> I spent **a summer** in the Cyclades. (Berry 1993: 47)
> [나는 키클라데스 군도에서 한 해 여름을 보냈다. → 막연한 어느 해 여름을 뜻함. the Cyclades[síklədìːz]는 에게해 남부에 있는 그리스령 군도.]

특정 연도의 계절은 spring 2013 또는 the spring of 2013이라고 한다.

> **The summer** *of 1976* was a very hot one.
> [1976년 여름은 무척 무더웠다.]

In **the summer** *of 1905* he (= Edward Sapir) made a field trip to the state of Washington to study language of the Wishram Indians.
— David G. Mandelbaum (ed.), *Edward Sapir: Culture, Language and Personality.*
[1905년 여름에 에드워드 세피어는 위쉬램 인디언 언어를 연구하려고 워싱턴 주로 현장 연구를 나갔다. → Edward Sapir(1884-1939): 독일 태생의 미국 문화인류학자이며, 언어학자.]

I worked very hard in **the summer** *that year.*
[그해 여름에 나는 무척 열심히 일했다.]

2) 요일과 달
현시점과 관련된 요일과 달 이름에는 on Tuesday, in May에서처럼 관사가 수반되지 않는다.

Let's meet for lunch on **Monday.**
[월요일에 만나서 점심을 먹자.]
House prices fell slightly in **December.**
[12월에 집값이 약간 떨어졌다.]

그러나 부정관사를 수반한 요일명은 일반적인 요일을 의미할 뿐만 아니라, 문맥 내용에 따라서는 막연한 요일을 뜻할 수도 있다.

Let's schedule our next meeting on **a Monday.**
[다음 모임을 월요일로 정하자.]
This happened on **a Saturday** in July.
[이 일이 7월의 어느 토요일에 발생했다.]

on **the Friday** of that week의 경우처럼 수식어를 수반한 특정한 요일명은 정관사를 수반한다.

I posted the letter on **the Wednesday** *of that week.*
[나는 그 주일 수요일에 그 편지를 부쳤다.]

She died on **the Tuesday** *after the accident.*
  [그녀는 사고 발생한 다음 주 화요일에 세상을 떠났다.]
She always visits her mother on **the second Tuesday** of each month.
  [그녀는 항상 매달 두 번째 화요일에 어머니를 찾아뵙는다.]

3) 하루의 일부 시간

morning, afternoon, evening 등 하루의 일부 시간을 나타내는 단어들이 전치사 after, at, by, before 따위와 결합될 때에는 관사가 쓰이지 않는다. 그러나 전치사를 수반하지 않거나, 다른 전치사로서 in, during 따위가 쓰인 구조에서는 정관사가 수반된다.[49]

at dawn/daybreak	watch *the* dawn
when day breaks	during *the* day
at sunrise ((미) at sunup도 쓰임)	*The* sunrise was splendid.
at sunset ((미) at sundown도 쓰임)	We admire *the* sunset.
at/around noon/midnight	in *the* afternoon
at dusk/twilight	see nothing in *the* dusk
at/by night	wake up in *the* night
(by) day and night	in *the* daytime
after nightfall/dark	all through *the* night
before morning came	in/during *the* morning
Evening approached.	in *the* evening
Day/Night came.	
all day/night/week/year (long)	

Most predators hunt by **night** and sleep by **day**.
  [대부분의 육식 동물들은 밤에는 사냥하고 낮에는 잠을 잔다.]
People usually lock their doors { at / before } **nightfall.**
  [사람들은 대개 어두울 때/어둡기 전에 문을 잠근다.]
Night is falling early today.
  [오늘은 일찍 어두워지고 있다.]
The streetlamps burn from **sunset** to **sunrise**.

---

49 Quirk et al. (1985: 278).

[가로등이 해가 질 때부터 해 뜰 때까지 켜진다.]

morning과 evening은 보통 정관사를 수반한다.

I was working until the early hours of **the morning.**
[나는 이른 아침까지 일하고 있었다.]
The enemy's attack is not expected before **the evening.**
[적의 공격이 저녁 시간 전에는 감행되지 않을 것으로 예상된다.]

morning, afternoon, evening, night과 같은 하루의 일부를 나타내는 명사가 전치사 in, during과 결합될 때에는 정관사를 수반한다. 이 경우에 이들은 하루의 다른 일부와 대립을 이룬다. 특히 $\genfrac{\{}{\}}{0pt}{}{at}{by}$ night이라 하지 않고, in the night이라 하게 될 때 in은 밤 시간을 길이로 나타낸 것이다.

Sometimes I wake in **the night** in a panic.
[때로 나는 밤에 공포심 때문에 잠에서 깬다.]
cf. I don't like driving at **night.**
[나는 밤 시간에 운전하는 것을 좋아하지 않는다.]
We're going in **the afternoon.**
[우리는 오후에 간다.]

또한 on이 이끄는 전치사구의 수식을 받는 특정한 날의 일부에도 정관사가 수반되지만, 수식어를 수반하지 않는 경우에는 관사를 수반하지 않을 수 있다.

Where were you on **the afternoon** of May 21?
[5월 21일 오후에 어디 갔었니?]
On **Christmas morning** we go to church.
[크리스마스 날 아침에 우리는 교회에 간다.]
Come over on **Sunday afternoon.**
[일요일 오후에 오너라.]

2.4.6. 질병명

질병과 그밖의 상태 등을 나타내는 명사들의 경우에는 때로 관사의 용법이 일정하지 않다. 따라서 같은 질병의 이름일지라도 관사 용법이 달라질 수 있다. 예컨대 다음 예들처럼 일반적으로 질병명, 특히 전문적인 질병명은 불가산명사로 간주하여 관사를 수반하지 않는다.[50]

> AIDS, anemia, appendicitis, cancer, cholera, diabetes, diarrhoea, hepatitis, herpes, influenza, leukaemia, malaria, pneumonia, rabies, rheumatism, smallpox, tonsillitis, tuberculosis, typhoid, yellow fever, etc.

For his paper on **AIDS**, he studied four different subjects.
  [에이즈에 관한 논문에서 그는 네 명의 실험 대상자를 연구했다.]
Symptoms of **pneumonia** include high fever, chills, and muscle pain.
  [폐렴에 걸리면 고열과 오한, 그리고 근육 통증과 같은 증상이 생기게 된다.]
He died of **lung cancer.**
  [그는 폐암으로 세상을 떠났다.]
Have you had **appendicitis?**
  [맹장염을 앓아본 적이 있는가?]

cancer는 가산명사로도 쓰인다.

A lot of cancers can now be treated successfully.
— *Longman Exams Dictionary*.
  [요즘은 제대로 치료할 수 있는 암들이 많다.]

흔히 생기는 전염성의 질병명에는 정관사 또는 영관사가 수반될 수 있다. bends, flu(같은 질병명이지만, influenza는 항상 영관사를 취함), measles, mumps, chickenpox 따위의 질병명이 이렇게 쓰인다.

---

50 Berry (1993: 49).

Measles is the most devastating of all the major child diseases.
[홍역은 어린이들에게 생기는 모든 주된 질병들 중에서 가장 참담한 병이다.]

She's never had (**the**) **measles**. (Swan 2005: 64)
[그녀는 홍역을 앓아 본 적이 없다.]

She's in bed with **flu**.
[그녀는 독감에 걸려 자리에 누워 있다.]

She's coming down with **the flu**.
[그녀는 독감에 걸려 있다.]

My children are in bed with **mumps**.
[우리집 애들이 유행성 이하선염을 앓고 있어요.]

The child has (**the**) **mumps**.
[그 어린 애가 유행성 이하선염을 앓고 있다.]

cold, cough, sore throat, chill, ulcer 따위처럼 흔한 질병명은 가산명사로 취급되어 부정관사를 수반한다.

Our daughter had **a terrible cold** last week.
[우리 딸이 지난주에 심한 감기에 걸렸었다.]

I have **a fever**, so I'm staying in bed today.
[열이 나서 나는 오늘 잠자리에 누워 있다.]

You've got **a gastric ulcer**.
[위궤양입니다.]

He died of **a heart attack**.
[그는 심장마비로 사망했다.]

headache는 항상 가산명사로 쓰여 부정관사를 수반하거나 복수 형태를 취한다.

I had { **a headache** / *****headache** }.

[나는 머리가 아팠었. → headache는 가산명사이기 때문에 부정관사 없이 쓰인 것은 틀린 것임.]

I have **a splitting headache** this morning.
[오늘 아침에는 머리가 쪼개지는 것처럼 아프다. ─ a splitting headache = 'a very

bad headache'.]

I often have **headaches**, but I haven't got one now.

[나는 머리가 아플 때가 많지만, 지금은 그렇지 않다.]

backache, earache, toothache, stomachache 등 -ache를 수반한 다른 명사들은 가산명사나 불가산명사로 쓰일 수 있다. 영국영어에서는 이러한 명사들이 불가산명사로 쓰이는 것이 더 일반적이다. 그러나 미국영어에서는 특정한 고통이 발생한다는 뜻을 나타내어 가산명사로 쓰인다.[51]

Toothache is terrible.

[치통이란 끔찍스러운 것이다. → 일반적으로 치통이란 끔찍스러울 정도로 아프다는 뜻임.]

I have **a toothache.**

[나는 치통을 앓고 있다. → 지금 치통을 앓고 있다는 뜻임.]

On and off she suffers from { a stomachache / stomachache }.

[가끔 그녀는 배앓이 때문에 고통스러워한다.]

He's in excellent health except for { an occasional backache / occasional backache }.

[그는 가끔 등이 아픈 것 외에는 건강이 아주 양호하다.]

I have { an earache / earache }.

[나는 귀가 아프다.]

2.4.7. 교통·통신·결제 수단

교통 및 통신 수단을 뜻하는 명사가 전치사 **by** 다음에 올 때에는 영관사를 수반한다. 이러한 경우에 이들은 이런 수단에 속하는 실질적인 대상을 가리키는 것이 아니라, 교통 및 통신 수단이라는 서비스 체계 그 자체를 뜻하는 것이다.[52] 그러나 이러한 수단에 포함되는 대

51　Swan (1995: 138, 2005: 64). See also Quirk et al. (1985: 279-280) and Berry (1933: 50).

52　When a singular noun refers to the means by which an act is carried out, it, too, occurs without a determiner. In *Sally went by car* or *My parents travel by train*, the speaker is referring not to a specific vehicle, but to an abstraction, i.e., a means of transportation. —

상들이 by 이외의 전치사 다음에 놓이게 되면 실질적인 대상을 뜻하기 때문에 전달하고자 하는 뜻에 따라 적절한 관사를 수반한다.

It has been estimated that travelling **by air** is twenty-five times safer than travelling **by car**.
[비행기 여행이 자동차 여행보다 25배 더 안전하다고 추산되어 왔다.]

I spoke to him { **by telephone** / **on the telephone** }.
[나는 전화로 그 사람과 대화를 했다. → on the telephone 대신에 over the telephone 이라고도 함.]

But today most people come **by helicopter, train** or **bus**.
[그러나 오늘날 대부분의 사람들은 헬리콥터, 열차, 또는 버스로 옵니다.]

I talked to him **on the bus**.
[나는 버스에서 그 사람과 대화를 했다.]

The children go to school { **by minibus** / **in a minibus** }.
[애들은 소형버스로 통학합니다.]

We crossed the river { **by boat** / **in a boat** }.
[우리는 보트를 타고 강을 건넜다.]

You can reserve the tickets **by phone.**
[전화로 표를 예약할 수 있습니다.]

Send it **by air mail.**
[항공 우편으로 보내 주십시오.]

television은 on the television(TV) 또는 on television과 같은 표현에 쓰인다. on the television은 물리적인 위치를 뜻하거나 '방영중'이라는 뜻으로 쓰이는 반면, on television은 두 번째 뜻으로만 쓰인다.[53]

Berk (1999: 60-61). See also Hewings (2005: 94).
53　Berry (1993: 41).

There's a photo of him **on the television.**
[텔레비전 위에 그의 사진이 있다. → '위치']
Is there anything good **on (the) television** tonight?
[오늘 저녁에 TV에서 좋은 프로그램이 방영되는가?]
radio와 TV를 '시청하다'라는 경우에 radio는 정관사를 수반한다.

I just heard her speaking **on the radio.**
[방금 그 분이 라디오에서 말하는 것을 들었어.]
I always enjoy **listening to the radio.**
[나는 늘 라디오를 즐겨 듣는다.]
After work, I **watch TV** and take it easy.
[일과 후에 나는 TV를 보면서 휴식을 취한다.]

결제 수단일 경우에는 by check/credit card, in cash라 하며, installment에 수반되는 전치사는 사전에 따라 in과 by가 쓰이고 있다.

The shop charges less if the customer pays **in cash**. Can I pay **by check**?
[그 가게에서는 손님이 현금을 내면 요금을 할인해 준다. 수표로 내도 됩니까?]
Foskey worked for himself, and he was paid **in cash.**
[포스키는 생계 수단으로 일해서 현금으로 보수를 받았다.]
I paid one hundred dollars **in four monthly installments** of twenty-five dollars. — *Collins Cobuild English Language Dictionary*.
[나는 100불을 25불씩 넉 달에 나눠 갚았다.]
I am paying for the car **in monthly installments.**
— *Longman Dictionary of American English*.
[나는 자동차 값을 월부로 지불하고 있다.]
They're letting me pay for the washing machine **by monthly installments.**
— *Longman Exam Dictionary*.
[그들은 세탁기 값을 월부로 지불하게끔 해주고 있다.]

2.4.8. 평행 구조

가산명사일지라도 두 개의 단수 명사가 다음과 같은 평행 구조를 이룰 때 관사를 생략하는 경향이 있다. 이러한 평행 구조의 특징은 동일한 명사가 특정한 전치사로 연결되는 구조로 나타나고 있다.

> arm in arm, face to face, day by day, hand in hand, eye to eye, back to back, side by side, teaspoonful by teaspoonful

They talked **face to face.**
[그들은 얼굴을 마주 보면서 말했다.]
Theory must go **hand in hand** with practice.
[이론과 실제는 관계가 긴밀해야 한다.]

위의 예에서처럼 같은 명사가 전치사 다음에 반복적으로 나타나는가 하면, 서로 대립적인 뜻을 가진 두 사람이나 사물이 접속사를 사용하여 평행 구조를 이루기도 한다.

A bond grew between them like **father and daughter.**
[그들 사이에 아버지와 딸 사이처럼 결속 관계가 형성되었다.]
Marriage makes **man and wife** one flesh.
[결혼하면 부부는 한 몸이 된다.]
The story deals with the psychological conflicts between **mother and son.**
[이 이야기는 모자(母子)간의 심리적 갈등을 다루고 있다.]
The proposals affect both **clergy and laity.**
[그 제안들은 성직자와 평신도들 모두에게 영향을 미친다.]
Now there is a considerable awareness at all levels of society, both **rich and poor**, that drug use is dangerous and that one will pay personal as well as social dues for using them.
[이제 부자와 가난한 사람들 등 사회의 모든 계층에서 마약 복용은 위험하며, 마약을 복용하게 되면 사회적·개인적으로 대가를 치르게 될 것이라는 점을 충분히 인식하고 있다.]

이와 유사한 유형으로 볼 수 있는 것이 사로 뜻이 반대이거나 대립되는 명사가 접속사가 아니라, 전치사의 목적어로서 함께 사용되는 관용적인 표현들이다.

> from father to son, from right to left, from west to east, from beginning to end, from right to left/from the right to the left, from west to east/from the west to the east, from dawn to dusk, from top to bottom, from head to foot, from heaven to earth, from bad to worse(더 악화되는), from youth to age(청년 시절부터 노년에 이르기까지), to live from hand to mouth(하루하루 벌어먹고 살다)

My father wished me to become a carpenter like himself. For five generations we've carried on the same trade, **from father to son.**
— W. S. Maugham, *The Moon and Six Pence*.
  [아버지께서는 자신처럼 내가 목수가 되기를 바라셨다. 아버지에서 아들에 이르기까지 우리는 다섯 세대에 걸쳐 같은 직업을 가졌다.]

그러나 from **the beginning** of the day to **the end** of it에서처럼 수식어를 수반한 경우에는 정관사를 수반한다.

2.4.9. 부정관사의 생략과 반복

동일한 사람이 두 가지 역할, 즉 '일인이역'(一人二役)을 뜻하는 두 개의 명사가 나란히 놓일 때 두 번째 명사는 부정관사를 수반하지 않는다.

He is **a painter and decorator.**
  [그 사람은 화가이자 장식가이다.]
She is a colorful person who is **a pilot, explorer, and writer**.
  [그녀는 조종사이며 탐험가이고, 또한 작가이기도 한 다채로운 사람이다.]
He was **a top advisor and idea spinner** for French President François Mitterrand from 1981 to 1991.
  [그는 1981년부터 1991년까지 미테랑 프랑스 대통령의 수석 보좌관이자 아이디어를 짜내는 사람이었다.]
Heath Robinson, who died in 1944, was **a graphic artist and cartoonist**.
  [1944년에 세상을 떠난 히스 로빈슨은 그래픽 예술가이자 만화작가였다.]

2.5. 관사의 총칭적 용법

관사 + 명사가 특정한 대상을 가리키기도 하지만, 어떤 부류 전체를 가리키는 이른바 총칭적 지시(總稱的指示: generic reference)를 하기도 한다. 다시 말해서, 어떤 무리의 가능한 모든 구성원을 일반화해서 말하기 위해 다음과 같은 네 가지 형태를 사용하여 전체 집단이나 부류를 가리키게 할 수 있다.

   2.5.1 부정관사 + 단수 가산명사
   2.5.2 정관사 + 단수 가산명사
   2.5.3 영관사 + 복수 가산명사
       영관사 + 불가산명사

그러나 이 네 가지 형태가 어떤 특정한 내용을 나타내는 경우에 모두 쓸 수 있는 것은 아니다. 다음과 같은 예가 모두 가능하다.

$$\begin{Bmatrix} \text{Lions} \\ \text{A lion} \\ \text{The lion} \end{Bmatrix} \text{ can be dangerous.}$$

그러나 항상 이처럼 쓸 수 있는 것도 아니고, 또한 모두 같은 뜻을 나타내지도 않는다. 이 세 가지 관사는 다음과 같이 서로 다른 각도에서 '총칭성'(generosity)을 나타낸다.

2.5.1. 부정관사 + 단수 가산명사

부정관사 + 단수 가산명사 표현이 총칭적인 뜻으로 쓰일 때에는 어떤 부류에 속하는 어느 하나가 그 부류 전체를 대표한다는 뜻을 나타낸다. 따라서 a/an을 any로 바꿔 쓸 수 있다. 특히 이러한 경우에 어느 하나에 대해서 진술하는 내용이 그 이름으로 부르는 모든 대상에 똑같이 적용될 수 있어야 한다. 예컨대 **A child** needs love.(어린이는 애정을 필요로 한다.)에서 a child가 총칭적인 뜻을 나타내려면 애정을 필요로 한다는 내용이 어떤 어린이에게도 똑같이 적용되어야 한다. 즉, 애정이라는 감정이 어느 한 어린이에게만 필요한 것이 아니라, 모든 어린이에게 똑같이 적용되어야 한다는 뜻이다. 이 대신에 A child needed love.라고 하여 동사를 과거형으로 바꾸게 되면 특정하지만 구체적으로 밝혀지지 않은 어느 한 어린이가 애정을 필요로 한다는 뜻이 되기 때문에 이 문장에서 a child는 총칭적인 뜻을 갖는 것이 아니라, 어떤 특정한 어린이에 대해서 말하는 것이 된다.

> **A judge** must be free from prejudice.
> [판사는 편견으로부터 자유로워야 한다. → 모름지기 어떤 판사이든간에 편견을 가져서는 안 된다는 뜻임.]
>
> **A mother** shouldn't show favor to one of her children.
> [어머니는 자녀 중 어느 한 아이를 편애해서는 안 된다. → 한 어머니에 대한 말이 모든 어머니에게 적용된다는 뜻임.]
>
> **A soldier** should value honour above life.
> [군인은 명예를 생명 이상으로 소중히 여겨야 한다.]
>
> The best way to learn **a language** is to live among its speakers.
> [한 언어를 배우는 최선의 방법은 그 언어를 사용하는 사람들과 함께 사는 것이다.]

이러한 용법은 어떤 의미를 설명하거나, 사전적 정의를 내리는 경우에 흔히 적용된다.

> **A mountain** is bigger and higher than **a hill**.
> [산은 언덕보다 크고 또한 높은 것을 말한다.]
>
> The corner of **a square** is a 90 degree angle.
> [사각형의 모서리 각도는 90도이다.]
>
> **A university** is an institution where students study for degrees and where academic research is done.
> [대학이란 학생들이 학위를 받기 위해 공부하고 학문 연구가 이루어지는 기관이다.]

어떤 사람, 동물, 사물의 위치나 존재에 대해 말하는 경우에는 이러한 표현 대신에 다음과 같이 정관사 + 단수 가산명사 또는 영관사 + 복수 가산명사와 같은 형태를 사용한다.

> **The ring-tailed lemur** lives in Madagascar.
> **Ring-tailed lemurs** live in Madagascar.
> [꼬리가 말린 영우 원숭이는 마다카스가르에 산다.]

2.5.2. 정관사 + 단수 가산명사

the + 단수 가산명사는 지시되는 대상을 그 부류에 대한 모델로 생각하는 것이다. 즉, 그 부류 전체에 대한 고정된 이미지를 드러내는 것으로서, 이러한 경우의 총칭적 의미는 격식적이고 추상성이 강하다. 예컨대 다음과 같은 문장에서

The fox is known for its cleverness and cunning.
[여우는 영리하고 교활하기로 유명하다.]

총칭적 용법으로 쓰인 the fox는 '여우'라는 동물에 대하여 우리의 머릿속에서 개념적으로 떠오르는 심적 영상(mental picture)을 생각케 하는 것이다. 즉, 여우라고 하면 이런저런 특성을 가진 동물이라는 점을 연상하게 하는 것이다.[54]

The elephant is said to have a very good memory.
[코끼리는 기억력이 좋다고 한다.]
The female kangaroo carries its young in its pouch.
[캥거루 암컷은 육아낭에 새끼를 품고 다닌다.]
The rose is the symbol of love.
[장미는 애정의 상징이다.]

이러한 형태는 인간, 신체의 기관, 동·식물, 악기, 그리고 gaslamp, can opener, computer, laser 따위와 같이 기원이 추적 가능한 인간의 발명품을 나타내는 무생물에 대한 정보를 제공하거나 또는 기술적인(technical) 글에서 주로 사용된다.

An insincere compliment sweetens **the tongue**, but sours **the stomach**.
— Mark R. Littleton, "The Fine Art of Encouragement"
[성실치 못한 칭찬이 입에는 달콤하지만, 위(胃)에는 쓴 편이다.]
The brain is the primary mover and shaper of **the mind**. It's so busy that, even though it's only 2 percent of the body's weight, it uses 20-25 percent of its oxygen and glucose. — Rick Hanson, *Buddha's Brain: the practical*

---

[54] Declerck (1991: 323).

neuroscience of happiness, love & wisdom.
[일차적으로 뇌는 정신을 움직이고 형성한다. 뇌는 너무나 바빠서 무게가 신체의 2%에 불과하지만, 인체의 산소와 포도당을 20-25%를 사용한다.]

The whale is in danger of becoming extinct.
[고래는 멸종 위기에 있다.]

The computer has a flexibility of function which is unique.
[컴퓨터는 독특한 기능상의 유동성을 갖고 있다.]

The mobile phone has made an enormous difference to communication.
[이동 전화는 통신상에 엄청나게 큰 영향을 미쳤다. → mobile phone 또는 cellular phone이라 하지 않고, hand phone이라 하는 것은 영어가 아님.]

The steam engine was invented before **the internal combustion engine**.
[증기기관은 내연기관에 앞서 발명되었다.]

2.5.3. 영관사 + 복수 가산명사

1) 부정관사 + 단수 가산명사가 어느 하나의 대상을 예로 들어 그 대상 전체를 총칭적으로 설명하려는 뜻을 갖는다면, 영관사 + 복수 가산명사는 막연히 여러 개의 대상을 예로 들어 그 대상 전체를 설명하려는 뜻을 갖는다. 즉, 이 경우에 복수 가산명사는 이 명사가 가리키는 대상을 일반화(generalization)해서 생각하는 것이다. 일상적인 영어에서 총칭적인 뜻을 나타낼 때 가장 흔히 쓰이는 것이 바로 이와 같은 구조이다.

Books fill leisure time for many people.
[책은 많은 사람들의 여가 시간을 채워 준다.]

Birds mate in the spring, the mating season.
[새들은 짝짓기 철인 봄에 짝짓기를 한다.]

Snakes, lizards, and **crocodiles** are reptiles.
[뱀, 도마뱀, 그리고 악어는 파충류이다.]

Bookshelves made of oak last for many years.
[참나무로 만든 서가는 수명이 오래 간다.]

2) 물질이나 추상적인 개념 등을 나타내는 불가산명사가 총칭적으로 쓰일 때에는 오로지 영관사 형태로만 나타난다.

Water is changed into **steam** by heat and into ice by cold.

　　[물은 열을 가하면 증기가 되고 냉각시키면 얼음이 된다.]

Passion, whether it's love or hatred, can involve a lot of suffering. (Berry 1993: 35)

　　[열정이란 애정이든 증오심이든 많은 고통이 수반될 수도 있다.]

They say **exercise** keeps you healthy.

　　[운동을 하면 건강을 유지시켜 준다고 그들은 말한다.]

3) the + 국적 형용사/복수 국적 명사가 국민 전체를 총칭적으로 가리키는데, 이에 대해서는 이미 "2.3.3.4 (2) the + 형용사"(→ pg.174 참조)에서 다루었기 때문에 여기서는 생략한다.

2.5.4. 총칭성에 따른 제약

1) 주어 역할을 하는 명사구가 총칭성을 나타내려면 이에 수반되는 동사 역시 총칭적인 뜻을 나타낼 수 있어야 한다.[55] 다시 말하자면, 명사구가 총칭적인 뜻을 가지고 주어로 쓰이면 술부는 일시적인 동작이나 상태를 나타내는 것이어서는 안 된다. 그러므로 다음 문장 (4a, b)를 비교해 보면 (4a)는 주어와 술부가 모두 총칭적인 뜻을 나타내고 있다. 즉, 땅콩을 좋아하는 것이 코끼리의 속성을 나타내기 때문이다. 반면, (4b)에서 술부 stepped on my car는 과거 어느 한 시점의 행위를 나타낼 뿐, 결코 코끼리의 속성을 나타내는 것과 전혀 관계가 없다.

　(4) a. **An elephant** likes peanuts.
　　　　[코끼리는 땅콩을 좋아한다.]
　　 b. **An elephant** stepped on my car. (Chafe 1970: 187)
　　　　[코끼리 한 마리가 내 자동차 위에 올라왔다.]

다음의 문장 (5a, b)에서도 동일한 설명이 적용된다. 즉, (5a)에서 술부는 상자가 총칭적으로 쓰였다는 점을 설명하기에 충분한 반면, (5b)의 술부는 어느 하나의 상자에 대한 진술을 하는 것일 뿐, 결코 그 상자의 속성을 나타내는 것이 아니다.

55　The generic or nongeneric nature of a noun is not something that is established by a choice within the noun at all; it is something that is automatically determined for the noun by the verb to which the noun is attached. — Chafe (1970: 189).

(5) a. **A box** is a container.
    [상자라는 것은 용기, 즉 그릇이다.]
  b. **A box** came into sight.
    [상자 하나가 보였다.]

2) 이미 2.5.1-2.5.3에서 본 바와 같이, 네 가지 구조는 모든 총칭적인 진술에서 서로 자유롭게 바꿔 쓸 수 있는 것이 아니다.[56] 특히 부정관사는 특정한 부류 전체에 해당되는 특성을 나타내는데 쓰이지 못하기 때문에 주어진 술부를 수반하여 총칭적으로 쓰이는데 제약을 받는다. 반면에 정관사나 영관사의 용법에는 이와 같은 제약이 없다.

The tiger is in danger of becoming extinct.
  [호랑이가 멸종 위기에 있다.]
*****A tiger** is in danger of becoming extinct.
Tigers are in danger of becoming extinct.

$\begin{Bmatrix} \textbf{The} \\ \textbf{*A} \end{Bmatrix}$ **cat** was one of the first animals to be kept as a domestic pet.
  [고양이는 집에서 길들여진 애완동물로 기를 수 있는 최초의 동물 가운데 하나였다.]
Cats have been domestic pets for a very long time.
  [고양이는 오랫동안 집에서 길들여진 애완동물로 길러왔다.]

2.5.5. man과 woman

'the human race'를 뜻하는 man과 이에 대한 동의어인 mankind는 관사 없이 인간 전체를 총칭적으로 나타낼 수 있다.[57]

---

56 Downing & Locke (2006: 421).
57 people, mankind, the human race, 또는 단순히 we와 같은 단어를 이용하여 인간을 총칭적으로 나타내기도 한다.
  People like stability.
    [인간은 안정성을 좋아한다.]
  We all need vitamins in our food.
    [우리는 모두 식품에 들어 있는 비타민을 필요로 한다.]

This book is an attempt to trace the history of $\begin{Bmatrix} \text{man} \\ \text{mankind} \end{Bmatrix}$.
　　[이 책은 인류의 역사를 추적해 보려고 하는 것이다.]
Man has employed various methods to try to see what lies ahead.
　　[인간은 자신의 앞에 놓여 있는 것이 무엇인가를 알려고 갖가지 방법을 써왔다.]

동물의 반의어로서의 man(= 'human being')과 복수형 men도 같은 식으로 쓰인다.

Man threatens his existence by destroying his environment.
　　[인간은 환경을 파괴시킴으로써 자신의 존재를 위협한다.]
Only **man** has reason.
　　[이성을 가진 것은 인간뿐이다.]
Men have been on this planet for over a million years.
　　[인간은 백만년 이상 이 지구상에 존재해 왔다.]
Darwin concluded that **men** were created from apes.
　　[다윈은 인간이 원숭이에서 생겼다고 결론지었다.]

a man을 총칭적 용법으로 사용하는 것을 고어적인 것으로 간주하는 사람도 있으며, 오늘날의 영어에서 격식을 갖추지 않고 말하는 경우에 사용되는 경향이 있는 듯하다.

A man is known by the company he keeps.
　　[사귀는 사람을 보면 사람은 그가 어떤 사람인지 알 수 있다.]
How much can **a man** stand?
　　[인간은 얼마나 오래 서 있을 수 있는가?]
A man should never be ashamed to own he has been in the wrong, which is but saying that he is wiser today than he was yesterday.
— Terry Williams, "20 Mothers Tell What They'd Do Differently"
　　[인간은 자신이 잘못을 시인하는 것을 결코 부끄러워해서는 안 된다. 잘못을 시인하는 것은 어제보다 오늘이 더 지혜로워졌다는 점을 말하는 것이나 다름없다.]

남성과 여성을 뜻할 때에는 각각 man과 woman이 관사 없이 총칭적으로 쓰일 수 있지만, 현대영어에서는 a man, a woman과 복수형 men, women이 더 많이 쓰이는 편이다.[58]

Woman plays an essential part in our economic system.
[여성들은 우리의 경제 체제에서 절대 필요한 역할을 한다.]

Man is the hunter; **woman** is his game. (Alfred Lord Tennyson)
[남자는 사냥꾼이요, 여자는 남자의 사냥의 대상이다. → 영국의 시인 Alfred Lord Tennyson의 시 중에서.]

'**A woman** can forgive **a man** for the harm he does her', he said, 'but she can never forgive him for the sacrifices he makes on her account.'
— W. S. Maugham, *The Moon and Sixpence*.
['여성들은 남성들이 자신에게 범하는 상처를 용서할 수 있지만, 여성들은 자신 때문에 남자들이 치르는 희생에 대해서는 결코 용서할 수 없다.' 라고 그가 말했다.]

Women tend to live longer than **men**.
[여성들이 남성들보다 더 오래 사는 경향이 있다.]

Men and **women** get jealous over different things. "**A man** tends to be jealous of potential sexual partners, while **a woman** tends to be jealous of time her husband spends away from her," explains Charles T. Hill, professor of psychology at Whittier College in California.
— Beth Levine, "Secrets about Women Husbands Should Know"
[남자와 여자는 부러움의 대상이 서로 다르다. "남자는 잠재적인 섹스 상대를 부러워하는 마음을 가지는 반면에, 여자는 남편이 자신을 떠나 시간을 보내는 것에 질투심을 나타내는 경향이 있다." 라고 캘리포니아주 휘티어 대학의 심리학 교수인 찰스 T. 힐이 설명하고 있다.]

---

58 Swan (1995: 65, 2005: 63).

제3장

대명사(Pronouns)

3.1. 대명사의 문법적 기능과 종류

대명사(代名詞: pronoun)는 폐쇄 부류(閉鎖部類: closed class)[1] 에 속하는 기능어의 한 부류로서, 그 수효는 극소수에 불과하지만 사용 빈도가 아주 높다. 전통적으로 대명사는 '명사를 대신하는 단어'라고 하여 기능적인 관점에서 정의되어 왔다. 이러한 정의는 'pro-noun'이라고 하는 대명사의 영어 명칭에 대한 글자 그대로의 뜻을 근거로 하는 것에 불과한 것이지, 결코 대명사가 이처럼 간단하게 정의를 내릴 수 있는 것은 아니다.

언어적 상황에서 대명사는 명사를 대신하는 경우도 있지만, 이보다 더 이미 앞에서 언급된 명사구, 명사구의 일부, 절이나 문장 전체 등 명사적 기능을 담당하는 모든 구조들을 대신하는 경우들이 훨씬 더 많다.[2]

John Smith → **he**
  [→ 인칭대명사 he가 명사 John Smith를 대신하고 있음.]
Crows are among the smartest birds in the animal kingdom. **They** have a sixth sense that protects **them** from the craftiest hunters.

---

1 폐쇄 부류란 대명사의 경우처럼 이와 관련된 새로운 개념 내용이 추가되지도 않고, 바로 이러한 점 때문에 새로운 단어가 새로 생겨나지 않고 항상 그 수효가 고정 불변인 단어를 말한다. 영어에서는 관사, 접속사, 전치사, 감탄사, 그리고 대명사에 속하는 단어들이 이에 해당된다. 이에 반대되는 것으로서 명사, 동사, 부사, 형용사에 해당되는 단어들의 경우에는 새로운 개념 내용이 생겨나게 되면 그에 따른 새로운 단어들이 얼마든지 추가될 가능성이 있는 개방 부류(open class)라고 한다.

2 Pronouns share several characteristics, most of which are absent from nouns. Their name implies that they 'replace' nouns, but we have already seen (2.44) that this is to a great extent a misnomer. It is best to see pronouns as comprising a varied class of closed words with nominal function. By 'nominal' here we mean 'noun-like' or, more frequently, 'like a noun phrase'. — Quirk et al. (1985: 335).

[까마귀는 동물의 왕국에서 가장 똑똑한 새에 속한다. 이들은 가장 수완 좋은 사냥꾼들로부터 자신을 보호하는 제6의 감각을 갖고 있다. → 인칭대명사 they와 them은 모두 앞에 놓인 명사 crows를 대신하고 있음.]

a tall man → *a tall he

[→ 인칭대명사 he가 앞에 나온 명사구 전체를 대신하여야 함에도 불구하고 명사구의 일부를 대신하고 있어서 틀렸음.]

a certain person → **someone**

[→ 부정대명사 someone이 명사구를 대신하고 있음.]

a green spot → { → a green **one** / → **it** }

[→ 부정대명사 one이 명사구의 중심어, 즉 명사구의 일부를 대신하고 있으며, 인칭대명사 it이 이 명사구를 대신하고 있음.]

the book here → **this**

[→ 지시대명사 this가 명사구를 대신하고 있음.]

We expected **that he would resign**. → **it**

[우리는 그가 사임할 것으로 예상했다. → it이 명사절인 that-절을 대신하고 있음.]

Our troops recaptured the city, but they paid a heavy price for **it**.

[우리 군대가 그 도시를 재탈환했지만, 여기에는 막대한 희생이 뒤따랐다. → it이 앞에 놓인 절 전체를 대신하는 것임.]

Our garden is bigger than yours. → So it is. I had never noticed **that**.

[우리 정원은 너의 것보다 크다. 맞아. 나는 그걸 모르고 있었지. → that이 앞에 놓인 문장 Our garden is bigger than yours. 전체를 가리킴.]

He tried to deceive us, which was stupid of him.

[그는 우리를 속이려고 했는데, 그것은 어리석은 짓이었지. → 관계대명사 which는 앞에 놓인 절 전체를 선행사로 삼고 있음.[3]]

때로는 대명사가 명사구가 아니라, 동사구를 가리키기도 한다.

Why did you **mow the lawn**? — I wanted to do { **it** / **that** }.

[왜 잔디를 깎았느냐? — 깎고 싶어서요. → it/that은 동사구 mow the lawn을 가리킴.]

---

3 이처럼 관계대명사 which가 앞에 놓인 절 전체를 선행사로 삼는 것을 문장 관계사절이라고 한다. 이에 대한 자세한 내용은 본서 제3권 "17.8 문장 관계사절"에서 다룬다.

대명사가 문장의 전후에 놓인 어떤 내용을 가리키지 않고 언어 외적인(extra-linguistic) 대상을 지시하기도 한다.

Look at **that**!
 [저것을 봐라!]
Listen to **me** attentively.
 [내 말을 잘 들어봐.]

일부 부정대명사와 의문대명사는 매우 일반적인 것을 지시한다. 즉, 그 지시 대상이 일정하지 않다.

Have you seen { **anyone** / **anything** }?
 [아무라도/무엇이라도 보았느냐?]

{ **Who** / **What** } did you see?
 [누구를/무엇을 보았느냐?]

2) 일부 대명사들은 독립적으로 쓰여 기본적으로 명사구에 대한 대용형(pro-form) 역할을 하거나, 대명사적 한정사(pronominal determiner) 역할을 한다. 대명사적 한정사는 명사 앞에 부가되어 한정사로서의 기능을 담당한다.

I don't like **this**. (this: 대명사)
~I don't like **this** book. (this: 한정사)
This book must be **his**. (his: 대명사)
~This must be **his** book. (his: 한정사)

3) 대명사 부류에는 인칭대명사·소유대명사·지시대명사·의문대명사·재귀대명사·상호대명사·부정대명사 등이 있는데, 이 부류들은 상당히 이질적인 차이를 보여주고 있다. 즉, 이들 가운데는 인칭(人稱: person)·성(性: gender)·수(數: number)·격(格: case)의 구분이 있는 것이 있는가 하면 전혀 이러한 구분이 없는 것들도 있다. 인칭대명사, 소유대명

사와 재귀대명사는 인칭과 성의 대립이 이루어진다. 이러한 대명사는 문법적 기능이 다르지만, 형태론적으로 공통된 특성을 지니고 있다.

3.2 인칭대명사
3.3 소유대명사
3.4 지시대명사
3.5 의문대명사
3.6 재귀대명사
3.7 상호대명사
3.8 부정대명사

이 이외에 관계대명사 부류가 하나 더 있는데, 이에 대해서는 여기서 다루지 않고 본서 제3권 제17장에서 다룬다.

3.2. 인칭대명사

3.2.1. 형태

다른 유형의 대명사 형태와 달리, 인칭대명사(人稱代名詞: personal pronouns)는 이미 고대영어(Old English)에서부터 오늘에 이르기까지 인칭·성·수·격의 차이에 따른 형태가 비교적 잘 보존되어 있다. 즉, 1인칭·2인칭·3인칭에 따른 인칭의 구분, 3인칭 단수에서 남성·여성·중성에 따른 성의 구분, 단수와 복수에 따른 수의 구분, 그리고 주격·속격·목적격에 따른 격의 구분이 뚜렷한 형태상의 차이로 나타나고 있다.

		단수			복수		
		주격	속격	목적격	주격	속격	목적격
1인칭		I	my	me	we	our	us
2인칭		you	your	you	you	your	you
3인칭	(남성)	he	his	him			
	(여성)	she	her	her	they	their	them
	(중성)	it	its	it			

I와 you를 제외한 나머지 인칭대명사는 앞에서 언급된 명사에 대한 대용형이기 때문에 인칭·성·수에 따른 형태는 그 자신이 가리키는 명사와 일치한다. 예컨대 앞에서 언급된 명사가 3인칭 남성 단수 형태이면 그것을 가리키는 대명사 형태는 담당하는 문법적인 기능에 따라 he, his, him 중에서 어느 하나가 선택되어야 한다.

> We just had *a vacation*, and **it** was very relaxing.
> [방금 휴가를 보냈기 때문에 그 결과 아주 마음이 편안해졌다. → 주격형 it은 앞에서 언급된 3인칭 중성 단수 a vacation을 가리키고, 자신이 속한 절에서 주어 역할을 함.]
>
> I was with *Lisa* when **she** bought **her** wedding dress.
> [리사가 웨딩 드레스를 살 때 나는 그녀와 같이 있었다. → 주격형 she와 속격형 her는 앞에 나온 3인칭 여성 단수 Lisa를 가리키며, 자신이 속한 절에서 각각 주어와 명사를 수식하는 한정사 역할을 함.]
>
> I called *her parents* because **they** were worried.
> [그녀의 부모들이 걱정을 하고 있기 때문에 나는 그들에게 전화를 걸었다. → 주격형 they는 앞에서 언급된 3인칭 복수 her parents를 가리키며, 자신이 속한 절에서 주어 역할을 함.]

3인칭 대명사는 앞에서 말한 명사를 대신하지만, 1인칭과 2인칭 대명사 I와 you에 대응하는 명사 형태는 없다. 예컨대 1인칭 대명사 'I'는 화자가 누구이든 관계없이 자기 자신을 가리키며, 대화의 당사자를 'you'라고 지칭한다. 즉, I와 you는 '직시적'(直示的: deictic)으로 쓰인 것이다. 마치 장소를 가리키는 here와 there가 각각 자신이 있는 곳을 here라 하고, 상대방이 있는 곳을 there를 사용하여 나타내는 것과 같다.

3.2.2. 격형의 선택: 주격과 목적격

대부분의 인칭대명사에서는 속격형 이외에 두 가지 형태, 즉 주격과 목적격 형태로 나타난다. 주격 형태는 주어 위치에, 목적격 형태는 타동사와 전치사의 목적어 위치에 나타난다.

> **He** gave **her** a bunch of flowers.
> [그는 그녀에게 꽃 한 다발을 주었다.]
>
> Don't hit **me**!
> [나를 때리지 마라!]
>
> He took the children with **him**.

[그는 애들을 데리고 갔다.]

그렇지만 특정한 위치에서는 주격과 목적격 형태의 선택이 어려울 때가 있다.

주어 위치 이외에, 주격 형태는 주격보어의 위치, 그리고 술부가 생략되고 오로지 주어만 남아 있는 이른바 "좌초된"(stranded) 주어 위치에 쓰인다. 이 마지막 요소, 즉 좌초된 주어는 짤막한 대답에서 주격이나 목적격 형태로도 나타날 수 있다.[4]

A: Who is there? B: It's $\begin{Bmatrix} \text{I} \\ \text{me} \end{Bmatrix}$.

[A: 거기 누구 있어요? — B: 저 있어요.]

Philip: I'll have chocolate.

[나는 초콜릿 먹을래.]

Marilyn: **Me**, too.

[나도 마찬가지야.]

비교 구문에서 as나 than을 전치사로 취급하게 되면 이다음에는 목적격 형태가 요구되지만, 접속사로 간주하면 술부가 생략된 것으로 분석되기 때문에 주격형이 쓰이게 되며, 이에 대한 동사를 나타낼 수 있다.[5]

Henry's older than **me**.

[헨리가 나보다 나이가 많다.]

I can't run as fast as **them**.

---

4 Quirk et al. (1985: 337).

5 As with similar constructions using *than*, a traditional rule states that the pronoun following *as ... as ...* constructions must be in the nominative case because *She is just as proud as I* is really a truncated version of the sentence *She is just as proud as I am*. Another way to view this situation is to say that the second *as* functions as a conjunction, not as a preposition, in these sentences. Whatever the merits of this logic, the *as me* construction is very common in speech and appears regularly in the writing of highly respected writers. Moreover, it can be argued that the second *as* is really a preposition in the constructions and so require the objective case. There is the further objection that *as I* constructions are overtly formal, and even pretentious. In short, both constructions are defensible, and both are subject to attack. The safe bet is to include the final verb to make it a clause: *She is just as proud as I am.* — Pickett (2005: 378).

[나는 그들보다 빨리 뛰지 못한다.]

He is as intelligent as **she (is)**.

[그는 그녀만큼 똑똑하다.]

Businesses use computers a lot more than **they used to**.

[회사에서 종전보다 컴퓨터를 훨씬 많이 쓴다.]

그렇지만 주격형과 목적격형의 선택이 순전히 구조적인 설명에만 의존하는 것은 아니다. 정형절은 주어 영역과 목적어 영역으로 넓게 나누어진다. '주어 영역'(subject territory)은 동사 앞 위치를 말하고, 그 나머지를 '목적어 영역'(object territory)이라고 하는데, 비격식체 영어에서는 주어 영역을 제외한 나머지 위치에서는 목적격형을 사용하는 경향이 있다.

분열문에서 초점을 받는 요소의 역할을 하는 대명사의 문법적 기능이 불분명하다고 여겨질 때가 종종 있다. 즉, 다음과 같은 경우에 초점을 받는 대명사는 야누스(Janus)와 같아서, be 동사의 보어처럼 여겨지는가 하면, that/who 바로 다음에 놓인 동사에 대한 주어처럼 여겨지기도 한다. 글로 쓰는 경우에는 be 동사 다음에 주격형이 보다 많이 쓰인다.

It was **she** who came.

[온 사람은 바로 그 여자였다.]

It was **he** who first suggested the idea.

[맨 처음으로 그 생각을 제시한 사람은 그 남자였다.]

이러한 경우에 보어로 여겨지든 came의 주어로 여겨지든 간에, 격식체에서는 주격형을 선호하기 때문에 문제가 없겠다. 그러나 비격식적인 영어에서는 다음과 같은 문장이 허용된다.

It was **her** that came.

[온 사람은 바로 그 여자였다.]

It's not **me** who's proud.

[자랑스러워하는 사람은 내가 아니다.]

3.2.3. 대명사화

이상에서 본 바와 같이, 전후 문맥을 통해서 먼저 명사(구)가 언급되고, 나중에 이 명사

(구)를 가리키는 부분이 반복되어야 할 경우에 대개 명사(구)가 그대로 반복해서 나타나지 않고, 대신에 대명사로 변형되는 것이 보편적이다. 이처럼 명사가 먼저 나오고, 나중에 이 명사를 가리키는 대명사가 사용되는 것을 '순행 대명사화'(順行代名詞化: progressive pronominalization)라고 한다. 그러나 때로는 대명사가 먼저 나오고, 나중에 이 대명사를 가리키는 명사(구)가 등장하는 경우들도 얼마든지 있는데, 이를 '역행 대명사화'(逆行代名詞化: regressive pronominalization)라고 한다.[6]

Before **Gerald** joined the Navy, **he** made peace with his family. (순행 대명사화)
= Before **he** joined the Navy, **Gerald** made peace with his family. (역행 대명사화)
 [해군에 입대하기 전에 제럴드는 가족들과 화해를 했다.]
When **the headmaster** saw the damage, **he** called in the police.
= When **he** saw the damage, **the headmaster** called in the police.
(Huddleston & Pullum 2002: 1455)
 [파손된 것을 보고서 교장 선생님께서는 경찰을 불렀다.]

대명사가 먼저 나오고, 이것을 가리키는 명사가 나중에 언급되는 역행 대명사화는 종속절, 특히 시간·조건·양보·이유 등을 나타내는 부사절을 포함하는 복문에서만 이루어지는 현상인 것 같다.

When **it** is full-grown, **the gorilla** is often six feet tall and twice as heavy as a man.
 [완전히 자라면 고릴라가 키는 6피트, 몸무게는 인간의 두 배나 되는 것들도 있다. → 시간을 나타내는 종속절에 놓인 it은 주절에 놓인 the gorilla를 가리키고 있음.]
Once **he** is out of the earth's gravity, **a spaceman** is affected by still another problem — weightlessness.
 [일단 우주인이 지구의 중력에서 벗어나면 또 다른 문제, 즉 무중력이라는 문제의 영향을 받는다. → 시간을 나타내는 종속절에 놓인 he는 주절의 주어 a spaceman을 가리키고 있음.]

---

6 순행 대명사화와 역행 대명사화라는 용어 대신에 다음과 같은 용어도 쓰인다: Quirk et al. (1985: 347, 351)은 (anaphoric reference(전방 조응적 지시)와 cataphoric reference(후방 조응적 지시)라 하고, Cowan (2008: 266)은 forward anaphora(전방 조응어)와 backward anaphora(후방 조응어)라는 용어를 사용하고 있다.

Her parents being overseas, **Ann** has to deal with these problems herself.

[부모님께서 해외에 계시기 때문에 앤은 이 문제들을 자신이 직접 처리해야만 한다. → Her parents being overseas는 비정형절 형식으로 나타난 분사절로서, As her parents were overseas라는 정형절에서 나온 것이며, 분사절에서 한정사 her는 주절의 주어 Ann을 가리키는 것임.]

Although **it** is over 400 pages long, everyone agrees that **the Commission's report** contains very little that is new.

[그 위원회의 보고서가 분량은 400쪽이 넘지만, 새로운 내용이 별로 없다는 것이 모든 사람들의 공통된 생각이다. → 양보절의 주어 it은 주절의 주어 the Commission's report를 가리키는 것임.]

Because **they** discovered that **they** really didn't like **them**, **the boys** decided not to order **pancakes** for breakfast anymore. (Cowan 2008: 266)

[그들은 실제로 팬케익을 좋아하지 않는다는 걸 알았기 때문에 더 이상 아침식사 대용으로 팬케익을 주문하지 않기로 작정했다. → 두 개의 they는 the boys를 가리키며, them은 pancakes를 가리키고 있음.]

Although **they** have lost popularity, **herbal medicines** are still made and sold through many stores.

— Rob Jordens & Jeff Zeter, "Herbal Medicine: Past and Present"

[초약(草藥)이 인기를 잃었지만, 아직도 많은 가게에서 만들어서 팔리고 있다. → 양보절인 종속절에 놓인 they가 주절에 놓인 명사구 herbal medicines를 가리키고 있음.]

These tiny crystals bump into each other and stick together to form a snowflake. After **it** reaches the ground, **the snowflake** loses its individual shape and becomes granular in form.

— P. Byrd & B. Benson, *Applied English Grammar*.

[이 조그마한 결정체가 서로 부딪치면서 결합되어 눈송이가 된다. 이 눈송이가 땅에 내려오면 개별적인 모양을 잃고서 알갱이 모양이 된다. → 시간절의 주어 it이 주절의 주어 역할을 하는 명사구 the snowflkake를 가리킴.]

반면에, 단문이나 중문, 또는 명사절에서는 역행 대명사화가 이루어지지 않는다. 그러므로 다음 각 쌍의 문장 중 두 번째 문장에서 고딕체로 나타난 대명사와 명사의 지시 대상이 같다고 한다면 이 문장은 비문법적이다. 그러나 앞에 놓인 명사와 뒤에 놓인 인칭대명사가 서로 다른 사람을 가리킨다면 두 번째 문장도 문법적이다.

Ann wrapped a towel around **her.**

~ ***She** wrapped a towel on **Ann.**

[앤은 타올로 몸을 감쌌다. → she와 Ann이 다른 사람을 가리킨다면 이 문장은 문법적임.]

Ann applied for a grant and they gave **her** $50,000.

~ ***She** applied for a grant and they gave **Ann** $50,000.

[앤은 장학금을 신청해서 그들이 그녀에게 5만 불을 지급했다.]

Jacqueline thinks **she** understands me.

~ ***She** thinks **Jacqueline** understands me.

[재크린은 나를 이해하고 있다고 생각한다.]

3.2.4. 인칭대명사의 용법

3.2.4.1. it의 용법

it은 신원을 확인하는 경우를 제외하면 비인간을 가리키는 것으로서, 두 가지 경우에 쓰인다. 즉, 이미 앞에서 언급된 대상을 가리키는 전방 조응적(anaphoric) 용법으로 쓰이거나, 공주어(空主語: dummy subject), 즉 아무런 뜻도 없이 단순히 빈자리를 채워주는 주어 역할을 할 따름이다.

1) 이미 앞에서 언급된 3인칭 중성 단수 명사(구)를 지시한다.

You should not miss **Bath**. **It**'s one of the most beautiful towns in Britain.

[배스를 보지 못하면 안 되지. 그곳은 영국에서 가장 멋진 소도시 가운데 하나지.]

Have you seen **my wallet**? I've lost **it**.

[내 지갑 보았니? 지갑 잃어버렸어.]

그러나 다음 문장에서는 앞에 놓인 절을 가리킨다.

I'd like **to go to Egypt**, but I can't afford **it**.

[이집트에 가고 싶지만, 갈 형편이 못돼.]

Will Tom continue **to collect stamps** or is **it** a passing fad?

[탐이 계속해서 우표를 수집할 것인가? 아니면 그것이 일시적인 유행인가?]

I'm going **to learn to dance**. I think I'll enjoy **it**.
[난 춤을 배우려고 해. 그것은 재미있을 것 같다.]

The workers weren't satisfied with their wages, and when **they were asked to work longer hours, it** added fuel to the flames.
[근로자들은 임금에 불만을 품고 있어서, 근무 시간을 연장하라는 요청을 받게 되자 더욱 화가 났다.]

2) 외치(外置: extraposition)된 주어절을 가리키는 형식주어 역할을 한다. 즉, 영어에서는 주어 역할을 하는 절(주어절)이 길고 문장의 나머지 부분이 짧으면 주어절을 본래의 자리에서 문미의 위치로 외치시키고, 그 빈 주어절 자리에 it을 두어 외치된 주어절을 가리키게 된다.

It was not clear **whether he was speaking the truth**.
[그 사람이 사실대로 말하고 있는지 아닌지 불분명했다.]
It's funny **that you should say that**.
[네가 그런 말을 한다니 이상하기도 하다.]
It appeared **that the rumors were quite unfounded**.
[그 소문들은 상당히 근거가 없는 것 같았다.]

예컨대, 특정한 상황에서 **It's my turn.**은 외치된 절이 생략된 것으로 볼 수 있다.

It's my turn (to pay for lunch).
[(점심 값은 지불하는 것은) 내 차례다.]

it이 외치된 목적어절을 가리키는 형식목적어 역할을 하기도 한다. 그러나 이러한 경우에는 반드시 동사가 목적보어나 전치사구를 수반하여야 하며, 그렇지 않은 다음의 마지막 문장은 비문법적이다.

She thought **it** *peculiar* **that she did not receive an invitation**.
[그녀는 자기가 초대를 받지 않은 것이 이상하다고 생각했다.]
I always find **it** *difficult* **to concentrate**.
[나는 항상 정신집중하기가 어렵다.]

We owe **it** *to our children* **to make this world a better place to live.**
[이 세상을 살기에 보다 낫게 만드는 것은 우리 자녀들 덕택이다.]

We leave **it** *to your discretion* **to decide.**
[결정은 너의 분별심에 맡긴다.]

*I cannot bear **it to see an animal ill-treated.**
[나는 동물이 학대받는 것을 보고 참을 수 없다. → bear가 목적보어/전치사구를 수반할 수 없으므로 비문법적이다. 따라서 it이 삭제되어야 함.]

목적어 역할을 하는 명사구는 문미의 위치로 외치되지 않는다. 그러나 목적어와 목적보어가 있는 문장의 경우에, 목적어 역할을 하는 명사구가 길고 목적보어가 짧은 경우에는 목적어가 목적보어 뒤로 이동하여 목적보어 + 목적어의 어순으로 나타날 수는 있다.

*The car makes **it** possible **the transportation of frozen food.**

→ The car makes { possible the transportation of frozen food / the transportation of frozen food possible }.

[자동차 덕분에 냉동식품 운송이 가능하다.]

3) 시간·거리·날씨·명암 등 특정한 관용어구에서 비인칭 주어 역할을 한다.

It is raining. **It** became very humid.
[비가 내리고 있다. 아주 습하게 되었다.]

It poured the whole day.
[온종일 비가 억수같이 쏟아졌다.]

What time/date/day is **it**? **It**'s five o'clock/the fourth of March/Monday.
[몇시/며칠/무슨 요일이지? 다섯 시/3월 4일/월요일이야.]

Isn't **it** quiet here?
[여기는 조용하지 않은가?]

It's quite dark here. Turn on the light.
[여기는 무척 어두워. 불을 켜라.]

It's your turn.
[이번은 네 차례야.]

이들 비인칭 주어 중에는 항상 it으로 나타나야만 하는 것이 있는가 하면, 이에 대응하는 명사로 바꾸어 쓸 수 있는 것도 있다. 예컨대 It is raining.에서 it를 다른 명사구로 대신할 수 없지만, 시간 관계를 나타내는 경우에는 it을 the time/date로 바꾸어 쓸 수 있어서 **It is one o'clock/March 1.**를 **The time** is one o'clock. **The date** is March 1.이라고 할 수 있다. 그러나 ***The month** is July., ***The day** is Monday.라고 할 수 없지만, **Today** is Monday.라고는 할 수 있다.

4) 분열문(分裂文: cleft sentence)에. 분열문이란 it is/was ... that의 문장 구조를 이용하여 that-절에는 청자도 이미 알고 있는 정보 내용을 배치시키고, 점선 부분에는 새로운 정보 내용이 놓이도록 하여 이 부분을 청자에게 돋보이도록 하는 문장 형식을 말한다.7

It was yesterday that I met him.
　[내가 그를 만난 것은 바로 어제였어.]
It was James that he was trying to avoid running into.
　[그가 만나지 않으려고 회피하는 사람은 바로 제임스였다.]

5) 신원을 확인할 때. 즉, 불확실한 신원을 확인하고자 하는 의문문이나, 또는 불확실한 신원을 확인하고 그에 대한 대답을 할 때 it이 사용된다.

There's someone outside — who can **it** be?
　[밖에 누가 왔어. — 누구일까?]
Who is that? — **It**'s John.
　[그 사람이 누구지? — 존이지.]
A tall man stood up and shook hands. **It** was captain Lawrie.
　[키가 큰 어떤 사람이 일어서서 악수를 했다. 로리 대위였다.]

이러한 문장이 나타내는 뜻을 완전하게 하기 위하여 다음과 같이 ( ) 안의 내용을 첨가하여 분열문 구조로 만들 수 있다.

---

7 'It is/was ... that ....'와 같은 문장 구조를 한국의 영어 학습자들은 '강조 구문'이라고 부르고 있는데, 무엇을 왜 강조한다는 것인지 뚜렷한 설명이 없다. 설령 문장의 어떤 요소라도 무턱대고 강조할 수 있는 것은 결코 아니다.

It's John (that has come at the door).
   [(문간에 온 사람은) 존이야.]
It was captain Lawrie (who stood up and shook hands).
   [(일어나서 악수를 한 사람은) 로리 대위였어.]

3.2.4.2. we의 용법

일반적으로 1인칭 복수형 we는 'I + another person like me'와 같은 복수의 뜻을 갖는 것으로, '포괄적'(inclusive) we와 '배타적'(exclusive) we라는 두 가지 뜻을 갖는다. 즉, 포괄적 we는 다음의 예 (1a)에서처럼 청자가 포함되지만, 배타적 we에는 예 (1b)에서처럼 청자가 포함되지 않는다.

(1) a. Shall **we** sit together, Mary?
   [메리야, 우리 같이 앉을까? → 청자 Mary가 we에 포함됨.]
   b. Can **we** go now, sir?
   [선생님, 저희들이 지금 가도 됩니까? → 청자 sir가 we에 포함되지 않음.]

다음과 같은 경우에 we는 특별한 용법으로 쓰이고 있다. 첫째, 이른바 'editorial(편집자의) we'가 있다. 즉, 다음과 같이 필자가 I를 써서 자기 자신을 내세우기도 하지만,

I hope this book will help give you the freedom and joy of new experiences.
   [필자는 여러분이 새로운 경험에서 오는 자유와 기쁨을 누리는데 이 책이 도움이 되었으면 한다. → 필자 자신을 I로 나타내고 있음.]

다른 한편으로는, 자기 자신을 표면에 내세우지 않으려는 배려에서 I 대신에 we가 쓰이기도 하는데, 이렇게 쓰인 we를 editorial we라고 부른다. 이것은 필자가 자기 자신과 독자를 한데 묶어 부름으로써 자기 자신에 대한 독자들의 친밀감 내지 유대감을 불러일으키게 하려는 의도를 나타내는 것이다.[8]

---

8 *We* is also used to avoid the egotism of the repetition of 'I'. One of the commonest instances of this is what is termed the '*editorial we*', which is used by writers in newspaper articles; for example: We do not say that everything in these essays is as good as what *we* have quoted. — Onions (1929: 141-42); The first person plural is often used by authors and

By the end of the 14th century, as **we** have seen the Midland dialect was established as standard English. — L. P. Smith. *The English Language*.
[우리가 본 바와 같이 14세기말에 와서는 중부 방언이 표준영어로 확립되었다. → 더 정확히 말하자면, 옥스퍼드와 캠브리지 대학이 있으며, 상업의 중심지인 런던을 중심으로 하는 동중부(East Midland) 방언이 중세영어 시대에 표준영어로 인정받게 되었음.]

When **we** study the history of any language, **we** always discover that, at some period or other, certain of its elementary sounds have undergone an alteration in pronunciation. — Henry Bradley, *The Making of English*.
[어떤 언어의 역사를 고찰해 보면 우리는 항상 어느 시기에 그 언어의 기본적인 음성들 중 어떤 것들의 발음이 변했다는 것을 발견하게 된다.]

As **we** have said above, this book deals with the history of language.
[우리가 위에서 말한 바와 같이, 이 책은 언어의 역사를 다루는 것이다.]

we가 특수하게 쓰이는 또 다른 경우는 부모가 자기 자식에게, 선생님이 학생에게, 또는 의사가 환자에게 you 대신에 we를 사용하여 상대방과 일종의 공감대를 형성하고 있음을 나타내는데, 이렇게 쓰인 we를 'paternal(온정적) *we*'라고 한다.

How are **we(= you)** feeling this morning?
[오늘 아침 기분이 어떠세요? → 의사가 환자에 아픔을 같이 한다는 뜻에서 환자와 동일시하고 있음.]

We(= you) have to get up early, don't we?
[일찍 일어나야지, 안 그래? → 부모가 자식에게 하는 말.]

3.2.4.3. we, you, they: 총칭적 용법

인칭대명사의 복수형 we, you, they가 특정한 사람들의 집단을 가리킬 때도 있지만, 모

---

speakers instead of the first person singular, and the possessive *our* instead of *my*, the author or speaker thus modestly turning the attention away from himself by representing his readers or hearers as accompanying him in thought. — Curme (1931: 14); The so-called 'EDITORIAL we' is still common enough in formal (especially scientific) writing by a single individual, and is prompted by a desire to avoid *I*, which may be felt to be somewhat egotistical. For instance, the writer of a scholarly article may prefer [3] to [4]:

든 사람을 가리키는 이른바 총칭적(總稱的: generic)으로 쓰이기도 한다. 그렇지만 이들은 각각 1인칭, 2인칭, 3인칭에 연관된 특정한 뜻을 어느 정도 포함하고 있기 때문에 항상 서로 바꿔 사용할 수 있는 것은 아니라는 점에 유의하여야 한다.

  1) we는 진술 내용이 화자와 청자는 물론, 제3자들에게도 적용된다는 사실을 강조한다. 즉, 총칭적으로 쓰이는 we에는 화자와 청자를 포함한다는 뜻으로부터 점차 인간 전체를 망라한다는 뜻으로 확장된다. 그러므로 we는 가장 폭넓은 총칭적 의미를 갖는다.

> Good advice sometimes comes too late. **We** do not find the deep truths of life; they find us. — E. Hemingway. "Advice to a Young Man"
> [가끔 유익한 조언을 너무 늦게 듣는다. 우리는 인생의 심오한 진리를 찾지 못하고, 오히려 이것이 우리를 찾는다.]
>
> **We** must be careful not to jump to conclusions.
> [우리는 성급하게 결론을 내리지 않도록 주의를 기울여야 한다.]
>
> A century ago many parts of the world had not been explored yet. Now **we** are walking on the moon.
> [한 세기 전에는 이 세계의 많은 지역이 아직 탐험되지 않았었지만, 이제 우리는 달 표면을 걷고 있다.]

총칭적인 의미가 충분히 전달될 때, we가 포함된 문장을 동작주가 구체적으로 밝혀지지 않는 수동문으로 바꿀 수 있다.

> **We** now know that the earth goes round the sun.
> → **It is now known** that the earth goes round the sun.
> [이제 지구가 태양의 주위를 돈다는 점이 알려졌다.]

  2) we의 경우와 달리, 총칭적 의미를 나타내는 경우에 you는 'anyone, including you and me'(2인칭과 1인칭을 포함해서 어떤 사람일지라도)라는 뜻을 가지며, 화자가 청자에게 관심을 갖고 있다는 점을 내포한다.

> { As *we* showed a moment ago, ... [3]
> { As *I* showed a moment ago, ... [4]
> — Quirk et al. (1985: 350).

You can't learn English just by reading books about it.
   [단지 영어에 관한 책을 읽는 것만으로는 영어를 배우지 못한다.]

You have to work hard if you are to make it in this business.
   [이 사업에 성공하려면 열심히 일해야 해.]

총칭적 의미를 갖는 you 역시 특정 대상을 가리키는 2인칭이 갖는 뜻을 다소 포함한다. 즉, 청자의 일반적인 경험이나 다른 어떤 특정한 상황을 근거로 삼고 있다는 점을 암시할 수 있다. 즉, 다음 문장에서 대화의 당사자인 청자 you의 체험이 다른 모든 사람에게 적용된다는 점을 암시한다.

This wine makes **you** feel drowsy, doesn't it?
   [이 포도주를 마시면 졸음이 오지. 안 그래?]

의미면에서 you는 one과 매우 유사하다. 그러나 you가 비격식적인 반면, one은 더 격식적이고 추상적이다.

One should never criticize if **one** is not sure of one's facts.
   [사실을 확신하지 못한다면 비판을 하지 말아야 합니다.]

One continues to learn things in life.
   [사람들은 살아가면서 계속 뭔가를 배운다.]

3) they도 인칭대명사로서 어느 정도 특정성의 뜻을 포함한다. 즉, 3인칭이기 때문에 화자와 청자가 포함되지 않은 사람들의 무리를 지시하는 것으로서, you처럼 비격식적으로 쓰인다. 특히, they는 가끔 비난하듯이 당국, 언론 매체, 정부 등 일반 시민들의 생활을 통제하는 듯한 세력을 가리키는 경향이 있다.

I see **they**'re raising the bus fare again. Whatever will **they** be doing next?
   [다시 버스 요금을 인상시키려고 하는 것으로 알고 있어. 도대체 이 다음에는 또 무슨 짓을 할 것인가?]

They charge a heavy tax on imported wine.
   [그들은 수입 포도주에 중과세를 부과한다.]

격식적인 영어에서는 총칭적인 they를 쓰는 대신에 수동태 구조를 더 선호한다.

They don't make this kind of stove anymore.
~ This kind of stove **is** not **made** anymore.
   [이제는 이런 난로가 나오지 않는다.]
They say it's going to be a hot summer this year.
~ It **is said** that it's going to be a hot summer this year.
   [올 여름은 무더울 것이라고 한다.]

3.3. 소유대명사

1) 소유대명사(所有代名詞: possessive pronouns)는 인칭대명사를 토대로 해서 만들어진 것으로, 여기에는 일반적으로 두 가지 상이한 계열이 있다: 소유대명사와 소유한정사. 즉, 앞에서 언급된 명사(구)와 관련하여 독립적으로 쓰이는 소유대명사 형태와 명사 앞에 놓여 이 명사에 대하여 한정적으로 쓰이는 소유한정사(possessive determiner) 형태이다.

소유한정사(한정적):	my	your	his	her	its	our	your	their
소유대명사(독립적):	mine	yours	his	hers	—	ours	yours	theirs

소유한정사 its에 대응하는 소유대명사 형태는 없다

The child threw **its** food on the floor. ~ *The child threw **its** on the floor.
   [그 어린이는 자기가 먹을 것을 마루에 던져 버렸다. → its가 단독으로 쓰여 소유대명사가 될 수 없음.]

소유대명사는 전후 문맥을 통해 지시 대상을 알 수 있는 경우에 소유한정사 + 명사를 대신해서 쓰이는 것이다. 예컨대 다음 문장에서 my bicycle을 소유대명사 mine으로 바꾸더라도 이 문장에서 소유대명사가 무엇을 가리키는지 금방 알 수 있다.

If you need a bicycle, I'll lend you { **my bicycle.** (소유한정사 + 명사)
                                      = **mine.**   (소유대명사)
   [자전거가 필요하면 <u>내 자전거</u>/<u>내 것</u>을 빌려 주지.]

특히 소유한정사 + 명사의 경우에는 명사가 단수와 복수의 구분이 가능하지만, 소유대명사는 한 가지 형태만 있기 때문에 오로지 문맥을 통해서만 단수와 복수의 구분이 가능하다.

John's reaction was negative and so was **mine**.
[존의 반응이 부정적이었는데, 나의 반응도 마찬가지였다. → 소유대명사 mine은 앞에 나온 단수 명사 reaction을 가리키고 있음.]

In other words, death is a fulfillment of our purpose here on earth. Every culture offers a deep faith that this is true, but **ours** demands a higher standard of proof. — Deepak Chopra, *Life after Death.*
[바꿔 말하자면, 죽음이란 이곳 지상에서 우리의 목표를 달성하는 것이다. 모든 문화는 이 점이 사실이라는 깊은 신념을 제공해 주지만, 우리가 누리는 문화는 이를 뒷받침해주는 더 차원 높은 기준을 요구한다. → 소유대명사 ours는 our culture를 가리키는 것임.]

They had their problems, just as we have **ours**.
[우리에게 우리의 문제가 있는 것과 꼭 마찬가지로, 그들에게도 그들의 문제가 있었다. → 소유대명사 ours는 앞에 나온 복수 명사 problems를 가리키고 있음.]

이 이외에 소유대명사가 쓰인 몇 가지 예문을 추가로 들기로 한다.

Before I meet someone, I usually sit quietly and collect my thoughts. I breathe deeply. I think about the goals of the meeting — **mine** and the other person's.
— Roger Ailes, "How to Make a Good Impression"
[어떤 사람을 만나기 전에 나는 대개 조용히 앉아서 마음을 침착하게 가지도록 한다. 나는 심호흡을 하고, 나와 다른 사람들이 만나는 목적에 대해 생각을 해본다.]

John and Mary stole a toy from my son. Their mother told them to return it to him, but they said it was **theirs.**
[존과 메리가 내 아들의 장난감을 훔쳤다. 그들의 어머니는 그것을 돌려주라고 했지만, 그것이 자기들의 것이라고 말했다.]

Can I borrow your keys? I can't find **mine.**
[열쇠 빌릴 수 있을까? 내 것을 찾지 못하겠어.]

또한 소유대명사는 a book of Mr. Kim's에서와 같은 이중 속격 구조(→ 1.6.6 참조)에서 명사의 속격형(Mr. Kim's)이 놓이는 위치에 놓인다.

> I have been talking to **a friend of yours.**
> [난 너의 친구 한 사람과 대화를 나누고 있었지. → 소유대명사 yours가 놓인 자리에 예컨대 your father's와 같은 명사의 속격형이 놓일 수 있음.]
> **Some friends of mine** are throwing a big farewell party for her.
> [나의 몇 친구들이 그녀를 위해 성대한 작별 파티를 열고 있다.]

2) 소유한정사 my, your, his, her, its, our, their는 '소유'와 '기원'의 뜻을 나타내거나, 또는 동사가 나타내는 동작을 행하는 주어나 동작의 영향을 받는 목적어 관계 등을 나타낼 수 있다.[9]

> **his** car = **He** has a car. [소유 속격]
> [→ 그의 자동차, 즉 그가 자동차를 갖고 있다는 뜻으로, 소유 속격의 뜻을 나타내고 있음.]
> **his** novel = a novel written **by him**. [기원 속격]
> [→ 그의 소설, 즉 그가 그 소설을 썼다는 뜻으로, 출처/기원의 뜻으로, 기원 속격의 뜻을 나타냄.]
> **his** nomination = (Someone) nominated **him**. [목적어 속격]
> [→ 그의 지명, 즉 어떤 사람이 그를 지명했다는 뜻으로, his가 him의 뜻을 나타내는 목적어 속격.]
> **his** criticism = **He** criticized (someone). *or* **He** was criticized (by someone).
> [주어/목적어 속격]
> [→ 문맥에 따라 his가 주어 또는 목적어의 뜻을 나타냄.]
> **his** help = **He** helped (someone). *or* (Someone) helped **him**. [주어/목적어 속격]
> [→ 어떤 사람이 그를 돕는다는 뜻이거나 그가 누군가를 돕는다는 뜻임.]

소유한정사는 좀처럼 등위접속사를 사용하여 등위적으로 연결되지 않는다. 그러므로 *****your** and **my** children이라고는 할 수 없고, 대신에 대개 **your** children and mine이라고 한다.

---

9   1.6.4(속격의 의미 관계) 참조.

Is this **your** book or **hers**?

3) 예컨대 He did it **himself.**(그 사람이 직접 그 일을 했다.)에서 강조의 뜻으로 쓰인 재귀대명사 himself가 인칭대명사의 뜻을 강화시켜 주는 것처럼, 소유한정사 다음에 own을 첨가하여 그 뜻을 강화시킬 수 있다.[10] 예컨대 my own (...)은 'mine and not nobody else's'(다른 사람의 것이 아니라 바로 나 자신의 것)라는 뜻을 나타낸다.

Every agent guarding the president knows he is expected to sacrifice **his own life** if there is no other way of saving the president.
   [대통령을 경호하는 모든 행동대원은 대통령을 구출할 다른 방법이 없을 경우에는 자기 자신의 생명을 희생시키게 되리라는 점을 알고 있다.]

The house they live in is not **their own.**
   [그들이 살고 있는 그 집은 자기 집이 아니다. → own 다음에는 이미 앞에 나타난 house가 생략되었음.]

When an Englishman learns another European language, he is usually struck by a number of resemblances between the foreign language and **his own.** — G. L. Brook, *A History of the english language.*
   [영국인이 유럽의 다른 언어를 학습할 때 그는 대개 외국어와 모국어 사이의 많은 비슷한 점 때문에 놀라게 된다.]

"When you are with someone who has suffered a tragedy," says Cutter, "remember that you are there to provide support and assistance. Concentrate on the other person's feelings rather than **your own.**"
— McCall Sandie Horwitz, "How to Say the Right Thing".
   ["비극적인 상황에 처한 사람과 같이 있을 때는 지원과 도움을 주기 위해 거기에 있다는 점을 기억하십시오. 자신의 감정보다 오히려 다른 사람의 감정에 관심을 두십시오." 라는 것이 커터 씨의 말이다.]

또 다른 경우에 own은 속격과 주어가 동일한 대상을 가리킨다는 점을 강조한다. 예컨대 **cook one's own** meal에서 own은 '소유'의 뜻을 나타내는 것이 아니라, 주어 자신의 '직접

---

10 Alexander (1996: 81). 그러나 이 책에서는 my, your, its 따위를 '소유형용사'라고 하는데, 이는 바른 용어가 아니다. 이것은 Huddleston & Pullum (2002: 471)에서와 같이 '속격'(genitive)이고, 문법적인 기능으로 보면 '소유한정사'이다

적인 행위'를 나타낸다. 여기에 다시 own의 뜻을 강화시키기 위하여 very를 첨가하여 one's **very** own이라고 할 수 있다.

    Sam cooks **his own dinner** every evening.
      [샘은 저녁마다 손수 저녁밥을 짓는다. → = 'cooks dinner for himself']
    Brian usually cuts **his own hair.**
      [브라이언은 대개 머리를 손수 자른다.]
    I'd like to have a garden so that I could grow **my own vegetables.**
      [직접 야채를 재배할 수 있는 정원이 있었으면 좋겠다.]
    Do you like this cake? It's **my very own recipe.**
      [이 과자 맛있니? 내가 직접 만든 것이다.]

예컨대 위의 첫 문장에서 own을 없애버리면 his가 Sam을 가리키는 것이 아니라, 다른 사람을 가리킬 가능성을 배제하지 않는다. 그러므로 Sam cooks his dinner.의 경우에 his가 Sam 이외에 다른 사람을 가리킬 수도 있다.[11]

    one's own + 명사 대신에 a/an + 명사 + of one's own이라고도 할 수 있지만, one's own 다음에 명사의 대용형로서 one을 사용하지는 않는다.

    I'd love to have { **my own room** / **a room of my own** }.
      [나는 독방을 썼으면 좋겠다.]
    We're resigning from the firm, and starting **a business of our (very) own.**
      [우리는 그 회사를 그만 두고, 직접 사업을 시작하려고 한다.]
    Don't use my comb. Use { ***your own one** / **your own** }.
      [내 빗을 쓰지 말고, 네 것을 사용하라.]

---

[11] 몇몇 경우에는 불가분의 소유 관계를 나타내는 속격이 언제나 주어 자신을 가리키는 것으로만 해석된다. 전형적으로 이러한 경우에는 신체의 일부의 움직임과 관련된 것이며, 이러한 신체의 움직임은 오로지 주어 자신의 신체의 움직임을 나타내는 것이기 때문에 주어와 속격이 동일한 대상을 가리키는 것으로만 해석되는 것이다. 그러므로 가령 *David **craned his father's** neck.와 같이 말할 수 없다.
— Levin (1993: 108) and Berk (1999: 89).

3.4. 지시대명사

1) 지시어에는 네 가지 형태가 있다. 즉, 단수형 this와 that, 이에 대한 복수형 these와 those 등이다. 이들은 지시 대상이 청자도 알고 있는 뚜렷한 것일 경우에는 독립적으로 쓰여 지시대명사(指示代名詞: demonstrative pronouns) 역할을 하지만, 그렇지 않으면 명사 앞에 놓여 그 명사의 지시 대상을 한정하는 지시한정사 역할을 한다.

지시대명사	지시한정사
this, these	this book, these books
that, those	that car, those cars

Our car broke down on the way to the airport. **This** made us late for the plane. [this: 지시대명사]
  [공항으로 가는 도중에 우리 자동차가 고장나서 이 때문에 비행기 시간에 늦었다.]
Fill a glass with water and dissolve **this tablet** in it.
  [this tablet: 지시한정사+명사]
  [유리잔에 물을 가득 채우고 그 물에 이 정제를 넣어 분해시키시오.]
I'm taking **these cookies** to the neighbor's but you can have some of **those**.
  [이 쿠키는 이웃집에 가져갈 것이니, 저것은 좀 먹어도 된다.]

this/these와 that/those가 독립적으로 쓰여 지시대명사 역할을 하든, 또는 이들이 one(s)과 같이 쓰여 지시한정사+명사의 구조로 쓰이든 전달하고자 하는 뜻은 같다. 특히 비교 또는 선택의 개념을 나타낼 때 대명사 one(s)이 자주 이처럼 쓰인다.

David craned **his** neck.
  [데이비드는 목을 쑥 내밀었다.]
The bodybuilder flexed **her** muscles.
  [보디빌딩하는 그 사람은 근육을 구부렸다.]
The teacher pursed **her** lips.
  [선생님께서는 두 입술을 오므렸다.]
The dog wagged **his** tail
  [그 개가 꼬리를 흔들었다.]
The guest smacked **her** lips.
  [손님은 입맛을 다셨다.]

This chair is more comfortable than that { (chair) / =one }.

[이 의자는 그것보다 편하다.]

These potatoes are sweeter than those { (potatoes) / = ones }.

[이 감자는 그것보다 더 달콤하다.]

This chair is too low. I'll sit in **that (one)**.

[이 의자는 너무 낮다. 저 의자에 앉겠다.]

I like **this (one)** best.

[이것이 제일 맘에 든다.]

가끔 지시어의 단수형 this와 that이 형용사나 부사를 수식하는 지시부사로서의 기능을 담당하기도 한다. 대개 구어영어의 부정문이나 의문문에서 'very'의 뜻으로 쓰인다.

I didn't realize it was going to be **this hot.**

[날씨가 이렇게 무더울 줄 몰랐어. → 지시부사 this가 'very'의 뜻을 가지고 형용사 hot을 수식하고 있음.]

I have never been **that tired** in my entire life.

[나는 전 생애에 그렇게 피곤해 본 적이 없다. → 지시부사 that이 'very'의 뜻을 가지고 또 형용사 tired를 수식하고 있음.]

I can't walk **that far.**

[나는 그렇게 멀리 걸어갈 수 없어. → 지시부사 that이 부사 far를 수식하고 있음.]

그러나 결과절이 수반된 문장에서는 so 대신에 that이나 this를 부사적으로 쓸 수 없다.

It was { so / *that } hot in the room that I was wet all over with perspiration.

[그 방이 너무 더워서 나는 땀으로 온몸이 젖었다. → that hot이나 this hot이라고 할 수 없음.]

2) 지시대명사와 지시한정사는 화자의 위치에서 보아 시간과 공간적인 원근(far and near) 관계를 나타낸다. 즉, this와 these (...)는 시간과 공간적으로 가까운 대상을 지시하며, 반대로 that/those (...)는 어느 정도의 거리가 있는 대상을 지시한다.

(1) 공간적으로:

This costs more than **that**.
　　[이것은 그것보다 더 비싸다.]

At **that** company, the R & D department is testing a new design for wheels that will make cars safer and easier to drive.
　　[그 회사의 연구개발부에서는 자동차가 보다 안전하고 운전하기 쉬운 바퀴를 만들기 위한 새로운 도안을 시험 중에 있다. → R & D는 research and development(연구와 개발)에 대한 어두 문자어(acronym)임.]

These shoes are more comfortable than **those**.
　　[이 신발은 그것보다 더 편하다.]

(2) 시간적으로:

This evening something extra happened.
　　[오늘 저녁에 뭔가 예상 밖의 일이 벌어졌다. → that evening은 지금보다 먼 시간인 '그날 저녁'을 뜻함.]

This is a time of moral chaos
　　[지금은 도덕적으로 혼돈의 시대이다.]

Things are different **these days**.
　　[요즘은 상황이 달라졌다.]

The Castro revolution was a beacon for us leftists in **those days**.
　　[그 당시 카스트로 혁명은 우리들 좌파에게는 하나의 신호탄이었다.]

3) 지시대명사와 지시한정사는 다음과 같은 몇 가지 용법을 갖는다.

(1) 상황적 지시(situational reference)를 한다. 즉, 시간이나 공간적으로 우리 자신이 처해 있는 주변에 있는 어떤 것을 가리키는(pointing) 역할을 한다.

This key is obviously the wrong one.
　　[분명히 이 열쇠는 맞는 것이 아니다.]

I'll take **these/those books**.
　　[나는 이/그 책으로 하겠다.]

상황적 지시를 할 때, 동일한 대상을 화자 A가 갖고 있거나, 가까이 있으면 예컨대 **this** key라고 하지만, 거리를 두고 있는 상대방 화자 B는 **that** key라고 한다. 이처럼 동일한 대상이라도 그 대상과 화자와의 거리에 따라 지시어의 선택이 달라질 수 있다.

(2) '전방 조응적'(前方照應的: anaphoric) 지시를 한다. 즉, 문맥 내용상 이미 앞에서 언급된 명사구나 절의 내용을 지시할 수 있다. 상황적 지시의 경우와 달리, 이 경우에는 that과 this를 의미상의 차이 없이 모두 쓸 수 있다.

An open mind, a desire for accurate knowledge, confidence in the procedures for seeking knowledge, and the expectation that the solution of problems will come from the use of tested and proven knowledge — **these** are among the "scientific attitudes."

[개방된 마음, 정확한 지식에 대한 욕구, 지식을 추구하는 절차에 대한 신념, 문제 해결은 시험되고 증명된 지식을 통해서 얻어진다는 기대감 — 이러한 것이 곧 "과학적 태도"에 속한다. → these는 will come from ... 앞에 놓인 네 개의 명사구 전체를 가리킴.]

Robbery, rape, drug dealing — **these** are just some of the crimes that are on the increase.

[강도, 강간, 마약 거래 — 이것들은 바로 증가일로에 있는 일부 범죄행위이다. → these는 robbery, rape, drug dealing을 가리키고 있음.]

The Prime Minister decided to retire, and **this** was welcomed by the opposition.

[수상께서 사임하기로 결정했는데, 이 점이 야당의 환영을 받았다. → 이미 앞에서 언급된 내용 전체를 가리킴.]

His film was a complete failure, and **this** did his reputation a lot of harm.

[그의 영화는 완전한 실패작이었는데, 이 점이 그의 명성에 많은 손상을 주었다.]

If someone becomes pregnant and decides to have a baby rather than have an abortion, **that** may be a moral decision.

[어떤 사람이 임신해서 낙태하지 않고 아기를 낳기로 결심을 한다면 그것은 도덕적인 결심일 것이다.]

Enjoy yourself today and don't worry about tomorrow — **that**'s my philosophy!

[오늘을 즐기고 내일 걱정은 하지 마라. — 그것이 나의 철학이지!]

that/those (...)와 달리, this/these (...)는 후방 조응적(後方照應的: cataphoric) 지시를 한다. 즉, 다음에 언급되는 내용을 가리키는 경우에도 쓰이는데, 특히 this는 대개 문장 전체를 가리킨다.

> The purport of the message seemed to be **this**: work harder or find another job.
> [그 메시지의 취지는 이런 것 같았어. 즉, 일을 더 열심히 하든지, 아니면 다른 일자리를 찾아 보라는 것이다. → this는 이다음에 오는 문장 전체를 가리킴.]
>
> **This** is how you start a car: you make sure the gears are in neutral and that the hand brake is on, then turn the ignition key.
> [이렇게 해서 자동차의 시동을 걸지. 기어가 중립에 있고 핸드 브레이크가 올려 있는지 확인하고, 그 다음에 점화 열쇠를 돌려라.]
>
> **These chapters** must be studied by the students by next week: the chapter on the articles and the chapter on modality.
> [이 장들, 즉 '관사'에 관한 장과 '심적 태도'에 관한 장은 다음 주까지 학생들이 학습하여야 한다.]

4) that과 those는 각각 앞에 나온 단수 또는 복수 명사구의 반복을 피하기 위하여 쓰인다. 다시 말하자면, 비교를 나타내는 문장에서 비인간 대용어(nonpersonal substitute word) 다음에 of-구가 수반되는 경우에는 일반적으로 that과 those가 쓰이게 된다.

> *Their names* weren't on **the list** of the dead, nor on **that** of the missing.
> [그들의 이름이 사망자 명단에도, 실종자 명단에도 없었다. → 앞에서 언급된 the list를 대신함.]
>
> *The atmosphere* of the Second World War in London was a complete contrast to **that** of the First World War.
> [런던의 2차 세계대전 당시의 분위기는 1차 세계대전 당시의 분위기와 완전히 대조적이었다.]
>
> Today's *styles* are not as attractive as **those** of a generation ago.
> [오늘날의 스타일은 한 세대 이전의 스타일만큼 매력적인 것이 못 된다.]

만약 사물을 가리키는 단수 가산명사를 가리키는 경우에는 이 대신에 that이나 the one 으로 바꾸어 쓸 수 있다.

The dialect spoken in this town is different from { that / = the one } spoken in the next town.
  [이 도시의 방언은 인접 도시의 방언과 다르다.]

5) 관계사절이나 분사의 후치 수식을 받는 those는 막연한 사물은 물론, 사람도 가리킬 수 있다. 따라서 those who ...는 the people who ...라는 뜻이고, those which ...는 복수의 사물을 지시한다.

Premature babies fill rows of incubators in a Miami hospital. All receive the same food, but **those** *who are massaged daily* show greater weight gain and mental development than preemies who aren't.
— Lowell Ponte, "The Sense that Shapes our Future"
  [마이애미의 한 병원의 인큐베이터 안에는 조산아들이 줄지어 누워 있다. 이들은 모두 똑같은 음식물을 공급받고 있으나 매일 마사지를 받는 아기들은 그렇지 않은 조산아들보다 몸무게가 더 빨리 늘어나고 정신발달도 더 빠른 것으로 나타났다. — preemie[príːmi] = a premature baby(조산아).]

All **those** *involved in the argument* raised their voices.
  [그 논쟁에 참여한 모든 사람들이 언성을 높였다.]

These watches are more expensive than **those** *which we saw in New York*.
  [이 시계들은 우리가 뉴욕에서 본 것들보다 더 비싸다.]

If you cannot find your own keys, you can ask Mary to lend you **those** *which I have given her*.
  [너의 열쇠를 찾지 못하거든 내가 메리에게 준 열쇠를 빌려 달라고 하라.]

반면에 사물을 가리키는 경우에 쓰이는 that which ...는 비교적 격식적인 표현이며, 이 대신에 what을 사용하여 명사적 관계사절 구조(→ 본서 제3권 17.9 참조)로 나타내는 것이 훨씬 더 보편적이다.

{ **That which** / **= What** } is bought cheap is dearest.
  [싸게 산 것이 가장 비싸다. 즉, 싼 것이 비지떡. — 격언]

He prefers not to talk about **that which** he doesn't understand.

[그는 자신이 이해하지 못하는 것은 말하고 싶어하지 않는다.]

6) 전화 대화에서 영국인들은 자신을 소개할 때 this를 쓰고, 상대방에게 누구냐고 물을 때에는 that을 사용한다. 미국인들은 이 두 가지 경우에 모두 this를 사용한다.

    Hello. **This** is Elizabeth. Is **that** Ruth?   (영국영어)
        [여보세요. 저는 엘리자베스인데, 루스인가요?]
    Hello. Is **this** Tanaka Electronic?   (미국영어)
        [여보세요. 다나까 전자 상회인가요?]
    This is Tanaka speaking.
        [저는 다나까입니다.]

7) that와 this가 대명사로 쓰이면 보통 사물을 가리킨다.

    Put **that** down.
        [그걸 내려놓으세요.]
    This costs more than **that**.
        [이것이 그것보다 비싸지요.]

그러나 '신원을 밝히는'(identifying) 문장에서 주어 역할을 하는 경우에는 사람에 대해서도 that와 this를 대명사로 쓸 수 있다.

    This is my eldest son and **that** is my daughter.
        [이 애는 나의 큰아들이고, 저 아이는 내 딸이야.]
    Are **these** the students who have registered?
        [이들은 등록을 마친 학생들인가요?]
    That looks like Mrs. Walker.
        [저 분은 워커 씨 부인 같은데.]
    In the garden, I noticed { **this** woman / *****this** }

[정원에서 이 여인을 목격했다. → 목적어의 위치에서는 that이나 this가 단독으로 사람을 가리키지 않음.]

*Tell **that** to go away.
[→ that이 목적어 위치에 단독으로 쓰여 사람을 가리킬 수 없기 때문에 이 문장은 틀렸음.]
***This** says he's tired.
[→ this가 주어 위치에 놓여 있지만, 신원을 밝혀주는 역할을 하는 것이 아니기 때문에 이 문장은 틀렸음.]

8) this/these ... that/those가 앞에서 언급된 내용을 대립적으로 지시하는 문장에 쓰여 '후자는 ..., 전자는 ...'이라는 뜻을 나타낸다.

Virtue and **vice** are before you; **this** leads you to misery, **that** to peace.
[미덕과 악덕이 우리 앞에 있다. 후자(즉, 악덕)는 불행으로 이끌고, 전자(즉, 미덕)는 평화로 인도한다.]
Dogs are more faithful animals than **cats**; **these** attach themselves to places, **those** to persons.
[개는 고양이보다 더 충실한 동물이다. 후자(즉, 고양이)는 장소에 애착을 갖고, 전자(즉, 개)는 사람에 애착을 갖는다.]

이 대신에 'the former(전자) ... the latter(후자)'라는 어구를 상관적(相關的: correlative)으로 사용할 수 있는데, 두 가지 상관어구가 모두 나타나거나 어느 하나만 나타나기도 한다. 설령 the former와 the latter 중 어느 하나가 생략되더라도 문맥 내용을 통해서 생략된 내용이 무엇인지 쉽게 알 수 있다.

Either *plastic* or *glass* would be effective, but **the former** weighs less than **the latter**.
[플라스틱이나 유리가 효과적이겠지만, 전자(즉, 플라스틱)가 후자(즉, 유리)보다 더 가볍다.]
We eat a lot of *fish* and *chicken*, but we prefer **the former**.
[우리는 생선과 닭고기를 많이 먹지만, 전자 (즉, 생선)를 더 좋아한다. → to the latter(= chicken)가 생략되었음.]
Ten years ago, the United States imported ten times as much *French wine* as *Italian wine*, but today Americans are drinking more of **the latter**.
[십년 전에 미국은 프랑스산 포도주를 이탈리아산 포도주보다 열배나 더 많이 수입했지만, 오늘날 미국인들은 후자 (즉, 이탈리아산 포도주)를 더 많이 마시고 있다. → than the

former(= French wine)가 생략되었음.]

3.5. 의문대명사

의문대명사(疑問代名詞: interrogative pronouns)에는 who/whose/whom, which, what가 있는데, 이들은 형태상 관계대명사와 동일하지만, 문법적 기능은 다르다. 이 중에서 whose와 which, what은 명사 앞에 놓이게 되면 그 명사를 수식하는 의문한정사(interrogative determiners) 역할을 하게 된다.

1) Who와 whom은 대명사로만 쓰이며, 항상 사람을 가리킨다. 신중하고 격식적인 영어에서 who는 주어 역할을 하는 경우에만 쓰이고, whom은 타동사와 전치사에 대한 (직접)목적어로 쓰인다. 반면에 비격식적인 영어에서는 전치사 바로 뒤에서만 whom이 쓰이고, 나머지 모든 위치에서는 who가 쓰인다.

Who is going to drive? [주어]
  [누가 운전을 하는가?]
Who(m) will they choose to lead them? [타동사의 목적어]
  [그들이 누구를 지도자로 뽑을까?]
Who was she dancing **with**? [전치사의 목적어]
  [그녀가 누구와 춤을 추고 있었느냐?]
Besides whom were you standing? [전치사의 목적어]
  [너는 누구 옆에 서 있었느냐?]

who(m)가 간접목적어로 쓰이지 않고, 이 대신에 to를 수반한 전치사구 to whom 또는 who ... to 형태로 표출된다.

Who did you give the money **to**? [훨씬 자연스러움]
~ **To whom** did you give the money? [아주 격식적임]
  [그 돈을 누구한테 주었지?]

2) whose는 의문대명사로 쓰이거나, 이다음에 명사가 놓이게 되면 의문한정사 역할을 하게 된다.

Whose is that car outside?
[밖에 있는 저 자동차가 누구의 것인가? → whose가 단독으로 쓰여 의문대명사 역할을 하고 있음.]

I wonder **whose house** this is.
[이게 누구의 집일까. → cf. **Whose house** is this? whose 다음에 명사가 놓여 있으므로 whose는 의문한정사 역할을 하고 있음.]

whose (...)가 전치사의 목적어일 경우, 이 전치사는 whose (...)의 앞/뒤에 놓이는데, 뒤에 놓이는 것이 구어적이다. 그러나 동사가 없는 짧은 의문문에서 전치사는 whose (...) 앞에 놓인다.

Whose side are you **on**?
[너는 누구 편이냐?]

For whose benefit were all these changes made?
[이 모든 변화가 누구를 위하여 이루어졌는가?]

'I'm going to buy a car?' — '**With whose** money?'
       — '*****Whose** money **with**?'
['나는 자동차를 사려고 한다.' — '누구 돈으로?']

3) what이 의문대명사이면 사람 이외의 대상을 가리키지만, 의문한정사로 쓰이면 사람과 사람 이외의 대상을 모두 가리킬 수 있다. 특히 의문한정사로 쓰일 때 what은 'what in general' 또는 'what kind of'의 뜻을 갖는다.

What will you do with it?
[그걸 가지고 무얼 할 것인가?]

What language do they speak in Greenland?
[그린랜드에서는 어떤 언어를 씁니까?]

What idiot told you that?
[어떤 바보 녀석이 너에게 그 말을 했지?]

주어 역할을 할 때 의문대명사 what은 단수 동사와 수의 일치가 이루어지지만, be 동사 다음에 오는 보어가 복수형일 경우에는 복수 동사와 일치된다.

What *is* needed for the garden party?
[가든 파티에 무엇이 필요합니까? → what이 단수 동사와 일치하고 있음.]
What *are* **the greatest sources** of conflict in the Middle East?
[중동에서 벌어지는 갈등의 가장 큰 원인이 무엇입니까? → what이 복수 동사와 일치하고 있음.]

의문한정사에 수반되는 명사는 단수형과 복수형이 모두 올 수 있다.

What subject are you studying?
[무슨 과목을 공부하고 있는가?]
What crimes are the defendants charged with?
[그 피고인들은 무슨 범죄로 고발되었는가?]

이 이외에도 what은 의문대명사로서 또는 의문한정사로서 다음과 같이 여러 가지 용법을 갖는다.

A: **What**'s your address? — B: (It's) 18 Reynolds Close.
[주소를 가르쳐 줘. — 레이놀즈 클로즈 18번지입니다.]
A: **What**'s her nationality? — B: (She's) Japanese.
[그녀의 국적이 어디입니까? — 일본인입니다.]
A: **What date** is it? — B: (It's) the 15th of March.
[오늘은 며칠입니까? — 3월 15일입니다.]
A: **What** is he doing? — B: (He's) mending the phone.
[그가 뭘 하고 있지? — 전화 고치고 있어요.]
A: **What** was the concert like? — B: (It was) excellent.
[연주회가 어떠했는가? — 아주 좋았어.]

4) which는 의문대명사나 의문한정사로 쓰인다. 두 가지 경우에 모두 그 지시 대상은 단수 또는 복수의 사람이나 사람 이외의 것이다.

Which do you prefer? (Classical or popular music?)
[(고전 음악과 대중음악 중에서) 너는 어느 것을 더 좋아하느냐?]

Which parent is more important in the first year of life?
[생후 처음 1년 동안에는 부모 중 어느 분이 더 중요합니까?]

which (...)는 항상 제한된 사람이나 사물의 범위 내에서 선택한다는 점을 암시하므로 화자는 청자가 어떤 대답을 할지 짐작할 수 있다. 반면에, what은 그 지시 대상의 범위가 넓거나 제한되어 있지 않으므로 청자가 어떻게 대답할지 예측할 수 없다.

What people watch these programmes?
[어떤 사람들이 이 프로그램을 보는가? → '어떤 부류의 사람들'.]
Which students watched the programme?
[어느 학생들이 그 프로그램을 보았는가? → 문맥에 의해 제시된 학생들 중에서.]
What club do you belong to?
[무슨 클럽의 회원인가? → 아주 일반적인 클럽, 즉 어떤 클럽일지라도.]
Which club do you belong to?
[어느 클럽의 회원인가? → 화자는 특정한 수의 클럽을 마음속에 생각하고 있음.]
What boys does she like best?
[그녀는 어떤 남자를 가장 좋아하는가? → 그녀가 어떤 타입인가.]
Which boys does she like best?
[그녀는 어느 남자들을 가장 좋아하는가? → 맥락상으로 주어진 수의 남자들 중에서.]

{ **Which** / *****What** } do you want, the Ford or the Volvo?
[포드와 볼보 자동차 중에서 어느 것을 원하니? → 이미 선택의 범위가 제시되었기 때문에 what은 틀린 것임.]

문맥을 통해 선택되는 수효의 범위가 상당히 제한된 경우일지라도 who와 which를 모두 쓰일 수 있다.

{ **Which** / **Who** } do you like best — your father or your mother?
[어느 분을 가장 좋아하는가 — 아버지인가 어머니인가?]

which는 선택의 범위가 제한된다는 점을 명백히 하기 위해 of-구를 수반할 수 있다. 이 경우에 of 다음에는 반드시 특정한 대상을 가리키는 복수 (대)명사가 쓰여야 한다. 특히 전달하고자 하는 의도된 뜻 때문에 선택의 대상이 특정한 것이라는 점을 나타내기 위하여 명사가 the, these/those, my/your/his/their/Mrs. Kim's 따위의 중심 한정사를 수반하여야 한다.

Which of { **the boys / them** } **is tallest?**
 [그 소년들/그들 중에서 누가 가장 키가 큰가?]
Which of the secretaries did you talk to?
 [어느 비서와 대화를 했습니까?]
Which doctor(s) (of those we are discussing) gave an opinion on this problem?
 [(우리가 논하고 있는 사람들 중) 어느 의사가 이 문제에 대한 의견을 말했는가?]

지시 대상이 셀 수 있는 것이면, 의문대명사 다음에 one(s)을 선택적으로 첨가할 수 있다. 특히 이처럼 one(s)을 첨가하게 되면 지시 대상이 단수인가 복수인가를 명확히 나타낼 수 있게 된다.

Which (one) do you want?
 [어느 것을 원하는가?]
They're all so pretty — I don't know **which one** to choose.
 [그들은 모두 아주 예뻐서 어느 것을 선택해야 할지 모르겠어.]
'Some of these books are very old.' — '**Which ones?**'
 ['이 책 몇 권은 아주 낡았어.' — '어느 책 말인가?']

5) 대화체 영어(colloquial English)에서는 의문사 who, what 다음에 ever를 첨가하여 (때로는 노여움, 찬탄, 또는 그밖의 감정이 섞인) 놀라움을 나타낸다.

Who ever is ringing us up at this hour?
 [도대체 이 시간에 전화하는 사람이 누구일까?]
What ever does it mean?
 [도대체 그것이 무슨 뜻일까?]

의문부사 how, where, when, why 따위의 경우에도 마찬가지이다. 격식을 갖추지 않은 영어에서는 on earth나 on the hell도 이와 같은 식으로 쓰인다.

How ever did you manage to talk her round?
[도대체 어떻게 그녀를 설득시킬 수 있었단 말이냐?]
Where ever can she have hidden it?
[도대체 그녀가 어디에 그것을 숨겼을까?]
Why ever didn't you tell the police the truth?
[도대체 네가 경찰에 사실을 말하지 않는 이유가 뭔가?]
What the hell are you talking about?
[도대체 네가 무슨 말을 하고 있는 것인가?]
Where on earth have you been? We've been looking for you all day.
[도대체 어디 있었어? 온종일 너를 찾았어.]

6) 의문대명사와 관계대명사는 형태가 동일하기 때문에 그 기능이 혼동될 가능성이 있다. 특히 what이 의문대명사로 쓰이거나 명사적 관계사절을 유도하는 경우에 그렇다.

What they are doing is no concern of mine.
[그들이 무얼 하고 있느냐 하는 것은 나의 관심사가 아니다. → 이 문장에서 주어절은 간접의문문이며, 이 문장은 'What are they doing? ─ That's no concern of mine.'에서 온 것임.]
What they are doing is disgraceful.
[그들이 하고 있는 일은 수치스러운 것이다. → what they are doing은 명사적 관계사절이며, that which they are doing과 같음.]

3.6. 재귀대명사

재귀대명사에는 인칭·성·수의 구분이 이루어진다. 이것은 단수형 접미사 -self와 복수형 접미사 -selves가 1인칭과 2인칭에서는 인칭대명사의 한정사 역할을 하는 속격형 my와 your에 첨가되어 만들어지며, 3인칭의 경우에는 목적격 형태에 첨가되어 만들어진다.

	단수	복수
1인칭	myself	ourselves
2인칭	yourself	yourselves
3인칭	himself/herself/itself	themselves

이러한 재귀대명사화 과정과 그 용법을 살펴보기로 하겠다.

3.6.1. 재귀대명사화

1) 하나의 문장에서 이미 앞에 나온 명사가 반복해서 다시 언급되는 경우에 대개 그 명사를 반복하는 대신에 대명사로 바뀌게 된다. 즉, 앞에 나온 명사를 선행사(先行詞: antecedent)로 하여, 이 선행사를 가리키는 대명사가 나중에 등장하게 된다. 이런 경우에 그 대명사는 인칭대명사이거나 재귀대명사인데, 이 두 가지 중에서 어느 것을 선택하느냐 하는 것은 아래에서 설명하는 바와 같이 여러 가지 요인에 따라 결정된다. 다음 문장 (2a, b)에서 인칭대명사와 재귀대명사의 용법상의 차이를 보자.

(2) a. John helps **him**. (John ≠ him)
    b. John helps **himself**. (<*John helps John. John = himself)

문장 (2a)에서 helps의 목적어로서 인칭대명사 him이 쓰인 것은 이것이 주어 John과 가리키는 대상이 서로 다르다는 사실을 말해 준다. 반면에, 문장 (2b)에서 목적어로서 himself가 쓰인 것은 John이 himself에 대한 선행사임을 나타내기 때문이다. 즉, 이 문장은 원래 **John** helps **John**.에서 나온 것이며, 이런 경우에 목적어는 반드시 재귀대명사 형태 himself라야 하기 때문이다. 이처럼 주어와 목적어가 동일한 지시 대상(coreferent)일 경우에, 다시 말하자면 주어가 행한 동작의 영향이 다시 그 주어 자신에게로 돌아가는 경우에 목적어는 반드시 재귀대명사로 변형되어야만 한다.

    If I can cure **myself** of envy I can acquire happiness and become enviable.
    [내가 스스로 시기심을 치료할 수 있게 되면 나는 행복해져서 선망의 대상이 될 수 있다. →
    *I can cure **me** of envy.에서 주어와 동일한 대상을 가리키는 목적어 me가 재귀대명사 myself로 바뀐 것임.]
    The man who feels **himself** unloved may take various attitudes as a result.

[사랑을 받지 못하고 있다고 생각하는 사람은 그 결과 갖가지 태도를 취할지도 모른다. → 관계대명사 who는 선행사와 동일한 사람이며, 이것은 다시 feels의 목적어와 동일한 사람이기 때문에 himself가 쓰인 것임.]

She seated **herself** on the sofa.
[그녀는 소파에 앉았다. → 주어 she는 seated의 목적어와 동일한 대상을 가리키므로 herself가 쓰였음.]

Men must not allow **themselves** to be swayed by their moods.
[인간은 기분에 흔들리도록 해서는 안 된다. → allowed의 주어 men과 목적어가 동일한 대상이기 때문에 themselves가 쓰였음.]

2) 방금 살펴 본 예에서처럼, 목적어가 재귀대명사 형태를 취하려면 다음과 같은 두 가지 조건을 만족시켜 주어야 한다.

첫째, 주어와 목적어가 서로 동일한 대상을 가리키는 것이라야 한다. 따라서 주어 역할을 하는 선행사와 목적어 역할을 하는 재귀대명사 사이에는 인칭·성·수의 일치가 이루어져야 한다.

<u>주어</u> + 타동사 + <u>목적어</u> [주어 ↔ 목적어]
[선행사]   [재귀대명사]

둘째, 이 두 가지 대상은 서로 같은 절 안에 있으면서 같은 동사에 대한 주어와 목적어의 관계라야 한다.[12] 예컨대 다음 문장 (3)에서는 Philip과 he가 동일한 대상을 가리키지만, 이 두 개의 요소가 서로 동사를 달리 하는 다른 절 안에 있기 때문에 재귀대명사가 쓰이지 못하고 인칭대명사 he가 쓰인 것이다. 즉, Philip은 상위절의 동사 believes의 주어이지만, he는 종속절에 놓인 동사 is에 대한 주어이기 때문이다.

(3) **Philip** believes that **he** is suitable for the job. (Philip = he)
[필립은 자신이 그 자리에 적임자라고 믿는다.]

---

12 If an NP following the predicate (either an object or an NP introduced by a preposition) has the same reference as the subject NP within the same clause, then the post-predicate NP must be replaced by the appropriate reflexive pronoun. ... However, if two NPs are coreferential between different clauses in a single sentence then a reflexive pronoun is not applicable. — Dixon (2005: 62).

만약 이 문장에서 that-절의 주어 he가 believes 바로 뒤에 목적어 위치로 상승(上昇: raising)하고, that-절이 부정사절로 바뀌게 되면[13] 이제는 Philip과 he가 같은 절 안에서 동일한 지시 대상이 되기 때문에 he가 재귀대명사 himself로 바뀌어야 한다.[14]

~ **Philip** believes **himself** to be suitable for the job.

그렇지만 선행사가 생략되어 문장의 표면 구조에 나타나지 않을지라도 재귀대명사를 쓸 수 있다. 다음 문장 (4)의 경우를 보기로 하자.

(4) **The body** requires proper nutrition in order to maintain **itself**.
  [인체는 그 자체를 유지하기 위하여 적절한 영양분을 필요로 한다.]

문장 (4)에서는 상위절의 주어 the body와 부정사절의 주어 the body가 같기 때문에 부정사절의 주어가 생략되었으며, 생략된 주어 the body와 maintain의 목적어가 동일한 대상을 가리킴과 동시에 같은 절 안에 있어서, 결국 위의 두 가지 조건을 모두 만족시키고 있기 때문에 목적어로서 재귀대명사가 쓰인 것이다.

---

13 상위절의 동사로서 believe와 같은 비사실동사(nonfactive verbs)가 쓰인 경우, 목적어 역할을 하는 that-절의 주어가 목적어 위치로 상승하게 되면 that-절은 부정사절로 바뀌게 된다. 그러나 regret 따위와 같은 사실동사(factive verbs)가 쓰일 경우에 that-절은 동명사절로 바뀐다:
  He believes that **he** missed his flight.
  ~ He believes **himself** to have missed his flight.
  He regrets that **he** missed his flight.
  ~ He regrets **his having missed** his flight.
14 The raise-subject-to-object rule also accounts for the fact that when the subject of the main clause is identical to the subject of the complement clause, the latter is a reflexive pronoun, as shown in (29). As discussed in Chapter 13, a reflexive pronoun occurs in the same clause as its antecedent. After the subject of the infinitive clause, *Tom*, is raised into object position in the main clause, as shown in (30a), it can be converted into the reflexive pronoun *himself* shown in (30b).
  (29) Tom considers himself to be a genius.
  (30) a. Tom considers Tom [____ to be a genius].
  b. Tom considers himself to be a genius.
— Cowan (2008: 499-500).

다음 문장에서는 부정사절이 문장의 앞에 놓여 있다는 점만 다를 뿐, (4)의 경우와 똑같이 설명된다. 이 경우에도 부정사절의 주어는 다음에 나온 the human body이며, 결국 the human body maintains the human body라는 뜻을 나타내는 것이기 때문에 목적어 the human body가 itself로 바뀐 것이다.

> To maintain **itself, the human body** normally stores about a month's supply of vitamin C. — Lowell Ponte, "The Facts about Vitamin C"
> [인체는 그 자체를 유지하기 위하여 보통 한달 분량의 비타민 C를 저장해 둔다.]

다음과 같은 문장 (5)에서는 전달하고자 하는 뜻에 따라 부정사절에서 help의 목적어로서 인칭대명사 me와 재귀대명사 yourself가 모두 가능하다.

> (5) I want you to help { me / yourself }.
>
> [나는 네가 나를/스스로 돕기를 바란다.]

문장 (5)에서 부정사절의 동사 help의 목적어로서 인칭대명사 me가 쓰인 것은 상위절의 주어로서 지시 대상은 동일하지만, 각각 다른 절인 상위절과 부정사절에 있기 때문이다. 반면에, yourself가 쓰인 것은 부정사절의 동사 help에 대한 주어 you와 목적어가 동일하고, 또한 같은 절 안에 있기 때문이다.

명령문에서는 목적어로 재귀대명사가 쓰이게 되면 yourself와 yourselves만 허용된다. 그 까닭은, 명령문에서는 선행사 you가 생략된 주어이고, 또 이것이 같은 절 안에서 목적어와 동일한 대상을 가리키기 때문이다.

> Make **yourself** at home.
> [아무쪼록 편히 쉬십시오.]
>
> Put **yourself** in my { places / shoes }.
> [내 입장을 생각해 봐라. 입장을 바꿔 생각해 봐라.]
>
> Don't belittle **yourselves**.
> [여러분 자신을 가볍게 생각하지 마십시오.]

$$\text{Help} \begin{Bmatrix} \text{yourselves} \\ \text{*ourselves} \\ \text{*themselves} \end{Bmatrix} !$$

[맘껏 드세요!]

3.6.2. 재귀동사

1) 일부 동사들은 선행사 역할을 하는 주어와 전방 조응적으로 서로 연관되어야만 하는 목적어를 선택하게 되며, 이런 경우에 목적어는 반드시 재귀대명사 형태라야 한다. 이러한 관계를 나타내는데 쓰이는 동사를 재귀동사(再歸動詞: reflexive verbs)라 한다. 특히 이러한 재귀동사와 재귀목적어 다음에는 특정한 전치사를 수반하는 것들도 있다.

> absent oneself (from), acquaint oneself with, acquit oneself, avail oneself of, busy oneself (with), commit oneself, conduct(= behave) oneself, dedicate oneself to, equip oneself with, occupy oneself in, perjure oneself, pride oneself on, rid oneself of

Snowball also **busied himself with** organizing the other animals into what he called Animal Committees. He was indefatigable at this.
— G. Orwell, *Animal Farm*.
　[스노우볼 역시 소위 다른 동물들로 동물 위원회를 조직하느라고 바빴다. 그는 이 일을 하는 데 결코 지친 줄을 몰랐다. →Snowball은 조지 오웰이 쓴 「동물농장」에 등장하는 숫태지의 이름.]

He bought a 50-foot cabin cruiser and a house in Hawaii, and **busied himself** vacationing.
— Suzanne Chazin, "What You Didn't Know about Money and Happiness".
　[그는 50피트 길이의 모터보트와 하와이에 집을 사서 휴가를 다니느라 바쁜 생활을 했다.]

She always **prides herself on** her academic background.
　[그녀는 늘 자신의 학문적 배경을 자랑으로 삼는다.]

Please **equip yourself with** a sharp pencil and a rubber for the exam.
　[시험에 대비해서 끝이 뾰족한 연필과 지우개를 갖추십시오.]

She **dedicated herself to** the anti-nuclear movement.
　[그녀는 핵무기 반대 운동에 전념했다.]

If a suitable opportunity **presents itself**, we will sell the house and move to the States.
[적당한 기회가 오면 우리는 집을 팔아 미국으로 이사갈 것이다.]

The witness **perjured himself** by lying about what he saw.
[증인은 자신이 본 것에 대하여 위증했다.]

재귀동사들 중에는 예컨대 pride는 재귀대명사 이외의 다른 목적어를 취하지 않지만, acquit는 인칭대명사를 목적어를 취할 수 있기는 하지만 뜻이 달라진다. 또한 express는 인간을 가리키는 목적어를 수반했을 때 이렇게 쓰인다.

Ann **acquitted herself** extremely well.
[앤은 말할 수 없을 정도로 처신을 잘 했다.]

They acquitted **her**.
[그들은 그녀를 석방시켜 주었다.]

She **expressed herself** fully in her paintings.
[그녀는 그림으로 충분히 자신을 나타냈다.]

behave는 재귀대명사를 목적어로 수반하거나, 목적어가 생략되어 자동사적으로 쓰이거나 모두 'behave well'이라는 뜻을 갖는다.

I hope the children **behave themselves**.
[애들이 바르게 행동했으면 좋겠다.]

Mom's always telling me to **behave** when we go out.
[엄마는 늘 우리에게 밖에 나가면 바르게 행동하라고 말씀하신다.]

2) 다음 동사들의 경우처럼 보통 자기 자신에게 행하는 흔한 행위를 나타낼 때, 이 동사들이 타동사로 쓰여 목적어로서 재귀대명사를 수반할 수 있지만, 의미상 별다른 차이 없이 이것을 생략하고 자동사적으로 쓸 수 있다.[15]

adjust, assemble, bathe, behave, (un)dress, develop, expand, feed, hide, shave, show, shower, prepare, prove, surrender, unite, wash, worry

---

15 Declerck (1991: 276). See also Quirk et al. (1985: 358) and Cowan (2008: 271).

The body quickly adjust (**itself**) to changes in temperature.
[몸은 재빨리 온도 변화에 적응한다.]

He always felt (**himself**) a stranger in their house.
[그들의 집에 가면 그는 늘 이방인과 같은 느낌이 들었다.]

Most reptiles reproduce (**themselves**) by laying eggs on land.
[대부분의 파충류들은 육지에 알을 낳아 번식한다.]

That looks like a nice place to **hide**.
[그곳은 숨기에 가장 좋은 곳인 것 같다. → 그러나 conceal은 항상 타동사적으로만 쓰이기 때문에 a nice place to **conceal ourselves**에서는 반드시 재귀대명사가 필요함.]

Workers of all countries, **unite**!
[모든 나라의 근로자들이여, 뭉치십시오!]

After three days, the hijackers **surrendered** to the police.
[3일 뒤 납치범들은 경찰에 투항했다.]

그러나 강조하는 경우에, 또는 어린 아이, 노인, 환자 등이 스스로 어떤 행위를 할 수 있게 되었다거나, 할 수 없게 되었다는 점을 밝히고자 하는 경우에는 재귀대명사를 쓸 수 있다.[16]

Woody can still **dress himself**, but not correctly. Recently, Mary Ellen found him wearing socks on his hands.
[우디는 아직도 옷은 입을 수 있지만, 제대로 입지는 못한다. 최근에 메리 앨런은 그가 양말을 손에 끼우는 것을 보았다. → 이 문장이 나오는 글에서 Woody는 알츠하이머병을 앓고 있는 아버지이고, Mary Ellen은 그의 딸.]

The barber shaves all the people in the town who don't **shave themselves**.
[그 이발사는 스스로 면도하지 못하는 그 마을의 모든 사람들에게 면도를 해준다.]

Over the next few days, Sullivan began trying to straighten Justin's right arm so that he could relearn to brush his teeth, comb his hair and **feed himself**.

— Suzanne Chazin, "Another Shot at Life"

---

16 We often use (and stress) reflexive pronouns after such verbs when referring to children, the very old, invalids, etc. to indicate that an action is performed with conscious effort: *Polly's nearly learnt how to **dress herself** now.*
— Alexander (1996: 83). See also Carter & McCarthy (2006: 385) and Yule (2006: 100).

[그 다음 며칠에 걸쳐 설리반은 저스틴이 다시 칫솔질을 하고, 머리를 빗고, 스스로 밥을 먹을 수 있도록 하기 위하여 그의 오른팔을 펴려고 노력하기 시작했다.]

Their four-year-old son Howard, born with cerebral palsy, still could not **feed or dress himself**.
[뇌성마비로 태어난 그들의 네 살 된 아들 호워드는 여전히 스스로 먹거나 옷을 입을 수 없었다.]

3.6.3. 재귀대명사의 용법

재귀대명사는 문장을 완전하기 위하여 필수적으로 쓰이는 '재귀적' 용법(reflexive use)과 문장에서 필수적인 요소로서의 역할을 하지 않고 단순히 강조하는 역할을 하는 '강조적' 용법(emphatic use) 등 주로 두 가지로 쓰인다.

3.6.3.1. 재귀적 용법

1) 같은 절 안에서 주어와 동일한 대상을 가리키는 경우에 쓰인 재귀대명사가 문중에서 흔히 간접목적어, 직접목적어, 전치사의 목적어, 또는 보어 역할을 한다.

직접목적어로서:
Don't demean **yourself** by telling such obvious lies.
[그렇게 명백한 거짓말을 해서 자신의 품위를 손상시키지 마라.]
Console **yourself** with the thought that it might have been worse!
[그 일이 더욱 더 악화될 수도 있었을 것이라고 생각하며 자위하라!]

간접목적어로서:
I have given **myself** a great deal of trouble to help you.
[나는 너를 도와주려고 상당히 애썼어.]
She poured **herself** a glass of whisky.
[그녀는 자신이 마시려고 위스키 한 잔을 부었다.]

이상에서처럼 재귀대명사를 써서 주어와 간접목적어가 동일한 대상임을 나타내거나 강조하게 되는데, 예컨대 Ann poured **herself** a drink.는 'Ann did the pouring and she was also the person who the drink was for.'라는 뜻, 즉 우리말로는 자신이 마시려고 한 잔 따랐다고 해석된다. 이 대신에 She poured a glass of whisky.라고 하면 그녀가 위스키 한 잔을 따른 이유가 자신이 마시려는 것인지, 타인을 위한 것인지 불분명해진다.

보어로서:

She told him to be **himself** and not to be influenced by other people.
[그녀는 그에게 정신을 차려 타인에게 영향을 받지 말라고 했다.]
I don't know what's the matter with me. I'm not **myself** today.
[내가 왜 이러는지 모르겠다. 오늘은 내 정신이 아니야.]

주어와 전치사의 목적어가 같은 대상을 가리키고, 또한 그 문장에 목적어가 없으면 전치사의 목적어로 재귀대명사를 사용한다.

I was thoroughly ashamed of **myself**.
[나는 완전히 내 자신이 부끄러웠다.]
We think of **ourselves** as members of the local community.
[우리는 우리 자신을 지역 사회의 일원이라고 생각한다.]
He looked at **himself** in the mirror.
[그는 거울에 비친 자신의 모습을 보았다.]

예술 작품이나 이야기 등을 가리키는 명사 뒤에 오는 전치사구에서 전치사의 목적어가 의도된(intended) 주어와 동일한 대상을 가리키는 경우에도 재귀대명사가 쓰인다.

Every writer's first novel is basically a story about **himself**.
[모든 작가들의 첫 소설 작품은 기본적으로 자신에 관한 이야기이다.]
Do **you** have a recent photograph of **yourself**?
[최근에 찍은 사진을 갖고 있어?]
Rembrandt painted many remarkable portraits of **himself**.
[렘브란트는 자신의 아주 뛰어난 초상화를 많이 그렸다.]

반면에 전치사의 목적어가 장소(위치·목표점·출처·방향)나 동반(accompaniment) 관계를 나타내는 부가어(附加語: adjunct) 역할을 하는 것이면 대개 인칭대명사가 쓰인다.

대명사(Pronouns)

They put the book between **them** on the kitchen table.
　　[그들은 자기들 사이에 있는 부엌 식탁 위에 그 책을 놓았다.]

I shivered and drew the blanket around **me**.
　　[나는 몸이 떨려서 담요로 몸을 덮었다.]

I like having my family $\left\{ \begin{array}{c} \text{around} \\ \text{near} \end{array} \right\}$ **me**.
　　[나는 식구들이 주변에 있는 걸 좋아한다.]

I will take it home with **me**.
　　[그걸 집에 가지고 가겠다.]

3.6.3.2. 강조 용법

1) 대개 강조 용법으로 쓰인 재귀대명사는 'that person/thing and nobody/nothing else'(다른 사람/사물이 아니라 바로 그 사람/그것)의 뜻을 나타내는 것으로서, 문장이나 절의 목적어, 보어 등의 역할을 하지 않고, 대신에 주어, 목적어 등에 첨가되어 이 요소를 강조하는 일종의 동격 역할을 하게 된다. 예컨대, *The President* **himself** will attend the meeting. 에서 재귀대명사가 주어에 첨가됨으로써 대통령이 대리인을 회의에 참석시키지 않고, 자신이 직접 회의에 참석한다는 뜻을 나타내게 된다.

이처럼 강조 용법으로 쓰인 재귀대명사가 말로 하게 되면 강세를 받으며, 또한 주어를 강조하는 경우에 재귀대명사가 놓이는 위치는 주어 바로 다음이거나, 문미에 놓여 초점(focus)을 받게 할 수 있다.

The furniture is delivered in pieces and **you** have to assemble **yourself**.
　　[가구가 부품으로 배달되기 때문에 여러분이 직접 조립해야 한다.]

When I rang the bell of his Paris apartment, **Ségal** answered it **himself**.
— Bernard Jolivalt, "Globetrotter in a Wheelchair"
　　[내가 파리에 있는 그의 아파트의 벨을 누르자 세갈이 직접 문을 열어 주었다.]

She was trying to calm Mrs Hogan but I noticed **she herself** was very upset.
　　[그녀는 호건 씨 부인을 진정시키려고 했지만, 나는 그 분 자신의 마음이 매우 진정되지 못했다는 것을 알게 되었다.]

Do you mean that you spoke to the **Pope himself**?

[바로 교황께 직접 말씀드렸다는 뜻입니까?]

The discussion that followed the lecture was even more boring than **the lecture itself.**

[강연 다음에 있었던 토론은 강연 그 자체보다 한층 더 지루했다.]

Do it yourself.(네가 직접 하라.)와 같은 특수한 용법의 표현은 자신이 직접 장식, 조립, 수리 등과 같은 일을 한다는 뜻을 나타낸다.

2) 다음과 같은 예에서는 일반적으로 인칭대명사와 재귀대명사가 나란히 놓이지 않고, 인칭대명사 대신 재귀대명사를 선택할 수 있다. 특히 전치사의 목적어를 강조하기 위하여 구어영어에서 이처럼 쓰인다. 또 다른 면에서 재귀대명사는 인칭대명사에 비해 더 정중하고 상대방에 대한 존경심을 나타낸다고 말하기도 한다.[17]

(1) as, but(= except), except (for), including, like, than과 같은 전치사 뒤에서:

These shoes are specially designed for heavy runners like { you / yourself }.

[이 신발은 너처럼 체중이 무거운 달리기 선수들을 위해 특별히 도안된 것이다.]

It is such people as { you / yourselves } that are ruining our environment.

[우리의 환경을 파괴하는 자는 바로 여러분들과 같은 사람들입니다.]

Everybody believed her except { me / myself }.

[나 말고 모든 사람들이 그녀를 믿었다.]

No one knows the rules better than { you / yourselves }.

[아무도 너(희들)보다 규칙을 더 잘 아는 사람은 없다.]

(2) 재귀대명사가 다른 어구와 등위적으로 연결될 때:

They have never invited Margaret and { me / myself } to dinner.

---

17 After *as for, like, but for, except for,* reflexive pronouns are particularly common, although personal pronouns are also possible in each case. The reflexive use here indicates greater politeness and deference. — Carter & McCarthy (2006: 385).

[그들은 마가렛트와 나를 결코 저녁 식사에 초대해 본 적이 없다.]

Please send the report either to my secretary or to $\left\{\begin{array}{l}\text{me}\\\text{myself}\end{array}\right\}$.

[그 보고서를 저의 비서나 저에게 보내 주십시오.]

3.6.3.3. 전치사 + 재귀대명사

일부 특정한 전치사들이 자신이 지배하는 목적어로서 재귀대명사를 수반하여 특정한 뜻을 나타내는 관용어구로 쓰인다.

He was **beside himself** with joy when he heard he had passed the exam.
  [시험에 합격했다는 말을 듣고 그는 기뻐서 제 정신이 아니었다.]
Most of the work that most people have to do is not **in itself** interesting.
  [대부분의 사람들이 해야 하는 대부분의 일이 본질적으로는 재미없다.]
I often like to spend time **by myself.**
  [난 자주 혼자 있기를 좋아한다. → by oneself = 'alone; without company'(홀로).]
'Do you need help?' — 'No, thanks, I can do it **by myself.**'
  ['도움이 필요합니까?' — '아뇨, 고마워요. 저 혼자서 할 수 있어요.' → by oneself = 'without help'(도움없이).]
Using someone else's name is not **of itself** a crime, unless there is an intention to commit a fraud.
  [사기죄를 저지를 의도가 없다면 다른 어떤 사람의 이름을 이용한다는 것 자체는 범죄행위가 아니다.]

이 이외에도 관용적 표현으로 between ourselves(우리끼리 말이지만), have ... to oneself(...을 독차지하다), for oneself(혼자서; 자신을 위하여) 따위와 같은 것들이 있다.

3.7. 상호대명사

1) each other와 one another를 상호대명사(相互代名詞: reciprocal pronouns)라고 하며, 이 두 가지 형태는 둘 또는 둘 이상의 쌍방이 서로 동일한 행위를 주고받는다거나, 느낌이 같다거나, 또는 동일한 관계를 갖는다는 뜻을 전달한다. 예컨대, 다음 세 문장의 관계를 보자.

(6) a. **I** love **her**.
   b. **She** loves **me**.
   c. **We** love **each other**.

(6a)와 (6b)에서 I와 She는 모두 상대방에게 사랑하는 행위를 하고 있으며, 이러한 경우에 상호대명사를 사용하여 이 두 개의 문장을 합치면 (6c)와 같이 상호대명사 each other가 목적어로 나타나는 문장이 만들어지게 된다. 이러한 문장에서 상호대명사를 가리키는 대상은 반드시 복수 형태라야 한다.

They help **each other** a lot.
 [그들은 서로 많은 도움을 주고받는다.]
The candidates abused **each other** during the campaign.
 [선거운동 기간 동안 그 후보자들은 서로 상대 후보를 비방했다.]
The competition has made them somewhat antagonistic towards **each other.**
 [그 경쟁 때문에 그들 상호간에 다소 적대 관계가 생기게 되었다.]
They hit **one another.**
 [그들은 서로 때렸다.]
The two men shook hands and thanked **one another.**
 [그 두 사람은 악수를 하고 서로 감사했다.]

이 두 가지 상호 대명사는 속격형 each other's와 one another's를 갖는다.

They know **each other's** minds very well.
 [그들은 서로의 마음을 아주 잘 안다.]
They often stay at **one another's** houses.
 [그들은 종종 상대방의 집에 머무른다.]

대부분의 재귀대명사와 마찬가지로 대개 상호대명사도 주어와 동일한 대상을 가리킨다는 점에서는 이 두 가지 유형의 대명사가 동일한 것으로 여겨진다. 그러나 재귀대명사가 주어 자신이 행한 행위의 영향이 다시 주어 자신에게 돌아간다는 점을 나타내고, 상호대명사는 서로 다른 두 대상이 각각 상대방에게 동일한 행위를 하는 경우에 쓰인다는 점에서는 둘

사이에 차이가 있다.

The two bank clerks blamed **themselves** for the mistake.
[그 두 은행원은 그 실수를 놓고 자아비판을 했다. → the two bank clerks와 themselves가 동일한 대상이며, 따라서 두 명의 은행원 모두 자신들을 꾸짖고 있다는 뜻임.]
The two bank clerks blamed **each other** for the accident.
[그 두 은행원은 그 사건을 놓고 서로 상대방을 비난했다. → the two bank clerks와 each other가 동일한 대상이며, 두 명의 은행원 각자가 상대방을 나무라고 있다는 뜻임.]

accuse, blame, help, look at 따위처럼 상호 관계를 나타낼 수 있는 동사들이 이처럼 재귀대명사와 상호대명사를 목적어로 수반하여 이러한 뜻의 차이를 나타낼 수 있다.

2) 오늘날의 영어에서 each other와 one another는 의미상의 차이 없이 쓰이고 있다. 다만 옛날 규범문법의 전통에서는 둘을 가리킬 때 each other를 즐겨 사용하고, 둘 이상을 가리킬 때에는 one another를 즐겨 사용했다고 한다.

They are required to consult with { **each other** / **one another** }.
[그들은 반드시 서로 의논해야만 한다.]
Terry and Mark were jealous of **each other**.
[테리와 마크는 서로 질투했다.]
I saw two lights moving towards **one another**.
[나는 두 개의 불빛이 서로 상대방 불빛을 향해 움직이고 있는 것을 목격했다.]
The two of them sat facing **one another**.
[그들 중 두 사람이 서로 마주 보면서 앉아 있었다.]
Happening almost everywhere, it(= small talk) takes place between people who do not know **each other** well .... In many situations, small talk fills uncomfortable silences, setting people at ease. Through small talk, people can get to know **one another**.
— R. Jordens & J. Zeter, *Reading the World Now*.
[거의 어느 곳에서도 일어나는 가벼운 말을 주고받는 일은 서로 잘 알지 못하는 사람들 사이에서 일어난다.... 많은 경우에 가벼운 말은 불편한 침묵의 시간을 채워줘서 사람들을 편안하게 해준다. 가벼운 말을 통해서 사람들이 서로 아는 사이가 될 수 있다.]

다만 문체상으로 each other는 격식을 갖추지 않은 경우에 보다 일반적으로 쓰인다. 반면에, one another는 격식을 갖춘 경우에 보다 일반적이고, 특정한 사람이나 사물을 가리키지 않을 때 즐겨 사용되는 것이 오늘날의 경향이다.[18]

> In their language /l/ and /r/ are not distinguished from **one another**.
> [그들의 언어에서 /l/과 /r/은 서로 구별되지 않는다. → /l/과 /r/ 두 개의 소리에 대해서 말하고 있으며, 특정한 사람과 관련된 내용이 아님.]
>
> The past and the future differ from **one another** in certain respects.
> [어떤 점에서 보면 과거와 미래는 서로 다르다.]
>
> If two meaning elements are, by their content, highly relevant to **one another**, then it is predicted that they may have lexical or inflectional expression.
> [만약 두 가지 의미 요소가 그 내용상 서로 상당히 관련되어 있으면 이 두 의미 요소는 어휘적 또는 굴절적 표현을 가질 것으로 예상된다.]
>
> Because *and* and *or* contrast with **one another** in meaning, ...
> (Quirk et al. 1985: 934)
> [의미상 and와 or가 서로 대립되기 때문에 ....]

3) 상호대명사는 타동사와 전치사의 목적어(간접목적어, 직접목적어) 역할은 하지만, 주어 역할은 하지 않는다(*Each other ....).

> They sent **each other** gifts from time to time.　　(간접목적어)
> [그들은 가끔 선물을 주고받았다.]
> The birds greet **one another** or change places on the nest.　　(직접목적어)
> [새들은 서로 인사를 주고받거나, 둥지에서 자리를 서로 바꾼다.]
> The job of an air traffic controller is to make sure aircraft can fly safely without getting too close to **each other**.　　(전치사의 목적어)
> [항공 관제사가 하는 일이란 항공기끼리 너무 근접하지 않고 안전하게 비행하도록 하는 것이다.]

---

18 There is no difference in the use of the two pronouns *each other* and *one another*. Although in prescriptive tradition, *each other* is preferred for reference to two and *one another* to more than two, this distinction seems to have little foundation in usage. There is, however, a stylistic difference between the two reciprocals in that *each other* is more in informal style and *one another* in more formal contexts. — Quirk et al. (1985: 364).

상호대명사가 문장의 주어 역할은 하지 않지만, 다음과 같은 비정형절 구조에서는 이러한 제약이 없는 것처럼 보인다. 즉, 다음 예에서 보듯이, 상호대명사가 비정형절 구조의 하나인 부정사절의 주어 역할을 할 수 있다.

The twins wanted **each other** to be present at all times.
[그 쌍둥이는 항상 각자가 참석하기를 원했다. → 상호대명사 each other가 부정사절 to be present …의 주어 역할을 하고 있음.]
They arranged for **each other** to be nominated by one of the directors.
[그들은 각자 상대방이 중역에 의해 지명될 수 있도록 마련해 놓았다.]

4) 격식을 갖춘 문어체 영어에서는 each other가 each … the other로 양자가 서로 분리되어 상관적(相關的: correlative)으로 쓰이기도 한다. 이처럼 분리되면 each는 주어 역할을 하고, other는 정관사를 수반하여 타동사나 전치사의 목적어 역할을 한다.[19]

Each appears to be unwilling to learn from the experience of **the other.**
[각자 상대방의 경험을 통해 뭔가 배우려는 마음이 없는 것처럼 보인다.]
The two friends had had no time to communicate, and **each** was unaware of **the other's** latest problem. — Donna E. Boetig, "Leap of Faith"
[그 두 친구는 대화를 나눌 여유가 없어서 각자 상대방이 안고 있는 최근의 문제를 모르고 있었다.]

They **each** know what **the other** is thinking.(그들은 각자 상대방이 무슨 생각을 하고 있는지를 안다.)과 같은 문장에서는 each가 주어와 동격 관계를 이루고 있으며, the other는 종속절의 주어 역할을 하고 있다.

또한 one another의 상관적 형태는 one after another이다.

The passengers disembarked **one after another.**
[승객들은 차례대로 내렸다.]

---

19 1.143 In formal written English, you can also use 'each' as the subject of a clause and 'the other' as the object of a clause or preposition. So a more formal way of saying 'They looked at each other' is 'Each looked at the other'. Note that 'each' is always followed by a singular verb. — Sinclair (1990: 39).

5) 반드시 대칭적 관계를 갖지 않아도 되는 동사들의 경우에 상호 관계를 나타내려면 상호대명사가 요구된다. 예컨대 다음과 같은 문장에서 반드시 당사자 두 사람이 서로 상대방에게 편지를 써야 하는 것은 결코 아니다. 두 사람이 서로 편지를 주고받을 수도 있는가 하면, 그 중 어느 한 사람만 편지를 쓸 수도 있는 것이다. 그러므로 쌍방간에 편지를 주고받는다고 하려면 반드시 상호대명사가 쓰여야 한다.

Anna and Bob wrote to **each other**.
[애너와 보브가 서로 상대방에게 편지를 썼다.]
≠ Anna and Bob wrote letters.
[애너와 보브가 편지를 썼다. → 애너와 보브가 누구에게 편지를 썼는지 알 수 없음.]

embrace, cuddle, hug, kiss, match, meet 등 일부 동사들은 성격상 상호 관계와 대칭적 관계를 가짐에도 불구하고 이에 대한 목적어가 each other나 one another일 경우에는 의미상의 차이 없이 이러한 상호대명사를 생략할 수도 있다. 그러나 행위에 참여하는 두 당사자가 똑같이 그 행위에 관여하고 있다는 점을 강조하고자 한다면 상호대명사가 나타나야 한다.[20]

Anna and Bob *met* in Cairo.
[애너와 바브가 카이로에서 만났다.]
~ Anna and Bob *met* **each other** in Cairo.
[애너와 바브가 카이로에서 서로 만났다.]
The two sisters met and **embraced**.
[그 두 자매가 만나서 포옹을 했다.]
~ They *embraced* **each other**.
[그들은 서로 껴안았다.]

그러나 agree (with), collide (with), communicate (with), compete (against/with), quarrel (with), converse (with), differ (from), correspond (with) 따위에서처럼 상호 관계를 나타내는 동사들이 자동사적으로 쓰이거나, 또는 ( ) 안에 쓰인 것과 같은 적절한 전치

---

20 **3.71** When you want to emphasize that both participants are equally involved in the action, you put 'each other' or 'one another' after the verb group. ― Sinclair (1990: 158).

사를 수반하여 전치사구를 이루게 되는 경우에는 상호대명사가 필수적이다.

>They *competed* furiously.
>   [그들은 치열하게 다퉜다.]
>~ Third World countries *are competing with* **each other** for a restricted market.
>   [제3세계 국가들은 서로 한정된 시장 쟁탈전을 벌이고 있다.]

또한 (be) similar (to), (be) different (from), (be) identical (with) 따위에서와 같이 주어가 상호 관계를 나타낼 때 전치사가 생략되면 상호대명사조차 생략된다.

이상과 같은 경우에 동사가 목적어 없이 쓰이게 되거나, 전치사가 생략되어 그 결과 상호대명사가 생략될 경우에 주어는 반드시 복수형이라야 한다. 그러므로 복수 주어 형태가 쓰인 문장 **The cars** collided.는 문법적이지만, ***The car** collided.는 상호동사가 단수 주어를 취하고 있기 때문에 틀린 문장이 되고 있다.

3.8. 부정대명사

3.8.1. 부정대명사의 형태

지금까지 앞에서 살펴 본 인칭대명사 · 소유대명사 · 지시대명사 · 재귀대명사 · 상호대명사 따위와 같은 대명사들은 그 지시 대상이 누구인지, 또는 무엇인지 분명히 알 수 있는 것을 뜻한다. 그러나 때로는 그 정체성(identity)이 확인되지 않은 '막연한' 사람, 사물, 또는 사건에 대하여 말할 필요가 있는 경우가 종종 있다. 이런 경우에는 부정대명사(不定代名詞: indefinite pronouns)를 쓰게 되거나, 동일한 형태이면서도 명사를 수반해서 쓸 수 있는 것이면 이것을 한정사로 사용할 수 있다. 특히 언급되는 대상이 명백한 경우에는 명사를 반복할 필요가 없기 때문에 부정대명사가 쓰이게 되는 것이다.

>Man is possessed of physical, social, religious and moral capabilities. **Each** requires education. — E. Hemingway, "Advice to a Young Man"
>   [인간은 신체적 · 사회적 · 종교적 · 도덕적 <u>능력</u>을 가지고 있다. 각각은 교육을 필요로 한다.]

이 두 개의 문장 연속체에서 두 번째 문장에 each가 부정대명사로 쓰이고 있는데, 앞 문장에 나타난 뜻을 고려해서 여기에 capability를 첨가해서 each capability라고 하게 되면 이제는 each가 한정사 역할을 하게 된다. 그러나 앞 문장에서 이미 이 단어가 언급되어 있어서 그 뜻이 명백하기 때문에 굳이 명사를 반복할 필요가 없으며, 따라서 두 번째 문장에서 each가 부정대명사로 쓰이게 된 것이다.

부정대명사들 중에는 이처럼 그 자체가 한정사로 쓰이는 것들도 있다. 단, every와 no는 항상 한정사로 쓰여 이다음에 명사가 따라 온다.

> all, another, any(body/one/thing), both, each, either, every(body/one/thing), (a) few, (a) little, many, much, neither, none, no one, no(body/thing), other, several, some(body/one/thing)

3.8.2. 부정대명사의 용법

3.8.2.1. one

one은 수사 역할, 셀 수 있는 명사를 대신하는 대용형(pro-form) 역할, 또는 일반적인 사람을 가리키는 부정대명사 역할을 한다.

1) **수사 one**. 대개 하나를 뜻할 때 부정관사 a(n)가 쓰이며, 수사로서의 one은 대립적으로 오로지 한 사람이나 한 물건을 강조하는 경우에 쓰인다.

He balanced himself on **one** foot.
[그는 한 발로 몸의 균형을 잡았다.]
Are you staying just **one** night?
[하룻밤만 묵을 것인가요?]

수사 one의 복수형은 some이다.

If you like grapes, I'll get you **some**.
[포도를 좋아한다면 좀 사다 줄게.]

one ... the other/another와 같은 구조에서는 a(n) 대신에 one이 상관적(correlative)으

로 쓰인다. one/the one ... the other는 둘을 가리킬 때 쓰이고, one ... another는 셋 이상을 가리킬 때 쓰인다.

    Close **one** eye, and then **the other.**
        [한 눈을 먼저 감고, 다음에 다른 눈을 감아라]
    I saw two suspicious-looking men. **(The) one** went this way, **the other** that.
        [나는 의심스러워 보이는 두 사람을 보았다. 한 사람은 이 길로, 다른 사람은 저 길로 갔다.]
    Bees carry pollen from **one** plant to **another.**
        [벌들은 한 식물에서 다른 식물로 꽃가루를 운반한다.]

  2) **대용형 one.** 이미 앞에서 언급된 명사가 인칭대명사, 지시대명사, 재귀대명사, 관계대명사 따위에 의해 지시되기도 하지만, 때로는 독립적인 뜻을 갖지 못하고 이미 앞에서 언급된 명사의 대용형 역할이라는 문법적 기능만 갖는 단어로서 지시되기도 한다. one과 이에 대한 복수형 ones가 주로 이러한 기능을 담당하는 것으로서, 다음과 같은 용법을 갖는다.

    (1) one = 'a person'.
    He is **one** *who never forgets an insult.*
        [그는 절대로 모욕을 당하고 잊어버리는 사람이 아니다.]
    He is typically **one** *to look after himself in the first place.*
        [전형적으로 그는 자신을 먼저 돌보는 사람이다.]
    She is not **one** *to be afraid of her own shadow.*
        [그녀는 웬만해서는 겁내지 않는다.]
    She works like **one** *possessed.*
        [그녀는 신들린 사람처럼 일을 한다. → 분사형 possessed는 항상 명사 뒤에 놓이는 것으로서, 'wildly mad, (as if) controlled by an evil spirit'(악마에 사로잡힌듯이 아주 미친)이라는 뜻임.]

  이러한 뜻을 나타내는 one은 부정관사와 같이 쓰이지 않는다. 더욱이 *He is one. 과 같은 문장은 전달하고자 하는 정보량이 부족하기 때문에 이 자체만으로는 자신의 생각을 제대로 전달할 수 없다. 그러므로 자신의 생각을 제대로 전달하려면 관계사절, 부정사절, 분사절 따위와 같은 적절한 후치 수식구조가 반드시 필요하다. 이렇게 be 동사의 보어 역할을 하는 one이 후치 수식구조의 수식을 받게 되면 '어떤 사람의 부류'를 뜻한다. 다시 말하자면,

이러한 후치 수식구조를 수반한 one은 서술적 기능을 담당하는 것으로서, 주어의 특성을 서술하는 것이 된다. 예컨대 어떤 사람/사물의 성질이나 특성을 묻는 What is he like?(그는 어떤 사람인가?) 라는 물음에 대한 한 가지 적절한 대답으로 위에 예시된 문장을 사용할 수 있을 것이다.

one이 갖는 이러한 용법은 격식적이기 때문에, 비격식적인 영어에서는 이 대신에 a man/woman/person을 더 즐겨 사용한다. 따라서 He is **one** who .... 대신에 He is a **person** who ....와 같은 표현을 사용하는 경향이 있다.

(2) the one과 복수형 the ones는 사람이나 사물을 가리키는 일종의 한정적인 대명사 역할을 하기도 한다. 즉, the one(s)가 관계사절이나 전치사구 등의 수식을 받아 '특정한' 대상을 가리킨다.

> Are you **the one** who handed out these pamphlets?
> [당신이 이 팜프렛을 전해준 그 분이신가요?]
> They were all dealing in drugs, but Bob was **the one** who got caught.
> [그들 모두 마약 거래를 하고 있었지만, 바브는 체포되었다.]
> David and I were **the only ones** left who are not married.
> [데이비드와 나는 유일한 미혼자였다.]

이러한 경우에는 the ones 대신에 대명사 those도 사용할 수 있으며, 비격식적인 영어에서는 one(s)보다 the person나 the people과 같이 일반 지시를 하는 단어가 더 많이 쓰이는 경향이 있다.

> My boys are { **the ones** / **those** } in the corner.
> [내 아들은 모퉁이에 있는 자들이다.]
> She is **the person** to consult on this matter.
> [그녀가 이 문제에 관해서 상의할 수 있는 사람이다.]
> They are **the people** who made such a noise during the night.
> [그들이 밤새 몹시 시끄럽게 떠들었던 사람들이다.]

the one(s) 다음에는 of-구가 수반되지 않는다. 그러므로 다음 예에서처럼 the one(s) of ... 대신에 가리키는 명사가 단수인가 복수인가에 따라 각각 that of ...와 those of ...와 같은

대명사(Pronouns)

구조를 사용한다.

　　The mountains of Switzerland attract more tourists than **those of** Scotland.
　　　[스위스의 산들은 스코틀랜드의 산들보다 더 많은 관광객들을 끌어들인다. → those는 앞에 놓인 복수 명사 mountains를 가리키는 것임.]
　　The task of the vice-president is as difficult as **that of** the president.
　　　[부사장의 업무는 사장의 업무만큼이나 힘들다. → that은 앞에 놓인 단수 명사 task를 가리키고 있음.]

　(3) one(s)은 이미 앞에서 언급된 가산 명사(구)의 대용형(代用形)으로 쓸 수 있다. 그러나 앞에 나온 단수 명사구의 일부를 대신하는 경우에는 한정사 + 형용사 + one이 쓰이고, 복수 명사구의 일부를 대신하는 경우에는 (한정사) + 형용사 + ones가 쓰인다.

　　Do you have **an encyclopaedia**? I need **one** to look up how an episcope works.
　　　[백과사전 있어? 환등장치의 작동에 대해 찾아보려니 백과사전이 필요해. → one은 앞에 나온 명사구 an encyclopaedia를 가리키고 있음.]
　　Trade grew, incomes rose, living standards soared and in Europe, the United States and Japan, practically everyone who wanted **a job** could have **one**.
　　　[무역이 성장하고, 소득이 늘고, 생활수준이 상당히 높아져서 유럽, 미국 및 일본에서는 실제로 직장을 원하는 사람들이 모두 직업을 구할 수 있었다. → one은 앞에 놓인 명사구 a job을 가리키고 있음.]
　　Mr Linden's **experiences** with his son are **ones** that are shared by countless other parents.
　　　[린든 씨가 아들에 대해 겪은 경험들은 수많은 다른 부모들의 겪은 것과 같다. → one의 복수형 ones는 앞에 놓인 복수 명사 experiences를 가리키고 있음.]
　　His **aim** is **a noble one**, but the means he uses to realize it are objectionable.
　　　[그의 목표는 고귀하지만, 그것을 실현하려는 수단은 이론의 여지가 있다. → one은 앞에 나온 명사구 his aim의 일부인 aim을 대신하고 있음.]
　　Adults have to battle and expel old habits in order to establish **good ones**.

— Paramhansa Yogananda, *How to be Happy All the Time*.
[성인들은 좋은 습관을 기르기 위해 낡은 습관과 싸워 없애야 한다.]

Power nations sometimes try to control **weaker ones.**
[강대국들은 가끔 약소국들을 제멋대로 주무르려고 한다.]

Many tools in the future will probably be more complex than **present ones.**
[미래의 많은 도구들은 현재의 것보다 더 복잡할 것이다.]

ones는 *small* ones 또는 ones *with blue lace* 따위에서처럼 정보가 추가되지 않으면 쓸 수 없고, 이런 경우에는 some이 이 대신에 쓰인다.

'We need new curtains.' — 'Okay, let's buy *green* **ones** this time.'
— 'Okay, let's buy **some**.'
['새 커튼이 필요해.' — '좋다. 이번에는 초록색 것을 사자.'/'좋다. 좀 사자.']

대용형으로서의 one은 앞에서 언급된 언어적 문맥에 의해서만 명사를 대신해서 쓰이는 것이 아니라, 때로는 적절한 상황이 주어지면 그 상황에 의해서도 쓰일 수 있다. 가령 청과물상에서 사과를 가리키면서 Haven't you got any bigger **ones**?(더 큰 것은 없어요?)라고 말할 수 있을 것이다.

불가산명사는 one(s)으로 대신할 수 없고, 그 명사를 반복하거나 some으로 대신하거나, 또는 이를 생략한다.

Do you have any milk? I want to borrow **some**. (*... borrow **one**.)
[우유 좀 있어요? 좀 빌리고 싶은데요.]

If you haven't got time to make fresh soup you can serve them **some tinned**.
[새로 스프를 만들 시간이 없으면 그들에게 캔으로 된 것도 괜찮아요.]

(4) one(s)을 쓸 수 없거나 생략 가능한 경우가 있다.

a. 보다 격식적인 말이나 글의 경우에 these, those 뒤에서. (특히 미국영어에서는 일반적으로 이러한 상황에 ones가 쓰이지 않는다.)

Do you prefer these roses or **those**?
[너는 이 장미를 더 좋아하느냐 그 장미를 더 좋아하느냐?]
Shall we adopt these methods or **those**?
[이 방법을 택할까 그 방법을 택할까?]

this와 that 뒤에서는 한 집합(set)에 속하는 것 중에서 어느 하나를 선택하는 경우에만 one이 쓰인다.

'Which of these bikes is yours?' — 'That **one**.'
['이 자전거 중 어느 것이 네 것이냐?' — "저것입니다."]
I am looking for a car. — what do you think of this **one**?
['나는 자동차를 찾고 있다. — "이것은 어떤가?']
That house is nicer than this (**one**).
[저 집이 이 집보다 더 좋다.]

b. 속격 + 형용사 뒤에는 one(s)이 쓰이지만, 속격형이 독립 속격(→ pg. 107 참조)으로 쓰인 경우와 소유대명사 다음에는 올 수 없다.

This is my drawing and that is **Mary's**.
[이것은 내가 그린 것이고, 저것은 메리가 그린 것이야.]

This sweater is not as good as { **yours** / **John's** / **your red one** }.
[이 스웨터는 네 것/존의 것/너의 빨간 것만큼 좋지 않아.]

c. 대개 기수 다음에 형용사가 오지 않으면 one(s)이 쓰이지 않지만, first, second, ... 뒤에서는 one(s)을 쓸 수 있다.

I have only one assistant, although William and Ted have **two**.
[윌리엄과 테드는 두 명의 조수를 두고 있지만, 나에게는 한 사람뿐이다.]
Two of the passengers were killed on the spot. Only **the third** survived the crash.

[승객 중 두명이 현장에서 죽었다. 세 번째 사람만 충돌 사고에서 살아남았다.]

'Has the cat had her kittens?' — 'Yes, she had **four white ones.**
[그 고양이가 새끼를 낳았습니까?' — '예. 흰색 새끼를 네 마리 낳았어요.' → four white ones 대신에 four white 또는 four ones라고 할 수 없음.]

e. 최상급 뒤에서는 one이 잘 쓰이지 않는다. the 다음에 오는 주격보어 역할을 하는 비교급의 형용사 뒤에서도 one이 종종 생략된다.

Of all the goals I have scored this header was **the most beautiful.**
[내가 따낸 모든 득점 중에서 이 헤딩슛이 가장 멋있었다.]
Which of them is **the cleverer?**
[그들 중에서 어느 사람이 더 똑똑한가?]

그러나 절대 최상급 뒤에서는 일반적으로 one이 쓰인다.

His offer was **a most** interesting **one**.
[그의 제안은 매우 흥미 있는 것이었다.]

3) **총칭적 one**. 부정대명사 one은 화자를 포함해서 일반 사람(들)을 막연히 가리키는 뜻으로, 주로 격식을 갖춘 영어에서 you 대신에 쓰인다. 특히 one은 종종 상류층과 지식층에서 보통 사용하는 것으로 여겨지기 때문에 많은 사람들이 사용하기를 꺼려하며, 비격식적인 미국영어에서는 잘 쓰이지 않는다.

One should not say such things unless **one** is really certain.
[정말로 자신 없으면 그런 말을 해서는 안 된다.]
If **one** showed more ability than another, that was due entirely to a better education.
[다른 사람보다 더 능력을 보였다면 그것은 전적으로 보다 나은 교육을 받았기 때문이다.]

미국영어에서 one이 앞에서 쓰일 때, 나중에 이것을 다시 언급하게 될 경우에는 일반적으로 he, his, him과 재귀대명사로서 himself가 쓰이지만, 영국영어에서는 보통 one's, oneself가 쓰인다.

One does not die immediately **one** has made **one's** will; **one** makes **one's** will as a precaution.
[유언장을 작성했다고 해서 곧 죽는 것은 아니다. 사람들은 예방 조치로 유언장을 작성한다.]

One can't enjoy **oneself** if **one** is too tired.
[너무 피곤하면 인생을 즐겁게 살 수 없다.]

One should never neglect **his** friends.
[우리는 절대로 친구를 소홀히 하지 말아야 한다.]

One can't protect **himself** from evil influences.
[우리는 악영향으로부터 자신을 보호할 수 없다.]

3.8.2.2. all, both

1) 가산명사와 관련해서 all은 셋 이상의 사람이나 사물에 대해서 말할 때 쓰이고, both는 오로지 둘에 대해서 말하는 경우에만 쓰인다.

{ **All** / **Both** } (of) the windows were broken.
[모든/두 창문이 깨져 있었다.]

All the participants in the debate had an opportunity to speak.
[토론에 참석한 모든 사람들이 발언할 기회를 가졌다.]

Happiness and wealth aren't mutually exclusive. It's possible to have **both** — or neither.
— Suzanne Chazin, "What You Didn't Know about Money and Happiness"
[행복과 부(富)는 서로 배타적인 것이 아니다. 때문에 둘다 가질 수도 있고, 둘다 갖지 못할 수도 있다.]

both와 달리, all은 다음과 같이 불가산명사를 수식할 수 있다.

She seems to have lost **all interest** in her children.
[그녀는 자녀들에 대한 모든 관심을 잃어버린 것처럼 보인다.]

They have eaten **all the fudge.**
[그들은 퍼지를 모두 먹어버렸다.]

2) all과 both는 모두 대명사로서 단독으로 쓰일 수 있다.

$\begin{Bmatrix} \text{All} \\ \text{Both} \end{Bmatrix}$ looked cool and confident.
[모두/둘다 침착하고 자신있어 보였다.]

사람을 가리키지 않을 때 all은 'everything' 또는 'the only thing(s)'이라는 단수의 뜻을 가지고 단독으로 나타날 수 있지만, 특히 오늘날의 영어에서는 all (that) I can ...이나 all (that) you need ...와 같은 구조에서처럼 all이 제한적 관계사절을 수반하는 것이 보편적이다.

All was quiet when he reached his house.
[그가 집에 도착했을 때 주위가 조용했다.]
I've done **all that I can to help you**.
[너를 도울 수 있는 가능한 모든 조치를 다 취했다.]
All you have to do is (to) put them together and varnish.
[네가 할 일은 그것들을 조립해서 니스를 칠하기만 하면 된다.]

사람에 대해 말하는 경우에 all은 'everybody; every one'이라는 뜻을 가지고 대명사로서 단독으로 쓰이거나 all who ...처럼 관계사절을 수반해서 쓰일 수 있지만, 상당히 격식적이다.

All agree that he deserves to be given a medal.
[모든 사람들이 그가 메달을 받을만하다고 인정한다.]
All who are late will have to stay outside.
[지각하는 사람은 모두 밖에 있어야 할 것이다.]

그렇지만 대개 이 대신에 all those who ... 또는 all the people who ...라는 표현이 더 즐겨 사용된다.

대명사로서 이다음에 특정한 대상을 가리키는 명사구가 오게 되면 all/both of ...를 선택하게 된다. 이 경우에 전치사 of의 지배를 받는 명사구는 전달하고자 하는 의도된 뜻 때문에 반드시 특정한 대상을 가리키는 중심 한정사 the, these, those 또는 속격형 my/your/our, Mr Kim's/my father's 등을 수반하여야 한다. 명사구가 이러한 한정사를 필요로 하는 이유는, 어떤 특정한 대상을 염두에 두고, 그 특정 대상 전부라고 말하거나, 일부라고 말해야 하기 때문이다. 만약 그렇지 않고, 예컨대 *all of **members**, *both of **students**에서처럼 명사가 특정한 대상을 가리키는 한정사를 수반하지 않게 되면 전달하고자 하는 뜻을 제대로 전달할 수 없으며, 따라서 문법에 어긋난 표현이 된다.

Both of his parents died young.
[그의 양친 모두 젊었을 적에 돌아가셨다. → *Both of **parents** ....는 틀린 표현임.]
All of the members of our team walked onto the field.
[우리 팀의 모든 구성원들이 경기장으로 걸어갔다. → *All of **members** ....는 틀린 표현임.]
All of them wanted to dance with her.
[그들 모두 그녀와 춤을 추고 싶었다. → *All them ...의 경우처럼 (대)명사와 (대)명사가 서로 관계를 맺어주는 장치 없이 나란히 놓이지 못함.]

반면에 all of 다음에 물질명사나 집합명사가 올 때에는 단수형이 된다.

He gives **all of the money** he earns to his wife.
[그는 자신이 벌어들이는 돈을 전액 아내에게 준다.]
All of the family is here today to celebrate our grandparents' fiftieth wedding anniversary.
[모든 식구들이 우리 조부모님의 50번째 결혼기념일을 축하하려고 오늘 이 자리에 모였다.]

all of the **book**(= 'the whole book')은 '그 책 한 권 처음부터 끝까지 전부'라는 뜻인 반면, all of the **books**는 '특정한 여러 권의 책 전부'라는 뜻이다.
all과 both가 한정사로 쓰이게 되면 바로 이다음에 복수 명사를 수반할 수 있다.

All plants need water and light.
[모든 식물은 물과 햇빛을 필요로 한다.]
The club is open to **both sexes** and **all nationalities.**
[그 클럽은 남녀 모두, 그리고 모든 국적을 가진 사람들에게 개방되어 있다.]

또는 all/both와 명사 사이에도 지시 대상이 특정한 것임을 나타내고자 할 때에는 all/both of ...의 경우처럼 명사가 중심 한정사 the, these, those 또는 my/your/our, Mr

Kim's, my father's 따위와 같은 속격형을 필요로 한다.

The dictator had eliminated $\begin{Bmatrix} \text{all} \\ \text{both} \end{Bmatrix}$ **his political opponents.**

[그 독재자는 자신의 정적을 모두/둘다 제거했었다.]

His action was condemned by **all the civilized world.**

[그의 행위가 모든 문명 세계의 사람들로부터 비난을 받았다.]

이러한 구조에서 all 다음에 물질명사나 집합명사는 단수형이 온다.

He drank **all the wine** in the bottle.

[그는 병에 있는 포도주를 모두 마셔버렸다.]

이처럼 all과 both가 한정사 역할을 할 때 수식받는 명사가 또 다른 한정사, 즉 중심 한정사를 수반하고 있느냐 하는 차이가 곧 뜻의 차이를 반영한다. 즉, 명사가 별도의 중심 한정사를 수반하지 않으면 막연한 대상을 가리키게 되고, 명사 바로 앞에 중심 한정사를 수반한 구조는 특정한 대상을 가리킨다.

$\begin{Bmatrix} \text{All} \\ \text{Both} \end{Bmatrix}$ books (막연한 책)　　$\begin{Bmatrix} \text{All} \\ \text{Both} \end{Bmatrix}$ the/my books (특정한 책)

All children like going to the zoo.

[모든 어린이들이 동물원에 가기를 좋아한다. → all children은 특정한 어린이들이 아니라, 일반적으로 '어린이들은 모두'라는 뜻을 나타냄.]

At **all times** and in **all countries** there has been corruption and abuse of power.

[모든 시대, 모든 나라에서 권력의 부패와 남용이 있어 왔다.]

All the children wanted to go to the zoo.

[그 어린이들 모두 동물원으로 가기를 원했다. → all the children은 화자와 청자가 알고 있는 특정한 어린이들을 가리킴.]

You can't go home until **all the forms** have been filled in.

[그 모든 서식들을 다 써넣기 전에는 집에 갈 수 없어.]

3) all과 both는 대명사로서 주어, 타동사와 전치사의 목적어 역할을 한다.

$\left\{\begin{array}{l}\text{All}\\\text{Both}\end{array}\right\}$ **of them** wanted to dance with her.

[그들 모두/둘다 그녀와 춤을 추고 싶어했다. → 주어 역할.]

Jane really wanted only two things out of life — to be a nurse and a mother. Before she died, she managed to do **both**. She finished nursing school and after she married had two girls, Susie and Amy.

[제인은 진정으로 세상 살아가면서 오로지 두 가지 일, 즉, 간호사가 되는 일과 엄마가 되는 일만 원했다. 세상을 떠나기 전에 그녀는 가까스로 두 가지 일을 모두 할 수 있었다. 그녀는 간호학교를 졸업했고, 결혼해서 두 딸, 수지와 애미를 가졌다. → 타동사 do의 목적어.]

He gave some to $\left\{\begin{array}{l}\text{both}\\\text{all}\end{array}\right\}$ **of us**.

[그는 우리 둘/모두에게 뭔가를 좀 주었다. → 전치사 to의 목적어.]

또는 all과 both 모두 부사로서 주어 또는 목적어와 동격 관계를 나타낼 수 있다. 주어에 대한 동격 요소일 경우에는 동사의 유형에 따라 놓이는 위치가 다르다. 즉, be 동사가 있으면 이 뒤에, 일반동사만 있으면 이 앞에, 그리고 조동사가 있으면 조동사와 본동사 사이에 놓인다. 목적어와 동격일 때 그 목적어는 인칭대명사 형태라야 하며, 목적어 바로 뒤에 놓인다.

Worry, guilt and anger *all* make you look older.

[근심, 죄의식 및 노여움이 있으면 우리는 더 나이들어 보이게 됩니다. → 일반동사 make 앞에 all이 놓여 있음.]

We've *all* read about the importance of fiber and fish.

[우리 모두 섬유질과 생선의 중요성에 대한 글을 읽었다. → 조동사 have와 본동사 read 사이에 all이 놓여 있음.]

Food, clothing and shelter are *all* basic necessities of life.

[의식주는 모두 생활의 기본적인 필수품이다. → be 동사 are 다음에 all이 놓여 있음.]

His courage is a lesson to **us all**.(*... the children all.)

[그의 용기는 우리 모두에게 교훈을 준다. → 목적어 역할을 하는 인칭대명사 us 다음에 all이 놓여 있음.]

A balanced diet and regular exercise are **both** important for health.

[균형식과 규칙적인 운동은 둘다 건강 유지에 중요하다 → 동격 요소 both가 be 동사 are 다음에 놓여 있음.]

We both had a haircut.
　　[우리 둘 모두 머리를 잘랐다. → 동격 요소 both가 일반동사 had 앞에 놓여 있음.]

동격 관계를 나타내는 we $\left\{\begin{array}{l}\text{all}\\\text{both}\end{array}\right\}$, them $\left\{\begin{array}{l}\text{all}\\\text{both}\end{array}\right\}$ 등이 $\left\{\begin{array}{l}\text{all}\\\text{both}\end{array}\right\}$ of $\left\{\begin{array}{l}\text{us}\\\text{them}\end{array}\right\}$ 의 형태로도 나타낼 수 있다.

　　The deal was profitable to $\left\{\begin{array}{l}\text{us all}\\\text{all of us}\end{array}\right\}$.
　　[그 거래는 우리 모두에게 이익이 되었다.]

또한 all은 'completely'의 뜻을 가진 부사로서 형용사, 동사 또는 부사류 등을 수식할 수 있다.

　　I walked **all** *alone* in the woods.
　　　　[나 혼자서 숲속을 걸었다.]
　　The judges were dressed **all** *in black*.
　　　　[판사들은 새까만 옷을 입고 있었다.]
　　He was **all** *tired*.
　　　　[그는 완전히 피곤한 상태였다.]

이렇게 쓰인 all의 뜻이 애매한 경우도 있다. 가령 He was **all** tired.(그는 <u>완전히</u> 지친 상태였다.)의 경우에는 He와 all이 각각 단수와 복수라는 차이점 때문에 오로지 부사적인 뜻으로만 해석되지만, 다음 문장은 두 가지 해석이 가능하다. 즉, all을 동격 요소로 볼 수 있는가 하면, 'completely'의 뜻을 나타내는 것으로도 볼 수 있다.

　　They were **all** covered with mud.
　　　　[그것들은 <u>온통</u> 진흙으로 뒤덮여 있었다./그것들은 <u>모두</u> 진흙으로 뒤덮여 있었다.]
　　We were **all** ready to leave.
　　　　[우리는 <u>모두</u> 떠날 준비가 되어 있다./우리는 <u>완전히</u> 떠날 준비가 되어 있었다.]

4) all의 부정형 not all은 'some but not all'의 뜻으로 부분 부정(partial negation)을 나

타낸다.

Not all the girls left early.
　[모든 소녀들이 일찍 떠난 것은 아니다. → = 'Only some of them left early.']

그러나 다음의 문장은 의미가 애매하다.

All the girls did**n't** leave early.

여기서 all ... not은 '모두 ... 하지 않았다'라는 전체 부정(total negation)의 뜻으로 해석되거나, '모두 ...하지 않은 것은 아니다'라는 부분 부정의 뜻으로 해석되는 등 두 가지 뜻이 가능하다. 이러한 애매성을 없애기 위해 전자와 같은 전체 부정의 뜻을 나타내려면 all에 대하여 none of ...를, 그리고 both에 대하여 neither of ...를 사용하게 된다.

All the girls left early. → **None of** the girls left early.　　(전체 부정)
　　　　　　　　　　　　[그 소녀들 중 아무도 일찍 떠나지 않았다.]
Both the girls left early. → **Neither of** the girls left early.　(전체 부정)
　　　　　　　　　　　　[그 두 소녀들 중 누구도 일찍 떠나지 않았다.]

5) 단수 가산명사 앞에서 all과 whole을 서로 바꿔 쓸 수 있지만, 어순이 다르다. 다음 두 문장에서 보듯이 all은 전치 한정사이기 때문에 이다음에는 중심 한정사 the가 올 수 있는 반면, whole은 형용사이기 때문에 이 앞에 한정사가 놓여야 한다.

It's a film for **all the family**.
　[그 영화는 모든 가족들에게 적합한 것이다.]
The whole family came to visit us at Christmas.
　[크리스마스 때 가족들이 모두 우리를 찾아왔다.]

일반적으로 단수 가산명사와 결합되는 경우에는 all보다 whole을 더 선호하는 편이다. **the whole** house/day/village와 더불어 **the whole of** the house/day/this village와 같은 표현도 같은 뜻으로 쓰인다.

The whole house/(All the house) was damaged.
  [집 전체가 파손되었다.]
The whole of the morning was spent.
  [오전 시간이 모두 소모되었다.]

복수 가산명사 앞에서는 all과 whole의 뜻이 다르다. 즉, all은 'every'와 비슷한 뜻을 갖는 반면, whole은 'entire'라는 뜻이다.

All buildings have been destroyed.
  [모든 빌딩들이 파손되었다. → all buildings는 every building과 같은 뜻을 나타냄.]
Whole buildings have been destroyed.
  [빌딩들이 완전히 파괴되었다. → 빌딩 몇 채가 전파되었다는 뜻임.]

3.8.2.3. each, every, everyone/thing

1) 의미상 each는 둘 이상의 사람이나 사물의 집합의 구성원 하나하나를 개별적으로(separately), 또는 한 번에 하나씩(one by one) 생각한다는 점에 초점을 맞춘 것이다. every는 셋 이상의 사람이나 사물의 집단 내의 하나하나를 강조하여 어느 하나도 남김없이 어떤 대상 전체를 가리키는 것으로서, all과 뜻이 비슷하다.[21] 바로 이러한 점 때문에 each(...)와 every ...는 단수 가산명사와 같이 쓰이고, 또한 이들이 한정사로 쓰여 명사를 수반하는 경우와, each가 대명사로 쓰여 주어 역할을 하게 되면 단수 동사와 수의 일치(number agreement)가 이루어진다.

---

21 all과 every가 비슷한 뜻을 갖기는 하지만, Close (1992: 48-49)에 의하면, all은 집단을 전체적으로 보는 것인 반면, every는 대상 집단을 개별적인 단위로 취급한다: In saying **all the books**, we have in mind a collection of units, with emphasis on the collection. We can imagine the same books and emphasis on the units: in that case, we refer to *every book*, and say *Every book is in the box*.
Then we have *every book* or *every one of them*. **All v every** is a matter of the collection as a whole *v* the collection considered as separate units. The double focus in *every*, i.e. the focus on both the unit separately and the units collectively, often leads to sentences like *Everyone was in their place*, where *their* refers not to one person but to many. *Everyone was in his place*, though traditionally 'correct', can now sound pedantic and even gives offence to some.

In baseball there are nine players on { **each** / *every } **side**.

[야구에서는 각 팀에 9명의 선수가 있다. → 경기에는 두 팀이 출전하는 것이기 때문에 이 문장에 each team 대신에 every team이라고 할 수 없음.]

On { **each** / **every** } **side** of the square there were soldiers.

[광장의 각/모든 면에 군인들이 있었다. → 광장에는 둘 이상의 면이 있으므로 each와 every가 모두 가능하다.]

Each sex has its own physical and psychological characteristics.

[남성과 여성은 각기 그 자신의 신체적·심리적 특성을 갖는다. → 성에는 남성과 여성 둘 뿐이므로 every sex라고는 할 수 없음.]

The Queen shook hands with **each player** in turn after the game.

[경기가 끝난 뒤에 여왕께서는 각 선수들과 일일이 악수를 했다.]

Every child likes to get presents. (= all children)

[모든 어린이들은 선물받기를 좋아한다.]

Fidel Castro has a personal influence on **every activity** in Cuba.

[피델 카스트로(1926-2016)는 쿠바에서의 제반 활동에 개인적인 영향력을 행사한다.]

each는 주로 작은 수를 염두에 두는 경우에 보다 보편적으로 사용되고, every는 많은 수를 염두에 두었을 때 보다 보편적으로 사용된다.[22]

There were four books on the table. **Each** book was a different color.

[테이블에 책 네 권이 있는데, 책마다 색깔이 각기 달랐다. → 책이 네 권으로 숫자가 적음.]

(*in a card game*) At the beginning of the game, **each** player has three cards.

[(카드놀이에서) 게임 시작할 때는 게임하는 사람 각자 석 장의 카드를 갖는다.]

Carol loves reading. She has read **every** book in the library.(= all the books)

[캐럴은 독서를 좋아한다. 그녀는 도서관의 책을 모두 읽었다. → 도서관에는 책이 많음을 암시함.]

I would like to visit **every** country in the world.(= all the countries)

[나는 전 세계의 모든 나라를 가보고 싶다.]

---

22 Murphy (1998: 180).

이상과 같은 예에서처럼 every는 단수 가산명사와 같이 쓰이는 것이 일반적이지만, 예외적으로 불가산명사를 수반할 수 있다.

He gave us every $\begin{Bmatrix} \text{assistance} \\ \text{encouragement} \end{Bmatrix}$.

= He assisted/encouraged us in every way.
　[그는 다방면으로 우리를 도와/격려해 주었다.]

2) 다음과 같이 each와 every가 실질적인 의미상의 차이 없이 쓰이기도 한다.

You look more beautiful $\begin{Bmatrix} \text{each} \\ \text{every} \end{Bmatrix}$ time I see you.
　[너는 볼 때마다 더 예뻐 보이는구나.]

그러나 사람이나 사물을 한 번에 하나씩 개별적으로 생각하는 경우에는 each를 선호하게 되고, 이들을 집단적으로 생각하는 경우에는 every가 더 일반적이다.

Each patient went in turn to see the doctor.
　[환자들 각자 차례로 의사의 진찰을 받으러 갔다.]
He gave **every** patient the same medicine.
　[그는 모든 환자들에게 똑같은 약을 주었다.]

each와 달리, every는 almost, practically, nearly 따위와 같이 집단 전체를 강조하는 단어들과 같이 쓰일 수 있다.

Nearly every student in the school passed the swimming test.
　[그 학교의 거의 모든 학생들이 수영 시험에 합격했다.]
"Do you feel at home in Vancouver?" I asked **almost every** immigrant I met, and they answered me the same way.
　["밴쿠버의 생활이 편안한가요?" 라고 나는 만나는 거의 모든 이민자들에게 물었더니, 그들은 똑같이 대답했다.]

each and every(어느 ...이나 한 사람/하나도 빠짐없이)는 하나의 어구로 쓰여 보다 큰 집단 구성원의 개별성과 단일성을 강조한다.

> When I die, there will be millions to take my place, and the difference is that **each and every one** matters and knows that he matters.
> [내가 죽으면 수많은 사람들이 나를 대신하게 될 것이다. 그리고 그들 한 사람 한 사람 모두 중요하고, 또한 자신이 중요하다는 점을 안다는 점이 다르다.]
>
> Others make it a practice to look up **each and every word** they come across about which they have any doubt whatsoever.
> [다른 사람들은 자신들이 접하는 의심스러운 단어들은 빠짐없이 찾아보는 것을 습관으로 삼고 있다.]

each의 경우와 달리, every가 'once (in) each'(매 ...마다 한번)라는 뜻을 갖게 되면 every + few/two/three 다음에 복수 명사를 수반하여 어떤 상황이 일어나는 일정한 간격(intervals)을 나타낸다.

> I see her **every few days.**
> [나는 며칠에 한 번씩 그녀를 만난다.]
>
> Roughly **every 11 years**, the face of the sun erupts with boiling magnetic energy. — Lowell Ponte, "Nature's Incredible Night Show"
> [대충 11년에 한 번씩 태양의 표면이 폭발하여 끓는 자력(磁力)을 내뿜는다.]
>
> In America, presidential elections are held **every four years.**
> [미국에서는 4년마다 대통령 선거가 실시된다.]
>
> The car needs to be serviced every **ten thousand miles.**
> [자동차는 1만 마일에 한 번씩 서비스를 받아야 한다.]
>
> 'How often do you go shopping?' — ' { **Every** / *****Each** } day.'
> ['쇼핑하러 몇 번 가느냐?' — '매일 가지.']
>
> There's a bus { **every** / **each** } ten minutes.
> [10분에 한 번씩 버스가 다닌다.]

그러나 every 다음에 other나 서수가 놓이면 단수 명사가 쓰여 every other day, every fourth year, every second Sunday 등으로 나타낸다.

3) all이나 both보다 each가 나타나는 구조는 제한되어 있다. 즉, each는 단독으로 쓰여 앞에 나온 명사(구)를 가리키는 전방 조응적 대명사 역할을 하거나,

> There are four bedrooms, **each** with its own bathroom.
> [침실이 넷 있는데, 각 침실마다 욕실이 있다.]
> Elliott and Cram are trying to forget their poor performances here on Saturday. **Each** is planning a series of races in the next month.
> [엘리엇과 크램은 토요일에 이곳에서 있었던 그들의 형편없는 경기를 잊으려고 하고 있다. 각자는 다음 달에 있을 일련의 달리기 경주를 계획하고 있다.]

또는 each of 다음에 복수 (대)명사가 놓여 지시 범위를 보다 구체적으로 제한해 주기도 한다. 이와 같은 경우에 복수 명사 앞에는 all, both의 경우처럼 특정한 대상을 지시하여야 하기 때문에 반드시 the, these, those, 또는 속격형 my/your/our, these/ those, Mr Kim's/ my father's 등 특정한 대상을 가리키는 한정사가 수반되어야 한다. 그러므로 *each of **books/children** 등은 전달하고자 하는 뜻을 나타낼 수 없기 때문에 비문법적이다.

> **Each of us** looks over the passenger lists.
> [우리들 각자 승객 명단을 재빨리 검토한다.]
> We have statistics for **each of these**.
> [우리는 이들 각각에 대한 통계를 갖고 있다.]
> **Each of these phrases** has a different meaning.
> [이 어구들은 각기 다른 뜻을 갖고 있다.]
> They inspected **each of her appliances** with care.
> [그들은 그녀의 기구들 하나하나를 신중하게 검토했다.]

each가 한정사 역할을 하게 되면 단수 명사가 수반된다. 특히 each는 중심 한정사이기 때문에 the, this, my 따위와 같은 또 다른 중심 한정사와 같이 쓰이지 못한다. 그러므로 *each the** book, *each my** friend 따위와 같은 표현은 모두 비문법적이다. 그러나 방금 위에서 본 것처럼, each of 다음에는 반드시 이러한 중심 한정사가 필수적이다.

The hotel has hot and cold running water in **each room.**
[그 호텔에는 방마다 온수와 냉수가 나오는 수도 시설이 되어 있다.]

every는 항상 한정사로만 쓰인다.

Every word in this statement has been carefully chosen.
[이 말속에 사용된 모든 단어들은 신중히 선택되었다.]
Every discipline has its theoretical and its applied aspects.
[모든 학문들이 이론적인 측면과 응용적인 측면이 있다.]

4) each (...)와 every ...가 나중에 다시 반복되는 경우에 인칭대명사 he, his, him, it로 대신하는 것은 때로는 약간 격식적인 것처럼 여겨지기 때문에, 지금은 복수 인칭대명사 형태 they, their, them을 사용하는 것이 더욱 보편화되어 가는 추세이다.

$$\begin{Bmatrix} \text{Each} \\ \text{Every} \end{Bmatrix} \text{man knows} \begin{Bmatrix} \text{his job} \\ \text{what he has} \end{Bmatrix}.$$

[각자/모든 사람들이 자기가 해야 할 일을 알고 있다. → 앞에 나온 each/every man이 뒤에서 he와 his로 받고 있음.]
When **every** man had assembled, the master paid **them their** wages.
[모두 모이자 주인은 그들에게 임금을 지불했다. → every man을 them, their로 받고 있음.]
Each student has been given **their** e-mail address.
[학생들 각자에게 이메일 주소가 주어졌다.]

5) all, both와 마찬가지로, each도 주어나 간접목적어와 동격 관계를 가질 수 있으며, 놓이는 위치도 이들과 같다.

Every day, **21 men** were **each** given bread containing the equivalent of five bowls of oatmeal instead of their normal bread. In just three weeks their blood cholesterol levels dropped significantly.
— Jean Carper, "Everyday Foods That Fight Cholesterol"
[매일 21명의 남자들 각자에게 그들이 일상 먹는 빵 대신에 다섯 사발에 해당하는 귀리가 함유된 빵을 주었다. 불과 3주만에 그들의 혈중 콜레스테롤 수치가 현저히 떨어졌다.]

The runners-up each received a T-shirt as a consolation prize.
[준우승자들 각자가 감투상으로 T-셔츠를 받았다.]
They have **each** told me the same story.
[그들 각자가 내게 똑같은 이야기를 해주었다.]
They have given **them each** their tickets.
[그들은 그들 각자에게 표를 나눠 주었다.]

그러나 each는 직접목적어나 전치사의 목적어하고는 동격을 이루지 않는다. 그러므로 다음과 같은 문장은 틀린 것이다.

*She kissed **them each**.
*She had a word with **them each**.

주어와 동격 관계를 갖는 each가 배분적인 의미를 갖는 경우, 이것은 목적어 다음의 위치로 이동이 가능하다.

Jim and Susie have two raincoats **each**.
[짐과 수지는 각자 두 벌의 비옷을 갖고 있다. → 또는 Jim and Susie **each** have ....]
They have to answer three questions **each**.
[그들은 각자 세 가지 질문에 대답해야 한다. → 또는 They **each** have ....]

6) every는 -body, -one, -thing과 결합해서 각각 everyone, everybody, everything과 같은 복합 부정대명사를 만든다. 여기에 else는 물론, 다시 -'s를 첨가하여 everyone else's 따위와 같이 나타난다.

Everything comes to the man who waits.
[모든 것은 기다리는 사람에게 온다.]
When you really pay attention, **everything** is your teacher.
— Ezra Bayda (from *Elevate: An Essential Guide to Life* by Joseph Deitch)
[진정으로 관심을 기울이게 되면 스승 아닌 것이 없다.]
Everyone commits a major blunder from time to time.
[모든 사람들이 큰 실수를 저지를 때가 간혹 있다.]

Death does not discriminate; it comes to **everyone**.
[죽음에는 차별이 없어서 모든 사람에게 찾아온다.]

His passion for her made him blind to **everything else**.
[그녀에 대한 열정 때문에 그는 다른 모든 것에 눈이 멀었다.]

He lingered outside the school after **everybody else** had gone home.
[그는 다른 모든 사람들이 집으로 돌아간 뒤에도 학교 밖에서 서성거렸다.]

엄격한 규범문법에서는 everyone, everything을 대신하는 인칭대명사로 he/his, she/her, it/its가 사용되지만, 비격식적인 어법에서는 복수형 they, their, them이 사용된다.

But **everyone** worked according to **his** capacity. The hens and ducks, for instance, saved five bushels of corn at the harvest by gathering up the stray grains. — G. Orwell, *Animal Farm*.
[그러나 모두가 자신의 능력에 따라 일했다. 예컨대, 암탉과 오리들은 추수할 때 흩어진 낟알들을 다 주워 모아서 5 부셸의 옥수수를 더 거둬들일 수 있었다. → bushel[buʃəl]: 곡물/야채의 측정 단위로서 36.4 리터에 해당.]

$$\left\{\begin{array}{l}\text{Everyone}\\\text{Everybody}\end{array}\right\} \text{has} \left\{\begin{array}{l}\text{his}\\\text{their}\end{array}\right\} \text{own way of doing things.}$$

[모든 사람들이 각자 자기 나름대로 일을 처리하는 방식을 갖고 있다.]

<everyone과 every one의 차이>

everyone이 every one처럼 두 단어로 분리되어 쓰이기도 하는데, 이 두 가지 형태는 여러 가지 면에서 용법이 다르다.

① everyone은 'all the people in a group'(어떤 집단의 모든 사람들)이라는 뜻이다. 반면에, every one은 'each single person or thing in a group'(어떤 집단의 사람이나 사물을 하나도 남김없이)이라는 뜻을 가지며, 이미 앞에서 언급된 사람이나 사물을 가리킬 수 있다.

Everyone knows what facts are.
[모든 사람들이 사실이라는 것이 어떤 것인지 안다.]

The equity of the referee's decision was accepted by **everyone**.
[심판의 판정의 공평성이 모든 사람들에 의해 받아들여졌다.]

His books are great. **Every one** is worth reading.
 [그가 쓴 책들은 훌륭하다. 모든 책이 읽을 만하다.]
She turned her attention to her friends. **Every one** had had a good education.
 [그녀는 자신의 친구들에게 관심을 돌렸는데, 그 친구들 모두 좋은 교육을 받았다.]
We played several matches against the visitors, but unfortunately lost **every one.**
 [우리는 원정팀들을 맞아 여러 차례 경기를 벌였지만, 불행히도 모든 경기에 졌다.]

② everyone의 경우와 달리, every one은 전치사 of가 이끄는 전치사구를 수반하여 특정한 대상을 구체적으로 밝힐 수 있다. 이러한 경우에 전치사의 목적어로서 복수 (대)명사가 수반되는데, 특히 복수 명사는 all/both/each of의 경우처럼 반드시 특정한 대상을 가리키는 한정사를 수반하여야 한다. every one의 뜻을 더욱 강조하기 위해 이 두 요소 사이에 single이 삽입되기도 한다.

Virtually { **every one** / *everyone } **of those words** came from Old English, except the last — *surrender*, which came from Norman French.
— R. MacNeil, "The Glorious Messiness of English"
 [사실상 노르만인들이 사용하는 불어에서 온 surrender라는 마지막 단어만 빼고, 그 단어들 모두 빠짐없이 고대영어에서 온 것이었다.]

I have three { pictures / sisters }. **Every one of them** is beautiful.
 [나에게는 그림 세 점이/세 명의 누나가 있는데, 이들 하나하나 모두 아름답다.]
Every one of us is a prisoner in a solitary tower.
 [우리는 모두 고독한 탑에 갇힌 죄수와 같다.]
A language does not die except when **every single one of its speakers** dies.
 [한 언어를 사용하는 사람이 한 사람 남김없이 모두 죽는 경우가 아니면 언어가 사라지지 않는다.]
Last year **every single Republican** in both the House and the Senate voted against the Clinton budget.

[작년에 하원과 상원의 공화당 의원은 한 사람도 빠짐없이 모두 클린턴 정부의 예산안에 반대했다.]

이상과 같은 차이 이외에도, 발음상 éveryone은 첫 부분에 강세를 두게 되고, every óne 의 경우에는 두 번째 부분에 강세를 두게 된다.

anyone과 any one 사이에서도 위와 비슷한 차이가 있다.[23]

Give me any of those books — **any one** will do.
[그 책들 가운데 아무 책이라도 달라. 아무 책이라도 좋아.]

They offer help and advice to **anyone** interested in becoming a teacher
[그들은 교사가 되고자 하는데 관심이 있는 사람들이면 누구에게라도 도움과 조언을 제공한다.]

3.8.2.4. either, neither

1) either는 'one or the other'(둘 중의 어느 하나)라는 긍정적인 뜻을 갖는 것으로서, 앞에서 보았던 두 개의 대상 모두를 가리키는 both와 대조를 이룬다. 즉, 이것은 두 대상으로 이루어진 집합(set) 중에서 어느 한 사람이나 사물에게 진술 내용이 사실이라는 점을 나타내는 것이다.

Ask for Robert or Albert. **Either** is usually there.
[로버트나 앨버트를 바꿔 달라고 하라. 대개 두 사람 중 한 사람은 거기에 있어.]

There's coffee or tea — you can have **either**.
[커피나 차가 있으니 아무 것이라도 마셔라.]

때로는 either가 다음 예에서처럼 두 대상 중 어느 하나라도 좋다는 뜻을 함축하기도 한다.

Come on Tuesday or Thursday. **Either day** is OK.
[화요일이나 목요일에 오너라. 어느 날이라도 좋다.]

또한 다음과 같이 end나 side가 내포된 고정된 표현에서 either는 'one as well as the

---

23 Close (1975: 147).

other; both; each'라는 뜻을 갖는다. 예컨대 on either side of는 'on each side of'를 뜻한다.

There was a flight of stairs **at either end of** the corridor.
[복도의 어느 쪽 끝에도 계단이 있었다.]
There are lamp-posts **on either side of** the street.
[길 어느 쪽에도 가로등 기둥이 있다. → = 'on each side; on both sides']

2) either의 부정형 neither는 'not the one and not the other (of two)'(둘 중의 이것도 저것도 아닌)라는 뜻으로, 특정한 어느 둘을 모두 부정하는 뜻을 갖는다.

'Which of the applicants will be accepted?' — '**Neither (of them).** The manager says they are both too old.'
['그 응모자들 중 누가 채용될까요?' — '아무도 아니야. 경영주께서는 둘다 나이가 너무 많다고 하더군.']

3) either와 neither는 모두 한정사로 쓰여 가산명사의 단수형을 수반한다. 특히 명사를 수반하는 경우에 이 두 가지는 중심 한정사이기 때문에 또 다른 중심 한정사와 같이 쓰이지 못한다. 그러므로 예컨대 ***the either** book이나 ***either the** book[24] 이라고 할 수 없다.

Neither solution is without problems.
[어느 해답도 모두 문제를 안고 있다.]
Neither man said anything to defend himself.
[어느 사람도 자신을 방어할 말을 한마디도 하지 않았다.]
It's a mistake for **either parent** to ask children about what happened while they were visiting the other parent.
[부모 중 어느 한 쪽이 자녀들이 다른 한 쪽 부모를 찾아갔을 때 있었던 일에 대해 묻는 것은 잘못된 일이다.]

---

24 다음 문장에서는 either ... or가 상관 접속사이고, either 다음에 놓인 the student는 or 다음에 놓인 you와 더불어 주어이다.
   Either the student or you have to attend the meeting.
   [그 학생이나 네가 회의에 참석해야 한다.]

대명사로 쓰이는 경우에는 단독으로 쓰이거나, 또는 $\begin{Bmatrix} \text{either} \\ \text{neither} \end{Bmatrix}$ of 다음에 특정한 대상을 가리키는 복수 (대)명사를 수반한다. 이 경우의 복수 명사는 전달하고자 하는 의도된 뜻 때문에 반드시 특정 지시를 나타내는 중심 한정사 the, these, those, 또는 속격형 my/your/our, Mr Kim's/my father's 등이 수반되어야 한다.

> In the last 30 years the world has come a long way both in trying to stabilize its population and in easing the position of women. It would be a tragedy if Cairo were to hand the initiative to those who were interested in **neither.**
> [지난 30년 동안 세계는 인구 증가를 진정시키고 여성의 지위를 안정시키려고 오랫동안 노력을 기울여 왔다. 만약 카이로 당국이 이 두 가지 문제 중에서 어느 쪽에도 관심이 없는 자들에게 주도권을 넘긴다면 비극적인 일이 될 것이다.]
>
> 'Do you want tea or coffee?' '**Either.** I don't mind.'
> ['차와 커피 중에서 어느 것을 마시고 싶은가?' '아무 것이라도 좋아.']
>
> **Neither of the restaurants** we went to was expensive.
> [우리가 갔던 어느 식당도 값이 비싸지 않았다.]
>
> Take one of the books on the table — **Either of them** will do.
> [테이블에 있는 책 한 권을 가져라. — 어느 책이라도 좋다.]

진술 내용이 두 사람이나 사물에 모두 적용된다는 점을 강조하는 부정문에 either (...)와 either of를 모두 쓸 수 있다. 예컨대, I don't like them. 대신에 I don't like **either (of them).**이라고 할 수 있다.

> 'Which do you want?' — 'I do**n't** want **either.**'
> ['어느 것을 원하니?' — '어느 것도 원치 않아.']
>
> There was **no** sound from **either of the flats.**
> [그 어느 아파트에서도 소리가 들리지 않았다.]
>
> They have lived in Indonesia and Zambia but they could **not** stand the climate in **either country.**
> [그들은 인도네시아와 잠비아에서 살았지만, 어느 나라의 기후도 견딜 수 없었다.]

neither는 주어가 될 수 있다. 반면에 either는 부정형 동사를 수반하여 주어가 될 수 없고, 이 대신에 neither가 긍정형 동사를 수반하여 부정문을 만들 수 있다.

Neither of them said anything.
[그들 중 어느 누구도 아무 말도 하지 않았다.]
He's lived in Japan and Taiwan, but he **doesn't** like **either** country very much.
[그는 일본과 대만에서 살았지만, 이 어느 나라도 아주 마음에 들지는 않았다.]
*****Either of them** did**n't** say anything.
[→ 주어 either …가 부정형 동사를 수반하여 부정문을 만들 수 없으므로 비문법적임.]
*****Not either of them** said anything.
[→ 주어 either …가 부정어를 수반하고 있으므로 비문법적임.]

neither of + 복수 (대)명사가 주어이면 이에 따른 동사는 격식적인 글에서는 단수형이지만, 구어영어에서는 복수형도 허용된다. 비격식적인 영어에서는 either of + 복수 (대)명사가 주어일 때도 자주 복수 동사가 사용되지만, 의문문과 부정문의 경우에 국한된다. 그렇지만 격식을 갖춘 글을 쓸 때에는 이 두 가지 경우에 단수 주어에 일치되는 단수 동사형을 선택해야 한다.[25]

Neither of these proposals { is / are } worth considering.
[이 제안 중 어느 것도 고려할 가치가 없다.]
Neither of them are particularly obvious.
[그들 중 어느 것도 특별히 명백한 것이 없다.]
Either of the children { is / *are } capable of doing these exercises.
[그 아이들 어느 아이도 이 연습문제들을 풀 수 없다.]
I don't think **either of them** { is / are } at home now.
[그들 중 아무도 지금 집에 있을 것 같지 않다.]

---

25 Declerck (1991: 292).

$\begin{Bmatrix} \text{Is} \\ \text{Are} \end{Bmatrix}$ **either of you** ready to come with me?

[너희들 중 누가 나와 같이 갈 준비가 되었는가?]

이러한 문장에서 복수 동사를 선택하는 것은 먼저 both of ... + 복수 명사를 주어로 하는 문장에 부정어 not이 첨가된 것으로 간주하기 때문일 것이다. 즉, 다음의 두 번째 긍정형의 문장에 부정어 not을 첨가하여 전체 부정을 나타내는 문장으로 바꾼 것이 첫 번째 문장이기 때문인 것으로 여겨진다.

Neither of the children *want* to go to bed.
　　[그 어린이들 중 어느 어린이도 잠자고 싶어 하지 않는다.].
→ **Both of the children** *want* to go to bed.

3.8.2.5. some, any

1) some과 any는 수량과 관련하여 가장 많이 쓰이는 단어에 속하는 것이다. 이 두 가지는 수량이 많고 적음을 정확히 나타내지 않는 경우에 쓰이는 것으로서, 가산명사와 관련되는 경우에는 종종 부정관사의 복수형인 것처럼 쓰인다.

I need **a new coat**.
I need **some new coats**.
There's **some bread** in the bread-bin.

some은 긍정 서술문에서 불가산명사를 가리키거나 대신하여, 막연하면서 제한된 양(quantity)이나 액수(amount)를 나타낸다. 반면에, 복수 가산명사를 가리키거나, 대신하는 경우에는 막연하지만 제한된 수(number)를 나타낸다.

He asked me for chewing gum and I gave him **some**.
　　[그가 추잉 검을 좀 달라고 해서 좀 줬지.]
Tomatoes were only 70 cents a kilo, so I bought **some**.
　　[토마토가 1키로에 70센트밖에 되지 않아서 조금 샀다.]

2) some은 대명사로서 (1) 독립적으로 쓰이거나, 또는 some of가 쓰일 때에는 다음에 복수 대명사나 특정한 대상을 가리키는 한정사 the, these/those, my, your, Mr Kim 등 + 복수 명사가 쓰인다. 특정한 양과 관련해서는 some of 다음에 단수 대명사 또는 특정한 대상을 가리키는 한정사 + 불가산명사가 쓰인다.

> It was not easy to buy fresh fruit, but I managed to get **some** when I went to market.
> [싱싱한 과일을 사기가 쉽지 않았지만, 그래도 시장에 가서 겨우 좀 살 수 있었다.]
> Many soldiers fought and **some** died in the struggle.
> [그 전투에서 많은 병사들이 싸우다가 일부는 전사했다.]
> I like **some of their music**, but not all.
> [그들의 음악 중 일부는 마음에 들지만, 전부는 아니다.]
> **Some of these phrases** narrow rather than expand our understanding.
> [이 어구들 가운데 일부는 우리의 이해를 넓혀주기보다 오히려 좁혀버린다.]

대명사 some이 주어 역할을 할 때, 불가산명사를 가리키거나 대신하면 단수 동사에 일치하고, 복수 가산명사를 가리키면 복수 동사와 일치한다.

> 'Do you sell cream cakes?' — 'There *are* **some** in the window.'
> ['크림 케익 있어요?' — '진열장에 좀 있어요.' → some이 복수 명사 cream cakes를 가리키는 것이기 때문에 복수 동사와 일치하고 있음.]
> **Some** *say* it was an accident, but I'm not sure.
> [그것을 사건이라고 하는 사람들도 있지만, 난 잘 모르겠어. → some은 some people의 뜻이기 때문에 복수 동사에 일치되고 있음.]
> Only **some** of the work I have to do *is* interesting.
> [내가 해야 할 그 일 가운데 일부만 재미있다. → some은 불가산명사 work을 가리키기 때문에 단수 동사에 일치되고 있음.]

(2) 한정사로서의 some은 불가산명사나 복수 가산명사를 수반한다. some이 단수 가산명사를 수반하게 되면, 그것은 어느 특정한 대상을 구체적으로 언급하지 않으면서 그 특정한 대상에 대해서 말하는 것이 되며, 이러한 경우에 some은 /sʌm/으로 발음된다.

The fire went on for quite **some time** before it was brought under control.
[그 화재는 불길이 잡힐 때까지 몇 시간동안 계속되었다.]

Some scientists believe that stem cells will make it possible to treat serious diseases.
[일부 과학자들은 줄기세포가 중증 질병의 치료를 가능케 할 것이라고 믿고 있다.]

There must be **some** mistake.
(= 'There must be a mistake, but I don't know it.')
[뭔가 실수가 있음에 틀림없어. → some이 단수 가산명사와 결합하고 있음.]

불가산명사나 복수 가산명사를 수반하는 경우에 some은 대개 '(많지 않은) 막연한 양이나 수'라는 뜻을 포함하지만, 제한된 양이나 수라는 개념을 포함하지 않는 경우에는 대개 관사 등을 수반하지 않고 단독으로 쓰인다.

We've planted **some roses** in the garden.
[우리는 정원에 장미를 좀 심었다. → some roses는 제한된 수의 장미를 뜻함.]

We've decided to put **roses** under the back fence instead of chrysanthemums.
[우리는 뒤울타리 아래에 국화 대신 장미를 심기로 했다. → roses에는 수의 개념이 포함되어 있지 않음.]

We drank **some beer.**
[우리는 맥주를 좀 마셨다. → 막연한 양의 맥주를 마셨다는 뜻임.]

He never drinks **beer.**
[그는 절대로 맥주를 마시지 않는다. → 특정한 양의 언급이 없음.]

some이 또한 수사 앞에 놓여 'about; approximately'라는 뜻을 가지고 부사적으로 쓰인다.

It happened **some twenty** years ago.
[그 사건은 대충 20년 전에 일어났다.]

Some thirty people attended the funeral.
[30명 정도의 사람들이 그 장례식에 참석했다.]

3) some은 독립적으로 쓰여 단수 가산명사를 가리키거나 이를 대신할 수 없다. 그러므

로 some 대신에 복합 부정대명사 형태 somebody, someone, something이 쓰이게 된다. 이 복합어 형태에 else(= 'other')를 부가할 수 있으며, 다시 여기에 속격 어미 -'s를 첨가시켜 someone **else's** 따위와 같은 형태를 만들 수 있다.

    I'm sure I lost **something.**
        [난 뭔가 잃어버린 것이 틀림없어.]
    There's **someone** waiting for you.
        [어떤 사람이 너를 기다리고 있어.]

$$\left\{\begin{array}{l}\text{One}\\ \text{*Someone}\\ \text{*Somebody}\end{array}\right\}\text{ of them has disappeared without a trace.}$$

        [그들 중 하나가 흔적도 없이 사라져 버렸다.]
    I did not do that; **someone else** did.
        [내가 그 짓을 한 게 아니라, 다른 어떤 사람이 했지.]
    I came out here to fix **someone's** car
        [나는 어떤 사람의 차를 수리하러 여기 왔다.]
    She was wearing **somebody else's** coat.
        [그녀는 딴 어떤 사람의 외투를 입고 있었다.]

4) any는 가산명사와 같이 쓰이거나 이 명사의 뜻을 내포하는 경우에 any는 셋 이상의 사람이나 사물에 대하여 쓰이는 것으로서, 일반적으로 부정문, 의문문, 조건문에 쓰인다. 특히 부정문에서 이것은 양이나 수가 영(zero)이라는 점을 암시하며, 의문문에서는 특정하거나 제한된 수나 양이 마음속에 그려져 있지 않다는 점을 분명히 한다.

    I looked around for toilet paper, but there wasn't **any**.
        [나는 화장지를 찾으려고 여기저기 살폈지만, 아무것도 없었다.]
    I haven't encountered **any** problems so far.
        [아직까지 나에게는 아무런 문제도 없었다. → not ... any는 문제가 아무것도 없다는 뜻을 나타냄.]
    If he had read **any of those books** he would have known the answer.
        [만일 그가 그 책들 가운데 어떤 책이라도 읽었더라면 그 답을 알았을 것이다.]

5) any는 다음과 같은 구조로 나타난다.

(1) 독립적으로, 또는 부분을 나타내는 of-구를 수반하여 대명사로 쓰인다. any of + 단수/복수 (대)명사와 같은 구조로 나타난다. 즉, any가 가산명사와 관련된 것이면 복수 대명사가 오거나, 특정한 것을 가리키는 한정사(the, these/those, my/your/our, Mr Kim's/my father's 등) + 복수 명사가 온다. 반면에 불가산명사와 관련된 경우에는 단수 대명사, 또는 특정한 것을 가리키는 한정사(the, this/that, my/ your/our, Mr Kim's/my father's 등) + 단수 명사가 온다.

any가 주어일 때, 복수의 뜻이면 복수 동사에 수의 일치가 이루어지고, 단수의 뜻이면 단수 동사에 일치한다.

I tried to get a ticket but there *were*n't **any** left.
[표를 사려고 했지만, 바닥이 났다. → any는 tickets를 첨가할 수 있기 때문에 복수 취급되고 있어서 복수 동사 were에 일치하고 있음.]

We need some more painting; there *isn*'t **any** left.
[페인트가 좀더 필요하지만, 남은 것이 없다. → any는 불가산명사 painting을 가리키기 때문에 단수 취급되어 단수 동사에 일치하고 있음.]

I don't think **any of us** want to work tomorrow.
[우리들 가운데 내일 일하고 싶어하는 사람은 없는 것 같다.]

Did **any of her friends** come?
[그녀의 어느 친구라도 왔었느냐?]

He didn't spend **any of the money.**
[그는 그 돈을 한 푼도 쓰지 않았다.]

(2) 한정사 역할을 하는 any는 불가산명사나 복수 가산명사를 수반하는 경우가 아주 많다.

I haven't got **any money** to buy a car.
[나에게는 자동차를 살 돈이 없어.]

I didn't go to **any lectures** last term.
[지난 학기에 나는 강의를 하나도 듣지 않았다.]

Do **any books** here belong to you?
[여기 있는 책들 중 혹시 네 것이 있니?]

또한 any가 단수 가산명사를 수반하기도 하는데, 이 경우에 any는 많은 사람이나 사물 중 어느 것이라도 상관없다는 뜻을 나타낸다.

Take **any book** you like.
   [아무 책이나 네가 좋아하는 것을 가져라.]
Any color will do.
   [어떤 색깔이라도 좋다.]
Any teacher will tell you that students learn at different rates.
   [어떤 선생님들도 학생들이 학습 속도가 다르다고 말할 것이다.]

6) any는 -body, -one, -thing과 결합하여 복합 부정대명사를 이룬다. anyone와 anybody는 의미상 별로 차이 없이 일반적인 사람에 대해서 말하거나, 특정한 어떤 사람 개개인에 대해서 말하는 경우에 사용된다. anyone, anybody, anything은 else를 수반하여 각각 'any other person'과 'any other thing'을 뜻하며, 또한 anybody/ anyone과 anybody/ anyone else에 -'s를 첨가시켜 속격을 만들 수 있다.

I doubt if she has **anything** interesting to tell us.
   [그녀가 우리에게 말해 줄 재미있는 이야기가 있을지 의심스럽다.]
If **anybody** wants me for **anything**, tell them I'll be back soon.
   [누가 무슨 일로 나를 찾거든 곧 돌아온다고 말하라.]
There isn't **anyone else** here.
   [딴 사람은 여기 없다.]
Was **anyone else's** luggage opened?
   [어떤 다른 사람의 가방이 열려 있었어요?]
I don't want to waste **anyone's time.**
   [나는 어떤 사람의 시간을 낭비하고 싶은 마음이 없다.]

7) any는 barely, hardly, only, rarely, scarcely, seldom 따위와 같이 부정어에 가까운 뜻을 갖는 부사(near-negative adverbs)의 범위 안에 있는 명사구에 쓰인다.

There was **hardly any hope** left of finding the missing papers.
   [잃어버린 서류들을 찾으리라는 희망은 거의 없었다.]

I have **rarely** met **any tourists** in this part of the country.
 [이 지역에서 관광객이라고는 만난 사람이 거의 없었다.]

There was **seldom anybody** in the library.
 [그 도서관에 사람들이 있는 경우는 극히 드물었다.]

He tried hard, but **without any success.**
 [그는 열심히 노력했으나 전혀 성공하지 못했다.]

8) 다음과 같이, 문장이 외형적으로 부정문, 의문문, 조건문이지만, 이런 문장에 긍정적인 뜻이 내포되어 있기 때문에 somebody, something 등을 포함해서 some이 쓰이게 된다.

(1) 긍정의 뜻이 내포된 부정 의문문(예컨대 부정형 수사 의문문)에서:

Isn't there **someone** who could help you?
 [너를 도와줄 수 있는 사람이 없단 말이냐? → 틀림없이 너를 도울 사람이 있을 것으로 확신한다는 긍정적인 뜻을 암시하고 있기 때문에 부정문임에도 불구하고 someone이 쓰이고 있음.]

Didn't John's parents give him **some money**?
 [존이 부모로부터 돈을 좀 받지 않았는가? → 존이 부모로부터 돈을 좀 받은 것으로 생각한다는 점을 암시.]

Why don't you go to **someone** else?
 [딴 사람에게 가보면 어떨까? → 다른 사람을 찾아가 보라고 하는 일종의 수사 의문문임.]

의문사와 직접 관련되는 존재가 있다는 것이 기정 사실(known fact)이라는 점을 나타내는 wh-의문문에서도 some이 쓰인다.

Who's eaten **some** of this cheese?
 [누가 이 치즈를 좀 먹어버렸지? → 치즈를 먹은 사람이 있다는 점을 기정사실로 보고 있음을 암시함.]

What was it that the police sprayed on **some** of the demonstrators?
 [경찰이 일부 시위자들에게 뿌린 것이 무엇이었지? → 경찰이 시위자들을 향해 무엇인가를 뿌렸다는 점이 기정사실이라는 점을 암시하고 있음.]

(2) some은 부정의 범위 밖에 있으면 부정적인 진술에도 쓰인다.[26]

(6) a. I'm not going to interview **some of the candidates** because I have already spoken with them.
[난 일부 후보들하고는 이미 말을 주고받았으므로 이들과 인터뷰하지 않으려고 한다.]
b. I'm not going to interview **any of the candidates.**
[나는 그 후보들 중 어느 누구하고도 인터뷰하지 않으려고 한다.]

(6a)가 부정문임에도 불구하고 some이 쓰인 것은 이것이 부정의 범위 — not에서 interview까지 — 밖에 있기 때문이며, (6b)에 any가 쓰인 까닭은 이것이 부정의 범위 — not에서 끝까지 — 안에 있기 때문이다. 그러므로 위의 두 개의 문장은 각각 다음과 같은 뜻을 포함하고 있는 것으로 풀이된다.

= There are **some candidates** that I'm not going to interview. (= I do intend to interview candidates, but not those particular ones.) (= 6a)
[내가 인터뷰하지 않을 후보자가 일부 있다.]
= There aren't **any candidates** that I'm going to interview. (= 6b)
[인터뷰할 후보자가 없다.]

(3) 사실상 요구·제의·초대·명령의 뜻이 깃들어 있는 의문문에서. 이 경우에 화자는 청자로부터 긍정적인 대답을 기대한다는 점이 자연스럽게 암시된다.

Would **someone** open the door for me, please?
[누가 문을 좀 열어주겠니?]
Some more whisky?
[위스키를 좀 더 마시겠어?]
Will you kindly tell us **something** more about the project?
[저희들에게 그 사업에 대해 좀 더 말해 주겠니?]

9) 복합 부정대명사 anybody, anything 등을 포함하여 any는 다음과 같은 문장에서 쓰

---

26 Declerck (1991: 301). 부정의 범위에 대해서는 본서 4권 "20.3.7 부정의 범위" 참조.

인다.

(1) 문장에 표출된 가정이 의심스럽거나, 불가능하거나, 또는 사실에 반하는 것으로 여겨지는 조건문에. 따라서 다음 각 문장에는 부정의 뜻이 내포되어 있다.

> If you should have **any difficulty**, let me know.
> [혹시 어려운 일이 생기면 알려 달라. → 어려운 일이 생기지 않으리라고 내다보고 있음. 더욱이 should는 어떤 일이 일어날 가능성이 상당히 희박하다는 점을 암시함.]
> You could have had some biscuits if there had been **any** left.
> [비스켓이 남아 있었더라면 좀 먹을 수 있었을 텐데. → 가정법 과거완료는 과거 사실의 반대를 나타내기 때문에 실제로 비스켓이 남아 있지 않았을 것임을 암시함.]
> I would give you some advice if I had **any**.
> [조언해 줄 것이 있으면 해 줄 텐데. → 가정법 과거는 가정적이거나 사실에 상반되는 내용을 뜻하는 것이기 때문에 부정적인 뜻을 포함하고 있음.]

조건절의 내용이 이루어질 것인가, 이루어지지 않을 것인가에 대하여 아무런 암시도 하지 않고 미래의 상황에 대한 가정을 하는 조건문에도 any가 쓰인다.

> Come and see me if you have **any time**.
> [시간이 있게 되면 나를 만나러 오게.]
> Don't shoot if you see **anyone** coming.
> [누가 오는 것이 보여도 발포하지 마라.]
> Your tutor will help you if there are **any problems** left.
> [혹시 문제가 생기면 너의 가정교사가 도와줄 거야.]

이러한 문장에서 any 대신에 some을 쓰더라도 의미상 차이가 거의 없는 경우들이 많지만, some이 약간 더 긍정적인 뜻을 갖는다. 즉, 조건문에 some이 쓰이면 그 진술 내용이 긍정적인 방향으로 이루어진다는 점을 암시한다. 따라서 if you give me **some** advice ...는 청자가 어떤 조언을 해주리라고 화자가 기대하고 있다는 뜻을 내포하게 된다.

> If I have { **some** / **any** } news, you'll be the first to hear it.
> [혹시 소식이 있으면 너에게 맨 먼저 알려 줄게.]

If you want $\left\{\begin{array}{l}\textbf{some}\\ \textbf{any}\end{array}\right\}$ help, let me know.
 [도움이 필요하면 알려 달라.]

반면에 unless는 긍정적 제외의 뜻을 포함하는 것이기 때문에 some이 쓰인다.[27]

Unless **something** unexpected happens, I'll see you tomorrow.
 [뜻밖의 일이 일어나지 않는다면 내일 너를 만나러 가겠다.]

설령 외형적으로는 긍정 서술문일지라도 조건문이 나타내는 '조건'의 뜻을 내포하고 있으면 any가 쓰이게 된다. 이러한 문장에서 any는 'it doesn't matter who/ what/which ...'(그것이 누구/무엇/어떤 것일지라도 상관없다.)라는 뜻을 나타낸다. 대개 이러한 문장에는 법조동사를 포함하는가 하면 후치 수식구조를 수반할 수 있다.

There are bad things about **any job.**
 [어떤 직업이든 바람직하지 않은 면이 있다.]
Any offer would be better than this.
 [어떤 제안이라도 이보다 더 나을 것이다. → 만약 어떤 제안이 가능하다면 그것이 어떤 것이라도 이보다 낫다는 뜻.]
Anyone interested in addressing the meeting should let us know.
 [그 회의에서 연설하는데 관심 있는 분이 있으시면 저희들에게 알려 주셨으면 합니다.]
Anyone choosing politics as a career must face intense competition.
 [정치를 직업으로 삼는 사람이라면 누구든지 치열한 경쟁에 직면하게 된다.]
Anyone who says that isn't honest.
 [그런 말을 하는 사람은 누구든지 정직하지 못한 사람이다.]

(2) 부정적인 대답을 기대하거나, 또는 화자가 특별히 긍정적이거나 부정적인 대답을 기대하지 않는 이른바 '중립적인' 대답을 기대하는 yes/no 의문문에 any가 쓰인다. 반면에 some과 이에 대한 복합어는 긍정적인 점을 암시한다. 다음 각 쌍의 문장을 비교하여 보자.

Did you meet **anybody** on your way home?

---

27 이와 관련된 내용은 본서 제2권 "11.6 if ... not과 unless" 참조.

대명사(Pronouns)

[집으로 돌아오다가 혹 누구를 만났는지? → 누구를 만났는지 알 수 없으며, 따라서 청자가 어떻게 대답할지 알 수 없음.]

Did you meet **somebody** on your way home?

[집에 오다가 누구 만났지? → 만났을 것을 전제로, 청자로부터 긍정적인 대답을 기대함.]

Have you spent **any money** yet?

[이미 돈을 좀 썼느냐?]

Have you already spent **some** money?

[벌써 돈을 좀 썼어?]

특히 마지막 문장에는 already와 some은 아직 돈을 쓰지 않았을 것으로 알고 있었지만 이와는 달리 이미 돈을 썼다는 것을 알고 놀랍다는 뜻을 암시한다.

(3) any는 부정의 뜻이 함축된 비교절에도 쓰인다. 다음 두 문장을 비교해 보자.

Bill is taller than **any** other students.

(= 'No other student is as tall as Bill.')

[빌은 다른 어떤 학생들보다 키가 크다. → 빌보다 키가 큰 학생이 없다는 부정적인 뜻이 내포되어 있음.]

Bill is taller than **some** other students.

(= 'Bill is taller than certain students (but smaller than others).')

[빌은 일부 다른 학생들보다 키가 크다. → 어떤 학생들보다는 키가 크지만, 다른 학생들보다는 작다는 뜻.]

3.8.2.6. few, little, many, much

1) few와 little, a few와 a little 사이에 차이가 있다. few와 little은 대개 부정적인 뜻을 갖는 것으로서, 각각 수와 양이 원하는 만큼 많지 않다거나, 예상만큼 많지 않다거나, 또는 이와 비슷한 개념을 시사한다. 따라서 이 둘은 'hardly any (...) at all; almost no/none'(거의 없는)라는 뜻을 갖는 반면에, a few와 a little은 수와 양과 관련하여 'some, a (small) number or quantity'(약간의, 소수/소량의)라는 긍정적인 뜻을 갖는다. 이 두 가지에는 각각 fewer와 fewest, less와 least와 같은 비교급과 최상급이 있다.

Few people know this, as the papers give **little information** on the subject.

[신문에 이 문제를 별로 다루지 않아서 이 내용을 아는 사람이 거의 없다.]

A few people know this, as the papers have written **a little** about it.
[신문에 이 내용을 좀 썼기 때문에 몇몇 사람들은 이 내용을 알고 있다.]

Little has changed.
[달라진 것이 거의 없다.]

I have made **a little progress.**
[난 약간의 진전을 보았다.]

일상적인 말에서는 few와 little 대신에 hardly any 또는 not $\begin{Bmatrix} \text{many} \\ \text{much} \end{Bmatrix}$ 를 더 선호하는 경향이 있다.

Mona has had **hardly any opportunities** to practise her English.
[모나에게는 영어를 연마할 기회가 거의 없었다.]

2) (a) few와 (a) little은 (1) 독립적으로 쓰이거나, 또는 (a) $\begin{Bmatrix} \text{few} \\ \text{little} \end{Bmatrix}$ of ...처럼 쓰여 대명사 역할을 한다. (a) few of는 복수 인칭대명사나 the, these, those, my, your, my father's, Mr. Kim's 따위의 특정한 대상을 가리키는 한정사를 수반한 복수 명사가 쓰이고, (a) little of는 단수 대명사나 특정 대상을 가리키는 한정사를 수반한 불가산명사가 쓰이게 된다. (a) few와 few of가 주어이면 복수 동사에 일치하고, (a) little, (a) little of가 주어이면 단수 동사에 일치한다.

Many have tried, but **few** *have succeeded*.
[많은 사람들이 시도해 보았으나, 성공한 사람은 거의 없다.]

There *were* **a few** who refused to go.
[가지 않겠다고 하는 사람이 몇 사람 있었다.]

I've seen **a few of those new cars** around.
[나는 그 신형 자동차를 주변에서 몇 대 보았다.]

Income levels in both countries are among the highest in the world, but in Japan comparatively **little** *is* spent on personal comforts.
[양국의 소득 수준은 세계에서 가장 높은 나라에 속하지만, 일본은 개인의 안락을 위해서는 별로 투자를 하지 않는다.]

Can I take **a little of this sugar**?

[이 설탕을 좀 가져가도 될까요?]

(2) 한정사로 쓰일 때 (a) few는 복수 가산명사와 결합되고, (a) little은 불가산명사와 결합된다.

The formula is rather long. **Few students** know it by heart yet.
[그 공식은 좀 길어서 아직은 암기하는 학생이 거의 없다.]
The formula is rather long but **a few students** already know it by heart.
[그 공식은 좀 길지만, 몇몇 학생들은 이미 그것을 암기하고 있다.]
In this country people have **little interest** in politics.
[이 나라의 국민들은 정치에는 별로 관심이 없다.]
Unfortunately, there is **little hope** of finding survivors.
[불행하게도 생존자를 찾아내리라는 희망이 거의 없다.]

few와 little은 후치 한정사에 속하기 때문에 the, her, my 따위의 중심 한정사가 이 앞에 올 수 있으며, 때로는 다른 후치 한정사를 추가할 수 있다.

The pictures were taken at one of **his few** appearances.
[그 사진들은 그가 대중 앞에 나타난 몇 차례 중 한 기회에 찍은 것이었다.]
... the car with **the fewest** mechanical problems.
[기계 결함이 가장 적은 그 자동차]

'수나 양이 너무 적다'는 개념은 few나 little보다 only a {few/little}, {few/little}, very {few/little}, not {many/much}로 나타내는 것이 보다 일반적이다.

There was {only a little / not much} time left before the arrival of the guests.

[손님들이 오기까지는 시간이 조금밖에/많이 남지 않았다.]

{Not many / Only a few / Very few} of these trees were pruned last year.

[이 나무들 중에서 많지 않은/불과 몇 그루의/극소수의 나무들만 작년에 가지치기를 했다.]

as $\begin{Bmatrix} \text{few} \\ \text{little} \end{Bmatrix}$ as는 예상할 수 있는 것보다 수량이 적다는 점을 강조한다.

As few as 10% of the patients have benefitted from the treatment.
[그 치료로 불과 10%의 환자밖에 혜택을 보지 못했다.]

It takes **as little as** four seconds for a car thief to break into a car.
[자동차 절도범이 자동차에 침입하는데 불과 4초밖에 걸리지 않는다.]

3) many는 'a large number'((수가) 많은)라는 뜻으로 a few와 대립되고, much는 'a large amount'((양이) 많은)라는 뜻으로서 a little과 대립된다. 이들에 대한 비교급은 more이고, 최상급은 most이다.

His views on capital punishment are unpalatable to **many**.
[사형에 대한 그의 견해는 많은 사람들이 받아들이기 어렵다.]

We have had **much snow** this winter.
[올해 겨울에는 눈이 많이 내렸다.]

how $\begin{Bmatrix} \text{many} \\ \text{much} \end{Bmatrix}$ ...?와 같은 문장 구조에서 후치 한정사 much와 many는 많다는 뜻이 아니다. 이것은 수량과 관련하여 단순히 수량이 많고 적음에 대해서 묻는 것에 불과하다. 그러므로 How **many friends** do you have?와 같은 물음은 청자에게 친구가 많을 것이라는 점을 전제로 하는 것이 아닐 수도 있기 때문에, 이에 대한 한 가지 대답으로 I have $\begin{Bmatrix} \text{(a) few} \\ \text{none} \end{Bmatrix}$. 이 가능하다. 이와는 반대로, how $\begin{Bmatrix} \text{few} \\ \text{little} \end{Bmatrix}$ ...?과 같은 구조에서 few와 little은 실제로 수량이 적다는 점을 전제로 해서 묻는 질문이다.

4) many와 much는 (1) 대명사로서 독립적으로 쓰이거나, $\begin{Bmatrix} \text{many} \\ \text{much} \end{Bmatrix}$ of ...는 특정한 대상을 가리키는 명사구를 수반한다. many of 다음에 오는 명사구는 복수 인칭대명사, 또는 특정한 대상을 가리키는 한정사를 수반한 복수 명사가 쓰인다. much of 다음에는 단수 대명사, 또는 특정 대상을 가리키는 한정사를 수반한 불가산명사가 쓰인다.

The news will bring joy to **many**.
[그 뉴스가 많은 사람을 기쁘게 할 것이다.]

Much (work) remains to be done.
[할 일이 많이 남아 있다.]

It doesn't matter what you give her — she always wants **more.**
[네가 그녀에게 무엇을 주느냐 하는 것은 중요하지 않아. 그녀는 항상 더 많을 것을 원하지.]

I'm not going to listen to any **more** of your lies.
[나는 네 거짓말을 더 이상 듣지 않겠어.]

Many of the students were from Canada.
[그 학생들 중 많은 학생들은 캐나다 출신이었다.]

(2) many와 much는 각각 복수 가산명사와 불가산명사를 수반하여 한정사로 쓰인다.

In **many cases** workers were being employed without a written contract.
[근로자들이 계약서 없이 채용되고 있던 경우가 많았다.]

There used to be **more women** than men in the country, but now there are fewer.
[과거에는 이 나라의 남성 인구보다 여성이 더 많았지만, 지금은 여성 인구가 더 적다.]

many more ...는 두 집단의 사람/사물의 규모의 차이를 강조하는 경우에 쓰인다.

There were **many more (supporters)** than usual.
[보통 때보다 훨씬 많은 지지자들이 있었다.]

Why does man seem to have **many more diseases** than animals have?
[어째서 동물보다 인간이 훨씬 더 많은 질병에 걸리는 것 같은가?]

The political supremacy of Wessex during the ninth and tenth centuries and its comparative freedom from Scandinavian inroads had linguistic and literary consequences, since these conditions led to the preservation of **many more** manuscripts in this dialect than in any other.
— G. L. Brook, *A History of the English Language.*
[9세기와 10세기에 웨섹스가 정치적 우위에 있었고, 스칸디나비아의 침입으로부터 비교적 자유로운 상태에 있어서 언어와 문학적으로 중요했다. 왜냐하면 이러한 상황이 보다 많은 사본이 다른 어떤 방언이 아니라 이 방언(즉, 웨섹스 방언)으로 보존되게끔 했기 때문이었다.]

many의 뜻을 강화하기 위해 a good/great many처럼 쓰인다.

A great many (of the) soldiers had deserted.
[상당히 많은 병사들이 탈영해 버렸었다.]

제시되는 숫자가 놀라울 정도로 많다는 점을 강조하고자 하는 경우에는 as many as가 쓰인다.

Since it is of course impossible to supply comprehensive descriptions of the use of **as many as** 670 nouns, not all nouns can receive equal attention.
— Hans-Jörg Schmid, *English Abstract Nouns as Conceptual Shells*.
[물론 670개나 되는 명사들의 용법을 포괄적으로 기술한다는 것이 불가능하기 때문에 모든 명사에 대하여 똑같이 관심을 가질 수 있는 것이 아니다.]

As many as 10,000 civilians are thought to have fled the area.
—*Longman Exams Dictionary*.
[만명이나 되는 시민들이 그 지역에서 탈출했다고 여겨진다.]

5) a great deal of, a large $\begin{Bmatrix} \text{amount} \\ \text{number} \end{Bmatrix}$ of와 같은 어구를 포함하여 many와 much는 학술적인 글과 같은 격식체의 긍정문에서 선호하는 경우가 종종 있다.

This enables scientists to confirm **many** of Einstein's ideas about relativity.
[이 점은 과학자들로 하여금 상대성에 관한 아인스타인의 많은 생각들을 확인시켜 줄 수 있다.]

Much debate has been generated by Thornton's controversial paper.
[손튼의 논란의 여지가 있는 논문 때문에 많은 토론이 촉발되었다.]

A large amount of the food was inedible.
[그 음식 중 먹을 수 없는 것이 많다.]

격식체·비격식체 어떤 경우에든, as, so, too의 수식을 받는 경우에는 many와 much가 쓰인다.

She gave me **so much** spaghetti, I couldn't eat it all.
[그녀가 내게 스파게티를 너무 많이 주어서 다 먹을 수 없었다.]

Too many authors are more concerned with the style of their writing than

with the characters they are writing about.
— E. Hemingway, "Advice to a Young Man"
[너무나 많은 작가들이 자신들이 묘사하고 있는 등장인물보다 문체에 더 많은 관심을 쏟고 있다.]

6) 비격식체에서, many와 much는 대개 의문문과 부정문에서 쓰인다. 반면에, 긍정문에서는 보통 many와 much 대신에 다음과 같은 표현이 쓰인다.[28]

---
much → a great/good deal (of), a large amount/quantity of
many → a good/great number (of), a large number of
much, many → plenty (of), a lot (of), lots of(비격식적임)

그러므로 예컨대 Do you have **many** books?라는 물음에 Yes, I have **many** books. 와 같은 대답은 어색하며, 대신에 Yes, I have **a lot of** books. 따위와 같이 대답하는 것이 훨씬 바람직하다.

'Does it take **much** time to learn Spanish?' — 'No, it doesn't take **much** time if you study hard.'
  ['스페인어를 배우는데 시간이 많이 필요합니까?' — '아닙니다. 열심히 공부하면 시간이 많이 걸리지 않습니다.']

'Has he lost **much** money?' — 'Yes, he has lost { **plenty** / **a lot** / **a great deal** }.'
  ['그가 돈을 많이 잃었는가?' — '그래요. 많이 잃었어요.']

There were **a large number of** printing errors in the text.
  [그 텍스트에는 인쇄상의 잘못된 글자가 상당히 많았다.]

I get **a great deal of** pleasure from my work.
  [내가 하는 일에서 나는 상당히 많은 즐거움을 맛본다.]

It takes **a lot of** skill to pilot a plane.
  [비행기를 조종하려면 많은 기술이 필요하다.]

A good teacher needs **lots of** patience.

---

28 Declerck (1991: 312). See also Alexander (1996: 95-96).

[훌륭한 선생님이 되려면 많은 인내심이 필요하다.]

3.8.2.7. another, other

1) another는 대개 '(an) additional (one); (a) different (one)'(하나 더, 다른(것/사람))라는 뜻을 나타낸다.

He ate one hamburger; then ordered **another**. (= 'an additional one')
[그는 햄버거 하나를 먹고 나서 하나를 더 주문했다.]
She no longer loves him; she loves **another**. (= 'a different one; someone else')
[이제는 그녀가 그를 사랑하지 않고 딴 남자를 사랑하고 있다.]
We need **another chair.**
[의자 하나가 더 필요합니다.]

another가 사람·장소·사건의 이름을 나타내는 고유명사와 같이 쓰여 비슷한 자질 (quality)을 가진 다른 어떤 사람이나 사물을 뜻하기도 한다. 이것은 부정관사 + 고유명사가 나타내는 뜻과 비슷하다.

Music fans are already calling him **another Frank Sinatra.**
[음악 애호가들은 이미 그를 제2의 '프랑크 시나트라'라고 부르고 있다.]
Bosnia might become **another Vietnam.**
[보스니아가 제2의 베트남이 될지도 모른다. → cf. 1954에서 1975년까지 월맹과 월남 사이에 장기전이 발생, 1975년에 월남이 패망하여 공산 베트남 정부가 수립됨.]

2) another는 (1) 대명사로서 독립적으로 쓰인다. 극히 드물게 another of가 복수 (대)명 사를 수반해서 쓰이기도 한다. 명사를 수반하는 경우에 그 명사는 특정한 대상을 가리키는 한정사를 수반한다.

The information is transmitted from one computer to **another** through a telephone line.
[전화선을 이용하여 정보가 한 컴퓨터에서 다른 컴퓨터로 전송된다.]

Helen resigned from her last job and has yet to find **another**.
[헬렌이 마지막 직장을 그만 두고 나서 아직 다른 직장을 구하지 못했다.]

I saw **another of those yellow butterflies** yesterday.
[나는 어제 그런 노랑나비를 한 마리 더 보았다.]

이처럼 another가 대명사로서 독립적으로 쓰이거나 부정대명사 one을 수반하여 한정사 역할을 하기도 한다.

He finished his sausage and asked her for **another one.**
[그는 소시지를 다 먹고서 그녀에게 하나 더 달라고 했다.]

(2) 한정사로서 단수 가산명사를 수반한다. 발생적으로 another는 본래 수사 'one + other'에서 생긴 것으로서 부정관사 a(n)의 뜻을 포함하고 있기 때문에 이 앞에 관사 등이 놓이지 못할 뿐만 아니라, 또한 복수 명사를 수반하지 못한다. 그러나 바로 뒤에 few나 two, three, four 따위와 같은 복수의 뜻을 가진 수사가 오면 복수 명사를 수반한다.

Put **another cover** on the bed if you get cold.
[추우면 침대에 덮개를 하나 더 덮어라.]
Another few people can still join the group if they like.
[원한다면 아직도 몇 사람은 더 이 그룹에 들어올 수 있다.]
In **another two weeks** we'll be on holiday.
[앞으로 두 주일 더 있으면 우리는 휴가를 갖는다.]

복수 가산명사나 불가산명사 앞에는 another를 쓸 수 없으며, 이런 명사 앞에는 another가 나타내는 뜻, 즉 '하나 더'라는 뜻을 나타내느냐, '다른'이라는 뜻을 나타내는 것인가에 따라 각각 more와 other가 이 대신에 쓰인다.

More men came into the room. (*Another men came ....)
[더 많은 사람들이 방으로 들어왔다. → *Another men came ...이라고 할 수 없음.]
Other people must have thought like this. (*Another people must ....)
[다른 사람들도 이처럼 생각했을 것이다. → *Another people must ...라고 할 수 없음.]
... toys, paints, books and **other** equipment. (*..., books and **another equip-**

ment.)
　　[... 장난감, 페인트, 책 및 다른 비품 → *..., books and another equipment라고 할 수 없음.]

another가 쓰인 관용적인 표현으로 A is one thing, B is another(A와 B는 별개다.)와 같은 것이 있다.

　　Signing the agreement was **one thing**, putting it into effect was **another**.
　　　　[협정서에 서명하는 것과 그것을 실행에 옮기는 것은 별개의 문제였다.]
　　Change is **one thing**, progress is **another**.
　　— Bertrand Russell, "Philosophy and Politics"
　　　　[변화와 진보는 별개의 문제이다.]

2) other는 이미 언급되었거나, 알고 있는 대상 이외의 다른 대상(들)을 가리키는데 쓰인다. 이것은 독립적으로 대명사로는 쓰이지 못하고, 항상 한정사로만 쓰인다. 한정사로서 이것은 복수 가산명사를 수반한다.

　　'I don't have the key of the front door.' — 'Never mind. There are plenty of **other ways** of getting in.'
　　　　[현관문 열쇠가 없어.' — '걱정하지 마라. 달리 들어갈 수 있는 방법이 많아.']

other는 한정사 중에서도 후치 한정사에 속하기 때문에 이 앞에 전치 한정사와 중심 한정사가 올 수 있다(→ 3.9.2 참조).

| *all the* **other** women | *that* **other** color | *several* **other** trees |
| *her* **other** sister | *many* **other** ideas | *two* **other** letters |

대명사 others는 another의 복수형이다. 어느 한 집단 전체의 일부를 some으로 나타낸다면, others는 some에 해당되는 부분을 제외한 그 나머지 중에서 막연한 일부를 뜻한다. 대개 이것은 앞에 놓인 some (...) 따위와 대립 관계를 나타내기도 한다.

Some metals are magnetic and **others** aren't. (= some others')
[일부 금속들은 자석을 띠지만, 다른 것들은 그렇지 않다 → some과 others가 대립 관계를 보이고 있음.]

Mental skills perfected in **one area** can be transferred to **others**.
[어느 한 분야에서 완성된 정신적인 능력이 다른 분야로 옮아갈 수 있다.]

또한 others가 다른 일반적인 사람들을 뜻하기도 한다.

We should always be considerate to **others**.
[우리는 항상 타인을 배려할 줄 알아야 합니다. → others는 'other people generally'라는 뜻임.]

또한 특정한 사람이나 사물에 대해서 말할 때 some (...)이 쓰이고, 다시 이 유형에 속하는 다른 사람이나 사물을 가리킬 때 others를 사용하여 some (...) ... others ...와 같은 구조를 사용한다.

Some people complained, but **others** were more tolerant.
[불평하는 사람들이 있는가 하면 좀 더 너그러운 마음을 가진 사람들도 있었다.]

Some foods will make you restless, agitated, and tense, creating a jittery feeling. **Others** may make you drowsy or sluggish, creating so much heaviness you can barely remain awake in meditation.
— S. Rama, *Meditation and Its Practice.*
[음식들 중에는 마음이 침착하지 못하고, 동요를 일으키고, 또한 긴장되게 하여 결과적으로 신경과민에 이르게 하는 것이 있는가 하면, 졸리거나 나른하게 하여 결국 몸이 무거워져서 명상 도중에 좀처럼 깨어 있지 못하게 하는 것들도 있다.]

U.S. sanctions will remain in place for now, Trump said. **Some** of those sanctions relate to human rights, **others** to North Korea's nuclear and missile programs — *The Washington Post,* June 12, 2018.
[지금으로는 미국의 제재 조치가 그대로 유지된다고 트럼프 대통령이 말했다. 이들 제재 조치들 중 일부는 인권과 관련된 것이고, 다른 것들은 북한의 핵미사일 프로그램과 관련이 있다.]

어떤 대상을 더 세분하게 되면 some ... others ... still others와 같이 쓰이게 된다.

Among the students we interviewed, study times were strictly a matter of personal preference. **Some** worked late at night when the house was quiet. **Others** awoke early. **Still others** studied as soon as they came home when the work was fresh in their minds.

— Edwin Kiester, Jr. & Sally Valente Kiester, "Secrets of Straight-A Students"

[우리가 면접한 학생들 중에는 공부 시간이 엄격히 말해서 개인적인 선호도의 문제였다. 집 안이 조용한 밤늦은 시간에 공부하는 학생들이 있는가 하면, 아침 일찍 잠에서 깨는 학생들도 있었다. 또 다른 학생들은 집에 돌아오는 즉시 공부한 내용이 머리에 생생하게 남아 있을 때 공부했다.]

Over the years, scientists have come up with a lot of ideas about why we sleep. **Some** have argued that it's a way to save energy. **Others** have suggested that slumber provides an opportunity to clear away the brain's cellular waste. **Still others** have proposed that sleep simply forces animals to lie still, letting them hide from predators.

— *The New York Times*, Feb. 2, 2017.

[오랫동안 과학자들은 우리가 잠을 자는 이유에 대한 많은 생각을 하게 되었다. 잠이라는 것이 에너지를 비축하는 한 가지 방법이라고 주장하는 과학자들이 있는가 하면, 다른 과학자들은 잠을 자면 뇌세포의 노폐물을 제거하는 기회를 제공해 준다고 말했다. 또 다른 과학자들은 잠이라는 것이 단순히 동물들이 조용히 누워서 약탈자로부터 자신을 숨길 수 있게 한다는 생각을 내놓는다.]

The American colonists had many different life experiences in the New World. **Some** lived in crowded cities, **others** lived on farms, and **still others** manned outposts on the frontiers.

— *The Complete Book of United States History* (2002).

[미국 식민주의자들은 신대륙에서 서로 다른 인생 경험을 많이 했다. 밀집된 도시 생활을 하는 사람들, 농장생활을 하는 사람들이 있는가 하면, 또 다른 사람들은 변경지대의 전초 지대에 배치되었다. → 이 글의 출처는 2002년판 미국 초등학교 3-5학년 역사 교과서.]

두 대상에 대해서 말할 때, 이미 한 사람이나 물건에 대해서 말하고 두 번째 대상에 대해서 말할 때 두 번째 대상이 정관사를 수반한 대명사 the other (one)로 나타낸다. 따라서 이것은 종종 one ... the other (one)처럼 대립적으로 쓰인다.

He held a book in **one** hand and his notes in **the other**.
[그는 한 손에 책을 들고 다른 한 손에 노트를 들었다.]
One son went to live in Australia and **the other one** was killed in a car crash.
[한 아들은 호주로 살러 갔고, 다른 아들은 자동차 충돌 사고로 죽었다.]

the other 다음에 단수/복수 가산명사를 수반할 수 있으며, 또한 정관사 the 대신에 my, my father's, these 따위와 같은 중심 한정사가 올 수 있다. other 다음에 단수 가산명사가 오면 방금 위에서 본 바와 같이 둘 중의 나머지 하나를 뜻하고, 복수형이 오면 일부를 제외한 나머지 전체를 뜻한다.

My other sister is a doctor.
[나의 다른 누나는 의사이다.]
The voice at **the other end** of the phone sounded sleepy and confused.
[통화 상대자의 목소리가 졸리고 뭔가를 혼동하는 듯했다.]
Where are **your other clothes**?
[너의 다른 옷들은 어디 있느냐?]
The seats are free; **the other seats** are taken.
[그 좌석들은 비어 있지만, 다른 좌석들은 모두 차 있다.]

the others는 어느 한 집단의 일부를 제외한 나머지 전체를 뜻한다.

The bells are carefully installed so that disconnecting one will have no effect on **the others**.
[벨들이 어느 하나를 떼어낼 때 다른 벨에 영향이 가지 않도록 신중히 설치되었다.]
The search party was divided into two groups. Some went to the right, **the others** went to the left.
[조사단은 두 집단으로 나뉘어 일부는 오른쪽으로 가고, 나머지는 모두 왼쪽으로 갔다.]

3.8.2.8. enough, most, several, half

1) enough는 'adequate in quantity or number'(수량이 필요한 것만큼 있는)의 뜻을 가지

며, 복수 가산명사나 불가산명사와 관련해서 쓰인다.

enough는 (1) 독립적으로 쓰여 대명사 역할을 하거나, enough of가 불가산명사와 관련되면 단수 (대)명사와 결합되고, 가산명사와 관련되면 복수 (대)명사와 결합된다. 이러한 경우에 명사는 특정한 대상을 가리키는 한정사를 수반한다.

> **Enough** has been said about this already.
> [이 문제에 대해서는 이미 충분히 얘기가 되었다.]
> Have we got **enough of those new potatoes**?
> [우리는 그 햇감자를 충분히 갖고 있는가요?]
> They haven't had **enough of it.**
> [그들은 그것을 충분히 갖지 못했다.]

(2) enough는 한정사로서 복수 가산명사나 불가산명사를 수반한다.

> There are not **enough car parking facilities**.
> [주차 시설이 충분치 않다.]
> There's **enough room** in the hotel for three hundred guests.
> [그 호텔에는 300명의 손님들이 이용할 충분한 공간이 있다.]

enough가 형용사 + 명사를 동시에 수식하게 될 때, 이것은 형용사 다음에 놓이게 된다. 다음 두 문장을 비교해 보면 enough가 놓인 위치에 따라 뜻과 구조가 서로 다르다.

> (7) a. We haven't got **enough big nails**.
> [우리는 큰 못을 충분히 가지고 있지 못하다.]
> b. We haven't got **big enough nails**. (Swan 2005: 167)
> [우리에게는 충분히 큰 못이 없다.]

(7a)에서 enough는 형용사 big을 수식하는 것이 아니라, 한정사로서 big nails 전체를 수식하는 것이다. 따라서 enough big nails는 enough nails **which are big**에서 먼저 which are가 생략되고 형용사 big이 명사 앞으로 이동해서 만들어진 구조이다. 반면에 (7b)에서 enough는 nails를 수식하는 것이 아니라, 부사로서 앞에 놓인 형용사 big을 수식하는 것

이다. 그러므로 big enough nails는 nails **which are big enough**라는 구조에서 먼저 which are가 생략되고 나서 big enough 전체가 명사 앞으로 이동해서 만들어진 구조이다. 이러한 구조적인 차이를 다음과 같이 괄호를 이용해서 서로 다르다면 점을 보여줄 수 있다.

[enough] [big nails] (= 7a)
[big enough] [nails] (= 7b)

2) several은 'more than two or three, but not many'(2,3개 이상이지만, 많지는 않은)라는 복수의 개념을 나타내며, a few의 경우보다 수가 약간 많다는 뜻을 갖는 것이다.

이것은 (1) 대명사로서 독립적으로 쓰이거나, several of 다음에는 복수 대명사 또는 특정한 대상을 가리키는 한정사를 수반한 복수 가산명사가 온다.

If you want to see Edward's paintings, there are **several** in the city art gallery.
[에드워드의 그림을 보고 싶으면 시내 미술 전시관에 가면 몇 점이 전시되어 있다.]
Several of the suspects have been released on bail.
[용의자 몇 명이 보석으로 석방되었다.]

(2) 한정사로서 복수 가산명사를 수반한다.

Several letters arrived this morning.
[오늘 오전/아침에 편지 몇 통이 도착했다.]

several이 hundred, thousand, million 따위와 같은 수사와 결합해서, 예컨대 **several thousand** students처럼 쓰인다. 이것은 대충 '몇 천 명의 학생들'이라는 뜻으로 번역 될 수 있을 것이다. 반면에 **thousands of** students는 1,000에서 9,000까지의 수를 가리킬 수 있기 때문에 several thousand students보다 학생 수가 더 많을 수 있다.

3) most는 어느 한 집단의 사람이나 사물의 대다수를 뜻하거나, 어떤 사물의 가장 큰 부분을 뜻한다. 이것은 (1) 대명사로서 독립적으로 쓰이거나, most of 다음에는 특정한 대상을 가리키는 (대)명사가 온다.

Some people had difficulty with the lecture, but **most** understood.
[몇몇 사람들은 그 강연을 잘 이해하지 못했지만, 대부분의 사람들은 이해했다.]
He used to spend **most of his time** in the library.
[그는 과거에 늘 도서관에서 대부분의 시간을 보냈다.]
Most of the kids I know have parents who are divorced.
[내가 아는 아이들 대부분의 부모들은 이혼했다.]

(2) 한정사로 쓰인다.

Most people think of robots as machines that look like people.
[대부분의 사람들은 로봇을 사람 생김새를 가진 기계라고 생각한다.]

4) half는 (1) 독립적으로 쓰여 대명사 역할을 하거나, half of 다음에는 대명사 또는 특정 대상을 지시하는 한정사를 수반한 명사가 놓인다.

The crime rate has been reduced by **half**.
[범죄 발생률이 절반으로 줄어들었다.]
I've bought some chocolate. You can have **half**.
[초코렛을 좀 샀는데, 반은 네가 먹어라.]
She spends **half of her time** travelling.
[그녀는 자기 시간의 절반을 여행하면서 보낸다.]
I gave him **half of a cheese pie** to keep him quiet.
[나는 그의 입을 막으려고 치즈 파이 반쪽을 그에게 주었다.]
If production goes down by half, **half of us** lose our jobs.
[만약 생산이 절반으로 줄면 우리들 중 절반은 직장을 잃게 된다.]

(2) 한정사로 쓰인다. meter, kilo(gram), hour 등 척도어 앞에는 half가 항상 한정사로만 쓰인다. 그러므로 예컨대 ***half of** a mile이라 하지 않고, **half** a mile이라고 한다.

I live **half a mile** from here.
[나는 여기서 반마일 떨어진 곳에 살고 있다.]
How much is **half a loaf** of bread?

[빵 반쪽 값이 얼마인가요?]

half가 한정사로서 바로 다음에 명사가 쓰이기도 하지만, 한정사 중에서도 전치 한정사이기 때문에 중심 한정사와 같이 쓰이기도 한다.

Half her property belongs to him.
[그녀가 갖고 있는 재산 절반은 그의 것이다.]
I have to spend **half my time** taking care of the children.
[나는 내 시간의 절반을 애들을 돌보는데 소비해야만 한다.]

half가 한정사 중에서 전치 한정사이므로 중심 한정사 the가 이 앞에 올 수 없다. 그러나 명사이면 정관사가 half 앞에 오게 된다.

Our team scored 36 points in **the second half.**
[우리 팀은 후반전에서 36점을 획득했다.]

3.8.2.9. no, none, no one, nobody, nothing

1) no는 'not any'(불가산명사나 복수명사 앞에서)나 'not a (single)'(단수 가산명사 앞에서)와 같은 뜻으로, 대명사로는 쓰이지 않고, 항상 부정 한정사로만 쓰인다. 예컨대 She doesn't have **any** friends here. 대신에 She has **no** friends here.라고 말할 수 있다. 특히 한정사 no를 대신하는 강조어구로서 not any와 not a (single)가 쓰인다.

I have **no patience** left. (= 'not any')
[이젠 더 이상 참을 수 없어.]
This product contains **no additives**.
[이 제품에는 첨가물이 들어 있지 않다.]
There is **no bathroom** in this house. (= 'not a')
[이 집에는 목욕실이 없다.]
No sane adult loves exercise.
[온전한 정신을 가진 성인으로서 운동을 좋아하는 사람은 없다.]

또한 no가 be 동사의 보어 역할을 하는 단수 가산명사 앞에 놓여 이 명사가 갖는 성질에 대한 강한 거절을 나타내면서 그 반대되는 내용이 오히려 옳다는 점을 나타내기도 한다. 예컨대 He's **no fool**.은 그 사람을 바보라고 설명하는 것은 전혀 맞지 않고, 오히려 상당히 똑똑한 사람이라고 말하는 것이 적절하다는 점을 암시해 준다.

I'm **no expert** on Japan, but I feel sure the economy will improve dramatically.
  [나는 결코 일본통이 아니지만, 일본 경제가 현저하게 향상될 것으로 확신한다.]
It's **no surpris**e to me.
  [그것은 결코 놀라운 일이 아니야. → 미리 예상했음을 암시함.]
That's **no way** to talk to your parents.
  [부모님께 그런 식으로 말씀드려서는 안 돼. → 전혀 잘못된 방법이라는 뜻을 암시.]

2) none은 'not one', 'not any', 'no one', 또는 'no quantity, amount or part'의 뜻을 나타내는 것으로서, 불가산명사나 복수 가산명사와 관련해서 쓰인다. 복수 가산명사와 관련되는 경우에는 어느 특정 집단에 속하는 사람이나 사물 전체에 대한 부정적 진술을 하는 것이고, 불가산명사와 관련해서는 어떤 대상의 모든 부분에 대한 부정적 진술을 하는 것이다.

He asked for some documentary proof. I told him that I had **none**.
  [그는 내게 문서에 의한 증거를 제시해 달라고 요청했지만, 아무런 증거도 없다고 말했다.]
None of these suggestions is very helpful.
  [이 제안들 가운데 크게 도움이 되는 것은 하나도 없다.]
He told me all the news but **none of it** was very exciting.
  [그가 내게 그 소식을 죄다 말해줬지만, 어떤 내용도 크게 흥미를 끄는 것이 없었다.]

none은 명사를 수반하지 않고 독립해서 대명사로 쓰인다. 또는 none of 다음에는 단수/복수 대명사 또는 특정한 대상을 가리키는 한정사를 수반한 단수/복수 가산명사를 수반한다. 복수 가산명사와 관련되는 경우에 none과 none of + 복수 (대)명사가 주어이면 동사는 단수 또는 복수 어느 것이라도 가능하지만, 보다 격식을 갖춘 경우에는 단수 동사가 쓰인다.

None of its former glory *remains*.

대명사(Pronouns)

[그것의 옛 영광은 아무것도 남아 있지 않다.]

If you need a seamstress, there *is* **none** better than my neighbor.
[여자 제봉사가 필요하면 우리 이웃보다 더 나은 사람은 아무도 없어.]

All the tickets have been sold. There *are* **none** left.
[표가 전부 매진되어서 남은 것이 아무것도 없다.]

None of the children $\begin{Bmatrix} was \\ were \end{Bmatrix}$ familiar with these facts.
[그 아이들 중에서 이 사실을 잘 아는 아이는 아무도 없었다.]

None of the three countries *wants* to be a nuclear state.
[이 세 나라 중 어느 나라도 핵무기 보유 국가가 되기를 원치 않는다.]

None of my friends *have* a car.
[내 친구들 중에 자동차를 가진 자가 아무도 없다.]

복수 가산명사와 관련된 none과 none of ...가 주어일 때 복수 동사와 일치하는 까닭은, 이것이 all ... not의 구조가 '전체 부정'(total negation)의 뜻으로 해석되는 경우에 대한 부정형으로 간주되기 때문일 것이다. 즉, 형태를 중시하면 none은 단수로 취급될 것이고, 내포된 뜻을 고려하면 복수로 취급될 수 있을 것이다.

All the students <u>were</u> **not** accepted.
[그 학생들 모두 받아들여지지 않았다. → cf. 이 문장이 '그 학생들 모두 받아들여진 것은 아니었다.'라고 하는 부분 부정의 뜻으로도 해석됨.]

~ **None of the students** were accepted.

no one과 nobody는 사람에 대해서 쓰이며, nothing은 사물에 대해서 쓰이는 부정대명사이며, 이들은 of-구를 수반하지 못한다. of-구 앞에는 no one이나 nobody 대신에 none이 쓰이고, none of는 nothing of 대신에 자주 쓰인다.

None of us $\begin{Bmatrix} is \\ are \end{Bmatrix}$ interested.
[우리들 중 아무도 관심이 없다. → *No one of us ...는 비문법적임.]

What I do is **none of your business.**
[내가 하는 일은 네가 알 바가 아니다. → *... nothing of your business는 비문법적임.]

no one과 nobody는 속격 형태 -'s를 갖는다.

It is **no one's** fault.
[그것은 어느 누구의 잘못도 아니다.]
He is **nobody's** fool.²⁹
[그는 빈틈없는 사람이야.]

3) 부정문에서 문두의 주어 위치에는 보통 비단정어(非斷定語: non-assertive word)가 쓰이지 못하고 대신에 부정어가 쓰인다. 따라서 He did**n't** see **anyone**.의 수동태 문장을 ***Anyone** was**n't** seen by him.³⁰ 이라고 할 수 없고, 대신 **No one** was seen by him.이라고 한다. 그밖의 위치에는 비단정어가 보다 보편적으로 쓰인다.

비단정어	부정어
not ... any	none
not a	no
not ... anything	nothing
not anybody/anyone	no one/nobody

No alcoholic drink is completely harmless.
[알콜 음료로서 완전히 해가 없는 것은 없다.]
No one can make winning choices every time, but we can improve our odds. — Richard & Joyce Wolkomir, "How to Make Smart Choices"
[아무도 매번 올바른 결정을 내릴 수 있는 것은 아니지만, 그래도 올바른 결정을 내릴 가능성을 높일 수는 있다.]
Nobody can envisage the consequences of total nuclear war.
[전면적인 핵전쟁의 결과가 어떻게 될지 아무도 모른다.]
None of the existing theories can account for these data.
[기존의 어떤 이론으로도 이 자료들을 설명할 수 없다.]

---

29 be { no / nobody's } fool: to be too intelligent or know too much about something to be tricked by other people(너무 총명하거나 아는 것이 너무 많아서 다른 사람에게 속지 않는다).

30 문두에 비단정어 anyone이 놓이지 못하는 이유는 다음에 놓인 부정어 not이 나타내는 부정의 범위 밖에 놓여 있기 때문이다.

Nothing great was ever achieved without enthusiasm.

[아직까지 열정도 없이 훌륭한 일이 성취된 적은 없었다.]

I did**n't** say **anything.**

[나는 한마디도 말하지 않았다. → I said **nothing**.보다 더 보편적임.]

3.9. 한정사

3.9.1. 한정사와 형용사

1) 전치 수식구조를 가진 명사구가 나타날 수 있는 가능한 형태 중의 하나는 예컨대 all the other red dresses(다른 그 모든 빨강색 드레스들)의 경우처럼 한정사 + 형용사 + 명사의 구조로 나타나는데, 이 구조에서 all the other는 모두 한정사(限定詞 : determiner)로서 형용사 red와 명사 dresses 앞에 놓여 있다. 이 구조는 필요에 따라 한정사와 형용사는 '선택적으로'(optionally) 나타날 수 있다는 점을 말하는 것이다.

명사구 → (한정사) (+ 형용사 +) 명사

한정사는 명사 앞에 놓여 그 명사가 지시하는 범위를 구체적으로 밝혀주는 역할을 하는 것으로서, 형용사와 뚜렷이 구별된다.

한정사는 다음과 같이 세 가지 역할을 담당한다. 첫 째, (8a-e)에서 this, the, my, those, my father's처럼 이미 청자도 알고 있는 특정한 대상을 가리킨다.

(8) a. **this** book,
 b. **the** book,
 c. **my** book
 d. **those** books
 e. **my father's** book

둘째, (9a-c)에서 a, any, every처럼 막연한 대상을 가리킨다.

(9) a. **a** student

b. **any** student

   c. **every** student

셋째, (10a-d)에서 many, few, some, no, little처럼 수나 양을 나타내는 역할을 한다.

(10) a. **many** foreigners

   b. **few** students

   c. **some** water

   d. $\begin{Bmatrix} \text{no} \\ \text{little} \end{Bmatrix}$ cheese

이미 앞에서 본 바와 같이 거의 모든 부정대명사들이 독립적으로만 쓰이는 것이 아니라, 명사 앞에 놓이게 되면 한정사로 그 기능이 바뀌게 된다.

<u>**This**</u> is really a good place. [대명사]

<u>**This** place</u> is really good. [한정사 + 명사]

2) 흔히 일반 문법서에서는 my, your, his 따위를 소유형용사, this/these와 that/those를 지시형용사, 그리고 many와 much, few, little 등을 수량형용사라고 부르는 등 이러한 부류의 단어들은 형용사에 대한 하위 부류 정도로 여겨지고 있지만, 이러한 용어 사용은 대단히 잘못된 것이다.[31] 즉, 이러한 단어들은 결코 형용사가 더 세부적으로 나누어진 부류에 해

---

31 '수량형용사'라는 용어 대신에 '수량어(quantifier)', '지시형용사'라는 용어 대신에 '지시한정사(demonstrative determiner)', 그리고 '소유형용사'라는 용어 대신에 '소유한정사(possessive determiner)'라고 부르는 것이 옳다. — Biber et al. (1999: 69-70). See also Cowan (2008: 187). 이 이외에도 의문대명사 whose, which가 명사를 수반한 경우에는 '의문한정사'라 하고, 관계대명사 what(ever), whichever, whose 다음에 명사가 오게 되면 이들을 '관계한정사'라고 하여야 옳다.

Ask him **which** he wants.

[그에게 어느 것을 원하는지 물어보아라. → which가 단독으로 나타나 있기 때문에 의문대명사 역할을 하고 있음.]

Take **whichever seat** you like.

[어느 자리든 네가 원하는 자리를 택하라. → whichever 다음에 명사를 수반하고 있기 때문에 의문한정사임.]

I gave him **what books** I had.

[나는 갖고 있는 책을 모두 그에게 주었다. → 관계대명사 what 다음에 명사가 놓여있기 때문에 관

당되는 것이 아니다. 한정사가 바로 다음에 놓이는 명사가 '특정한' 것(definiteness)을 가리키느냐, '막연한' 것(indefiniteness)을 가리키느냐, 또는 '수량'(quantity)을 나타내는 것이냐를 뜻하는 것이라면[32], 형용사는 성질이나 상태·재료·색채·모양·출처·목적/용도 등을 나타내는 것이다.[33] 또한 한정사는 기능어(function words)로서 그 수효가 한정되어 있지만, 형용사는 내용어(content words)로서 새로운 개념 내용이 생김에 따라 얼마든지 그 수효가 늘어날 수 있는 것이다.

또한 문법적으로 보면, 이 두 가지 사이에는 다음과 같은 차이가 있다.

(1) 명사 앞에 놓일 수 있는 한정사는 예컨대 **all the other** good students의 경우처럼 기껏해야 세 개밖에 되지 않지만, 한정사와 명사 사이에 놓일 수 있는 형용사의 수효는 이론상 무수히 많을 수 있다. 그렇지만 기억력의 한계 등 여러 가지 요인 때문에 실제로 명사 앞에 놓이는 형용사의 수가 지극히 한정되어 기껏해야 한 두 개 정도 뿐이다.

(2) 예컨대 book, friend, apple 따위와 같은 단수 가산명사 앞에는 a, each, another, one 따위의 한정사가 반드시 있어야 한다. 그러므로 ***good** student, ***old** friend, ***stone** house 따위에서처럼 한정사를 수반하지 않은 형용사 + 단수 가산명사는 문법적으로 틀린 표현이 된다.

(3) 수량을 나타내는 many, few, much, less를 제외하면 한정사는 비교급과 최상급 형태를 갖지 않지만, 정도의 차이를 나타낼 수 있는 형용사[34]는 비교급과 최상급 형태를 갖는다.

계한정사로 쓰이고 있음.]

He pointed to **what** looked like a tree.
[그는 나무처럼 보이는 것을 가리켰다. → what 다음에 명사가 없으므로 관계대명사 역할을 하고 있음.]

We'll use { whatever / whichever } edition is available. (Huddleston & Pullum 2002: 398)

[우리는 이용 가능한 어느 판(版)이라도 이용하게 될 것이다. → 복합 관계대명사 whatever, whichever가 명사를 수반하여 관계한정사 역할을 하고 있음.]

32 Close (1975: 4).
33 Although *adjectives* are also premodifiers, they are not classified as determiners since they differ from determiners in their meaning and in their form. Determiners indicate important characteristics about head nouns, such as definiteness vs. indefiniteness, possession, and quantity. Adjectives do not do this; instead, they describe properties of head nouns such as color, height, weight, size, and so on. — Cowan (2008: 186).
34 본서 제3권 "12.2.1 정도/비정도 형용사" 참조.

3.9.2. 한정사의 종류

한정사는 항상 자신이 한정하는 명사 앞에 놓이지만, 한정사 상호간의 상대적 위치가 다르다. 그러므로 한정사는 놓이는 위치에 따라 다음과 같이 세 가지 부류로 나누어진다:

전치 한정사(predeterminers)
중심 한정사(central determiners)
후치 한정사(postdeterminers)

위의 all the other ...의 경우처럼 전달하고자 하는 내용에 따라 이 세 가지 한정사가 모두 나타나기도 하지만, 하나 또는 두 개만 나타나기도 하고, 또는 전혀 나타나지 않을 수도 있다.

전치 한정사	중심 한정사	후치 한정사
수량어(all, both, half, **many**) 배수사(double, twice, three times,...), **such, what**	관사(a/an, the), 지시어(this/these, that/those), 속격(my father's, Mr. Kim's, Korea's), 소유어(my, your, his, her, their 등), 수량어(some, any, no, each, every, either, neither, enough), 의문사(**what**(ever), which(ever), whose), 관계사(what, whose)	기수(one, two, ...), 서수(first, second,...), 일반 서수(next, last, other, another), 수량어(**many**, few, little, several), **such**

a great deal of, a lot of, a (good) number of 등은 하나의 어구 전체가 한정사 역할을 하는 구한정사(phrasal determiner)로서 후치 한정사 역할을 한다.

한정사들 중에 many, what, such는 각각 두 번씩 중복되어 나타나고 있다. 전치 한정사로서의 many를 선택하게 되면 그다음에는 반드시 부정관사를 선택하여야 하며, 이다음에

대명사(Pronouns) 337

는 단수 가산명사가 놓인다. 따라서 many a + 단수 가산명사가 주어이면 동사는 단수형으로 나타난다. 그러나 후치 한정사 many를 선택하는 경우에는 바로 다음에 반드시 복수 명사가 오며, 따라서 many + 복수 명사가 주어이면 복수 동사를 수반하게 된다.

Many a woman *has* had a civilizing influence upon her husband.
[많은 여성들이 남편에게 교화력을 발휘했다.]
Many a firm *has* gone bankrupt through mismanagement.
[많은 회사들이 경영 부실로 말미암아 도산되었다.]
Many people *find* this film unpleasant.
[많은 사람들이 이 영화가 재미없다고 한다.]

마찬가지로 전치 한정사로서의 such를 선택하면 다음에는 반드시 부정관사를 수반하여야 하고, 후치 한정사로서의 such는 바로 다음에 불가산명사나 복수 가산명사를 수반하여야 한다. 그리고 전치 한정사로서의 what은 감탄문에 쓰이게 되는데, 이다음에 가산명사의 단수형이 오는 경우에 그 명사는 반드시 부정관사를 수반하여야 하고, 중심 한정사일 때 what은 의문문이나 명사적 관계사절에 쓰인 것이다.

There are **many** tickets left.   [후치 한정사]
  [표가 많이 남아 있다.]
Many a day has passed since then.   [전치 한정사]
  [그 이후 많은 날이 지나갔다.]
They are **such** fools, these girls!   [후치 한정사]
  [그들은 매우 바보야. 이 아가씨들 말이야.]
Such accommodation as she could find was expensive.   [후치 한정사]
  [그녀가 구할 수 있었던 그런 숙박 시설은 비싼 것이었다.]
What a terrible noise!   [전치 한정사]
  [얼마나 놀라운 소리였던가!]
What experience has she had?   [중심 한정사]
  [그녀는 어떤 경험을 했는가? → what은 의문 한정사임.]
I gave her **what money** I had.   [중심 한정사]
  [나는 갖고 있는 얼마 되지 않는 돈을 그녀에게 모두 주었다. → 이 문장에서 what은 관계 한정사임.]

3.9.3. 한정사의 결합

전치 한정사 바로 다음에 명사가 오거나, 아니면 이 명사 앞에 중심 한정사와 후치 한정사가 올 수 있다.

> **both** parents
> **both his** parents ~ **both of his** parents
> **all** ideas
> **all those** ideas ~ **all of those** ideas
> **half the** amount ~ **half of the** amount
> **such a** student

all, both, half가 of를 수반하게 되면 그 다음에는 명사가 반드시 특정한 것을 가리키는 중심 한정사를 필요로 한다. 그렇지 않은 *all of ideas, *both of parents 등은 모두 비문법적이다. 더욱이 이와 같은 구조에서 all, both, half 등은 대명사 역할을 하는 것이다.

중심 한정사는 '상호 배타적'(mutually exclusive)이다. 따라서 두 개의 중심 한정사가 서로 인접해서 나란히 놓이지 못하기 때문에 ***my this** book, ***a my** friend와 같은 표현은 비문법적이며, 따라서 이들은 각각 this book of mine, a friend of mine과 같은 구조로 바뀌게 된다. 이처럼 중심 한정사인 속격과 관사/지시어를 한데 결합하려면 a/this + 명사 + of mine/yours/Mr. Kim's 따위와 같은 이중 속격 구조(→ 1.6.8 참조)를 사용할 수밖에 없다. 그러면 중심 한정사가 상호 배타적인 경우를 알아보기 위하여 다음 두 가지 표현을 비교해 보자.

(11) a. **my friends'** parents
    b. ***the yesterday's** profit

여기서 상호 배타적이라는 말은, 명사를 한정하는 두 개의 중심 한정사가 서로 인접해서 나란히 놓여 바로 뒤에 놓인 명사를 수식할 수 없다는 뜻이다. 따라서 (11a)는 속격 my와 friends'가 각각 parents를 한정하는 것이 아니라, my는 friends'에만 관련되고, 다시 my friends' 전체가 parents를 한정하는 것이므로, 이러한 경우에는 상호 배타적이 아니기 때문에 문법적으로 옳은 표현이 된다. 그렇지만 (11b)에서는 the가 yesterday's를 한정하는 아니고, the와 yesterday's가 각각 profit를 한정하는 구조로 되어 있지만, 이 두 개의 중심 한정사는 상호 배타적이기 때문에 나란히 놓일 수 없으므로 (11b)가 틀린 표현이 되는 것이다.

또한 다음과 같은 표현은 물론, 명사 앞에 놓인 두 개의 한정사는 모두 중심 한정사들끼리 나란히 놓여 있기 때문에 서로 어순이 바뀌더라도 모두 비문법적이다.

*each these books
*any the books
*some this water
*which your discs

이러한 비문법적인 표현에서 두 개의 중심 한정사 사이에 of를 삽입하여 서로 인접하는 것을 피하게 하면 문법적인 표현이 된다. 이러한 경우에 of 뒤에 놓인 명사는 반드시 특정한 것이라야 하며, 가산명사이면 복수형이 된다. 더욱이 이 명사가 특정한 것이 되려면 반드시 특정한 것을 가리키는 단어, 즉 정관사, 지시어, 속격 등이 놓여야 한다. 이렇게 되면 of 앞에 놓인 것은 한정사로서의 자격을 상실하고 부정대명사가 된다. 몇 가지 예를 더 들어보기로 한다.

some of the people
each of my children
enough of those remarks
$\begin{Bmatrix} \text{either} \\ \text{neither} \end{Bmatrix}$ of these doors
which of your father's portraits
every one of those blouses

중심 한정사 바로 뒤에 인칭대명사는 올 수 없지만(예: *either them), 양자 사이에 of를 삽입하여 either/both/all/half of them이라고는 할 수 있다. 이렇게 되면 of 앞에 놓인 것은 한정사가 아니라, 부정대명사가 된다.

중심 한정사 뒤에 다른 한정사가 온다면 그것은 후치 한정사이다.

his **last** book

the **next** week

these **few** poems

the **most** money

the **many** students

Alice's **three other** dogs are spaniels.
[앨리스의 다른 세 마리의 개는 스패니엘이다.]

The Rebels won five of their **first seven** games.
[레블스 팀은 처음 일곱 경기 중 다섯 경기에서 승리했다.]

Many other issues were discussed at the conference.
[그 회의에서 다른 많은 문제들이 논의되었다.]

***many his** books의 경우에는 후치 한정사 + 중심 한정사의 어순으로 되었으므로 비문법적이다. 그러나 **many** of **his** books라고 하여 전치사 of를 사이에 두고 many와 his를 분리시키게 되면 이제는 many가 한정사가 아니라, 대명사 역할을 하기 때문에 문법적인 표현이 된다.

제4장

동사(Verbs)

4.1. 기본 문형과 보어

1) Fire!, Ouch!와 같은 감탄어구 또는 Sit down., Drink your milk.와 같은 명령문의 경우를 제외하면, 일반적으로 문장은 주어부(subject part)와 술부(predicate part)로 이루어진다.

주어부	술부
The plane	is landing.
Tom	disappeared *suddenly after the concert*.

술부에는 문장을 구성하기 위하여 반드시 필요한 '필수적'(obligatory) 요소와 추가로 정보를 제공하기 위한 '선택적'(optional) 요소가 포함된다. 예컨대 위의 두 번째 문장에서 suddenly와 after the concert는 이 문장을 완결하는데 구조와 의미면에서 꼭 필요한 요소가 아니다. 다시 말하자면, 이 부분이 없더라도 문법적으로 틀린 문장이 되거나, 의미 전달이 제대로 되지 않는 문장이 되는 것도 아니다. 물론 이 부분은 이 문장에 어느 정도 통합되어 있지만, 추가적인 정보를 제공하기 위해 선택적으로 쓰인 부사류(副詞類: adverbial) 역할을 하는 것이다.

부사류를 제외한 나머지 부분, 즉 이 두 개의 문장에서 동사 is landing과 disappeared는 그 자체만으로도 각각 the plane과 Tom에 대하여 완전한 서술을 할 수 있다. 즉, Tom disappeared.라는 문장은 그 자체로서 완전한 문장이며, Tom과 관련된 내용, 즉 그가 사라졌다고 하는 내용을 서술하는 것이다.

2) 위의 예처럼 주어와 동사만으로도 완전한 문장이 만들어지기도 하지만, 대부분의 경우에는 구조와 의미면에서 주어에 대하여 서술하는 요소로서 동사 이외에 한 두 개의 필수적

인 문장 요소가 요구되기도 하는데, 이를 보어(補語: complements)라고 한다. 여기서 보어라 함은 '**동사가 문장에서 나타내고자 하는 뜻을 보충하여 그 문장을 뜻과 구조적으로 완전하게 만드는 문장 요소**'를 말한다.[1] 보다 세분하면, 보어는 문중에서 담당하는 기능에 따라 주격보어(subject complement: SC), 직접목적어(direct object: DO), 간접목적어(indirect object: IO), 목적보어(object complement: OC) 등으로 불리우며, 이밖에도 전달하고자 하는 뜻 때문에 부사류(A)가 필수 요소로 요구되는 동사들도 있다.

<전통적인 기본 5형식의 문제점>

전통적으로 영어의 기본 문형은 문장을 완결하는데 어떠한 유형의 보어를 필요로 하느냐에 따라 다섯 가지로 분류되어 왔는데,[2] 이러한 분류 방식은 "부사류는 문장을 이루는데 있어서 필요한 필수 요소가 아니기 때문에 생략될 수 있다"는 생각에서 비롯된 것이다. 그렇지만 동사가 나타내는 뜻에 따라서는 부사적 요소를 반드시 필요로 하는 것들도 있기 때문에, 이러한 부사적 요소를 필요로 하는 문장들은 별개의 문형으로 취급되어야만 한다. 이러한 관점에서 영어의 기본 문형은 다섯 가지가 아니라, 다음과 같이 적어도 일곱 가지 유형으로 확장되어야 한다.[3]

---

1 전통적으로는 주격보어와 목적보어를 보어라고 한다. Huddleston (1984)은 보어에 대하여 다음과 같이 말하고 있다: To complete the predicate, we need one or more elements in addition to the predicator, and these are the complements. Thus in *ED became ill* and *My uncle used the drill*, for example, *ill* and *the drill*; are complements in that they complement the verb in such a way as to form a composite unit which can serve as a predicate (pgs. 178-179) .... In *He congratulated Liz on her promotion*, for example, the PP *on her promotion* is clearly a complement by our first criterion (the lexical entry for **congratulate** must specify that it can take an NP + *on* phrase), and similarly in *He treated us badly* the AdvP *badly* is a complement, being obligatory inasmuch as *He treated us* involves a different sense of **treat** (pg. 180).

2 전통적으로 기본 문형을 5형식으로 나눈 것은 Onions에서 비롯된다: Sentences are classified for purpose of Analysis according to the form of the Predicate, which may assume *five* principal forms. — Onions (1929: 6). Hornby (1975)는 문자와 숫자를 이용하여 동사 패턴을 25개로 나누고, 이를 다시 53개로 세분했다. 그러나 이러한 분류는 어디까지나 그 문장에 사용된 문법 요소가 어떤 형태로 나타날 수 있는가 하는 점을 보여줄 뿐, 실제로 문장 구조를 이해하는 데 아무런 도움도 되지 않는다. 예컨대 He turned to see the sun setting.과 같은 문장은 <주어 + 자동사 + to-부정사(구)>라고만 표시하였다.

3 By eliminating optional adverbials, we established seven major clause types, based on the permissible combinations of the seven functional categories, the clause elements.
The clause types are determined by the verb class to which the full verbs within the verb

4.2 주어 + 자동사: SV 문형

4.2.2 주어 + 자동사 + 부사류: SVA 문형

4.3 주어 + 연결동사 + 주격보어: SVC 문형

4.4 주어 + 일항타동사 + 목적어: SVO 문형

4.5 주어 + 일항타동사 + 목적어 + 부사류: SVOA 문형

4.6 주어 + 이항타동사 + 목적어 + 목적어: SVOO 문형

4.7 주어 + 복합타동사 + 목적어 + 목적보어: SVOC 문형

이러한 문형(文型: sentence pattern)은 동사 그 자체에 의해 결정되는 것이 아니라, 오히려 특정한 문맥에서 '동사가 나타내는 뜻'에 따라 결정되는 것이다. 예컨대 동사 get은 그 뜻에 따라 여러 가지 보어를 수반하여 SV 문형을 제외한 다음과 같은 여섯 가지 기본 문형을 이루고 있다.[4]

We didn't **get** *to bed* until 3 a. m. [SVA]

[우리는 새벽 세 시까지 잠자리에 들지 않았다.]

If that spot **gets** *any bigger* you should go to the doctor. [SVC]

[그 점이 좀 더 커지면 의사 선생님을 찾아가야 한다.]

Did you **get** *tickets* for the game? [SVO]

[그 경기 입장권을 샀는가?]

The bullet **got** *him in the neck.* [SVOA]

[총알이 그의 목에 박혔다.]

---

constituent belong. Different verb classes require different complementation (O_d, O_i, C_s, C_o, A) to complete the meaning of the verb, or (in the case of *SV*, where the verb is intransitive) no complementation. — Quirk et al. (1985: 720). 국내 영문법 참고서에서는 동사를 문법적인 기능에 따라 다음과 같이 분류하고 있다. 즉, 자동사를 완전 자동사와 불완전 자동사로 나누고, 타동사를 완전 타동사, 수여 동사, 그리고 불완전 타동사 등 다섯 가지로 나눠 이를 문장의 5형식으로 설명하였는데, 필자는 40년이 넘게 영문법을 연구하면서도 아직까지 영문법 원전에서 이러한 동사 분류 방식을 본 적이 없다.

4 ..., the occurrence of a complement of a given kind depends on the presence of a verb of an appropriate subclass. — Huddleston (1984: 178); It must be borne in mind that a given verb can belong, in its various senses, to a number of different classes, and hence enter into a number of different clause types. The verb *get* is particularly versatile one, being excluded only from type *SV*. — Quirk et al. (1985: 720).

Did you **get** *your mother a present*? [SVOO]
  [어머님께 선물을 사드렸는가?]
I must **get** *my hair cut*. [SVOC]
  [나는 머리를 잘라야 하겠다.]

4.2. 자동사

4.2.1. SV 문형

가장 기본적인 의사 전달의 구조는 SV 문형, 즉 문장의 필수 요소로서 주어와 동사만으로 이루어질 수 있는데, 이러한 문장에 쓰이는 동사를 자동사라고 한다.

Her whole body **ached**.
  [그녀의 온몸이 쑤셨다.]
Education **pays**.
  [공부해서 손해 볼 것 없다.]
All power **corrupts**.
  [모든 권력은 부패한다.]
The curtains and the paint don't (quite) **match**.
  [커튼과 페인트가 (잘) 어울리지 않는다.]
Time **elapsed** but no one **arrived** and the show didn't **materialize**.
  [시간이 지났지만 아무도 도착하지 않아서 쇼는 열리지 않았다.]
Each civilization **is born**, it **culminates**, and it **decays**.
  — A. N. Whitehead, *Adventures of Ideas*.
  [각각의 문명은 태어나고, 최고조에 이르고, 그 다음에는 쇠퇴한다.]

이처럼 다른 요소의 보충을 받지 않고 동사 자체만으로 주어에 대하여 설명할 수 있는 자동사들은 전형적으로 자발적이거나 이와 유사한 행위를 나타내는 것으로서, blink, blush, collapse, cough, cry, die, fade, faint, fall, laugh, sleep, slip, smile, sneeze, scream, vanish, yawn 따위와 같은 동사들, rain이나 snow와 같은 날씨를 나타내는 동사, 그리고 appear, disappear, go, come, arrive, depart, vanish, fade, happen 따위와 같은 '나타남'(occurrence)을 뜻하는 것들이다.

그러나 이처럼 짧은 문장은 사실상 지극히 드물고, 대개 주어와 동사 이외에도 선택적으로 여러 가지 부사류를 비롯하여 각종 수식어구가 첨가됨으로써 전달하고자 하는 정보 내용을 보다 충분하게 전달하게 된다.

>Don't **fire** *until I tell you.*
>>[내 말이 떨어질 때까지 사격하지 말아라.]
>
>The fire **spread** *through the building very quickly.*
>>[불은 삽시간에 건물 전체로 번졌다.]
>
>A good reference book, *through successive editions,* **matures.**
>— Bryan A. Garner, *Garner's Modern American Usage.*
>>[좋은 참고서는 판을 거듭함에 따라 더 좋은 책이 된다.]

또는 She sang.처럼 간단히 나타내는 대신, She was singing. 또는 She sang a most beautiful love song. 따위처럼 나타내거나, She kissed him. 대신에 She gave him a kiss.와 같은 경동사(輕動詞: light verb) 구조[5]를 사용함으로써 주어와 비교해서 술부에 해당되는 부분을 상대적으로 길게 나타내고자 하는 것이 영어의 일반적인 경향이다.[6]

4.2.2. SVA 문형

자동사들 중에는 주어와 동사만으로 완전한 문장을 이루지 못하고 전치사구나 부사구로 나타나는 부사류가 필수적인 요소로 등장하는 이른바 SVA 문형을 이루는 것들도 있다.[7] 예

---

5 경동사 구조에 대해서는 4.4.4.1 참조.

6 Connected with the principle of end-weight in English is the feeling that the predicate of a clause should be longer or grammatically more complex than the subject. This helps to explain why we tend to avoid predicates consisting of just a single intransitive verb. Instead of saying *Mary sang,* many would probably prefer to say *Mary sang a song,* filling the object position with a noun phrase which adds little information but helps to give more weight to the predicate. — Leech & Svartvik (2002: 223).

7 Some intransitive verbs characteristically do not occur alone but take an adverbial modifier. Examples: *lurk, sneak, lurch, sally, sidle, tamper, lie, live.* The last one, *live,* takes an adverbial modifier in three meanings: "reside" as in "He lives in Mexico"; "stay alive" as in He lived in the first half of the twentieth century." Also, intransitive verbs with a passive sense based on transitive verbs take an adverbial modifier, as in "Your car rides

컨대 come이 'to be in a particular place/position in order'(순서상 어떤 특정한 위치에 놓이다)라는 뜻으로 쓰인 The address should **come** *above the date*.(주소는 날짜 위에 적어야 한다.)라는 문장에서 전치사구 above the date를 생략하게 되면 의미 전달이 제대로 이루어지지 않기 때문에 문법적으로 틀린 문장이 된다. 그러므로 이러한 문장에 나타나는 전치사구나 부사구 따위도 문장을 완결하는데 필수적으로 요구되는 중추적인 요소로서 일종의 보어 역할을 하는 것으로 분석되는데, 이러한 보어를 부사적 보어(adverbial complement)라고 부른다. 다음에 예시된 문장에서 이태릭체로 나타난 부분은 문장을 이루는 데 필수적인 요소이므로, 이러한 내용이 표출되지 않으면 문법적으로 틀린 문장이 된다.[8]

The garden **extends** *to the river bank*.
  [그 정원은 강둑까지 뻗어 있다.]
The children's ages **range** *from 5 to 15*.
  [그 어린이들의 나이는 5세부터 15세까지 분포되어 있다.]
This plant **exists** *only in Australia*.
  [이 식물은 호주에서만 서식한다.]
The hot weather **lasted** *for several weeks*.
  [무더운 날씨가 수주일 동안 계속되었다.]
He **hangs out** *in Green Street*.
  [그는 그린 거리에서 대부분의 시간을 보낸다.]
Her warm blood **sallied out** *from the wound*.
  [상처가 난 곳에서 그녀의 더운 피가 뿜어 나왔다.]

live는 각 문장에 나타난 뜻으로 쓰이면 주어 + 동사만으로는 문장이 불완전해지기 때문에 완전한 문장을 이루기 위해서는 이 동사가 나타내는 뜻에 따라 반드시 장소부사, 시간부사, 또는 양태부사를 필요로 하게 된다.

They **lived** *in a studio apartment in Manhattan*.

---

  comfortably," and "Her book is selling well." — Stageberg (1981: 205).
8 Hornby의 *Oxford Advanced Learner's Dictionary*를 보면 예컨대 live가 나타내는 뜻에 따라서는 **[I] + adv./prep.**라고 표시되어 있다. 이것은 live는 자동사이며, 이 다음에 반드시 부사구 또는 전치사구가 놓여야 한다는 점을 말하는 것이다. 또한 *Longman Dictionary of English Language and Culture*에도 **I + adv/prep**라고 표시되어 있다.

[그들은 맨해튼에 있는 방 한 칸짜리 소형 아파트에 살았다. → live가 'to reside'(거주하다, 살다)라는 뜻으로 쓰이고 있기 때문에 장소 부사구를 필요로 함.]

Some trees can live *for hundreds of years*.

[수령이 수백 년까지 갈 수 있는 나무들도 있다. → live가 'to exist; to stay alive'(생존하다)라는 뜻으로 쓰이고 있기 때문에 시간 부사구를 필요로 함.]

He's a racecar driver who likes to take risks and **live** *dangerously*.

[그는 모험하면서 위험하게 사는 것을 좋아하는 경주용 자동차 운전수다. → live가 'to lead one's life in a certain way'(... 식으로 살아가다)라는 뜻으로 쓰이고 있으므로 양태 부사구를 필요로 함.]

그렇지만 다음과 같이 live가 또 다른 뜻을 가질 때에는 아무런 부사류의 도움 없이 동사가 단독으로 쓰일 수 있다.

He is badly hurt, but the doctors say he'll **live**.

[그는 중상을 입었지만, 의사들은 살아날 것이라고 한다. → live가 'to have life; to stay alive'(생명을 유지하다)라는 뜻을 나타내고 있으므로 보어가 없어도 문법적으로 옳은 문장이 됨.]

I don't want to work in an office all my life — I want to **live**!

[나는 한 평생을 사무실에서 일하고 싶은 생각이 없어. 난 인생을 즐기고 싶어! live가 'to enjoy life fully'(인생을 만끽하다)라는 뜻으로 쓰이고 있으므로 보어가 없어도 완전한 문장이 됨.]

get, lie, sit와 같은 동사들은 다음과 같은 문장에서 적절한 부사류를 필요로 한다.

Clothes **were lying** *all over the floor*.

[옷들이 온통 마루 바닥에 널려 있었다.]

Are you **sitting** *comfortably*?

[앉은 자리가 편안한가요?]

be 동사는 부사적 보어 역할을 하는 다음과 같은 전치사구를 수반해서 여러 가지 다양한 의미 관계를 나타낸다.[9]

---

9 Quirk et al. (1985: 731).

My brother **is** *in the room*. (장소)
    [내 동생은 방안에 있다.]

The game will **be** *at three o'clock*. (시간)
    [경기가 세 시에 벌어진다.]

The two eggs **are** *for you*. (수용자)
    [그 두 개의 계란은 너의 몫이다.]

The drinks **are** *for the journey*. (목적)
    [이 음료수는 여행갈 때 가져갈 것이다.]

If fruit prices are higher this year, it**'s** *because of the bad harvest*. (이유)
    [올해 과일 가격이 더 비싸다면 그것은 흉작 때문이다.]

Entrance **was** *by special invitation only*. (수반)
    [특별 초대를 받은 사람만 입장이 되었다.]

Transport to the mainland **is** *by ferry*. (수단)
    [본토로 가는 교통수단은 나룻배이다.]

Payment **is** *by cash only*. (수단)
    [현금으로만 받습니다.]

Melvin's main interest **is** *in sport*. (자극)
    [멜빈의 주된 관심거리는 스포츠이다.]

Jack and Nora **are** *with me*. (동반)
    [잭과 노라는 나와 같이 있다.]

The painting **was** *by an unknown artist*. (동작주)
    [그 그림은 이름이 알려지지 않은 화가가 그린 것이다.]

반면에 특정한 장소와 관련되어 '...에 있다'고 하는 '상대적인' 존재를 나타내는 것이 아니라, 단순히 어떤 것이 존재한다는 점을 뜻하는 '절대적' 존재를 뜻하는 be 동사는 SV 문형을 만들기 때문에 부사류를 필요로 하지 않는다.

I think; therefore I **am**. — R. Descartes
    [나는 생각한다, 그러므로 나는 존재한다. — 데카르트]

They(= survivors) treasure the time that *is.*
— Ardis Whitman, "Secrets of Survivors"
    [시련을 이겨내는 사람들은 주어진 시간을 소중히 여긴다.]

4.3. 연결동사

4.3.1. SVC 문형

1) 연결동사(連結動詞: linking verb) — 흔히 '계사'(繫辭: copula)라고도 부름 — 는 동사 자체가 뚜렷한 뜻을 갖는 것이 아니라, 단순히 주어와 보어를 연결지어 주는 역할을 할 뿐이다. 예컨대 우리말에서 "...은 ...이다."라고 하는 기본적인 구조에서 "...이다"에 해당되는 단어가 곧 연결동사이다.

연결동사가 쓰이면 주어와 동사만으로 완전한 문장을 이루지 못하기 때문에 동사가 갖는 뜻을 보충해 주면서 동시에 주어를 설명해 주는 별도의 요소가 필요한데, 바로 이러한 역할을 담당하는 요소를 주격보어라 한다. 따라서 연결동사는 SVC 구조를 가진 문장을 만든다. 이러한 문장에서 주격보어는 주어의 정체성(identity) 또는 특성(characteristic)을 밝혀주는 역할을 한다. 구체적으로 말하자면, 주격보어로서 명사구가 쓰여 이것이 주어와 동일한 대상을 가리키거나, 형용사가 쓰여 주어의 성질·상태 등을 설명해 주는 것이다.

> Poverty and ignorance **are** *the enemies of progress*.
> [빈곤과 무지는 발전의 적이다.]
> The murder **remained** *an unsolved mystery*.
> [그 살인 사건은 계속 해결되지 않은 미스터리로 남아 있었다.]
> Goodlooking food doesn't necessarily **taste** *good*.
> [보기 좋은 음식이라고 반드시 맛이 좋은 것은 아니다.]
> That fellow never **stays** *sober* for long.
> [그 녀석은 맑은 정신일 때가 많지 않다.]

2) 주어와 주격보어 사이에는 수(number)와 성(gender)의 일치가 이루어지는 것이 일반적이다. 따라서 주어가 단수이면 보어로 쓰인 명사도 단수형이 되며, 주어가 복수이면 보어도 복수형이 된다. 또한 주어가 남성, 여성, 또는 중성이면 보어에 해당되는 (대)명사 형태도 이에 따라 각각 남성, 여성, 또는 중성이 된다.

> **Mary** wants to be **a seamstress**.
> [메리는 재봉사가 되고 싶어한다. → 주어가 단수 여성명사(Mary)이기 때문에 보어도 단

수 여성명사(a seamstress)로 나타나고 있음.]

The two girls are **heiresses**.

[그 두 소녀는 재산 상속인이다. → 주어가 복수 여성명사(the two girls)이기 때문에 보어도 복수 여성명사(heiresses)로 나타나고 있음.]

Janet isn't **herself** today.

[재니트는 오늘 정신이 나갔어. → 주어가 단수 여성명사(Janet)이기 때문에 보어도 여성 단수 재귀대명사형(herself)이 쓰이고 있음.]

그러나 다음과 같은 문장에서는 복수 주어에 단수 주격보어가 쓰이고 있어서 외형상으로는 수의 일치에 어긋나는 것처럼 보인다.[10]

John and Lionel are **a good couple**.

[존과 라이널은 좋은 부부이다.]

My neighbor's cats are **a nuisance**.

[나의 이웃집 고양이는 귀찮은 존재이다.]

Rainy days are **a bore**.

[비오는 날은 지겹다.]

Are **these socks wool**?

[이 양말은 양모로 만든 것인가?]

여기서 a ... couple은 의미상 본질적으로 복수의 뜻을 가진다. a nuisance, a bore와 같이 추상적인 개념을 나타내는 단어들은 단수와 복수의 구별이 없어서 어느 쪽에도 마찬가지로 적용되기 때문이며, 실제로 이들 추상명사는 각각 nuisant와 boring이라는 형용사적인 뜻을 가지고 주어의 특성을 나타낸다. 마지막 예에서 wool은 of wool(= 'made of wool')이라는 뜻을 갖는다.

---

10 It is well known that Noun Phrases (henceforward NPs) in the position of complement are often similar to Adjective Phrases (henceforward APs) in terms of meaning: they 'characterise' the referent of the subject rather than refer to it. Therefore, typically at least, a complement NP is non-referring, and in this respect unlike most NPs in subject or object roles .... If we accept that the NP complement in many cases has a quasi-adjectival role, then one of the features to be associated with this adjectival tendency is a lack of number contrast between singular and plural. — Leech & Li (1995: 185-186, 192). See also Downing & Locke (2006: 65).

4.3.2. 연결동사 유형

연결동사는 크게 주어의 '상태'를 나타내는 동사와 '상태의 변화'에 따른 결과를 나타내는 동사 등 두 가지 부류로 나누어진다.[11]

1) 상태를 나타내는 연결동사에는 appear, be, continue, feel, keep, look, prove, remain, smell, stay, taste 등이 속한다.

외견동사(verbs of seeming)인 appear, look, seem은 주어가 특정한 자질이나 상태에 놓여 있음을 암시한다. 따라서 이와 같은 동사는 주어가 어떤 상태에 놓여 있는 것이 명백하지만, 반드시 그 상태가 실제적인 것은 아니라는 사실을 강조한다.

> Tom **appears** satisfied.
> [탐이 만족한 것처럼 보인다.]
> She **looked** tired after the race.
> [그녀는 달리기를 하고 나서 피곤해 보였다.]
> Our future **seems** gloomy.
> [우리의 미래가 불투명해 보인다.]

일부 연결동사 다음에 to be가 수반되기도 한다. 예컨대 He **appears** happy.와 He **appears to be** happy.와 같이 나타낼 수 있는데, 양자 사이에는 다소 차이가 있다. 즉, 양자간의 차이는 주관성의 정도로 풀이될 수 있다. to be가 쓰이면 화자의 판단은 보다 객관성이 높고 간접적인 반면, to be가 쓰이지 않게 되면 주어가 갖는 상태에 대한 판단은 주관성이 높고 직접적이다. 따라서 to be가 쓰이지 않은 표현은 화자 자신의 직접적인 경험에서 얻은 정보를 말하는 것인 반면, to be가 쓰이면 확증될 수 있는 외적인 증거를 마음속에 가지고 하는 판단이다.[12]

> *The surface of this table **feels to be** smooth.
> [이 테이블 표면이 매끄럽게 느껴진다. → 화자가 만져보고 말한 주관적인 판단에 따른 것이

---

11 The most common copula is *be*. Other copulas fall into two main classes, according to whether the role of the subject complement is that of current attribute or attribute resulting from the event described in the verb. — Quirk & Greenbaum (1973: 352f).

12 이기동 (1992: 264-265). See also Dixon (2005: 204).

기 때문에 틀렸음.]
You seem to be *uneasy*.
[너는 불안한 것 같다. → 청자가 취하는 행동 등을 통해 그렇게 판단하는 것임.]

appear와 달리, look과 seem 다음에 like가 놓이게 되면 보어로서 명사구를 수반한다.

He **seems like** *a successful businessman*.
[그는 성공한 사업가처럼 보인다.]
This cloth **looks like** silk.
[이 천은 비단처럼 보인다.]

feel, smell, sound, taste 등은 감각적 지각을 나타내는 연결동사로서, 형용사를 보어로 취한다. 이런 동사들은 대개 화자의 감각적 지각 행위를 나타내지만, 지각 작용을 일으키는 주체가 화자 이외의 딴 사람이면 예컨대 to him/them/my father처럼 to를 수반한 전치사구 형태로 표출된다.

Your voice **sounds** hoarse.
[너의 목소리가 쉰 것 같다.]
My leg muscles always **feel** stiff after a long walk.
[오래 걷고 나면 나는 항상 다리 근육이 뻑적지근해진다.]
This meat **tastes** rancid.
[이 고기는 맛이 갔어.]
Although the meal was cold, it **tasted** delicious to **Miriam**.
[식사가 차가웠지만, 미리암에게는 맛이 좋았다.]
The rancid garbage **smelled** repugnant **to the refuse collectors**.
[악취나는 쓰레기가 쓰레기 수거원들에게는 구역질나는 냄새를 풍겼다.]

keep, remain, stay 등은 주어가 현재 놓여 있는 상태를 그대로 유지하는 관계를 나타낸다. 그렇지만 이러한 상태의 유지는 주어의 능동적인 노력의 결과일 수도 있고, 그렇지 않을 수도 있다.

The best way to **stay** slim is to eat low-fat, low-sugar foods.

[몸을 계속 날씬하게 유지하는 최선의 방법은 지방과 당분이 적은 음식을 먹는 것이다.]

He always **remains** cool, calm and collected in a crisis.
[그는 위기 속에서도 항상 냉철하고, 침착하며, 또한 차분하다.]

continue는 주로 날씨 관계를 나타내는 경우에만 형용사를 보어로 삼는 구조를 가질 뿐, 다른 동사들과 비교하면 연결동사로 잘 쓰이지 않는다.

The weather **continued** *mild/sultry*.
[날씨가 계속 포근했다/후덥지근했다.]

be 동사는 다른 연결동사와 달리 그 자체의 의미 내용을 거의 갖지 않으면서도 연결동사로서 가장 널리 쓰인다. 형용사가 보어로 쓰이면 항구적인 성질이나 일시적인 상태를 나타내며, 명사가 쓰이면 주어와 동일한 대상을 가리킨다.

The chef **is** a young man with broad experience of the world.
[그 요리사는 폭넓은 세상 경험을 가진 젊은이이다.]
He **is** no stranger to misfortune.
[그는 산전수전을 다 맛본 사람이다.]
He **is** very sensible.
[그는 분별심이 대단한 사람이다.]
Cigarette smoking **is** dangerous to your health.
[흡연은 여러분의 건강에 위험합니다.]

2) become, come, fall, get, go, grow, run, turn, wear 따위의 동사들은 주어가 놓여 있는 상태의 변화에 따른 결과를 나타낸다. 따라서 대부분의 상태의 변화를 나타내는 연결동사 다음에는 변화의 결과를 나타내는 형용사가 보어로 등장하게 된다.

become은 be 동사의 뜻을 다소 포함하기도 하며, 이 대신에 be 동사가 쓰이기도 한다. become과 비슷한 뜻을 갖는 come to be는 어떤 결과에 이르는 과정이 길거나, 복잡하거나, 간접적이거나, 어렵다거나, 또는 어떤 의미에서는 주목할만하다는 뜻을 포함하는 뜻을 나타내고자 하는 경우에 쓴다.[13]

---

13 In addition to the very common expression, 'to become _____ ', which we have explained

In 1960 he **became** Ambassador to Hungary.

[1960년에 그는 헝가리 대사가 되었다.]

When water freezes and **become** solid, we call it ice.

[물이 얼어서 단단해지면 얼음이라고 한다.]

When we first met, we didn't get along very well, yet we have **come to be** very close friends.

[처음 만났을 때 우리는 아주 사이좋게 지내지 못했지만, 나중에는 아주 절친한 친구 사이가 되었다.]

come이나 fall은 관용적인 표현에 쓰인다.

Houses like that don't **come** cheap. (= 'are expensive')

[그런 집은 비싸다.]

My shoe laces have **come** undone.

[내 신발 끈이 풀어졌다.]

He **fell** silent.

[그가 갑자기 입을 다물어버렸다.]

Has she **fallen** ill again?

[그녀가 다시 병에 걸렸는가?]

get은 'become'의 뜻으로 쓰이는 경우가 아주 많지만, 일상 대화에서는 become보다 get이 아주 보편적으로 쓰인다.

---

above, native speakers also use the expression, '*to come to be* _____'. However, the meaning is slightly different. Consider this example:

5. When we first met, we didn't get along very well, yet we have come to be very close friends.

In this example, two people do not like each other very much at first, but they eventually *become* close friends. We can assume that the *process* of *becoming* close friends is rather difficult, long, and complicated for two people who don't get along well at first. We use the expression '***COME TO BE*** _____', to suggest that '*the process of becoming* ___' is ***LONG, COMPLICATED, INDIRECT, DIFFICULT***, or in some way ***REMARKABLE***. — Kosofsky (1991: 17).

It **gets** dark early these days, doesn't it?
[요즘은 날이 일찍 어두워지지. 안 그래?]

She began to **get** suspicious.
[그녀는 의심을 품기 시작했다.]

If things **get** any worse, you'll have to come home.
[사태가 혹시라도 더 악화된다면 집으로 돌아와야 할 것이다.]

Old Mr. Parsons **gets** tired very easily since his operation.
[파슨스 영감께서는 수술을 받고 난 이래 걸핏하면 피곤해진다.]

go는 bad, mad, sour, wrong 따위와 같은 형용사와 결합해서 바람직하지 못한 결과를 나타낸다.

Top students brook no intrusions on study time. Once the books are open or the computer is booted up, phone calls **go** *unanswered*, TV shows *unwatched*, snacks *ignored*.
— Edwin Kiester, Jr. & Sally Valente Kiester, "Secrets of Straight-A Students"
[상위권 학생들은 공부 시간에 방해를 받지 않는다. 일단 책이 펴지거나 컴퓨터가 작동중이면 전화가 와도 받지 않으며, TV 쇼도 보지 않고, 스낵도 무시해 버린다. → unwatched 와 ignored 앞에 각각 동사 go가 생략되었음.]

About 12 hours later, everything **went** terribly *wrong*.
— *The New York Times*, April 17, 2014.
[대략 열 두 시간 뒤에는 모든 사태가 아주 심각한 상태가 되었다. → 2014년 4월 15일 경기도 안산 단원고 2학년 학생들이 세월호를 타고 제주도로 수학여행을 떠난 지 12시간 이후, 즉 이튿날 아침 침몰 사고 발생 무렵을 말함.]

She **went** *mad* after the death of her son.
[아들이 죽고 나서 그녀는 미쳐 버렸다.]

In the USA in the 1800s, parts of the Wild West were lawless areas where crimes **went** *unpunished*.
[1800년대 미국 서부의 일부 변경지대에서는 범죄행위들이 처벌을 받지 않는 무법천지였다. → the Wild West: (개척 시대의) 미국 서부의 변경 지대.]

He **went** *deathly pale* at the news.

[그는 그 소식을 듣고 몹시 창백해졌다.]

I was talking to someone with a glass of wine in my hand when I realized that my feet had **gone** numc. — Deepak Chopra, *Life after Death*.
   [내 발에 마비가 왔다고 느꼈을 때 나는 손에 포도주 한 잔을 들고 누군가와 이야기를 나누고 있었다.]

grow는 bored, impatient, tired 등 심리적 상태를 나타내는 형용사, 비교급 형용사, 또는 long, old, tall 따위와 같은 형용사를 보어로 수반하여 느리지만 점차적인 변화를 나타낸다.

You **grow** *more beautiful* each day.
   [너는 날마다 더 예뻐지고 있구나.]
Selik was **growing** *stronger* every day.
   [셀릭은 하루가 다르게 몸이 튼튼해지고 있었다.]

make는 'become'의 뜻을 가지고 주어가 특정한 역할을 잘 한다는 점을 나타내는 연결동사로 쓰이며, 이러한 뜻을 뒷받침해 줄 수 있는 적절한 형용사를 수반한 명사구를 보어로 삼는다.[14] 그러므로 예컨대 He'll **make** a good president.는 그 사람이 대통령으로서의 역할을 잘 해낼 것이라는 점을 뜻하는 것이다. 그렇지만 예컨대 make good(= 'succeed')과 같은 관용어구에서는 make가 형용사를 보어로 삼는다.

Velvet **makes** *an excellent curtain material*.
   [벨벳은 커튼감으로 아주 좋다.]
Animal manure **makes** *a good fertilizer*.

---

14 make가 연결동사 역할을 하면 명사구를 주격보어로 취하며, 이 명사구에는 대개 형용사를 수반한다. 그렇지 않으면 형용사가 수반된 것으로 암시되어야 한다. 다음의 처음 두 문장은 형용사가 첨가된 것으로 암시되지 않기 때문에 비문법적이지만, 마지막 문장은 형용사가 없더라도 형용사가 있는 것으로 생각할 수 있기 때문에 문법적인 문장으로 간주되는 것이다:
  *Oliver made excellent
  *Oliver made a policeman.
  Oliver will make a (good) student.
   [올리버는 착실한 학생이 될 것이다.]
  —Allerton (1982: 100).

[동물의 똥은 좋은 비료가 된다.]

Don't you think the novel would **make** *a great movie?*
[그 소설이 좋은 영화가 되리라고 생각지 않으세요?]

run은 바람직스럽지 못한 방향으로의 변화를 연상시키며, 결과적으로 변화의 결과는 '통제 불가능한'(uncontrollable) 것임을 암시한다.

The river **ran** *dry* during the drought.
[가뭄이 왔을 때 강이 말라버렸다.]
Since their parents divorced those children have been **running** *wild*.
[부모가 이혼하고 난 이래 그 아이들은 난폭한 행동을 일삼아 왔다.]

turn은 대개 눈에 보이거나 두드러진 상태의 변화를 나타내는 데 쓰인다. 이것은 색채어와 결합해서 쓰이는 것이 일반적이다.

The game **turned** *ugly* in the final minutes, when two players were ejected for fighting.
[최후 순간에 두 선수가 싸우는 바람에 퇴장당했을 때 경기가 험악해졌다.]
The weather **turned** *quite chilly* in the afternoon.
[오후가 되어 날씨가 아주 쌀쌀해졌다.]
The leaves **turn** *bright red* in autumn.
[가을에는 잎사귀들이 선홍색으로 변한다.]

대개 turn은 비교적 상태의 변화가 상대적으로 빠르게 이루어진다는 점을 암시하기 때문에 *The child **turned fat**.이나 *He **turned tall**.과 같은 문장은 허용되지 않는다.

turn 다음에 명사가 놓여 예상치 못했거나 바람직하지 못한 변화나 사태의 진전을 나타내며, 이 명사는 단수 가산명사일지라도 관사를 수반하지 않는다.

Is it wise for a great general to **turn** *politician*?
[훌륭한 장군이 정치인으로 변신하는 것이 현명한 일인가?]
The King's trusted minister **turned** *traitor*.
[왕의 신임을 받는 그 장관은 반역자로 변심했다.]

4.3.3. 주격보어가 되는 어구

1) 주격보어가 되는 것은 명사구, 분사 형용사를 포함한 형용사구, that-절, 의문사절, 명사적 관계사절, 부정사절, 동명사절 등 명사적 역할을 하는 절 등이다.

4.3.3.1. 명사구

연결동사 다음에 놓여 주격보어 역할을 명사구는 주어가 속한 '부류'(class)를 나타내거나, 또는 주어와 '동일성'(identity) 관계를 나타낸다.

She is **a hospital nurse**.
[그녀는 병원의 간호사이다.]
The orchestra was **the London Philharmonic**.
[그 오케스트라는 런던 필하모니였다.]

첫 번째 문장에서 주격보어 역할을 하고 있는 명사구 a hospital nurse는 그녀가 간호사라는 부류에 속하는 한 사람이라는 뜻이며, 두 번째 문장에서 the London Phil harmonic은 주어와 동일한 대상임을 나타내고 있다.

다음과 같이 명사구에 형용사가 포함되어 있는 경우에는 주어가 속한 부류나 주어와 동일성 관계를 나타낸다기보다 오히려 주어 자신의 '속성'(屬性: attribute)을 나타낸다고 보는 것이 타당하다. 그 이유는 다음에서 주격보어를 a woman who is highly intelligent와 같이 바꾸었을 때 명사에 대한 수식어구 highly intelligent가 곧 주어의 속성을 나타내고 있기 때문이다. 즉, 그 여자가 어떠한 속성을 가진 사람인가를 나타내는 것이다.

His daughter is **a highly intelligent woman**.
[그의 딸은 상당히 지성을 갖춘 여성이다.]

또한 정도명사구(gradable noun phrase)가 주격보어 역할을 할 때에도 그것이 주어와 동일성 관계를 갖는 것이 아니라, 오히려 형용사적인 특성을 나타낸다. 그러므로 이러한 명사구가 주격보어 역할을 하게 되면 다음 예에서처럼 정도의 차이를 나타내는 추상명사들은 rather a, more of a, too much of a 따위와 같은 정도의 차이를 나타내는 수식 구조를 동반할 수 있다. 때문에 이러한 역할을 하는 명사들은 의미상의 차이 없이 형용사로 바꾸어 나타낼 수 있다. [15]

The film was a bit of **a disappointment**.
[그 영화는 조금 실망스럽다. → a bit of a disappointment를 a bit disappointing으로 바꾸어 쓸 수 있음.]

In spite of our doubts, the new secretary has proved **a great success**.
[의심스럽기는 하지만, 그 신임 비서는 크게 성공적이라는 것이 입증되었다. → a great success를 greatly successful로 바꾸어 쓸 수 있음.]

Fascism remained **a possible peril** to 'progressives' till the Fascist leaders were defeated and destroyed.
[전체주의 지도자들이 패배해서 멸망할 때까지는 전체주의가 여전히 진보주의자들에게 위협적인 존재였다. → a real peril은 possibly perilous로 바꾸어 쓸 수 있음.]

4.3.3.2. 형용사구

주격보어로 쓰인 형용사구는 주어 자신이 본래 갖고 있는 내재적인(inherent) 성질을 나타내거나, 주어의 현재의 속성(attribute)이나, 또는 결과적 속성을 밝혀주는 역할을 한다.

This cloth is **rough**.
[이 천은 거칠다.]

The government stood **firm**.
[정부의 입장은 확고했다.]

The weather turned **bad.**
[결국 날씨가 나빴다.]

---

15 The initial point to make about gradable nouns in complement function is that they perform a function similar to that of an adjective: describing the extent to which a property holds of the referent of the subject.... Sometimes the combination of adjective + noun switches easily to adverb + adjective. It is characteristic of gradable abstract nouns of quality that they can be accompanied by degree modifications such as *rather a, more of a, too much of a,* etc. — Leech & Li (1995: 189).

4.3.3.3. 전치사구

전치사구가 보어 역할을 하기도 한다. 즉, 서술적 위치에 놓인 전치사구가 형용사적으로 쓰여 보어 역할을 한다. 이런 경우에 보어 역할을 하는 전치사구와 부사적 부가어(adverbial adjunct) 역할을 하는 전치사구가 외형적으로는 동일한 문장 구조를 이루는 것처럼 보이지만, 문장에서 이 두 가지 전치사구가 담당하는 문법적인 기능은 전혀 다르다.

   (1) a. She is **in high spirits**. (= 'cheerful')
        [그녀는 기분이 좋은 상태다.]
      b. She is **in her room.**
        [그녀는 방에 있었다.]

문법적인 기능으로 보면, 두 개의 문장 (1a, b)에 내포된 전치사구는 서로 다르다. 즉, Where is she?라는 물음에 대한 대답으로 (1b)는 적절하지만, (1a)는 적절치 못하다. 또한 (1a)의 전치사구 대신에 ( ) 안에 놓인 형용사로 바꿔 사용할 수 있는 반면, (1b)의 경우에는 here나 there와 같은 부사어구로 대치된다.

다음 예문에서 보는 바와 같이, 보어 역할을 하는 전치사구는 글자 그대로의 뜻은 물론, 비유적이거나 관용적인 뜻을 나타낸다.

  He is **without a job**. (= 'jobless')
    [그는 직업이 없다.]
  His explanation was **over my head**. (= 'incomprehensible')
    [그의 설명은 이해할 수 없었다.]
  The teacher was **in a bad mood.**
    [선생님께서 짜증난 모습이었다.]
  I have been **under the weather** lately.
    [최근에 나는 건강 상태가 좋지 않았습니다.]
  Water is constantly **in motion** on the earth.
    [물이 끊임없이 지구상에 돌아다니고 있다.]

be 동사 이외의 다른 연결동사도 형용사적인 역할을 하는 전치사구를 주격보어로 수반한다.

They appear **out of breath.**
[그들은 숨 가쁜 것처럼 보인다.]
She feels **in good health.**
[그녀는 건강 상태가 좋다고 느낀다.]

4.3.3.4. 명사절

위에서 본 주격보어의 유형 이외에도 that-절, 부정사절, 동명사절, 명사적 관계사절 따위도 주격보어 역할을 한다.

Ken's belief is **that things can't get any worse.**
[켄은 상황이 더 나빠지지는 않을 것이라고 믿는다.]
This is **what I want you to do.**
[이것이 바로 네가 했으면 하고 내가 바라는 것이다.]
Our first aim is **to restore peace and quiet.**
[우리의 첫 번째 목적은 평화를 회복해서 조용해지는 것이다.]
What most people prefer is **others doing the work.**
[대부분의 사람들이 더 바라는 바는 다른 사람들이 그 일을 하는 것이다.]

4.3.4. 의사보어

He **died.**, He **came.**, They **arrived.**의 경우처럼 자동사는 그 자체로서 주어와 관련해서 일어나는 상황을 완전히 묘사해 주기 때문에 더 이상 보어가 필요치 않다. 그럼에도 불구하고 이러한 문장에 명사 또는 형용사(분사 형용사를 포함)를 수반하여 주어가 놓여 있는 상황을 부수적으로 설명해 주는 예들이 있다.[16] 예컨대 The cupboard **arrived** *broken*.(그

---

16 Huddleston (1984: 190)은 다음과 같은 예의 문장에서 naked와 a millionaire와 같은 형용사와 명사를 주격보어와 부사류 사이의 경계선상에 놓여 있어서 생략 가능하다는 점에서 순수한 보어가 아니라고 말하고 있다.
He ran *naked* across the pitch.
She died *a millionaire*.
또한 Huddleston & Pullum(2002: 262-263)은 Like numerous other kinds of adjunct, predicatives may be integrated into the structure as modifiers .... The modifiers are of course more like the complements, especially in cases where they occur very frequently

찬장이 부서진 채로 도착했다.)이라는 문장에서 분사 형용사 broken은 자동사 다음에 놓여 찬장이 도착했을 때 그 찬장의 상태, 즉 이미 부서진 상태였다는 점을 부수적으로 설명해 주고 있다.

The poor child **was born** *an idiot*.
[그 불쌍한 어린 아이는 선천적인 백치로 태어났다. → 태어날 때 그 어린이가 백치 상태였다는 뜻임.]

He **died** *a poor man*.
[그는 거지로 죽었다. → 세상을 떠날 때 그가 거지 상태였다는 뜻임.]

The miners **were buried** *alive* when the tunnel collapsed.
[갱이 무너져서 광부들은 생매장되었다.]

Because all the restaurants were closed when they arrived, they had to **go** to bed *hungry*.
[그들이 도착했을 때 식당들이 모두 문을 닫았기 때문에 그들은 배고픈 채 잠자리에 들어야 했다.]

---

with a particular verb, as with leave in [i], *die* in *He died young*, *bear* in the passive *He was born rich*, and so on.
[30] i they left empty-handed.

라고 하여 특정한 자동사와 결합해서 서술어를 보다 보어에 가까운 일종의 부가어로서 수식어 역할을 한다고 설명하고 있다. 그러나 Downing & Locke (1992: 50)은 be 동사를 이용한 풀어쓰기 구조가 가능하기 때문에 이러한 요소를 보어라고 부르고 있다.

He returned *a broken man*.
~ When he returned he was *a broken man*.
He died *young*.
~ When he died he was *young*.

이와 유사한 구조로 The applicant left the office *disappointed*.에서 동사는 타동사이며, 이 동사가 나타내는 행위가 일어날 때의 주어가 처한 상황을 부수적으로 설명한다고 말할 수 있을 것이다. 따라서 이 문장은 He was disappointed when he left the office.처럼 풀어 쓸 수 있을 것이다.
Berk (1996: 206-207)는 자동사 다음에 놓인 이러한 형용사가 (a) 주어가 놓인 상태를 나타내거나, (b) 주어가 놓인 결과적 상태를 나타내는 것이라고 말하고 있다:

(a)
Charley sleeps **nude**.
Mary arrived **drunk**.
They emerged from the building **alive**.
Cassie walked into the room **mad**.

(b)
The river froze **solid**.
The box broke **open**.
A door slammed **shut**.

After a long day's walk in the country, they **came** home *hungry and footsore*.

[온종일 교외길을 걷고 나서 그들이 집에 돌아올 때 배가 고프고 발이 아팠다.]

He **came** *hurrying* to see his son as soon as he heard he was ill.

[아들이 아팠다는 소식을 듣자 곧 그는 아들을 만나려고 서둘러서 왔다.]

The young man **walked away** *more determined* than ever.

[이 젊은이는 전보다 더 굳은 결심을 하면서 걸어 나갔다.]

이러한 문장에서 자동사 다음에 놓인 명사나 형용사는 생략되더라도 의미와 구조적인 면에서 완전한 문장을 이룰 수 있을 뿐만 아니라, 이들이 또한 문장에 보다 긴밀하게 통합되어 주어를 설명해 주기도 하고 있다. 더욱이 이러한 문장을 다음과 같이 풀어쓰기(paraphrase) 했을 때 술부에 들어 있는 명사나 형용사들은 be 동사에 대하여 구조와 의미면에서 일종의 주격보어 역할을 하는 것으로 분석된다. 바로 이와 같은 여러 가지 이유 때문에 자동사 다음에 놓인 명사와 형용사를 순수한 보어와 구별하여 **의사보어**(擬似補語: pseudo complement) — 또는 준주격보어라고도 함 — 라고 하는 것이다.

Edward the Confessor **died** *childless*.

= Edward the Confessor was *childless* when he **died**.

[에드워드 참회왕은 자식 없이 세상을 떠났다. → Edward the Confessor는 1042년부터 1066년까지 영국왕이었음.]

The soldier **sank** to the ground *badly wounded*.

= The soldier *was badly wounded* when he **sank** to the ground.

[그 군인은 크게 부상을 당하여 땅바닥에 쓰러졌다.]

He **returned** to parliament *a changed man*.

= He was *a changed man* when he **returned** to parliament.

[그는 딴 사람이 되어 의회로 복귀했다.]

대개 hang, lie, sit, stand, emerge, escape, go, pass, survive, be born, die, return 따위와 같은 동사들이 가끔 이러한 문장 구조에 쓰인다.

4.4. 일항타동사

4.4.1. SVO 문형: 타동사와 목적어

목적어를 수반하는 동사를 타동사라 하며, 타동사 중에서 한 개의 목적어를 수반하여 SVO 문형을 이루는 동사를 일항타동사(一項他動詞: monotransitive verbs)라고 한다. 이러한 구조를 가진 문장에서 목적어는 대개 명사가 담당하기 때문에 얼핏 보면 SVC 문형에서 주격보어로서 명사가 나타나는 경우와 외형적으로 구조가 동일한 것처럼 여겨진다.

(2) a. She remained **a strong supporter** of the government.
   [그녀는 여전히 정부를 강력하게 지지했다.]
   b. She helped **the students** in need.
   [그녀는 어려움에 처한 그 학생들을 도왔다.]

(2a)에서처럼 SVC 문형에 나타나는 명사가 주어와 동일한 대상을 가리키는 것이라면, (2b)와 같은 SVO 문형에 나타나는 명사는 주어와 동일한 대상이 아니라, 주어가 행한 동작의 영향을 받는 대상이다.

결코 완전한 정의라고는 할 수 없지만, 목적어라는 문장 요소는 타동사가 나타내는 뜻을 보충하여 완전한 문장을 이루게 하는 것이라고 말할 수 있을 것이다.

The rain $\begin{Bmatrix} \text{settled} \\ \text{laid} \end{Bmatrix}$ **the dust.**
   [비가 와서 먼지가 가라앉았다.]
Our budget needs **drastic revision**.
   [우리 예산은 과감히 수정되어야 한다.]
They used **brute force** to break open the door.
   [그들은 그 문을 부숴서 열려고 짐승과 같은 힘을 발휘했다.]

4.4.2. 목적어의 생략

동사들 중에는 예컨대 consume, dislike, revere 따위와 같이 항상 타동사로 쓰여 결코 목적어를 생략할 수 없는 것들도 있다.

Fire consumed **the building**.

[불이 나서 건물을 삼켜버렸다. → 동사 consumed는 항상 목적어를 수반하여 타동사적으로만 쓰임.]

Worshippers revere **the deity**.

[숭배자들은 신성(神聖)을 숭배한다. → 동사 revere는 타동사로서 항상 목적어를 수반하여야 함.]

Some connoisseurs dislike **spicy food**.

[일부 감식가들은 매운 음식을 싫어한다. → 동사 dislike은 항상 목적어를 수반하여 타동사로 쓰임.]

그러나 이와 같은 동사들을 제외하면 대부분의 동사들은 목적어를 동반하여 타동사적으로 쓰이거나, 목적어가 생략됨으로써 자동사적으로 쓰일 수 있다.

<일반 목적어와 특정 목적어>

특히 목적어에는 일반 목적어와 특정 목적어가 있다. 일반 목적어란 어떤 타동사 다음에 목적어로 등장하리라고 예측 가능한 것을 말한다. 때문에 이런 목적어는 생략될 수 있으며, 이 목적어가 생략되면 그 동사는 자동사 역할을 하게 된다. 반면에 특정 목적어는 예측 불가능한 것이다.[17] 다음과 같은 예를 보자.

---

17 Berk (1999: 30)는 일반 목적어와 특정 목적어라는 용어 대신어 covert direct object(묵시적인 직접목적어)와 overt direct object(명시적인 직접목적어)라는 용어를 사용하고 있다: The term *transitive* really refers to a verb's potential. Any verb that can potentially take a direct object can be considered transitive. Transitive verbs can sometimes occur without an overt direct object, although there is almost always an unexpressed, **covert** direct object, one that is somehow understood. (I will routinely use the term covert for a structure that is not explicitly articulated but can be determined by the sentence grammar or the discourse context.) In *Fred ate* the presumption is that he ate food, not rat poison; In *Martha is studying* the presumption is that she is studying some academic subject, not her navel; and in *The children are reading*, the presumption is that the kids are reading books or magazines, not shopping lists.

The verbs *bake, hunt,* and *iron* can all occur with unexpressed but commonly understood direct objects. When someone hunts something other than wild game, a direct object is required and *for* typically follows the verb — *Wayne is hunting* versus *Wayne is hunting for his shoes*. When *drink* occurs without a direct object, it usually implies the consumption of alcohol — *Tina drinks*. Curiously, transitive verbs that are closely related semantically often behave differently in terms of their need to express an overt direct object. Unlike *eat*,

(3) a. The company now **exports** to Japan.
　　　[현재 그 회사에서는 일본으로 수출을 하고 있다.]
　　b. Canada exports **wheat** and **lumber** in great quantities.
　　　[캐나다는 밀과 목재를 대량 수출하고 있다.]

(3a)와 같은 경우에 export의 목적어가 나타나지 않았지만, 생략된 목적어가 대충 goods일 것이라고 생각할 수 있다. 그리고 이것은 일반 목적어이기 때문에 생략되더라도 전달하고자 하는 본래의 뜻을 이해하는데 어려움이 없다. 그러나 (3b)에서는 export의 목적어로 쓰인 wheat and lumber는 특정 목적어이기 때문에 이것을 생략했을 때 어떤 뜻을 가진 목적어가 생략되었는가 하는 점을 헤아리기가 불가능하다. 마찬가지로, to eat **meals/food**에서 meals나 food는 일반 목적어이기 때문에 생략될 수 있어도, to eat **some apples**에서 some apples는 특정 목적어이기 때문에 생략될 수 없다. 다음의 문장들은 ( ) 안에 쓰인 일반 목적어가 생략되더라도 전달하고자 하는 뜻을 충분히 이해할 수 있는 전형적인 예가 될 것이다.

　The bank currently lend (**money**) at 10 per cent interest.
　　[그 은행에서는 현재 10%의 이율로 (돈을) 대출해 준다.]
　The judge decided (**the case**) against/for the plaintiff.
　　[판사는 피고에게 불리하게/유리하게 (그 사건의) 판결을 내렸다.]
　She nodded (**her head**) when she passed me in the street.
　　[길에서 나를 지나갈 때 그녀는 고개를 끄덕거렸다.]
　Farmers plough (**their fields**) in autumn or spring.
　　[농부들은 가을이나 봄에 밭갈이를 한다.]
　Passengers for Oxford must change (**cars/trains**) at Didcot.
　　[옥스퍼드로 가는 승객들은 디드콧에서 (자동차/열차를) 갈아타야 합니다.]
　These shoes don't fit (**me**).
　　[이 신발은 (내게) 맞지 않아요.]

이 이외에도 생략이 가능한 일반 목적어와 생략이 불가능한 특정 목적어의 예를 몇 가지

---

　the verbs *devour* and *gobble* require an overt direct object; **Fred devoured* and **The child gobbled* are ungrammatical.

더 예시하면 다음과 같다.

동사	생략 가능한 일반 목적어	생략 불가능한 특정 목적어
wave	(one's hand)	one's magic wand (= magic stick)
collect	(money)	stamps
park	(the car)	one's bicycle
nod	(his head)	their agreement
devalue	(our currency)	his work

또한 이미 언급된 목적어의 생략이 허용되는 동사들도 있다. 예컨대 이미 언급된 어떤 장소에서 떠날 때 그 장소를 재차 언급하지 않고 단순히 "I left."라고 할 수 있다.

At last she thanked them and left (**the office**).
[마침내 그녀는 그들에게 감사의 뜻을 표하고 (사무실을) 나갔다.]
He turned away and walked quickly up the passage. I locked the door and followed (**him**).
[그는 돌아서서 재빨리 통로를 걸어갔다. 나는 문을 잠그고 (그를) 따라 갔다.]
The sentry fired at the doctor and fortunately missed (**him**).
[보초는 그 의사를 향해 쏘았지만, 다행히도 총알이 빗나갔다.]
Only two or three hundred men belonged to the Union before the war, now thousands joined (**it**).
[전쟁 전에는 불과 2~300명만 노조에 가입했으나, 지금은 수천 명이 가입했다.]

다음과 같은 동사들이 앞서 언급된 목적어의 생략을 허용한다.

> accept, aim, answer, approach, ask, begin, bite, call, choose, consider, enter, explain, follow, forget, gain, guess, improve, join, judge, know, lead, leave, lose, mind, miss, move, notice, observe, offer, order, pass, phone, play, produce, pull, push, remember, serve, share, understand, watch, win, etc.

그러나 이미 언급된 내용을 통해서 목적어가 불분명하거나, 그 목적어에 특별히 관심을 두고자 할 경우에는 목적어를 생략하지 않는다.

All I know is that Michael and I never left **the house**.
[내가 아는 것은 마이클과 내가 그 집에서 나가지 않았다는 것뿐이다.]

Miss Lindley followed **Rose** into the shop.
[린드리 양은 로즈를 따라 가게로 들어갔다.]

He attacked **the enemy** by night.
[그는 야간에 적을 공격했다.]

I entered **the Duke's cabin** without knocking.
[나는 노크도 하지 않고 듀크의 선실로 들어갔다.]

I had joined **an athletic club** in Chicago.
[나는 시카고에 있는 어떤 운동 클럽에 가입했었다.]

4.4.3. 전치사의 삽입

타동사는 바로 다음에 필요한 목적어를 동반하지만, 일부 타동사들은 목적어 바로 앞에 전치사를 삽입할 수 있다. 이러한 경우에는 의미상의 차이가 수반된다.[18] 즉, (4a, 5a, 6a)에서처럼 <타동사 + 목적어> 구조는 명시된 행위가 성공적으로 이루어졌음을 나타내는 것이라면, (4b, 5b, 6b)에서처럼 같은 동사에 대한 목적어 앞에 전치사를 삽입하게 되면 대체로 동작의 영향이 완성되지 못하고, 주어가 행한 특정한 행위 자체가 결과적으로 '시도'(an attempt to do something specified)에 불과하다는 점을 암시하게 된다.[19]

(4) a. He **kicked** the door.

---

[18] In fact only a handful of transitive verbs may insert a preposition before an object to mark that it lacks some of the salient properties associated with the syntactic relation 'object'. They include a number of AFFECT items such as *hit, strike, hammer, cut, saw, punch, kick, scrape, rub, tear* (all taking *at*), a few MOTION and REST verbs such as *pull (on)* and *hold (onto)*, a number of CORPOREAL verbs such as *bite, chew, nibble, suck* (taking *on* or *at*), *smell, sniff* (taking *at*) (but not *eat* or *drink*), perhaps just *win (at)* from COMPETITION, and some from the TELL subtype of SPEAKING (§5.4(f)). — Dixon (2005: 299). See also Huddleston & Pullum (2002: 298) and Schlesinger (1995: 64).

[19] In summary, a preposition can be inserted before the object NP of a transitive verb to indicate that the emphasis is not on the effect of the activity on some specific object (the normal situation) but rather on the subject's engaging in the activity. — Dixon (2005: 299). See also 이기동 (1992: 270-276), Berk (1999: 192), and Park (2005: 121-122).

[그가 문을 찼다.]

b. He **kicked at** the door.
[그가 문을 차려고 했다.]

(5) a. He **cut** the meat.
[그가 그 고기를 잘랐다.]

b. He **cut at** the meat.
[그가 그 고기를 자르려고 했다.]

(6) a. They **shot** me.
[그들이 나에게 총을 쏘았다. → 내가 총을 맞았다는 뜻을 암시함.]

b. They **shot at** me.
[그들이 나를 향해 총을 쏘았다. → 총알이 빗나갔음을 암시함.]

4.4.4. 타동사의 종류

4.4.4.1. 경동사

영어에는 다음 예에서처럼 한 개의 동사로 어떤 행위를 나타내는가 하면, 일상 자주 사용되는 동사 do, give, have, make, take 등이 주로 특정한 동사에서 파생된 명사를 직접목적어로 삼아 일종의 '타동사 + 목적어' 구조를 이루는 예들이 있다.[20]

단일 동사	경동사 구조
She **kissed** him. [그녀가 그에게 키스를 했다.]	She **gave** him **a kiss**.
She **danced**. [그녀는 춤을 추었다.]	She **did a dance**.
He **looked at** my draft. [그는 내 원고를 바라보았다.]	He **had a look at** my draft.
I **calculated** the costs. [나는 그 가격을 계산했다.]	I **made a calculation of** the costs
We **rested**. [우리는 휴식을 취했다.]	We **took a rest**.

---

20 Huddleston & Pullum (2002: 290).

이상과 같은 예에서 왼쪽 문장에서는 한 개의 동사가 주어의 행위를 나타내고 있으며, 이 문장과 관련된 오른쪽 문장에서는 이 동사에서 파생된 추상명사가 일상 자주 사용되는 동사에 대한 일종의 사건 목적어(eventive object) 관계를 가지고 한 개의 동사가 갖는 뜻을 나타내고 있다. 이러한 관계를 가질 때, 오른쪽 문장의 '타동사 + 목적어' 구조에서 동사는 거의 아무런 뜻도 갖지 못하고, 목적어 역할을 하는 명사가 주된 의미 내용을 가지며, 이 전체가 한 개의 동사와 비슷한 뜻을 나타낸다. 오른쪽 문장에 쓰인 do, give, have, make, take 등의 동사는 거의 아무런 뜻도 갖지 못하고 있기 때문에 경동사(輕動詞: light verbs)[21]라고 한다.[22] 이와 같은 경동사 구조는 영어에서 상당히 즐겨 사용되는 생산적(productive)인 표현으로서, 문장의 의미론적인 초점을 동사 자체보다 오히려 사건 목적어에 두고자 하는 것이다.[23]

특히 이러한 경동사 구조를 찾아보려면 *Advanced Learner's Dictionary of Current English, Longman Dictionary of English Language and Culture*, 또는 *Collins Cobuild Advanced Dictionary of American English* 따위와 같은 좋은 사전을 참고하는 것이 좋을 것이다.

4.4.4.1.1. 구조적 특성

1) 경동사 구조는 to attempt ~ to make an attempt의 관계에서처럼 목적어 역할을 하는 명사가 이에 대응하는 동사형과 동일한 것이 있는가 하면, to decide ~ to make a decision에서처럼 경동사 구조에 나타난 목적어가 동사에 접미사가 첨가되어 만들어진 명사 형태로 나타나는 것도 있다.

    to compare ~ to make a comparison
    to conceive ~ to have a conception
    to prefer ~ to have a preference

---

21 예컨대 to take a rest에서 take를 경동사라고 부르는 것보다 '경동사적인 용법'으로 사용되었다고 하는 것이 더 적절하다. 그러나 편의상 경동사라고 부르기로 한다. 문용 교수 (1999: 32)는 이러한 동사를 '일상동사'라고 부르고 있다.
22 Berk (1999: 31).
23 The effect of the expanded-predicate construction is to transfer the semantic focus of the clause from the verb to the eventive noun object while leaving a semantically less specific verb in the syntactically central position. — Algeo (1995: 204).

또한 He did his homework., I'm making an effort.에서처럼 명사 homework, effort에 대응하는 동사형이 전혀 없는 것들도 있다.

2) 경동사 구조에서 목적어 역할을 하는 명사는 적절한 한정사나 형용사를 수반하여 보다 구체적인 뜻을 전달할 수 있다. 이러한 구조에서 형용사가 명사에 의미상의 수식어를 제공해 주는 방식은 부사가 단일 동사를 수식하는 것과 비슷하다. 즉, 단일 동사를 수식하는 부사에 대응하는 형용사 형태가 경동사 구조에서는 목적어 역할을 하는 명사를 수식하게 된다. 예컨대 to kiss ... passionately와 같은 구조에서 부사 passionately가 단일 동사 kiss를 수식하고 있는데, 동사 kiss가 명사로 바뀌게 되면 부사 passionately는 형용사 형태 passionate으로 바뀌어 명사 kiss를 수식하게 된다.[24]

She **gave** him *a passionate* **kiss**.
[그녀는 그에게 열정적인 키스를 했다. → cp. **kissed** him **passionately**.]
His paintings **had** *a strong* **influence** on me as a student.
[그의 그림은 학생인 나에게 강한 영향을 미쳤다.]
She tried to **make** *a good* **impression** on the interviewer.
[그녀는 면접관에게 좋은 인상을 주려고 애썼다.]
Fred **took a** *closer* **look** at the hole at the fence.
[프레드는 울타리에 있는 구멍을 보다 자세히 바라보았다.]
He **made a** *convincing* **argument** against accepting the offer.
[그는 그 제안을 받아들이지 말자는 설득력있는 주장을 폈다.]
We **had a** *long* **wait** for the bus.
[우리는 장시간 버스를 기다렸다.]

3) 경동사의 목적어 역할을 하는 명사가 불가산명사이면 부정관사는 수반하지 못하지만, 양을 나타내는 한정사는 수반할 수 있다. 이 명사가 가산명사이면 부정관사를 포함하여 필

---

24 Sinclair (1990: 148)는 경동사 구조에서 형용사가 사건 목적어를 수식하는 구조로 표현하는 것이 사건 목적어를 동사형으로 하고 형용사를 부사형으로 나타내는 것보다 더 보편적이라고 말하고 있다: 3.40 Another reason for choosing a delexical structure is that you can add further details about the event by using adjectives in front of the noun, rather than by using adverbs. It is more common, for example, to say 'He gave a quick furtive glance round the room' than to say 'He glanced quickly and furtively round the room', which is felt to be rather clumsy and unnatural.

요한 경우에는 적절한 수량어를 수반하여 수와 관련된 내용을 전달할 수 있다.

> We have **made progress** in both science and art.
> [우리는 과학과 예술 두 방면에서 모두 진전을 이룩했다. → 불가산명사 progress가 단독으로 나타나 있음.]
> The campaign may have **done more harm** than good.
> [이 운동은 이익보다는 더 많은 해를 끼치게 될지도 모른다. → 불가산명사 harm이 much의 비교급 more의 수식을 받고 있음.]
> I've already **had** *two* **showers** today.
> [나는 오늘 벌써 두 번 샤워를 했다. → 가산명사 showers가 복수의 뜻을 나타내기 위하여 수사 two의 수식을 받고 있음.]
> She **made** *three* **very astute comments** on his suggestion.
> [그녀는 그의 제안에 대한 세 가지 아주 예민한 논평을 했다. → 가산명사 comments가 수사 three와 형용사 astute의 수식을 받고 있음.]

to make a noise/noises의 경우와 달리, to have a look와 같은 경우는 외형적으로 보면 명사가 부정관사를 수반하고 있어서 마치 복수형이 가능한 가산명사처럼 보이지만, 항상 단수형으로만 나타나는 고정된 표현이다.

4) to dash ~ to make a dash, to cough ~ to give a cough, to try ~ to have a try와 같은 관계에서 보는 바와 같이, 경동사 구조에서 사건 목적어는 자동사에서 파생된 것이다. 바로 이러한 이유 때문에 경동사 구조는 그 자체가 of-구 형식으로 나타나는 목적어를 거느릴 수 없다. 그러나 단일 동사가 타동사이면 목적어를 필요로 하는 것처럼 경동사에 동반된 목적어도 본래 타동사에서 온 것이면 그 목적어는 적절한 보어를 동반한 of-전치사구 형태로 나타날 수 있다.

> Comis **photographed** *the pigeons* in Trafalgar Square.
> ~ Comis **took a photograph** *of the pigeons* in Trafalgar Square.
> [코미스는 트래팔가 광장에서 비둘기 사진을 찍었다. → 사건 목적어 a photograph은 타동사에서 나온 것이기 때문에 이것이 본래 타동사였을 때 필요한 목적어가 전치사구 of the pigeons로 나타나고 있음.]
> I **glimpsed** *the speedometer.*
> ~ I **had a glimpse** *of the speedometer.*

[나는 속도계를 힐끔 쳐다보았다. → 사건 목적어 a glimpse가 타동사에서 온 것이기 때문에 경동사 구조에서도 마찬가지로 이것이 본래 타동사였을 때 필요한 목적어가 전치사구 of the speedometer로 나타나고 있음.]

5) '경동사 + 명사'의 구조와 이 명사의 동사형으로 나타난 구조가 대개 비슷한 뜻으로 쓰인다. 그러나 다소의 차이가 나타나기도 한다. 예컨대 He **gave a scream**.과 He **screamed**.를 비교해 보면, 전자는 필연적으로 시간의 한계가 있어서 시작과 끝이 분명하다는 점을 암시하는 반면, 후자의 경우는 이러한 제약이 없이 지속적인 활동을 나타낸다.[25] 특히 이러한 의미상의 차이는 경동사로서 have가 쓰이는 경우에 흔히 나타난다.

He **drank** my milk. ~ He **had a drink** of my milk.
[그는 내 우유를 마셨다.]
He **walked in/to** the park. ~ He **had a walk in** the park. (*... **to** the park)
[그는 공원에서 걸어다녔다/공원으로 걸어갔다. → to have a walk은 '거닐다'는 뜻이므로 이동을 나타내는 to the park과 결합될 수 없음.]
He pitied them. ~ He { **had** / **took** } **pity** on them.
[그는 그들에게 측은한 마음이 들었다.]

4.4.4.1.2. 구조적 유형

경동사 do, give, have, make, take와 목적어로서 명사가 결합된 몇 가지 경동사 구조를 유형별로 예시하기로 한다.

4.4.4.1.2.1. do (a(n)) + 명사

do는 특정한 명사를 수반하여 활동, 또는 사람에게 영향을 미치는 사물을 묘사한다. do와 결합된 명사의 예로는 business, damage, (an) exercise, a favor, (no) good/ harm,

---

[25] One difference in meaning between using a delexical structure and a verb with a similar meaning is that the delexical structure can give the impression that the event you are describing is brief. For example, 'She gave a scream' suggests that there was only one quick scream, whereas 'She screamed' does not suggest that the event was brief. — Sinclair (1990: 148); See also Berk (1999: 31-32), Huddleston & Pullum (2002: 291), and Wierzbicka (1988: 297-298).

housework, (somebody) an injury, one's best, sport, one's hair, one's teeth, one's duty, 50 mph 등을 들 수 있다.

> The Russians were not ready to **do business** with American companies.
> [러시아인들은 미국 회사와 거래할 마음이 없었다.]
>
> The medicine will **do you good.**
> [그 약이 네 몸에 좋을 것이다.]

4.4.4.1.2.2. give (a(n)) + 명사

give a(n) + 명사로 나타나는 경동사 구조는 두 가지 하위 부류로 나누어진다.

1) cough, cry, chuckle, giggle, laugh, scream, shout, yawn, yell 따위처럼 사람이 내는 소리를 나타내는 명사를 목적어로 삼는다. give의 목적어로서 이와 같은 명사가 쓰이면 또 다른 보어가 필요치 않는다. 그러므로 예컨대 *He gave **me** a sigh.와 같이 간접목적어를 수반하는 문장을 만들지 못한다.

> He turned to us and **gave a big smile**.
> [그는 우리에게 돌아서서 크게 미소를 지었다.]
>
> He **gave a cough** to attract my attention.
> [그는 나의 관심을 끌려고 기침을 했다.]
>
> He **gave a loud cry** and fell to the floor.
> [그는 크게 소리를 지르며 마루에 쓰러졌다.]
>
> She **gave a shriek**.
> [그녀는 비명을 질렀다.]

이상과 같은 예에 나타난 바와 같이 인간이 내는 소리들은 저절로 일어나는 것이거나, 또는 이러한 소리가 반드시 타인을 향한 것이 아니라는 점을 시사한다.[26]

2) 또 다른 하나의 구조에서는 bath, hit, hug, kick, punch, push, shower, squeeze, wash, wipe 따위와 같이 신체 활동을 나타내는 명사를 직접목적어로 삼으며, 이러한 명사

---

26 Using 'give' with one of these nouns often suggests that the action is involuntary or that it is not necessarily directed at other people. For example, 'She gave a scream' suggests that she could not help screaming. — Sinclair (1990: 149).

가 나타내는 행위에는 주어 이외의 또 다른 사람이 관련되는 행위를 나타내기 때문에 대개 피동적인 뜻을 나타내는 간접목적어를 수반할 수 있다. 또한 구조적으로는 예컨대 He gave him a kiss.처럼 간접목적어 + 직접목적어의 어순으로는 쓰이지만, 두 개의 목적어가 서로 어순을 바꿔서 *She gave a kiss **to him**.이라고는 하지 않는다.

If the car won't start, we'll **give it a push**.
 [자동차가 시동이 걸리지 않으면 밀게 될 것이다.]
Could you **give the carpet a clean**?
 [카펫을 세탁해 주실 수 있겠습니까?]
I have to admit that the news **gave us a shock**.
 [그 뉴스가 우리에게 충격을 주었다는 점을 인정해야만 한다.]
I **gave him a hug** before I left.
 [떠나기 전에 나는 그를 포옹했다.]
An arrogant girl **gave me a dirty look**.
 [어떤 오만한 여학생이 나를 노려보았다.]
He **gives his children a hug and a kiss** as they leave for school.
 [애들이 학교로 갈 때 그는 그들을 껴안고 키스를 한다.]

answer, consideration, encouragement, help, reply 따위의 명사들도 간접목적어를 수반해서 쓰이는 것은 방금 위에서 본 예와 같지만, 이와 같은 추상명사들이 사건 목적어 역할을 하는 경우에는 간접목적어와 직접목적어의 어순이 바뀔 수 있다는 점에서는 다르다. 따라서 She gave him advice.는 She gave advice to him.과 같이 어순의 변화를 허용한다.

I'll **give you a call** tomorrow.
 [내일 너에게 전화를 걸겠다.]
We will **give you all the help** we can.
 [우리는 가능한 모든 도움을 너에게 주려고 한다.]
He **gave a vague reply.**
 [그는 막연히 대답했다.]

definition, demonstration, explanation, illustration, imitation, indication, performance, portrayal, presentation 따위의 명사들이 경동사 give의 목적어 역할을 하고, 이 목적어에 대한 보어를 나타내고자 하는 경우에는 of-구가 수반된다. 이 명사의 동사형이 쓰이게 되면 아래 첫 번째 문장의 ( )에 놓인 문장이 보여주듯이, 동사의 직접목적어는 of-구에 포함된 명사가 되고, 간접목적어는 to에 수반된다.

> She **gave (me) a description** *of him*.
> (= She described him (to me)).
> [그녀는 그에 대하여 (나에게) 설명했다.]
> The teacher **gave the children a detailed explanation** *of the story*.
> [선생님께서는 어린이들에게 그 이야기를 자세히 설명해 주었다.]
> They **gave me all the instructions** over the phone.
> [그들은 전화로 모든 지시 내용을 내게 전해주었다.]

4.4.4.1.2.3. have (a(n)) + 명사

have는 주로 belief, chat (with), cry, dance, fall, fight/quarrel (with), grouse, grumble, influence/effect (on), need (to/for), respect, sleep, talk 따위와 같은 명사를 목적어로 하는 경동사 구조를 이룬다.

> Let's not **have a quarrel**.
> [싸우지 말자.]
> The Americans **had a firm belief** in their technological superiority.
> [미국인들은 자기들의 과학 기술의 우월성을 굳게 믿었다.]
> Senator McCain **had a conversation** with the President about this issue.
> [맥케인 상원의원은 이 문제를 놓고 대통령과 대화를 나눴다.]
> You'll feel better when you've **had a nap**.
> [낮잠을 좀 자고 나면 기분이 더 좋아질 거야.]

bath, break, drink, guess, lick (of), look (at), pity (on), rest, shave, shower, sip, sleep, swim, walk, wash 따위와 같은 명사는 have 또는 take와 같은 경동사가 만드는 구조에서 목적어 역할을 한다.

이처럼 두 가지 경동사가 가능한 경우, 미국영어에서는 take를 선호하고, 영국영어에서

는 have를 선호하는 경향이 있다.[27]

I **had a swim** to cool down.
  [나는 열기를 식히려고 수영을 했다.]

I'm going to $\begin{Bmatrix} \text{have} \\ \text{take} \end{Bmatrix}$ **a walk/bath/a break**.
  [나는 산책하려고/목욕을 하려고/휴식을 취하려고 한다.]

I **have no interest** in politics.
  [나는 정치에 아무런 관심도 없다.]

I **took an instant dislike** to him.
  [나는 즉시 그를 싫어하기 시작했다.]

He **has a dislike** for people in authority.
  [나는 권력을 잡은 사람을 싫어한다.]

그러나 have와 take 중에서 decision,[28] dive, leap, photograph (of), step 따위와 같은 명사는 오로지 경동사 take가 만드는 구조에만 쓰인다.(단, decision은 take보다 make와 결합되는 경우가 아주 흔하다: to make a decision.)

No decision will be **taken** on the matter until next week.
  [다음 주까지는 이 문제에 대한 어떠한 결정도 취하지 않을 것이다.]

The government is **taking action** to combat drug abuse.
  [정부는 마약 사용을 퇴치하기 위한 조치를 취하고 있다.]

---

27 It will be noticed that several noun phrases collocate with both *have* and *take*. In such cases, *have* is the typical British verb and *take* is the typical American verb. — Quirk et al. (1985: 752); It does seem likely that it has done so in different ways in different dialects. In British (and Australian) English HAVE A VERB has increased in popularity while TAKE A VERB may actually have dropped in frequency; in American English the TAKE A construction has become more common and HAVE A appears to have contracted. This would account for the fact that Americans prefer to say *take a run/kick/swim/look* where an Englishman would use *have a run/kick/swim/look* (although the TAKE A construction is also possible in British English and differs in meaning from HAVE A). — Dixon (2005: 461).

28 주로 make a decision이 쓰이지만, to take a decision은 영국영어에서 쓴다.

He **took a photograph** of his son.

[그는 자기 아들 사진을 찍었다.]

4.4.4.1.2.4. make (a(n)) + 명사

make가 이루는 경동사 구조에는 직접목적어 이외에, 전달하고자 하는 뜻에 따라 이 목적어에 대한 적절한 보충 요소가 첨가된다.

He **made a leap** *from the balcony*.

= He **leaped** from the balcony.

[그가 발코니에서 뛰어내렸다.]

He **made an inspection** *of the wreckage*.

= He **inspected** the wreckage.

[그는 파손 상태를 조사했다.]

대충 다음과 같은 명사들이 이러한 유형의 구조에서 make에 대한 사건 목적어로 쓰이며, 여기에 다시 전달하고자 하는 내용에 따라 필요한 보충 요소로서 전치사, to-부정사, 또는 that-절이 추가될 수 있다.

> appeal (to), attempt (to-부정사), boast (that), call (on), comment (about/on), dash (for), decision (that/to-부정사), discovery (that), escape (from), grab (at), guess (at), improvement (on), inquiry (about/into), objection (to), reference (to), remark (about)

The committee should **make its decision** later this week.

[위원회에서는 금주말에 가서는 결정을 내려야 할 것이다.]

He **made a generous offer** *for the house*.

[그는 그 집을 내놓겠다는 후한 제의를 했다.]

Helen **made no attempt** *to stop him*.

[헬렌은 그를 말리려는 아무런 시도도 하지 않았다.]

The President will **make a statement** *on that issue* later today.

[대통령께서 오늘 늦게 그 문제에 대한 성명을 발표할 것이다.]

특히 다음에 예시된 명사들이 원하는 보충 요소를 수반하게 되는 경우에는 예컨대 attack (on)의 경우처럼 ( ) 안에 특정한 전치사가 표시되어 있지 않은 한 보충 요소를 이끄는 전치사로 of가 쓰인다. 예컨대 to analyze those samples를 경동사 구조로 나타내면 to make an analysis **of those samples**에서처럼 analysis에 대한 보충 요소로서 of가 이끄는 전치사구가 수반될 수 있다는 것이다.

> analysis, attack (on), calculation, contribution, copy, investment, note, payment, request (for), reduction (in), search, study, survey

You should **make a copy** *of the disk* as a back-up.
  [너는 그 디스켓 하나를 백업받아둬야 한다.]
They **made a request** *for further aid*.
  [그들은 더 많은 지원을 요청했다.]
The Chaos theory could **make major contributions** to accurate weather forecasting.
  [혼돈 이론은 정확한 일기예보를 하는데 주된 기여를 할 수 있었다.]

4.4.4.1.2.5. take (a(n)) + 명사

take a(n) + 명사의 경동사 구조는 주어가 자기 자신을 위해 의도적으로 행한 행위를 나타내며, 어떤 외적인 목표를 달성한다는 의미를 포함하지 않는다.[29]

I'm going **to take a walk/a bath/a break**.
  [나는 산책/목욕/휴식을 취하려고 한다.]
Mike's just **taking a shower**.
  [마이크는 이제 막 샤워를 하고 있는 중이다.]

take a(n) + 명사의 경동사 구조가 갖는 한 가지 중요한 의미적인 면은 흔히 주어 자신의 신체적인 노력이 관련된다는 점이다. 다음 두 개의 문장 (7a, b)를 보면,

---

[29] Like HAVE A and type (I) of GIVE A, TAKE A refers to some volitional activity, done for its own sake (rather than to meet some external goal). Like HAVE A there is no overtone of a 'transfer', with the object being affected by the activity, which we identified for GIVE A. — Dixon (2005: 474).

(7) a. **Have a look at** Maggie!
   [매기를 보아라!]

   b. Could you go and **take a look at** Maggie?
   [가서 매기를 볼 수 있겠니?]

(7a)는 단순히 머리를 매기 쪽으로 향하여 그를 본다는 뜻을 나타내는 것이라면, (7b)는 신체적인 활동을 하여 예컨대 다른 방에서 잠자고 있는 매기에게 아무런 문제가 없는지 확인해 보도록 한다는 뜻을 내포하고 있다.

또한 take a(n) + 명사의 경동사 구조는 사전에 생각한 행위를 뜻하는 반면, have a(n) + 명사의 경동사 구조는 순간적으로 이루어지는 행위를 뜻한다.[30] 따라서 다음 중 첫 번째 문장 (8a)는 사전에 계획되고 반복적인 행위를 뜻한다면, 두 번째 문장 (8b)는 사전에 아무런 계획도 없이 일시적인 기분에 따라 즉흥적으로 이루어지는 행위라는 점이 암시된다.

(8) a. We always **take a stroll** after lunch on Sundays.
   [우리는 일요일에 점심을 먹고 나서 항상 가까운 거리 산책을 한다.]

   b. We **had a stroll** around the garden while we were waiting for you to get ready.
   [우리는 네가 준비되는 동안 기다리면서 정원 주변을 돌아다녔다.]

4.4.4.2. 능격동사

1) 일부 동사들은 누가 능동적인 동작을 하느냐 하는 동작의 주체, 즉 동작주(動作主: agent)의 관점에서 어떤 동작의 묘사를 허용하는가 하면, 동작의 영향을 받는 대상의 관점에서 묘사하는 것을 허용하기도 한다. 이 말은 곧 한 가지 동사가 타동사로서 목적어를 수반하여 일종의 '사역적인'(causative) 뜻을 나타낼 수 있는가 하면, 바로 그 동사가 자동사로 쓰이고 원래의 동작주, 즉 주어는 언급되지 않고, 대신에 원래의 목적어가 문법적으로 주어가 된다는 점을 뜻한다.[31] 다음의 첫 번째 문장 (9a)에서 the car는 타동사 stopped의 목적어이다.

---

30 Dixon (2005: 474).

31 3.60 Some verbs allow you to describe an action from the point of view of the performer of the action or from the point of view of something which is affected by the action. This means that the same verb can be used transitively, followed by the object, or intransitively, without the original performer being mentioned.... Verbs which can have the same thing

두 번째 문장 (9b)에서 the car는 바로 stopped의 주어 역할을 하고, 첫 번째 문장에서 주어 역할을 하는 동작주 the driver가 두 번째 문장에서는 나타나지 않고 있다. 즉, 다음 두 개의 문장에서 타동사의 목적어 = 자동사의 주어의 관계를 나타내고 있다.

(9) a. The driver **stopped** the car.   [타동사] (사역적)
　　 (= 'The driver **caused the car to stop**.)
　　 [운전수는 자동차를 세웠다.]
　b. The car **stopped.**   [자동사]
　　 [자동차가 멈췄다.]

바로 이처럼 타동사가 자동사로 바뀌고, 본래 타동사의 목적어였던 명사구가 이번에는 자동사의 주어로 바뀌는 관계를 나타내는 동사를 **능격동사**(能格動詞: ergative verbs)[32]라고 하는데, 이러한 동사를 몇 가지 예시하면 다음과 같다.

> bend, blacken, break, build, change, close, collapse, continue, crack, decrease, diminish, divide, drop, drown, explode, hang, hurt, fade, finish, fly, grow, improve, increase, move, park, ring, roll, sink, slow down, shatter, smash, stop, tickle, turn, vary, widen

많은 능격동사들은 어떤 한 가지 상태에서 다른 상태로의 변화를 묘사해 준다.

(10) a. The cold snap **froze** the pond.
　　　 [강추위로 말미암아 연못이 얼어붙었다.]
　 b. The pond **froze.**
　　　 [연못이 얼어붙었다.]

---

　　 as their object, when transitive, or their subject, when intransitive, are called **ergative verbs**.... There are several hundred ergative verbs in regular use in current English. ― Sinclair (1990: 155-156). See also Allerton (1982: 74) and Huddleston & Pullum (2002: 306).
32　Carter & McCarthy (2006: 507)는 이러한 동사를 의사 자동사(擬似自動詞: pseudo-intransitive verbs)라고 부르고 있다: Verbs which are normally transitive also sometimes occur intransitively in clauses where the subject is in reality the recipient of the action or event, and where the agent is not mentioned. This type of intransitivity is called pseudo-intransitive.

(11) a. Max **broke** the lock.
　　　　[맥스가 자물쇠를 부셨다.]
　　b. The lock **broke**.
　　　　[자물쇠가 부서졌다.]
(12) a. Shall I **fry** the fish for dinner?
　　　　[저녁 식사로 생선을 프라이할까요?]
　　b. The eggs were **frying** in the pan.
　　　　[계란이 프라이팬 에서 프라이되고 있었다.]
(13) a. She **rested** her head on his shoulder.
　　　　[그녀는 그의 어깨에 머리를 기대었다.]
　　b. Her head rested on the edge of the table.
　　　　[그녀의 머리가 테이블 끝에 기대었다.]

(10a, b-13a, b) 각 쌍의 문장에서 (10a-13a)의 SVO 문장은 <u>동작주 주어(S) + 동사(V) + 피동목적어(O)</u>의 구조를 이루는 반면, 능격동사가 쓰인 (10b-13b)의 문장처럼 바뀌게 되면 동작주 주어는 문장 표면에 나타나지 않고, 대신에 논리적으로 보아 <u>피동목적어에 해당되는 명사구가 주어(S) 역할</u>을 하고, <u>상태의 변화를 묘사하는 동사(V)</u>와 같이 쓰여 SV 문장으로 바뀐다. 특히 (10b-13b)에서 주어는 대개 동작주를 나타내는 사람을 가리키지 않고, 사물을 가리킨다.[33]

　2) 일부 능격동사들은 수동적인 뜻을 가지고 자동사적으로 쓰일 때 not과 같은 부정부사(negative adverb) 또는 well, easily, badly, 또는 like …. 따위와 같은 양태부사를 수반한다. 이것은 주어가 어떤 식으로든 동사가 나타내는 동작의 영향을 받을 때 어떻게 작용하는가를 강조하고자 할 때 사용되는 표현 방식이다. 특히 이런 문장에서 동작주는 표면에 나타나지 않는다.[34] 예컨대 Paper burns quickly.(종이는 빨리 탄다.)는 종이의 '속성'(屬性: attri-

---

[33] 능격동사는 행위의 주체(즉, 누가/무엇)를 언급하지 않아도 되기 때문에 수동태와 비슷한 기능을 담당한다. 예컨대 Jane froze a lot of peas from the garden.(제인은 정원에서 나온 많은 완두콩을 냉동시켰다.)이라고 할 수 있는 반면, 행동의 주체보다 행동의 대상에 더 관심을 갖는다면 A lot of peas were frozen.과 같은 수동태 문장을 사용할 것이다. 어떤 일이 어떻게 이루어지느냐 하는 점을 말하는 '양태'(manner)에 대하여 관심을 갖고 있다면 The peas from the garden froze really well.이라고 할 수 있다. 이처럼 관심의 대상이 무엇인가에 따라 동일한 내용을 서로 다른 문장 구조를 사용하여 나타낼 수 있다(Sinclair 1990: 157).

[34] 이러한 문장을 "능동-수동 구문"(activo-passive construction)이라고도 하는데, 이에 대해서는 본서 제2권 7.4 참조.

bute), 즉 종이가 탈 때 어떻게 타느냐 하는 점을 나타낼 뿐, 누가 종이를 태우느냐 하는 것은 중요하지 않다.

Some wines **travel badly**.
  [장거리 운송으로 맛이 변질되는 포도주들도 있다.]
The photocopier **isn't printing well**.
  [이 복사기는 인쇄가 잘 되지 않고 있다.]
Her skin **chafes easily**.
  [그녀의 피부는 걸핏하면 까진다.]
Compact discs have an advantage over records because they **do not scratch or break**.
  [CD는 긁히거나 파손되지 않기 때문에 레코드보다 이점이 있다.]
The new book, which reveals intimate details about Princess Diana's private life, **is selling like hot cakes** in New York.
  [다이애나 왕세자비의 사생활을 아주 상세히 다룬 신간 서적이 뉴욕에서 날개 돋친 듯이 팔리고 있다.]
There are a few words in Pāli language which **do not translate easily** into English.
  [팔리어에는 영어로 잘 번역되지 않는 몇몇 단어들이 있다.]
Although Colwin completed the novel before her death, it **reads more like a first or second draft**.
  [콜윈은 세상을 떠나기 전에 그 소설을 완성했지만, 그것은 초고나 재고를 읽는 것에 더 가깝게 여겨진다.]

4.4.4.3. 목적어의 의미 유형

타동사에 대하여 목적어 역할을 하는 명사(구)들은 항상 일정한 의미 내용을 나타내는 것이 아니라, 실로 다양한 내용을 전달하고 있다. 여기서는 모든 내용들을 명료하게 나타낼 수는 없지만, 가장 보편적인 몇 가지만 제시하고자 한다.

4.4.4.3.1. 동족목적어

die, breathe, dream, fight, laugh, smile 따위와 같은 소수의 동사들은 대개 자동사로

쓰이지만, 이러한 동사들과 직접 관련이 있는 명사를 목적어로 수반해서 타동사로 쓰일 수도 있다. 예컨대 smile은 대개 자동사로 쓰이지만, 명사 smile을 동반해서 타동사로 쓰일 수 있다. 따라서 He smiled a patient smile.(그는 참을성 있는 미소를 지었다.)은 He smiled patiently.를 대신하는 문어체 문장이다. 이처럼 쓰인 목적어를 동족목적어(同族目的語: cognate object)라고 하는데, 동족목적어 역할을 하는 명사는 형태와 의미면에서 동사와 같거나 비슷하다. 예컨대 to dream a fearful dream(무서운 꿈을 꾸다)의 경우처럼 동사와 목적어가 동일한 형태와 의미를 갖거나, to fight two decisive battles (against)((...에 대항해서) 두 차례의 중대한 전투를 벌이다)의 경우처럼 동사와 목적어가 서로 형태는 다르지만 비슷한 뜻을 갖는 것끼리 결합되기도 한다.[35]

1) 형태가 같은 동족목적어:

동사	명사
sneeze	sneeze
laugh	laugh
smile	smile
dance	dance
sweat	sweat

2) 형태가 비슷한 동족목적어:

동사	명사
live	life
die	death
bleed	blood
give	gift

특히 이들 예에서처럼 동족목적어를 수반하게 되면 그 동사는 본래 갖고 있던 뜻보다 약화되기 때문에 동족목적어는 양태부사와 같은 기능을 담당하는 적절한 수식어를 수반하여 약화된 뜻을 보충하는 형태로 나타나는 것이 일반적이다.[36]

---

35 이기동 (1992: 198-199).
36 These(= verbs like *die, laugh, sleep,* etc.) are usually used intransitively — but they can also take what are known as 'cognate' objects, as in *He died an agonizing death. She*

She *smiled* a bitter smile.
  [그녀는 쓴웃음을 웃었다.]
He *died* a most horrible death.
  [그는 매우 끔찍스럽게 죽었다.]
Gloria is a rich woman now, and *lives* a life of ease.
  [이제 글로리아는 부유한 여자라서 아무런 걱정도 없이 살고 있다.]
To *live* a contradictory life is to live unspiritually.
  [모순된 삶을 살아가는 것은 세속적인 삶을 사는 것이다.]
She *wept* bitter tears over her lost youth.
  [그녀는 잃어버린 자신의 젊음 때문에 쓴울음을 울었다.]
With a last defiant gesture, they *sang* a revolutionary song as they were led away to prison.
  [최후의 반항적인 태도로 그들은 형무소로 끌려가면서 혁명가를 불렀다.]
Throughout the history of English, the strong verbs — always a minority — have *fought* a losing battle, having either joined the ranks of the weak verbs or been lost altogether.
  [영어의 역사를 보면 항상 그 수효가 얼마 안 되는 강동사(强動詞)가 승산이 없는 싸움을 벌여 그 결과 약동사(弱動詞)에 속하게 되거나 완전히 사라져 버렸다.]
Someone once said to me, "Be kind. Everyone you meet is *fighting* a hard battle. — Mark R. Littleton, "The Fine Art of Encouragement"
  [어떤 사람이 전에 나에게 "친절하시오." 라고 말했다. 당신이 만나는 사람은 모두 나름대로 힘든 싸움을 벌이고 있으니.]

---

slept a fitful sleep, where *death* and *sleep*ɴ are cognate with, lexically related to *die* and *sleep*ɴ. Having a cognate noun here enables us to add an adjectival modifier — without such a modifier, the object would be pointless and the sentence hardly acceptable (cf. *He died a death*). — Huddleston (1984: 193); Usually, the cognate object itself does not appear to make a contribution to the meaning of the sentence. However, cognate objects are best when they are modified by an adjective or other modifier, and the modifier makes a contribution to the meaning of the sentence: the modifier functions rather like an adverbial. — Levin (1993: 95-96). See also Huddleston & Pullum (2002: 673). 그러나 He sang a song. Susan danced a dance.의 경우처럼 수식어가 첨가되지 않더라도 문법적인 문장을 만드는 경우도 있다 (이기동 1992: 200).

더 나아가, 동족목적어는 생략되고, 대신에 agreement, approval, assent, thanks 등 주어진 상황에 대한 주어 자신의 반응을 나타내는 이른바 반응목적어(reaction object)가 나타나기도 한다. 이처럼 동족목적어는 생략되고 대신에 반응목적어가 문장에 표출되었을 때 동사는 "express ... by -ing"와 같은 뜻을 갖는다.[37]

She smiled her acceptance.
= She smiled (a smile of) her acceptance.
= She expressed/signalled her acceptance by smiling.
[그녀는 수락한다는 뜻으로 미소를 지었다.]
He grinned his appreciation.
[그는 이해하듯이 크게 웃었다.]
I smiled my thanks.
[나는 미소로써 고마운 마음을 표했다.]
He nodded approval.
[그는 고개를 끄덕여 승낙 표시를 했다.]
Nydia bowed her gratitude.
[니디아는 고마움의 표시로 인사를 했다.]

동족목적어의 사용은 동사가 나타내는 '동작'보다 명사가 나타내는 '유형'에 초점을 두고자 하는 것이다. 예컨대 '꿈을 꾸다'라고 할 때 그 꿈이 어떤 유형의 꿈인가 하는 것을 나타내기 위한 것이다.[38]

---

[37] Certain intransitive verbs — particularly verbs of manner of speaking and verbs of gestures and signs — take nonsubcategorized objects that express a reaction (an emotion or disposition); possible objects include: *approval, disapproval, assent, admiration, disgust, yes, no*. When these verbs take such objects they take on an extended sense which might be paraphrased "express (a reaction) by V-ing," where "V" is the basic sense of the verb. For instance, *She mumbled her adoration* can be paraphrased as "She expressed/signalled her adoration by mumbling." Most of the verbs that allow such reaction objects name activities that are associated with particular emotions, and the action they name is performed to express the associated emotion. — Levin (1993: 98). See also Jespersen(1933: 109) and Huddleston & Pullum (2002: 305).

[38] Sinclair (1990: 141).

4.4.4.3.2. 결과목적어

결과목적어(結果目的語: effected object)란 주어가 행한 동작에 의해 존재하게 되는 결과물을 뜻한다. 예컨대 Bell invented **the telephone**., My daughter built **a tree house**.와 같은 문장에서 직접목적어 역할을 하는 telephone과 tree house는 각각 주어가 행하는 동작, 즉 발명하는 행위와 집을 짓는 행위를 함으로써 그 결과 이전에 없던 대상이 처음으로 존재하게 된 것을 말한다.

>   Agatha has written **a novel**.
>   [아가서가 소설을 썼다.]
>   Margaret made **a blouse**.
>   [마가렛이 블라우스를 만들었다.]
>   Lynn is painting **a landscape**.
>   [린이 어떤 풍경을 그리고 있다.]
>   The kids are carving **a statue**.
>   [애들이 상(像)을 조각하고 있다.]
>   Teddy fixed **lunch**.
>   [테디가 점심을 준비했다.]

4.4.4.3.3. 피동목적어

피동목적어(被動目的語: affected object)란 'X did something to Y.'(주어 X가 목적어 Y에게 ...을 했다)라는 의미 구조에서 Y의 위치에 나타날 수 있는 명사(구)를 말한다.[39] 즉, 의미상 주로 동작주 또는 원인 제공자를 뜻하는 주어가 이미 존재하고 있는 어떤 대상에 어떤 행위를 가했을 때 그 행위의 영향을 받는 대상이 피동목적어이다.

>   He fed **the cows**.
>   [그가 소들에게 먹이를 주었다.]
>   The torpedo sank **the ship**.
>   [어뢰가 배를 침몰시켰다.]
>   The fishermen are painting **the boat** and mending **their nets**.
>   [어부들은 배를 페인트칠하고 그물을 수선하고 있다.]

---

39   Quirk et al. (1985: 750).

He { invented / repaired } the telephone.에서는 동사의 차이에 따라 목적어의 유형이 다르다. 즉, the telephone은 invented의 목적어이면 발명한다는 행위의 결과로 생겨나는 것이기 때문에 결과목적어가 되지만, repaired의 목적어이면 수리한다는 행위의 영향을 받는 것이므로 피동목적어가 된다. 반면에, I dig the ground.에서 the ground는 주어가 파는 행위를 해서 그 행위의 영향을 받는 것이므로 피동목적어이지만, I dig a grave.에서는 주어가 파는 행위를 해서 그 결과 무덤이 생겨나는 것이기 때문에 a grave는 결과목적어가 된다. 이처럼 다음 각 쌍의 문장에서는 같은 동사에 대하여 목적어로 쓰인 명사에 따라 목적어의 유형이 달라진다. 다음 각 쌍의 문장에서 왼쪽 문장에는 피동목적어가 포함되어 있으며, 오른쪽 문장에는 결과목적어가 포함되어 있다.[40]

피동 목적어	결과 목적어
I dig **the ground**. [나는 땅을 판다.]	I dig **a grave**.[나는 무덤을 판다.]
She lights **the lamp**. [그녀가 램프에 불을 켠다.]	Let's light **a fire** in the fireplace. [벽난로에 불을 켜자.]
She paints **the door**. [그녀가 문에 페인트칠을 한다.]	He paints **portraits**. [그가 초상화를 그린다.]
He eats **an apple**. [그가 사과를 먹는다.]	Moths eat **holes** in curtains. [나방들이 커튼에 구멍을 낸다.]
We picked **flowers**. [우리는 꽃을 꺾었다.]	We picked **a quarrel**. [우리는 싸움을 벌였다.]

Maria paints **barns**.라는 문장은 해석에 따라 목적어의 유형이 달리 분류될 수 있다. 즉, '외양간에 페인트칠을 하다.'라는 뜻으로 해석하게 되면 barns는 피동목적어가 될 것이고, '외양간을 그리다'라는 뜻으로 해석하면 결과목적어가 된다.

4.4.4.3.4. 장소목적어

장소를 나타내는 명사구가 타동사에 대한 목적어 역할을 할 수도 있는데, 이를 장소목적어(場所目的語: locative object)라고 한다. 이러한 장소목적어는 대개 walk, swim, pass, jump, turn, leave, reach, surround, cross, climb 따위와 같은 동사의 목적어 역할을 한다. 이처럼 타동사가 이동의 방향을 뜻하는 장소 명사구를 목적어로 삼기도 하지만, 다음

---

40 Jespersen (1933: 109). See also Quirk et al. (1985: 750, note [b]).

(14a, b-15a, b) 각 쌍의 문장에서 (14b-15b)에 나타난 예에서처럼 장소 명사구가 동사 바로 다음에 놓인 전치사와 결합해서 장소 전치사구 형태로 나타나기도 한다.

    (14) a. Diana swam **the English Channel**.
          [다이애너가 영국해협을 수영해서 건넜다.]
        b. Diana swam ***across*** **the English Channel**.
          [다이애너는 영국해협을 수영으로 건너려고 했다.]
    (15) a. I have hiked **the valley**.
          [우리는 그 계곡을 하이킹했다.]
        b. I have hiked ***through*** **the valley**.
          [나는 그 계곡을 샅샅이 하이킹하려고 했다.]

물론 이러한 경우에 양자 사이에는 약간의 의미상의 차이가 있다. 즉, (14a-15a)에서처럼 장소목적어로 나타나는 경우에는 행위의 '완결성'(completeness)이라는 뜻이 깃들어 있다. 따라서 Sir Edmund climbed Mt. Everest.에는 에베레스트 산 정상을 정복했다는 점을 암시한다. 반면에, (14b-15b)에서와 같이 장소의 전치사구에는 특정한 장소로 이동하는 과정을 묘사하는 것이므로, Sir Edmund climbed *up* Mt. Everest.는 에베레스트 산 정상을 정복하려고 했다는 뜻이 포함된다는 점을 암시한다.[41]

4.4.5. SVOA 문형

일항타동사들 중에는 다음과 같이 부사류를 반드시 필요로 하는 것들도 있다. 그러므로 다음 예에서 이탤릭체로 나타난 부사류를 생략하게 되면 비문법적인 문장이 되거나 적어도 의도하는 뜻과 차이가 생기게 된다.

---

41 The reader will note that the direct object implies that the activity has been successful and has been brought to its completion, whereas the corresponding sentence with a prepositional object does not have this implication. Thus, *swim the lake* means that the lake has been successfully crossed by swimming, whereas *swim in the lake* can also be said of an event in which the other shore has not been reached. — Schlesinger (1995: 63); see also Huddleston & Pullum (2002: 299), Berk (1999: 29, 191-192), Dixon (2005: 300), and Quirk et al. (1985: 685).

She **locked** her jewels *in the safe*.
 [그녀는 금고에 보석을 넣고 자물쇠로 잠그었다.]
He **left** his car *in the middle of the road*.
 [그는 길 한복판에 차를 두었다.]
His intervention **brought** their quarrel *to a climax*.
 [그가 개입하므로 말미암아 다툼이 절정에 다다랐다.]
She **treated** him *like a VIP*.
 [그녀는 그를 요인(要人) 대우를 해주었다.]
They { **put** / **placed** / **stood** } the ladder *against the wall*.
 [그들은 벽에 사다리를 세웠다.]
They **laid** the injured man *on the stretcher*.
 [그들은 부상당한 그 사람을 들것에 놓았다.]

이상과 같은 예에서는 전달하고자 하는 뜻에 따라 전치사구와 부사구 중 어느 것이라도 올 수 있다. 이와는 달리, 다음 예에서처럼 특정 동사에 따라 특정한 전치사가 이끄는 전치사구를 필요로 하는 동사들이 있다.

> acquaint ... with, ascribe ... to, attribute ... to, base ... on/upon, confine ... to, consign ... to, dedicate ... to, mistake ... for, prevent ... from, regard ... as

이러한 동사에 수반되는 특정한 전치사구를 '술어동사의 보어'(predicator complement)라고 부르기도 한다.[42]

The party **accused** its secretary **of** disloyalty.

---

[42] We must remind him gently *of his promise*. (62a)
The preposition phrase, then, has characteristics of a complement. Moreover, it opens with a 'fixed' preposition the identity of which is determined by the lexical verb, so that there is a close link between this verb and the phrase. The complement thus identified does not function as an object .... Semantically, too, its role differs from that of an object in that it does not denote an entity which is directly or indirectly *involved* by the action expressed by the lexical verb.... Finally, it differs from an adverbial complement in that it does not share the adverbial characteristics and also in the way the opening preposition is

[당에서는 비서가 충실치 못하다고 비난했다.]

'Where's her letter?' — 'I **consigned** it **to** the wastepaper basket.'
['그녀의 편지가 어디 있지?' — '휴지통에 버렸어.']

I **mistook** that woman **for** a friend of mine, but she's a stranger.
[나는 그 여인을 내 친구로 착각했는데, 모르는 사람이었어.]

The judge **based** his decision **on** constitutional rights.
[판사는 헌법상의 권리를 토대로 판결을 내렸다.]

4.5. 이항타동사

4.5.1. SVOO 문형: 간접목적어와 직접목적어

대부분의 타동사들은 한 개의 목적어를 수반하여 SVO 문형을 이룬다. 이와는 달리, 그 수효는 그렇게 많지 않지만, 두 개의 목적어, 즉 간접목적어(indirect object: O^i)와 직접목적어(direct object: O^d)를 수반하여 SVO^iO^d 문형을 이루는 이른바 이항타동사(二項他動詞: ditransitive verbs)가 있다. 이처럼 두 개의 목적어를 갖는 문장 구조에서 직접목적어는 동사가 나타내는 동작의 결과물이거나 동작의 영향을 직접 받는 대상이고, 간접목적어는 직접목적어가 가리키는 대상을 매개로 하여 동작의 영향을 간접적으로 받는 것이 일반적이다.[43]

She knitted **her son a sweater**. [간접목적어 + 직접목적어]
[그녀는 아들에게 스웨터를 짜주었다.]

I repaid **her the £10 she rent me**. [간접목적어 + 직접목적어]
[나는 그녀에게 빌린 돈 10파운드를 돌려주었다.]

He pays **me** *occasional visits*.

---

determined by the lexical verb. To distinguish the role of this type of complement from that of object, attribute, or adverbial complement, we shall refer to it as PREDICATOR COMPLEMENT. — Ek & Robat (1984: 23).

43 The terms **direct** and **indirect** are based on the idea that in ditransitive clauses the O^d argument is more directly affected or involved in the process than the O^i argument. In *I gave Kim the key*, for example, it is the key that is actually transferred, while Kim is involved only as an endpoint in the transfer. — Huddleston & Pullum (2002: 245).

[그는 가끔 나를 찾아온다.]

He told **me** *her whole life history.*

[그는 나에게 그녀의 전 생애를 말해 주었다.]

This medicine will ensure you a *good night's sleep.*

[이 약을 복용하면 밤에 잠을 잘 잘 수 있을 것입니다.]

위와 같은 의미상의 차이 이외에도, 간접목적어와 직접목적어 사이에는 전치(前置: fronting), 즉 이 두 요소 중 어느 하나가 문장이나 절의 맨 앞으로 이동하는 것을 허용하느냐 하는 점과 관련된 차이도 있다. 즉, 다음 예에서 보는 바와 같이 직접목적어는 전치되어 문장이나 절의 맨 앞에 놓일 수 있는 반면, 간접목적어가 전치되면 그 결과 틀린 문장이 만들어지거나 사용 가능성이 희박한 문장이 된다.44 (사용 가능성이 희박한 문장은 그 앞에 <%> 표시를 하고 있다.)

직접목적어가 전치된 경우 (문법적으로 옳은 문장)	간접목적어가 전치된 경우 (문법적으로 틀리거나 사용 가능성이 희박한 문장)
Everything else, she gave him. [다른 모든 것을 그녀가 그에게 주었다.]	%**Him**, she gave everything else.
What did she buy him? [그녀가 그에게 무엇을 사주었느냐?]	*__Who__ did she buy these shoes?
He kept the gifts [**which** she had given him]. [그는 그녀가 자신에게 준 선물을 보관했다.]	%They interviewed everyone [**whom** she had given gifts].
What a lot of work he gave them! [그가 얼마나 많은 일을 그들에게 주었는가!]	*__What a lot of them__ he gave work!

4.5.2. 간접목적어의 생략

예컨대 hand와 같이 순수한 이항타동사는 문법적인 이유 때문에 간접목적어와 직접목적어를 모두 필요로 하여 어느 하나가 생략된 다음의 두 번째와 세 번째 문장은 문법적인 문장이 아니다.

---

44 Huddleston & Pullum (2005: 72-73). See also Herriman & Seppänen (1996: 487).

He handed me the letter.
  [그 사람이 나에게 그 편지를 건네주었다.]
~ *He handed me.
~ *He handed the letter.

그러나 fine과 같은 경우에는 직접목적어가 생략되는 것을 허용하지만, 간접목적어의 생략을 허용하지 않는다.

They fined us $100.
  [그들은 우리에게 100불 벌금을 부과했다.]
~ They fined us.
  [그들이 우리에게 벌금을 부과했다.]
~ *They fined $100.

마찬가지로, He sent **me** *some flowers*., He gave **me** *a nice gift*.와 같은 문장에서 직접목적어가 생략된 *He sent me., *He gave me.와 같은 문장은 설령 특정한 문맥이 주어지더라도 전달하고자 하는 본래의 뜻과 거리가 멀기 때문에 문법적으로 전혀 허용되지 않는다. 반면에 간접목적어는 명시적으로 언급되지 않더라도 문법성에 아무런 영향을 미치지 않는 경우가 많다. 따라서 다음과 같은 경우에는 담화상의 문맥(discourse context)이 주어지면 간접목적어가 명시적으로 나타나지 않더라도 문법에 어긋나지 않는다.

다음에 주어진 문장(16a-19a)는 문장 (16b-19b)가 사용되기 위한 상황을 제공해 주는 것이다. 즉, 주어진 상황에 따라 (16b-19b)에는 간접목적어가 문장의 표면상에 나타나지 않고 있으면서도 어떤 것이 생략되었는지 짐작할 수 있다.[45]

(16) a. My boss wanted a reference.
    [나의 사장께서는 추천서를 원했다.]
  b. The Dean wrote_____a letter.
    [학장은 추천서를 썼다.]
(17) a. Donald needed a mechanic.
    [도널드는 기계공이 필요했다.]

---
45 Berk (1999: 38).

b. I offered_____my services.
　　　　　[나는 (그에게) 서비스를 제공했다.]
　(18) a. I wanted some potato chips.
　　　　　[나는 감자칩을 좀 원했다.]
　　　b. Melissa passed _____ the bag.
　　　　　[멜리사가 (감자칩) 봉지를 건네주었다.]
　(19) a. Alicia went to the Red Cross.
　　　　　[앨리시아가 적십자사로 갔다.]
　　　b. She gave_____blood.
　　　　　[그녀는 피를 제공했다.]

(16a-19a)에 표시된 담화상의 문맥을 통해 (16b-19b)에 놓인 각 문장의 밑줄 친 부분에 나타나지 않은 간접목적어를 회복시킬 수 있다. 예컨대, 제시된 문맥 (16a)를 통해 간접목적어를 회복시키게 되면 (16b)는 The Dean wrote **my boss** a letter of reference.(학장께서 나의 사장에게 추천서를 썼다.)가 되며, 마찬가지로 (17b)는 I offered **Donald** my services.(나는 도널드에게 도와주겠다고 했다.)라고 하여 간접목적어를 회복시킬 수 있게 된다. (18b)에는 me가 생략되었음을 금방 알 수 있다. 마지막 문장 (19b)는 주어진 맥락을 통해서 She gave **the Red Cross** blood.처럼 간접목적어가 회복될 수 있다.

　반면에, 보통 이항타동사로 쓰이는 몇몇 동사들의 경우에는 오히려 간접목적어는 그대로 유지되면서 다음과 같이 문장의 밑줄 친 부분에 놓일 직접목적어가 생략되는 것이 허용되는 예들도 있다.

　　Bob is teaching the older children_____.
　　　[바브는 보다 나이가 더많은 어린이들을 가르치고 있다.]
　　You can pay me_____instead.
　　　[너는 대신 나에게 지불할 수 있다.]

4.5.3. 간접목적어가 되는 어구

　두 개의 목적어를 필요로 하는 문장에서 일반적으로 간접목적어는 직접목적어가 나타내는 대상물을 받는 수용자(受容者: recipient)이거나 수혜자(受惠者: beneficiary)이기 때문에 반드시 유생적 존재(animate beings)라야 하는데, 이것은 대개 사람을 나타내는 명사구이거나 복합 관계대명사 who(m)ever가 이끄는 관계사절 형식으로 나타나게 된다.

I'll fax **you** that letter.
[팩스로 그 편지를 네게 보내 주겠다.]
Daddy peeled **Sally** an orange.
[아빠는 샐리에게 오렌지 껍질을 벗겨 주었다.]
I will give **whoever finishes first** a proper reward for this achievement.
[나는 누구라도 이 일을 맨 처음 한 사람에게는 적절한 상을 주겠다.]
She made tea **for whoever wanted it**.
[그녀는 원하는 사람은 누구에게든지 차를 만들어 주었다.]

또는 기관이나 장소가 간접목적어로 나타나기도 하는데, 그 까닭은 이러한 기관이나 장소가 사람들의 집합체로 취급되기 때문이다.

I faxed **the White House** my letter.
[나는 백악관에 팩스로 내 편지를 보냈다.]
I owed **the University** a lot of money. (Berk 1999: 36)
[나는 그 대학에 많은 액수의 돈을 빚졌다.]

가끔 다음 예에서처럼 비유적으로 무생물이 수용자 역할을 하는 예도 볼 수 있다.

We'll give **the unemployment question** priority.
[우리는 실업문제를 먼저 다루게 될 것이다.]

4.5.4. 전치사 + 간접목적어의 이동

간접목적어는 두 가지 위치에 놓일 수 있다. 즉, 동사 바로 뒤 직접목적어 앞에 놓일 수 있는가 하면, 직접목적어 다음에 놓이기도 한다. 두 개의 목적어 중 간접목적어가 직접목적어 다음에 놓이는 것이 허용되는 동사의 경우, 뒤로 이동한 간접목적어는 대개 그 문장에 쓰인 동사에 따라 for 또는 to에 수반되어 전치사구 형태로 나타난다.

1) 간접목적어에 to를 수반하는 동사를 몇 가지 예시하면 give, grant, hand, leave, offer, owe, pass, promise, read, send, show, teach, throw, write 등이 있다. 이런 동사에 수반된 간접목적어는 수용자를 나타낸다. 즉, 간접목적어가 일반적으로 직접목적어로 나타난 대상물을 실제로 받는다거나, 앞으로 받게 된다는 약속이나 예정 등을 나타내며, read, tell, teach, show, write 따위의 동사들이 쓰이면 간접목적어는 직접목적어로 표출된 내용(물)을 듣거나, 보거나, 또는 배우게 된다는 점을 나타낸다.

He gives moral admiration **to those whom he believes to be pure in heart.**
[그는 마음이 순수하다고 믿는 사람들에게 도덕적인 찬사를 보낸다.]
She was reading a story **to the children**.
[그녀는 그 어린이들에게 이야기를 읽어 주고 있었다.]
He tossed a coin **to the beggar**.
[그는 그 거지에게 동전을 던져 주었다.]
They decided to offer the job **to Jo**.
[그들은 조에게 그 일을 맡기기로 결정했다.]

2) 간접목적어에 for를 수반하는 동사에는 book, bring, build, buy, cash, cut, fetch, find, get, keep, leave, make, pour, reserve, save, spare 등이 있다. 이 동사에 수반된 전치사 <for + 간접목적어>는 의미론적으로 직접목적어가 나타내는 대상물이나 서비스를 받게 되는 수혜자 역할을 한다. 그러므로 간접목적어는 '의도된' 수용자(intended recipient), 즉 최종적으로 간접목적어에게 직접목적어로 나타나는 대상물이 전달된다는 뜻이다. 예컨대 I'll get another glass **for you**.는 'The glass is **for you**.'라는 뜻이다. 다시 말하자면, 이처럼 간접목적어가 전치사를 수반하여 문장의 마지막 위치로 이동하게 되면 의도된 수용자가 실제로 그 대상을 소유하게 되었는지 알 수 없다는 뜻으로 해석될 수 있다. [46]

Robert poured some whisky **for David**.
[로버트는 데이비드에게 위스키를 좀 따라 주었다.]

---

46 All of these sentences can be paraphrased by placing the indirect object directly after the verb — Ron baked **Mary** a cake, I knitted **Bill** a sweater, etc. When indirect object co-occur with created direct objects, transference is always pending. In Ron baked a cake for Mary, we do not know whether the intended recipient actually came into possession of the cake. — Berk (1999: 37).

The postman left a letter **for us**.
   [우체부가 우리에게 편지를 배달해 주었다.]
Should I fetch your coat **for you** from the next room?
   [옆방에 가서 코트를 갖다 드릴까요?]

for + 간접목적어가 '대리'(proxy)한다는 뜻으로 해석되기도 한다.

He bought the book **for me**.
= He bought it for me (i.e., he acted on my behalf) because I didn't have time to buy it myself.
   [→ 예컨대 내가 직접 책을 살 시간이 없으므로 그가 나를 대신해서 그것을 샀다는 뜻으로 해석 가능함.]

3) 간접목적어에 of를 수반하는 동사에는 ask, inquire 등이 있다.

May I ask a favor **of you**?
   [한 가지 부탁해도 되겠는지요?]
She inquired **of me** most politely whether I wished to continue.
   [그녀는 내게 계속하고 싶은지 어떤지를 아주 점잖게 물었다.]

4) bring, get, leave, play, sing, take, write 따위와 같은 일부 동사들은 전달하고자 하는 뜻에 따라 간접목적어가 to 또는 for를 선택할 수 있다. 즉, to + 간접목적어는 '수용자'를 나타내는가 하면, for + 간접목적어는 위에서 말한 것처럼 '의도된 수용자'를 뜻한다.

He **brought** happiness $\begin{Bmatrix} \text{to} \\ \text{for} \end{Bmatrix}$ his family.
   [나는 가족들에게/가족들을 위해서 행복을 가져 왔다.]
I'll **get** this **to** him. (= 'deliver')
   [나는 이것을 그에게 갖다 주겠다.]
I'll **get** this **for** him. (= 'take; obtain')
   [그를 위해서 이것으로 하겠다.]

5) allow, begrudge, bet, bill, cause, charge, cost, deny, draw, envy, forgive, grudge, promise, refuse 따위와 같은 동사들이 쓰이면 간접목적어가 전치사를 수반하여 직접목적어 다음에 놓이지 않고, 항상 간접목적어 + 직접목적어의 구조로 나타난다.

> My father allowed me money for books.
> [나의 아버지께서는 내게 책 살 돈을 주신다.]
> His impertinence cost him a broken nose.
> [건방진 행동을 하다가 그는 큰코 다쳤다.]
> He caused his parents much unhappiness.
> [그는 부모님을 크게 불행하게 만들었다.]

announce, confess, demonstrate, describe, entrust, explain, introduce, mention, point out, say, state, suggest 따위의 동사들은 항상 간접목적어가 to를 수반한다.

> He tendered his resignation **to the Prime Minister.**
> [그는 수상에게 사표를 제출했다.]
> She confided her troubles **to a friend.**
> [그녀는 자신의 걱정거리를 친구에게 고백했다.]
> I don't know her name but she always says hello **to me** in the street.
> [나는 그녀의 이름은 모르지만 거리에서 만나면 그녀는 늘 내게 인사를 한다.]
> They mentioned **to me** the new restaurant on Putney Road.
> [그들은 나에게 푸트니 가에 있는 새 식당을 말해 주었다.]

4.5.5. 간접목적어의 담화적 기능

일반적으로 문중에서 간접목적어와 직접목적어의 어순이 달라지게 되면 이에 따라 전달하고자 하는 의미에도 변화가 생기게 된다는 사실은 담화에서 나타난다. 이러한 일반화에 대한 필연적인 결과로 영어에서는 두 가지 원칙, 즉 문미 초점의 원칙과 문미 중점의 원칙에 따라 간접목적어가 동사와 직접목적어 사이에 놓이느냐, 아니면 직접목적어 다음, 즉 문미에 오게 되느냐 하는 것이 결정된다.

4.5.5.1. 문미 초점의 원칙

두 개의 목적어 중 청자/독자에게 처음으로 제시되는 정보 내용, 즉 신정보(新情報: new information)로서 중요한 정보를 전달하는 목적어가 문미에 놓여 문미 초점(文尾焦點: end focus)을 받게 된다. 만약 간접목적어가 담화상에서 신정보이고, 직접목적어가 구정보(舊情報: old information)이면 간접목적어가 직접목적어 다음에 전치사구 형태로 나타나게 된다.[47] 예컨대 다음과 같은 대화 상황에서

situation: Marcy owns a motorcycle and isn't riding it today.
[상황: 마시는 오토바이를 갖고 있지만, 오늘은 타고 다니지 않는다.]
someone says: "She loaned it **to Jack**."
[어떤 사람이 말한다: '그녀는 그것을 재크에게 빌려주었어.']

Jack은 신정보가 되고, it(= motorcycle)과 주어 she(= Marcy)는 구정보가 된다. 신정보 Jack은 구정보 it보다 뒤에 놓이는데, 이런 담화적 상황에서[?[?]]I loaned **Jack** *it*.이라고 말한다면 구정보에 해당되는 it이 신정보가 놓여야 할 자리에 놓였기 때문에 상당히 어색하게 여겨진다.

반면에, 직접목적어가 신정보이면 그것은 간접목적어 다음에 놓여 <간접목적어 + 직접목적어>의 어순으로 나타나게 된다. 그러므로 다음과 같은 대화 상황이라고 하면 화자 B의 대답에서는 반드시 직접목적어에 해당되는 부분이 문미에 놓여 초점을 받게 된다. 즉, the report가 화자 A의 말에 이미 나와 있기 때문에 화자 B의 말에서는 구정보가 되지만, the boss는 처음으로 등장하고 있기 때문에 신정보가 되어 문미에 놓여 초점을 받게 되는 것이다.

Speaker A: What did you do with *the report?*
[그 보고서를 어떻게 했니?]

---

47 Another piece of evidence in support of the no-synonymy rule is found in discourse. We have already discussed the fact that topics are usually first introduced in the predicate. A corollary to this generalization is that the newest information in the sentence goes after all the given information. Where we find the indirect object often depends on whether the recipient is new or given information. If the indirect object represents new information in a discourse and the direct object represents given information, the indirect object will appear after the direct object in a prepositional phrase. — Berk (1999: 42).

Speaker B: I handed *it* **to the boss**.
　　[사장님께 전했어.]

다음과 같은 문장에서는 직접목적어에 해당되는 부분들이 인칭대명사를 수반하고 있거나, 특정한 것을 지시하는 한정사를 수반하는 등 구정보임을 알려주고 있기 때문에 간접목적어 앞에 놓이고, 반면에 간접목적어는 신정보를 전달하는 것이기 때문에 문미에 놓여 초점을 받고 있다.

　　The government gave its sanction **to what the Minister had done.**
　　　　[정부는 장관이 한 일을 인가해 주었다.]
　　He told the news **to everybody in the village.**
　　　　[그는 그 마을의 모든 사람들에게 그 소식을 전해 주었다.]
　　Give those papers **to the girl at the door.**
　　　　[그 서류들을 문간에 있는 소녀에게 주어라.]
　　He brought some toys **for the children.**
　　　　[그는 그 어린이들을 위해 장난감을 좀 갖고 왔다.]

대개 직접목적어가 대명사이고, 간접목적어가 명사이면 간접목적어가 뒤로 이동한다. 이것은 대명사는 이미 앞에서 언급되었거나 상황으로 미루어 보아 어느 것을 가리키는지 알 수 있다고 판단되는 구정보이기 때문이다.

　　We sent it **to John**. ~ *We sent **John** it.

그러나 대명사는 명사를 대신하는 것이기 때문에 구정보를 전달하는 것이 일반적이지만, 다음 문장에서처럼 간접목적어 역할을 하는 대명사가 대립 관계를 보여주는 경우에는 신정보를 제공할 수 있기 때문에 문미에 놓여 강세를 받고 있는 것이다.

　　We sent a package **to him**. (**not her**)
　　　　[우리는 (그녀가 아니라) 그에게 소포를 보냈다.]

4.5.5.2. 문미 중점의 원칙

문미 중점(文尾重點: end-weight)이란 문장 요소 중 짧고 간단한 것은 앞에 두고, 상대적으로 보다 길고 복잡한 요소를 문미에 배치시키는 것을 말한다.[48] 따라서 두 개의 목적어 중 어느 하나의 목적어와 관련된 정보 내용을 보다 충분하게 전달하기 위하여 관계사절, 분사구, 부정사절, 전치사구 등을 수반함으로 말미암아 다른 목적어에 비해 상대적으로 길고 복잡해지면 그 목적어가 문미에 놓이게 된다. 특히 어느 하나의 목적어가 길고 복잡해지는 까닭은 그것이 청자/독자에게는 새롭고 중요한 내용이므로 자세히 전달하고자 하는 이유 때문이다.

<u>간접목적어 + 직접목적어의 어순</u>: 간접목적어가 구정보이고, 직접목적어가 신정보일 때.

He showed *me* **the draft of an article he was writing.**
 [그는 내게 자신이 쓰고 있는 논문 초고를 보여주었다.]
He gave *his friends* **the privilege of using his private library.**
 [그는 친구들에게 자신의 개인 서재를 이용할 특권을 주었다.]
His son Edward the Confessor was brought up in France and, when he came to the throne in 1042, he brought with him many Normans and gave *them* **positions of importance in the government.**
 — G. L. Brook, *A History of the English Language*.
 [그의 아들 에드워드 참회왕은 프랑스에서 성장했으며, 1042년에 왕위에 올랐을 때 그는

---

48 Another factor at work in English is the preference for END-WEIGHT in message structure. The length of either the direct or indirect object is sometimes described in terms of its 'weight' within the message being communicated. The more language used to identify a person or thing, the more 'weight' it will tend to have in the message. The strong tendency towards end-weight in English sentence clearly influences the positions of the direct and indirect objects. The longer expression tends to be placed at the end.
 [39] He handed *her* a large brown manilla envelope stuffed with hundred dollar bills.
 [40] Later, she gave that envelope to *a short bedraggled man sitting by the side of the road holding a sign that read 'Will Work for Food'*.
 Notice that the longer expression of new information placed at the end of the sentence is the direct object in [39] and the indirect object in [40].
 — Yule (2011: 199).

많은 노르만인들을 데리고 와서 그들을 정부의 중요한 자리에 앉혔다.]

<u>직접목적어 + 전치사 + 간접목적어의 어순</u>: 직접목적어가 구정보이고, 간접목적어가 신정보일 때.

The government sent **relief**(= food, money, clothes) *to the people who lost their homes in the flood.*
  [정부는 홍수로 집을 잃은 사람들에게 구호품을 보냈다.]
He gave **a generous reward** *to the boy who found their dog.*
  [그는 자기들의 개를 찾아준 그 소년에게 후한 보상을 해주었다.]
Judith booked **theater tickets** *for all the students who were doing her Shakespeare course.*
  [주디스는 자신의 셰익스피어 강좌를 수강하는 모든 학생들의 극장 표를 예약했다.]

이상에서 본 문미 초점의 원칙과 문미 중점의 원칙은 서로 밀접한 관계를 갖고 있다. 즉, 두 개의 목적어 중에서 어느 하나가 다른 것보다 상대방에게 새롭고 신정보로서 중요한 요소이기 때문에 문미에 놓여 초점을 받는 것이고, 초점을 받는 요소가 다른 요소에 비해 길어지기 때문에 문미 중점의 원칙이 작용하게 되는 것이다.[49]

4.6. 복합타동사

4.6.1. SVOC 문형

1) 타동사들 중에는 하나 또는 두 개의 목적어를 수반하는 것이 있는가 하면, 목적어와 목적보어를 수반하여 SVOC 문형을 이루는 동사들이 약간 있다. 즉, 목적어 자체만으로는

---

[49] Since the new information often needs to be stated more fully than the given (that is, with a longer, 'heavier' structure), it is not unexpected that an organization principle which may be called END-WEIGHT comes into operation along with the principle of end-focus. — Quirk (1985: 1361-62); It is clear that **end-focus, end-weight** and **informativeness** are closely linked. New participants introduced onto the scene of discourse need to be described and defined in more detail than known ones. They are, consequently 'heavy' and are better placed at the end. — Downing & Locke (2006: 254).

완전한 문장을 이루지 못하고, 이번에는 목적어에 대한 세부적인 사항을 설명해주는 역할을 하는 보어를 추가로 필요로 하는데, 이를 목적보어(目的補語: object complement)라고 한다. 주격보어가 주어에 대하여 설명해 주는 것과 마찬가지로, 목적보어는 목적어의 성질이나 상태를 구체적으로 설명해 주거나, 목적어의 신원을 밝혀주는 역할을 한다.[50]

> We called **him** *Jim*, not *James*.
> [우리는 그 사람을 제임스라 하지 않고, 짐이라고 불렀다.]
> He made **his wife** *his proxy*.
> [그는 아내를 자기의 대리인으로 내세웠다.]
> She painted **her eyelids** *deep blue*.
> [그녀는 눈썹을 짙은 푸른색으로 그렸다.]
> Strong tides make **swimming** *dangerous*.
> [물살이 세어서 수영하기가 위험하다.]
> I find his **opinions** *repugnant*.
> [나는 그의 의견이 모순이라는 것을 알게 되었다.]
> In 1362, the Statute of Pleadings made **English, rather than French**, *the official language* of the courts and Parliament.
> — Heidi Harley, *English Words: A Linguistic Introduction*.
> [1362년 (의회에서 통과된) 변론법이 생겨남으로써 불어가 아니라, 영어가 법원과 의회의 공용어가 되었다. → 1362년 변론법이 생기기 이전 영국에서는 법원, 의회, 학교, 교회 등에서 불어가 영국의 공용어로 사용되었는데, 이로 말미암아 영국민들이 법정에서 영어 대신 불어를 사용하여야 하는 불편을 겪었음.]

2) 주어와 주격보어의 관계에서와 마찬가지로, 목적어와 목적보어 사이에도 '내포적'(intensive) 관계가 있다. 다만 주어와 주격보어가 연결동사를 사용하여 이러한 관계를 명시적으로 나타내는 것과 달리, 목적어와 목적보어는 비록 연결동사로 연결되어 있지는 않지만, 양자 사이에 연결동사가 존재하는 것처럼 이해된다. 예컨대 Waltz made **him dizzy**(월츠가 그를 현기증이 나게 만들었다.).는 **He** was **dizzy**.라는 뜻을 포함하고, They have painted **the walls white**.(그들은 그 울타리를 하얗게 페인트칠했다.)는 **The walls** were **white**.라는

---

[50] The Object Complement is the constituent that completes the predicate when certain verbs such as *find, make* and *appoint* lead us to specify some characteristic of the Direct Object.
— Downing & Locke (2006: 67).

동사(Verbs) 405

뜻을 포함하고 있다. 즉, 이 두 개의 문장에서 목적어와 목적보어를 따로 분리시켜 놓으면 이 두 요소 사이에는 일종의 주어와 주격보어의 관계가 나타난다. 이러한 관계는 수동태 문장에서 목적어가 수동태의 주어가 되고, 목적보어는 주격보어로 나타나는 사실로서 분명히 드러난다.

Joan of Arc was made *a saint* in 1920.
　[잔다르크는 1920년에 성녀(聖女)가 되었다.]
Smith was considered *a trustworthy witness* by the court.
　[스미스는 법원으로부터 믿을 수 있는 증인으로 인정받았다.]

한편 I like **raw oysters**.와 I like **oysters** raw.는 의미와 구조가 서로 다르다. 전자는 raw oysters가 명사구로서, 목적어 역할을 하는 것으로서 oysters which are raw라는 특정 유형의 해산물 요리를 뜻하는 것이다. 후자는 I like oysters, when they are raw.라는 뜻으로 요리하지 않은 상태의 굴을 뜻하는 목적어와 목적보어의 관계를 나타낸다. 따라서 후자는 How do you like your oysters?(굴을 어떻게 드릴까요?)라는 질문에 대한 대답으로 적절한 구조이다.

4.6.2. 복항 타동성의 정도

복항타동사들 중 많은 것들은 본래의 뜻을 그대로 유지하기 위하여 목적보어를 반드시 가져야 한다는 점에서 이러한 동사들은 순수한 복항타동사이다. 그러므로 목적보어가 나타나지 않은 다음 문장들은 모두 문법적으로 틀린 문장이다.

　*The citizens proclaimed him.
　*I now pronounce you.
　*They deemed the school.
　*The detective proved Dick.

이러한 문장들이 문법적으로 옳은 문장이 되려면 다음과 같은 문장에서처럼 반드시 목적보어가 나타나야 한다.

Congress proclaimed **May 30** *a national holiday*.
[의회에서는 5월 30일을 국경일로 선포했다.]

A doctor pronounced **the patient** *dead* this morning.
[한 의사가 오늘 아침에 그 환자에 대한 사망 선고를 내렸다.]

She deemed **their marriage** *a fiasco*.
[그녀는 그들의 결혼이 완전히 실패한 것으로 생각했다.]

She was determined to prove **everything** *wrong*.
[그녀는 모든 것이 잘못되었다는 점을 증명하기로 작심했다.]

다음과 같은 예의 문장에서는 목적보어가 생략되더라도 여전히 문법적으로 옳은 문장이며, 동시에 의미상의 차이도 생기지 않는다.

They christened **the ship** (*the Titanic*).
[그들은 그 배에 (타이탄이라는) 이름을 붙였다.]

They elected **her** (*president*).
[그들은 그녀를 (회장으로) 선출했다.]

The teacher appointed **Sarah** (*team captain*).
[선생님께서는 사라를 (팀장으로) 임명했다.]

They spoiled their kids.(그들은 애들을 망쳤다.), He tied the rope.(그는 밧줄을 묶었다.)와 같은 예에서처럼 본래 일항타동사로 쓰이는 일부 동사들이 복항타동사로 쓰이기도 한다. 이러한 유형의 동사들은 특정한 변화를 야기시킨다는 뜻을 갖는 것으로서, 특히 목적보어가 결과적 상태를 나타내는 것일 때 흔히 나타난다.[51]

He wiped **the table**.
[그는 식탁을 닦았다.]

He wiped **the table** *clean*.
[그는 식탁을 깨끗이 닦았다. → 닦아서 그 결과 깨끗해졌다는 뜻임.]

We painted **the barn**.
[우리는 외양간에 페인트를 칠했다.]

---

51 Berk (1999: 50).

We painted **the barn** *green*.
　[우리는 외양간에 초록색 페인트를 칠을 했다. → 페인트칠을 해서 그 결과 외양간이 초록색이 되었다는 뜻임.]

I pushed **the door**.
　[나는 문을 밀었다.]

I pushed **the door** *open*.
　[나는 문을 밀어서 열었다. → 문을 밀어서 그 결과 문이 열렸다는 뜻임.]

4.6.3. 목적보어가 되는 어구

1) 명사(구)와 형용사가 목적보어가 된다.

When we speak of a person who is troublesome, irritating, annoying or emotionally painful to us, we sometimes call that person **a "pain in the neck."**
— Don Colbert, M.D. *Deadly Emotions*.
　[우리가 골치아프거나, 귀찮게 하거나, 짜증나게 하거나, 또는 우리에게 정서적으로 고통을 안겨주는 사람에 대해서 말할 때 우리는 가끔 그런 사람을 "눈엣가시"라고 한다.]

I found her **an easy woman** to work with.
　[알고 보니 그녀는 같이 일하기 쉬운 사람이었다.]

A falling branch knocked him **unconscious**.
　[떨어지는 나무에 얻어맞아 그는 의식을 잃었다.]

Salty food makes you **thirsty**.
　[짠 음식을 먹으면 갈증이 난다.]

She doesn't like her hair **short,** so she's letting it grow.
　[그녀는 자신의 머리가 짧은 것을 좋아하지 않아서, 자라는 대로 내버려둔다.]

특히 명사구 구조로 나타나는 목적보어는 목적어와 동일한 대상(identity)을 나타내는가 하면, 명사구에 수식어로서 정도 형용사(gradable adjectives)가 포함되어 있는 경우에는 목적어의 성질을 나타낸다. 가령 위의 두 번째 문장을 한 가지 예로 보기로 하자.

I found her **an easy woman** to work with.

여기서 목적어 + 목적보어 구조 her **an easy woman** to work with는 She is **easy** to work with.와 같이 풀이되며, 이것은 곧 그녀가 어떤 성질을 가진 사람인가를 나타내고 있다.

타동사 다음에 놓인 두 개의 명사구가 구조적으로 애매할 때도 있어서, 따라서 두 가지 해석이 가능하다.

I found **him** *a good partner*.

이 문장에서 him을 간접목적어, a good partner를 직접목적어로 분석한다면 '그에게 좋은 파트너를 구해 주었다.'라는 뜻이 되기 때문에 SVOO 문형이 된다. 반면에, 이것을 목적어와 목적보어의 관계를 가진 SVOC 문장 구조로 분석한다면 '그가 좋은 파트너라는 것을 알았다.'라는 뜻이 된다. 그러나 I found **her** *a good job*.(나는 그녀에게 좋은 직장을 구해 주었다.)와 같은 문장은 her와 a good job를 동일시할 수 없기 때문에 오로지 SVOO의 구조로만 분석된다.

예컨대 They have made her **director**. 따위에서처럼 명명동사(naming verbs) 다음에 유일한 직위 · 신분 등을 나타내는 명사구가 목적보어로 쓰이는 예에 대해서는 2.4.2 (유일한 직위 · 신분)를 참조.

목적보어로 쓰인 형용사는 일반적으로 목적어 뒤에 놓이게 되지만, 예컨대 to **make possible** the meeting, to **cut short** a long story, to **wash clean** the shirt와 같은 예에서처럼 동사 바로 다음에 놓여 마치 동사와 형용사가 뜻의 한 단위인 것처럼 쓰이는 예들도 있다.

We have **proved** them **wrong**. (정상적인 어순)
→ We have **proved wrong** the forecasts made by the country's leading economic experts.
[우리는 이 나라의 지도자급 경제 전문가들이 내놓은 예측이 틀렸음을 입증했다. → 문미 중점의 원칙에 따라 목적어가 문미 위치로 이동하였음]

He **made very clear** his views on this unusual suggestion.
[그는 색다른 이 제안에 대하여 자신의 견해를 아주 분명히 했다.]

Though Trump's top aides emphasized that the administration is examining all diplomatic measures to rein in Pyongyang, they **made clear** that military options remain on the table. — *The Washington Post*, September 17,

2017.
[미국 행정부가 북한 당국을 조절할 모든 외교적 조치를 검토하고 있다는 점을 트럼프 대통령의 수석 고문들이 강조했지만, 이들은 군사적 선택의 여지가 협상 테이블에 놓여 있다는 점을 명백히 했다.]

Mario **forced open** the elevator door and looked out.
[마리오는 억지로 엘리베이터 문을 열고 밖을 내다보았다.]

He **kicked open** the gate.
[그는 그 문을 차서 열었다.]

He **flung open** the door.
[그는 그 문을 획 열어젖혔다.]

이처럼 목적보어를 동사 바로 다음에 놓이게 하고, 긴 목적어를 문미 위치로 이동시키는 것은 문미 중점(end-weight)의 원칙에 따른 것이다.[52]

believe, consider, know, judge, presume, reckon, think 따위와 같은 견해동사(verbs of opinion)들은 (to be +) 형용사/명사를 목적보어로 삼아 어떤 확실한 증거를 토대로 한 것이 아니라, 진술 내용에 대한 주어 자신의 개인적인 견해를 나타낸다.[53]

I know Mrs. Kim **to be very serious.**
[나는 김씨 부인이 아주 진지한 사람으로 알고 있다.]

His admirers believe him **to be a genius.**
[그를 따르는 사람들은 그를 천재라고 믿고 있다.]

I judged him **to be about 50.**
[나는 그가 50세쯤 된 것으로 판단했다.]

첫 번째 문장과 달리, *I know Seoul to be the capital of Korea.는 개인적인 판단을 근거로 알고 모르고 하는 문제가 아니므로 비문법적이다. 이 대신에 I know that Seoul is the capital of Korea.라고 하면 되는데, 이때 that-절은 전달되는 내용이 객관적이고 공적인 지식으로 판단된다.

---

[52] In normal order, a direct object precedes an object complement or a final position adverbial. But if the object is long, it can be postponed to the end for end-weight. — Leech & Svartvik (2002: 222).

[53] 이기동 (1992: 218-219).

특히 견해동사들은 수동형으로 나타나는 경우가 많은데, 이렇게 되면 다음 문장에서처럼 진술 내용에 대한 동작주 자신의 평가가 그만큼 더 줄어들게 된다.

In English law, an accused man **is presumed to be innocent** until he is proved guilty.
[영국 법률에서는 유죄 증거가 있을 때까지는 피고인이 무죄로 간주된다.]

30 bombers **were believed** shot down.
[30대의 폭격기가 총격을 받아 격추되었다고 믿어졌다.]

She **is reckoned** (to be) the cleverest student in the class.
[그녀는 학급에서 가장 똑똑한 학생으로 여겨진다.]

Laughing and joking **are considered** improper behaviour at a funeral.
[장례식장에서 웃고 농담하는 것은 적절치 못한 행동으로 여겨진다.]

2) 다음과 같이 특정한 동사들의 목적보어는 특정한 전치사와 함께 쓰인다.

She **took** what he said **as a compliment.**
[그녀는 그가 한 말을 찬사로 받아들였다.]

Critics **praised** his work **as highly original.**
[비평가들은 그의 작품이 상당히 독창적이라고 칭찬했다.]

I wish to **nominate** Jane Morrison **for president of the club.**
[나는 제인 모리슨을 클럽의 회장으로 지명했으면 한다.]

Everyone **recognized** him $\begin{Bmatrix} \text{to be} \\ \text{as} \end{Bmatrix}$ **the lawful heir.**
[모든 사람들이 그를 합법적인 후계자라고 인정했다.]

Her colleagues **see** her **as a future Prime Minister.**
[그녀의 동료들은 그녀를 장차 수상이 될 인물로 본다.]

They **took** me **for a clergyman.**
[그들은 나를 성직자로 착각했다.]

목적어 + 목적보어의 구조로 이루어진 문장에서 목적어가 놓일 자리에는 명사구나 명사구와 같은 성격을 가진 동명사절은 놓일 수 있지만, 절의 성격이 강한 부정사절이나 that-절은 놓일 수 없다. 그러므로 목적어로서 부정사절이나 that-절이 놓여야 할 경우에는 이것을 반드시 목적보어 다음의 위치로 외치시키고 그 빈 자리에는 형식목적어 it이 놓이게 된다.

We consider *it* a pity **for him to say a thing like that.**
[우리는 그가 그런 말을 하는 것을 애석한 일로 본다.]

He made *it* clear **that he objected to the proposal.**
[그는 그 제안에 반대한다는 점을 분명히 했다.]

3) 목적보어로서 분사 형용사(현재분사, 과거분사)가 올 수 있다. 특히 과거분사가 올 경우에는 목적어가 수동적인 뜻을 갖는다.

His remark set me **thinking.**
[그의 말을 듣고 생각하게 되었다.]

He kept me **waiting** for half an hour.
[그는 나를 30분 동안 기다리게 했다.]

Don't leave her **waiting** outside in the rain.
[그녀를 밖에서 비를 맞으며 기다리게 하지 말라.]

I hereby declare the motion **carried.**
[이로써 이 동의안이 통과되었음을 선포합니다.]

Some people can always make their presence **felt.**
[일부 사람들은 항상 남들에게 자신의 존재를 느끼게 할 수 있다.]

4.7. 다어동사

4.7.1. 동사 + 불변화사

1) 영어의 대부분의 동사들은 한 개의 단어 형태로 나타나지만, break down, call on, give in, look after, look up to, run out of, look forward to 따위와 같은 일부 동사들은 흔히 쓰이는 동사에 한 두 개의 특정한 불변화사(不變化詞: particle) — 형태상 아무런 변화 없이 부사나 전치사로 쓰이는 아래의 A-C에 예시된 단어들에 대한 공통적인 용어 — 가 결합되어 뜻과 문법적인 기능면에서 한 개의 동사와 동일한 역할을 한다. 이렇게 이루어진 동사들을 다어동사(多語動詞: multi-word verb)[54] 라고 한다.

---

54 1) Some lexical verbs are followed by one or two particles which seem on intuitive semantic grounds to be part of the verb (*give in, look after, make up, take off, run out*

다어동사를 이루는 불변화사적 요소에는 (A) 전치사 또는 부사적으로 쓰이는 것들, (B)에서처럼 항상 전치사로만 쓰이는 것들, 그리고 (C) 오로지 부사적으로만 쓰이는 것들도 있다.

> A. 전치사 또는 부사적으로 쓰이는 불변화사: about, above, across, after, along, around, by, down, in, off, on, out, over, past, round, through, up
>
> B. 항상 전치사로만 쓰이는 불변화사: among, as, at, beside, for, from, into, like, of, onto, upon, with
>
> C. 부사적으로만 쓰이는 불변화사: aback, ahead, apart, aside, astray, away, back, forward(s)

그러나 A에서처럼 한 가지 불변화사라 할지라도 그 뜻에 따라 전치사나 부사로 다르게 쓰일 수 있다.

They **infringe on** our own children's right to freedom.
    [그들은 우리 자녀들의 자유권을 침해한다. → on: 전치사.]

Please **send** the letters **on** to my new lodging house.
    [모든 편지를 저의 새 하숙집으로 회송하여 주십시오. → on: 부사.]

turn on, get over, come across 등 일부 동사 + 불변화사의 구조들은 (20a, b-22a, b)에서와 같은 각 쌍의 문장에서 보는 바와 같이, (20a-22a)에서처럼 동사 + 부사로 이루어진 구동사로 쓰이거나 (20b-22b)에서처럼 동사 + 전치사로 이루어진 전치사를 수반한 동사로 사용될 수 있지만, 이 두 가지 경우에 뜻은 다르다.[55]

---

    of, look forward to, etc.). Idiomatic sequences such as these can be considered as multi-word verbs and are often equivalent to one lexical item. — Downing & Locke (1992: 332).

2) 다어동사라는 용어 대신에 대부분의 문법학자들은 구동사(句動詞: phrasal verb)라고 부르며, 가끔 이어동사(二語動詞: two-word verb)라는 용어로 불리우기도 한다. 그러나 여기서는 용어의 중복 등 여러 가지 이유 때문에 Quirk et al. (1985)과 Biber et al. (1999) 등이 사용하고 있는 다어동사라는 용어를 사용하고자 한다.

55 현재 국내에서 쉽게 구할 수 있는 *Collins Cobuild Dictionary of Phrasal Verbs* (2091)나 *Longman Dictionary of Phrasal Verbs* (2083)와 같은 사전에서는 동사와 결합된 불변화사의 유형, 이에 따른 의미상의 차이, 문장 안에서 불변화사가 놓일 수 있는 위치 등이 상세히 제시되어 있다.

(20) a. Peter always **turns on** all the lights when he comes home.

[피터는 집에 들어오면 항상 모든 전등을 켠다. → turn on은 동사 + 부사의 구조로 'to make a machine or piece of electrical equipment such as a car, television, light etc.'(자동차, 텔레비전, 전기 등을 켜다, 작동시키다)라는 뜻을 가짐.]

b. Why did he **turn on** me like that?

[어째서 그가 그렇게 나를 느닷없이 공격했는가? → turn on은 동사 + 전치사 구조로 'to attack suddenly'라는 뜻임.]

(21) a. I want to **get** my operation **over**.

[이 수술이 끝났으면 한다. → get over는 동사 + 부사의 구조이며, 'to reach the end of (something unpleasant'((달갑지 않은 일을) 끝내다)라는 뜻임.]

b. She'll never **get over** the shock.

[그녀는 절대로 그 충격을 이겨내지 못할 것이다. → get over는 동사 + 전치사의 구조로서 'to control'(통제하다)이라는 뜻임.]

(22) a. Her voice **came across** well.

[그녀의 목소리가 뚜렷이 들렸다. → come across는 동사 + 부사의 구조로서 'to be understood or received well'(잘 알아듣다)이라는 뜻임.]

b. I **came across** some old letters.

[나는 몇 통의 오래된 편지를 우연히 발견했다. → come across는 동사 + 전치사의 구조이며, 'to meet someone or something by chance'(우연히 만나다)라는 뜻임.]

더 나아가, 다음 각 쌍의 문장에서 동사 + 불변화사가 겉으로 보면 같은 구조를 이루는 것처럼 보이지만, 뜻과 구조가 서로 다르다는 점에 특히 주목하여야 한다. 즉, 각 쌍의 문장들 중 (23a-26a)에는 다어동사가 들어 있는 반면, (23b-26b)에는 동사 다음에 놓인 불변화사가 모두 전치사로서 그 다음에 놓인 명사구를 목적어로 삼아 전치사구를 이루고 있다. 다시 말하자면, 다음 각 쌍의 문장들 중 (23a-26a)에서는 동사 + 부사로 이루어진 구동사로서 타동사 역할을 하여 다음에 놓인 명사구를 목적어로 삼고 있다. 반면에, 각 쌍의 문장 중에서 (23b-26b)에서는 각 동사들 다음에 놓인 전치사 + 명사구가 부사적인 역할을 하고 있다.

(23) a. The workers have been asked to **speed up** production without an increase in pay.

[종업원들은 임금 인상도 없이 생산량을 향상시키라는 요구를 받고 있다. → speed up은 'to move or develop faster'라는 뜻으로, 타동사적 다어동사로서 production을 목적어로 삼고 있음.]

　　b. He **sped up** the pole.
　　　[그는 재빨리 장대로 올라갔다. → sped는 자동사이고 다음에 놓인 up the pole은 전치사구로서 부사적인 역할을 하고 있음.]

(24) a. Can you **look** this letter **over** before I send it?
　　　[보내기 전에 이 편지를 검토해 줄 수 있니? → look over는 구동사이며, this letter는 이에 대한 목적어임.]

　　b. Harry will **look over** the fence.
　　　[해리가 울타리 너머로 바라볼 것이다. → over the fence는 전치사구로서 부사적으로 쓰이고 있음.]

(25) a. The man **reeled in** the line.
　　　[그 사람은 낚시줄을 감았다. → reel in은 구동사로서 the line은 이에 대한 목적어임.]

　　b. The man **reeled in** the street.
　　　[그 사람은 거리에서 불안정하게 걸었다. → reel은 'to walk in an unsteady way and almost fall over'(휘청거리며 걷다가 쓰러질 뻔하다)라는 뜻으로 항상 부사적 역할을 하는 전치사구 또는 부사구를 수반함.]

(26) a. She **ran off** the pamphlets.
　　　[그녀는 그 팜프렛을 인쇄했다.]

　　b. She **ran off** the stage.
　　　[그녀는 무대에서 달려가 버렸다.]

4.7.2. 다어동사의 유형

다어동사는 동사와 결합되는 불변화사에 따라 그 명칭을 다음과 같이 세 가지 유형으로 구분할 수 있다. 즉, 동사가 부사적으로 쓰인 불변화사와 결합된 형태를 구동사(phrasal verb)라 하고, 전치사와 결합된 형태를 전치사를 수반한 동사(prepositional verb), 그리고 동사 + 부사 + 전치사로 이루어진 것을 전치사를 수반한 구동사(prepositional phrasal verb)라고 한다. 이 세 가지 유형의 동사는 각기 다른 문법적 특성을 갖는다.

> 동사 + 부사: 구동사(phrasal verb)
> 동사 + 전치사: 전치사를 수반한 동사(prepositional verb)
> 동사 + 부사 + 전치사: 전치사를 수반한 구동사(prepositional phrasa verb)

4.7.2.1. 구동사

1) 구동사에는 두 가지 유형, 즉 자동사적 구동사와 타동사적 구동사가 있다. 다음 문장에 쓰인 동사들은 자동사적 구동사이다.

    Sales of the new product have **taken off**.
        [신제품이 시판되기 시작했다.]
    My car **broke down** this morning.
        [오늘 아침에 내 자동차가 고장났다.]
    How can he **get by** on such low wages?
        [그가 그렇게 적은 임금을 받고 어떻게 살아갈 수 있을까?]
    At midnight Joanne's boyfriend **showed up** drunk.
        [자정에 조안의 남자 친구가 술 취한 상태로 나타났다.]
    If the machine overheats, the engine **cuts out** automatically.
        [기계가 과열되면 엔진이 저절로 꺼진다.]

2) 타동사적 구동사는 한 개의 타동사와 마찬가지로 목적어를 갖는다.

    Harold **turned on** the radio.
        [해롤드가 라디오를 켰다.]
    She's **bringing up** two children.
        [그녀는 두 어린이를 키우고 있다.]
    He can't **live down** his past.
        [그 사람은 세월이 흘러도 과거를 잊지 못한다.]
    They **have called off** the strike.
        [그들은 파업을 취소했다.]
    I **broke off** a piece of chocolate and gave it to the little boy.
        [나는 초코렛을 한 조각 쪼개서 그 꼬마 소년에게 주었다.]

3) 예컨대 blow up, pull up, break down, give out 등 일부 구동사들은 자동사적으로 쓰이거나, 타동사적인 뜻을 가지고 목적어를 수반하기도 한다. 특히 보통의 동사들의 경우처럼, 일부 구동사는 능격동사이다. 다시 말하자면, '사역적'인 뜻을 가지고 타동사적으로 쓰

여 목적어를 거느릴 수 있는가 하면, 이 목적어는 주어가 되고 타동사는 자동사로 쓰일 수 있다.

    Terrorists **have blown up** the power station.
    (= 'Terrorists have caused **the power station to blow up**.')
        [테러범들이 그 발전소를 폭파했다. → blow up이 타동사로 목적어를 거느리고 있음.]
    The power station **has blown up**.
        [그 발전소가 폭파되었다. → blow up이 자동사로 쓰였음.]
    The traffic policeman **pulled** him **up** for speeding.
        [교통 경찰관이 과속했다고 그를 정지시켰다.]
    The cyclist **pulled up** at the traffic lights.
        [자전거를 타는 그 사람은 교통 신호를 보고 멈췄다.]

반면에 이처럼 쓰이는 구동사들은 다음과 같이 그 의미가 비유적으로 확장되거나, 또는 그 뜻이 전혀 달라지기도 한다.

    They **broke down** the door to rescue the child.   [타동사]
        [그들은 그 아이를 구출하려고 문을 부쉈다.]
    Her health **broke down** under the strain.   [자동사] (비유적)
        [긴장 때문에 그녀의 건강이 나빠졌다.]
    The stove still **gave out** a dying heat. (= 'emit')   [타동사]
        [난로에서는 계속 꺼져가는 열기를 발산했다.]
    Our petrol supply has **given out**. (= 'be used up')   [자동사]
        [석유 공급 물량이 바닥이 났다.]

3) 명사나 대명사가 타동사적 구동사의 목적어가 될 수 있다. (1) 일반적으로 명사 목적어는 동사와 부사 사이에, 또는 동사 + 부사 다음에 놓일 수 있다. 만약 명사 목적어가 신정보로서 뉴스 가치를 가지고 있으면 초점(focus)을 받기 위하여 동사 + 부사 다음에 놓이게 된다. 반면에, 구정보로서 뉴스 가치가 없는 경우에는 동사와 부사 사이에 목적어가 놓이게 된다. 그러므로 다음 두 개의 문장에서 **all her possessions**와 **the meeting**이 신정보로서 뉴스의 가치가 있으면 ⓐ가 보다 바람직하고, 이들이 구정보로서 뉴스로서의 가치가 없는 경

우에는 ⓑ가 더 바람직하다.⁵⁶

She gave { ⓐ **away** all her possessions / ⓑ all her possessions **away** }.
[그녀는 자기가 갖고 있는 모든 것을 다 주어버렸다.]

They called { ⓐ **off** the meeting / ⓑ the meeting **off** }.
[그들은 회의를 취소했다.]

반면에 명사 목적어가 수식어를 동반해서 길게 표출되는 경우에는 동사와 부사 다음, 즉 문미 위치에 놓일 가능성이 더 높다. 따라서 구동사를 이루는 두 요소가 분리되지 않는다. 이렇게 함으로써 구동사에서 두 번째 요소인 부사보다 명사구가 나타내는 정보에 더 우리의 관심이 쏠리게 된다.

He **rang up** all the friends he had made on the Mediterranean cruise the previous summer.
[그는 그 이전 여름 지중해 순항에서 사귄 모든 친구들에게 전화를 걸었다.]

I must **look up** an old friend who lives nearby.
[나는 근처에 살고 있는 옛 친구를 찾아가 보아야 한다.]

One night at the height of the Gulf war, Jordan's King Hussein sat in the

---

56 Celce-Murcia & Larsen-Freeman (1999: 429의 다음과 같은 예에서는 목적어가 명사이든 대명사이든 반드시 동사와 부사 사이에 놓인다고 말하고 있다.

How can I get { the message / it } **through** to him? (get ... through = convey; transmit)
[그 사람에게 그 메시지를 어떻게 하면 전달할 수 있을까?]

*How can I **get through** the message to him?

We'll see { this ordeal / it } **through** together. (see ... through = survive)
[우리는 서로 이 시련을 이겨내게 될 것이다.]

?We'll **see through** this ordeal together.
이처럼 구동사를 구성하는 요소가 반드시 분리되어야 하는 이유는 다음과 같이 형태는 같으나 뜻이 다른 분리 불가능한 구동사와 혼동할 가능성이 있기 때문이라고 말하고 있다:
get through the lesson (get through = finish)
see through his excuse (see through = not be deceived by)

TV room of his private quarters in Amman, **mulling over** *his own and his family's history*.
 [걸프전이 절정에 다다랐던 어느날 밤 요르단의 후세인 왕은 암만에 있는 자기 숙소의 TV실에 앉아 자신과 가족들의 역사를 곰곰이 생각하고 있었다.]

The authorities **have turned down** *a request by the Argentine Embassy to examine the wreckage of the plane*.
 [당국에서는 비행기 잔해 현장을 조사하자는 아르헨티나 대사관의 요구를 거절했다.]

(2) 대명사 목적어 him, her, it, them 따위는 이들이 지시하는 대상이 담화의 문맥상으로 이미 앞에서 나온 것으로서 중요한 요소가 되지 못한다. 그러므로 목적어 역할을 하는 이러한 대명사들은 더 이상 뉴스거리가 되지 않는 구정보로서 초점을 받지 않기 때문에 대개 부사 뒤에 놓이지 못하고, 동사와 부사 사이에 놓여야 한다.[57]

Mark **threw away** *the ball*. ~ Mark **threw** *the ball* **away**.
 [마크가 그 공을 던져버렸다.]
Mark **threw** it **away**. ~ *Mark **threw away** it.
 [마크가 그것을 던져버렸다.]
She **stirred** *it* **up**.
 [그녀는 그것을 휘저어 놓았다.]
Investigators could not **rule** *him* **out** as a suspect.
 [조사자들은 그 사람을 용의자라는 점을 배제시킬 수 없었다.]
I haven't decided yet; I'm **mulling** *it* **over** in my mind.
 [나는 아직 결정을 내리지 않았어. 지금 생각 중이지.]

그렇지만 다음 예가 보여주는 바와 같이, 대립 관계를 나타내는 경우에는 대명사 목적어일지라도 동사와 부사 사이에 놓이지 않고, 부사 뒤에 놓인다.

---

57 If the direct object is a pronoun, its referent has already been made clear in the discourse context, and it would therefore be nondominant. By virtue of its nondominance, it does not occupy the final position in the sentence if this can be avoided, and thus a pronoun object is put between the verb and its particle. — Celce-Murcia & Larsen-Freeman (1999: 435).

They **ruled out** *me*, but not *Tom*.
[그들은 탐이 아니라, 나를 배제해 버렸다.]

4) 문법적으로 부사는 의문대명사나 관계대명사 앞으로 이동할 수 없다.

Which words did you **look up** in the dictionary?
~ *****Up which** words did you **look** in the dictionary?
[사전에서 어떤 단어들을 찾아보았는가? → 부사 up을 의문대명사 앞으로 이동할 수 없음.]
the words **which** you **looked up** in the dictionary
~ *****the words **up which** you **looked** in the dictionary
[너가 사전에서 찾아 본 단어들 → 부사 up을 관계대명사 앞으로 이동할 수 없음.]

동사 + 부사로 이루어진 구동사의 경우에 부사는 다음에 놓인 명사구를 함께 문두의 위치로 이동하게 되면 문법적으로 틀린 문장을 만들게 된다.

They **ran up** the bill.   [구동사 + 명사구]
[그들은 청구서 요금이 누적되었다.]
→ *****Up the bill** they **ran**.
[→ 구동사의 한 요소인 up을 문두 위치로 이동할 수 없음.]

또한 동사와 부사 사이에는 또 다른 부사를 삽입할 수 없다. 그러므로 *****look** *carefully* **up** the words(그 단어들을 자세히 찾아 보다), *****break** *completely* **up** the party(당을 완전히 해산시키다) 등은 문법적으로 틀린 것이다.

5) 말로 하는 경우에 구동사는 부사에 강세를 두어 발음하는 것이 일반적이다. 따라서 **look ÚP** the word의 경우에는 up이 강세를 받는다.

4.7.2.2. 전치사를 수반한 동사

1) 구동사가 자동사나 타동사적으로 쓰이는 반면, look into, call for, set about, come by, make for, touch on, run across, leap at, deal with에서처럼 동사가 의미상으로 긴밀한 전치사와 결합하여 소위 전치사를 수반한 동사를 이룬다. 그러므로 이다음에는 항상 목적어가 수반된다.

The police **are looking into** the matter.
   [경찰에서는 그 문제를 조사하고 있다.]
This job **calls for** a person of considerable initiative.
   [이 일은 상당한 창의력을 가진 사람을 필요로 한다.]
How did you **come by** such a valuable picture?
   [어떻게 해서 그처럼 귀중한 그림을 얻게 되었는가?]

그런데 다음과 같은 경우에는 두 가지로 분석될 수도 있다.

He looked into the room.

이 문장에서 looked into the room을 [looked]와 [into the room]으로 분석하게 되면 동사 + 전치사구의 구조로 보는 것이기 때문에 '방 안을 들여다 보았다'라는 뜻이 된다. 그러나 이것을 [looked into] [the room]으로 분석하게 되면 looked into는 전치사를 수반한 동사이기 때문에 '그 방을 조사했다'라는 뜻으로 해석된다. 그러나 위의 첫 문장에서처럼 looked into the matter의 경우에는 the matter가 추상명사이기 때문에 오로지 전치사를 수반한 동사 한 가지로만 분석된다.

2) 전치사를 수반한 동사의 목적어는 명사일 때나 대명사일 경우에나 관계없이 항상 전치사 뒤에만 놓인다.

   Look at this picture. ~ *Look **this picture** at.
   [이 사진을 보아라.]
   He broke with **the girl-friend**. ~ *He broke **the girl-friend** with.
   [그는 여자 친구와 헤어졌다.]
   He broke with **her**. ~ *He broke **her** with.
   [그는 그 여자와 헤어졌다.]

3) 동사와 전치사 사이에 부사를 삽입할 수 있을 뿐만 아니라, 이 부사가 목적어 다음에도 올 수 있다.

   Look *carefully* **at** this drawing.
   ~ **Look at** this drawing *carefully*.

[이 그림을 자세히 보아라.]
He **touched** *briefly* **on** many interesting points in his lecture.
[그는 강연에서 많은 흥미있는 사항들을 간단히 다뤘다.]

그러나 모든 전치사를 수반한 동사의 경우에 부사를 삽입할 수 있는 것이 아니라, 동사와 전치사가 합쳐지는 응집력(cohesion)이 보다 강하고 관용적일수록 부사가 삽입될 가능성은 그만큼 줄어든다. 그러므로 **I ran** *by chance* **across** your brother at the bus station. (버스 정류장에서 우연히 너의 동생을 만났어.)과 같은 문장은 사용 가능성이 희박하다.

4) 전치사를 수반한 동사의 경우에는 전치사가 의문대명사나 관계대명사 앞으로 이동할 수 있는 경우들이 많다.

He **broke with** the girl.~ **With whom** did he break?
[그는 그 소녀와 헤어졌다.]   [그가 누구와 헤어졌는가?]
~ the girl **with whom** he broke
[그가 헤어진 그 소녀]

5) 구동사의 경우와 달리, 전치사를 수반한 동사는 말로 하게 되면 동사가 강세를 받는다. 따라서 **LOOK** at the picture에서 look가 강세를 받는다.

4.7.2.3. 전치사를 수반한 구동사

일부 명사, 형용사, 동사와 마찬가지로 많은 구동사들이 특정한 전치사를 수반하여 소위 전치사를 수반한 구동사를 만든다.

> put up with, get along with, cut down on, look in on, check up on, catch up with, make away with, look down on, check out of, stand up for, make up for, go in for, keep up with, drop in on, get down to, come up with, pick up on

Please try to **get along with** everyone.
[모든 사람들과 친하게 지내도록 노력하라.]
He **goes in for** wind-surfing.
[그는 윈드서핑을 좋아한다.]

You'd better **cut down on** fatty foods, cakes and alcohol.
 [여러분은 살찌게 하는 음식, 과자 그리고 알콜 음료를 줄여야 한다.]
She hurried on to **make up for** the minutes she had lost.
 [그녀는 잃어버린 시간을 보충하려고 서둘렀다.]
He is difficult to **put up with.**
 [그는 사귀기가 어려운 사람이다.(예절이 바르지 못해서)]

이러한 표현에서 구동사와 전치사는 별개의 단위가 아니라, 한 단위로 취급된다. 그러나 구동사를 이루는 부사와 다음에 놓인 전치사 사이에 부사어구를 첨가할 수 있다.

I haven't **kept up** *fully* **with** the work.
 [나는 충분히 그 일을 따라 갈 수 없었다.]
Mort has **cut down** *almost completely* **on** his smoking.
 [모트는 이제 거의 완전에 가깝도록 담배를 줄였다.]

4.7.3. 다어동사의 사용

많은 다어동사들은 서로 대응하는 한 개의 단어로 된 동사들이 있다. 예컨대 다음 예에서처럼 동의어 관계를 가진 두 가지 동사 유형이 있을 때 한 개의 단어로 나타나는 동사를 사용할 수도 있고, 다어동사를 사용할 수도 있을 것이다.

 abandon ~ give up   investigate ~ look into
 postpone ~ put off   cancel ~ call off
 tolerate ~ put up with   undermine ~ eat away at

그러나 대개 한 개의 단어로 나타나는 동사는 격식적인 영어(formal English)에서 쓰이고, 다어동사는 격식적인 영어에서도 쓰이지만, 주로 구어영어나 격식을 갖추지 않은 영어(informal English)에서 쓰인다. 따라서 다음과 같은 대화의 상황을 고려하면 다어동사를 사용하는 것이 훨씬 더 적절하다. 반면에 이러한 상황 속에서 한 개의 단어로 나타나는 동사는 어색하고 뽐내는 것 같은 인상을 준다.

Question: Do you need an ashtray?
[재털이가 필요하니?]
Answer A: Yes, I want to **extinguish** my cigarette.
 B: Yes, I want to **put out** my cigarette.
[그래, 담뱃불을 끄고 싶어.]

또한 언어가 사용되는 사회적 활동 영역이라든가, 내용에 따라서는 어떤 다어동사가 존재하기는 하지만, 이에 대응하는 적절한 한 개의 단어로 나타나는 동사가 없는 경우에는 다어동사를 사용하게 된다. 다음과 같은 예 (27a, b)를 보자.

(27) a. I need to **check out** by 1 p.m.
 [나는 호텔에서 오후 1시까지는 퇴실해야 한다.]
 b. Upon leaving a hotel, I have to go to the front desk, give the clerk my key, and pay my bill.
 [호텔을 나가게 될 때에는 나는 현관 안내계로 가서 점원에게 열쇠를 전해 주고 요금을 납부하게 될 것이다.]

(27a)와 같은 문장에서 check out을 한 개의 단어로 바꿔 쓰기가 어렵다. 이러한 상황에서 한 단어로 check out을 대신할 수 없기 때문에 이와 같은 생각을 전달하기 위해서라면 대충 (27b)와 같은 내용으로 말해야 할 것이다.[58]

4.8. 정형동사와 비정형동사

하나의 문장에는 두 가지 동사 형태, 즉 정형동사(定形動詞: finite verb)와 비정형동사(非定形動詞: nonfinite verb) 중 어느 하나가 나타나게 된다.
 1) 정형동사는 어떤 동사가 다음과 같이 시제·인칭·수·서법 등을 나타낼 수 있는 형태를 말하며, 독립된 단문에 나타난다. 이러한 문장에서 정형동사는 다음과 같은 특성을 갖는다.
 (1) 현재형과 과거형의 구별이 이루어진다.

Even friends sometimes **disagree**.

---

[58] Celce-Murcia & Larsen-Freeman (1999: 434).

[친구들 간에도 가끔 의견이 다르다.]
The doctor **pronounced** the man dead.
[의사는 그 사람이 죽었다고 선언했다.]

(2) 문장의 주어와 정형동사는 인칭과 수(단수와 복수)에서 일치(concord)가 이루어지며, 이러한 일치는 be 동사의 경우에 가장 뚜렷이 나타난다.

I am here.   He/She/It is here.
You are here.   We/You/They are here.

본동사(full verb)의 경우에는 3인칭 단수형과 나머지 인칭이나 복수형 사이에서만 형태상 일치의 구분이 이루어진다.

I **shave** every morning.
　[나는 매일 아침에 면도를 한다.]
I/We/They **read** the paper every morning.
　[나는/우리는/그들은 매일 아침에 신문을 읽는다.]
He/She **makes** it a rule never to borrow money.
　[그는/그녀는 돈을 절대로 빌리지 않는 것을 규칙으로 삼고 있다.]

(3) 서법(敍法: modality)을 나타낸다. 즉, 직설법·명령법·가정법을 나타낸다.

He **refused** to pay   [직설법]
　[그는 지불하기를 거부했다.]
Take your hands out of your pockets.   [명령법]
　[호주머니에서 손을 빼어라.]
If I **were** you, ...   [가정법]
　[내가 너라면 ....]

2) 반면에 비정형동사란 부정사, 동명사 및 현재분사와 과거분사 형태를 통틀어 부르는 명칭이다. 이들 자체는 시제·인칭·수·서법 등을 나타낼 수 없으며, 대개 독립된 문장의 동사로 나타나지도 않는다. 예컨대 to smoke나 smoking과 같은 형태만 보고서 이것이 현재

인지 과거인지, 이에 대한 주어가 단수인지 복수인지, 주어가 3인칭인지 그 이외의 인칭인지 등을 알 수 없다.

To smoke like that must be dangerous.
[그처럼 담배를 피우면 틀림없이 위험할 것이다.]

I consider it wiser not **to criticize** the report.
[나는 그 보고 내용을 비난하지 않는 것이 더 현명하다고 생각해.]

I'll help you **find** your shoes.
[내가 신발을 찾는 것을 도와주지.]

Playing tennis is good for your health.
[테니스를 치는 것은 건강에 좋다.]

The discussion appears **to have been** friendly and fruitful.
[토론이 화기애애하고 유익했던 것 같다.]

Having six children and no income, I was badly situated.
[자녀가 여섯이나 있고 소득은 없어서 나는 어려운 상황에 놓여 있었다.]

제5장

조동사(Auxiliary Verbs)

5.1. 일차적 조동사

　조동사란 본동사(main verb) 자체만으로는 문법적인 기능이나 뜻을 제대로 전달하지 못하기 때문에 본동사를 도와주는 역할을 하는 동사를 말한다. 조동사에는 일차적 조동사(primary auxiliaries)와 서법조동사(敍法助動詞: modal auxiliary verbs *or* modal auxiliaries) 등 두 가지가 있다.

　서법조동사를 줄여서 법조동사라고도 부른다. can, may, must 따위의 법조동사와 달리, be, do, have는 본동사로도 쓰이고 조동사로도 쓰인다. 조동사로 쓰이는 경우에 이들은 사전적인 뜻을 갖는 법조동사와 구별하여 일차적 조동사라고 한다. 그러나 문법적인 기능 면에서 보면 이 두 가지 부류의 조동사는 의문문과 부정문을 만들 때 '조작어'(操作語: operator)[1]라고 하는 공통적인 역할을 한다. 즉, 부정문을 만드는 경우에는 not, never, seldom 따위의 부정어를 조동사 다음에 두며, 독립된 의문문을 만드는 경우에는 이들 조동사를 주어 앞, 즉 문두에 두게 된다.

5.1.1. be와 have

　1) 문장에 다른 조동사가 없는 경우에 be 동사는 의문문을 만드는 조작어로서 주어 앞으로 이동하며, 부정문을 만드는 경우에는 not, never, seldom 등 부정어가 be 동사 다음에 온다.

　　Is he a journalist now? (<He **is** a journalist now.[2])

---

[1] '조작어' 대신에 '운용소(運用素)라고 부르기도 한다.
[2] 예컨대 "A<B" 표시는 'A is derived from B'(A는 B에서 도출된/파생된(derived) 것이다.)라는 뜻이

[지금 그가 언론인인가?]
He **is not** a journalist any longer. (<He is a journalist.)
[그는 더 이상 언론인이 아니다.]
He**'s never** late for class. (<He's late for class.)
[그는 절대로 수업 시간에 늦지 않는다.]

be 동사는 수동태와 진행형을 만드는 경우에도 조작어 역할을 한다.

The Midwest **is** often **called** the granary of the US.
[중서부 지방은 흔히 미국의 곡창이라고 일컬어진다.]
Eggs **are selling** at a high price.[3]
[계란이 비싼 가격으로 팔리고 있다.]

2) have와 이에 대한 과거형 had는 과거분사와 결합하여 각각 현재완료형과 과거완료형을 만든다.

Over forty years **have passed** since the Russian Revolution.
[러시아 혁명 이후 40년이 넘는 세월이 흘렀다.]
She **had had** many proposals, but preferred to remain single.
[그녀는 많은 구혼을 받았었지만 여전히 독신으로 지내기를 더 좋아했다.]

완료형의 부정문에는 not, never, seldom 등 부정어가 have 다음에 놓이고, 의문문을 만들 때에는 have와 had를 주어 앞, 즉 문두에 둔다.

I**'ve never been** so annoyed in all my life!
[여태껏 살아오면서 그토록 기분 나쁜 적이 한 번도 없었어!]
I **hadn't seen** him since 1980, and he had aged a lot in the intervening years.

다. 그러므로 Is he a journalist now?라는 의문문은 He is a journalist now.라는 서술문에서 파생되어 나온 것이라는 뜻이다.
3 are selling은 형식은 능동형이지만, 뜻으로 보면 수동적이기 때문에 이를 "능동-수동태"라 하며, 이에 대해서는 본서 제2권 7.4 참조.

[나는 1980년 이후 그를 만나보지 못했었으며, 그 여러 해 사이에 그는 많이 늙었었다.]

Have you ever **had** malaria?

[말라리아를 앓아 본 적이 있는가?]

5.1.2. do

1) do는 다른 조동사가 없는 문장을 의문문이나 부정문으로 만들 때 조작어 역할을 한다.

Cynthia **does not** like to fish. (<Cynthia **likes** to fish.)

[신시아는 낚시질하는 것을 좋아하지 않는다.]

Does Cynthia like to fish?

[신시아가 낚시질하는 것을 좋아하는가?]

Don't be absurd!

[어리석은 짓 하지 마라!]

2) 서술문과 명령문에서 감정적 강조(emotive emphasis)를 나타낸다.[4] 즉, 조작어가 필요 없는 긍정문에 do가 첨가되어 화자가 자신이 말하는 내용에 대하여 강한 감정을 나타낸다.

Your wife **does** look dazzling tonight.

[네 아내가 오늘밤에는 정말 멋있어 보이는데. → Your wife looks dazzling tonight. 은 아무런 감정적인 개입이 없이 있는 그대로 나타낸 것임.]

I **do** hate you!

[정말 네가 싫어!]

Do shut up!

[정말 입 다물지 못할까!]

명령문에 쓰여 청자가 화자의 말에 따르도록 설득하거나 조르는(pressing) 뜻을 강하게 드러내기도 한다. 따라서 명령 자체가 사실상 한층 부드러워지고 공손한 것이 된다.

Do have some more.

---

4 Swan & Walter (2011a: 146).

[어서 좀 더 먹어라.]

Do have another chocolate.
  [어서 초콜릿을 하나 더 먹어라.]

Do come in!
  [제발 좀 들어 와라!]

3) 긍정문에서 사실과 거짓 사이에 나타나는 대립적 강조(contrastive emphasis)를 나타낸다.⁵

She thinks I don't love her, but I **dó love** her.
  [그녀는 내가 자기를 사랑하지 않는다고 생각하지만 정말 사랑하고 있어.]

A: Why didn't you warn them?
B: I **díd warn** them.
  ['어째서 그들에게 경고해 주지 않았느냐?' — '정말로 경고해 주었어.']

A, B 두 사람의 대화에서 A는 B가 경고해 주지 않은 것으로 알고 하는 말이며, B는 말 가운데 강세가 있는 did를 사용하여 A가 잘못 알고 있다는 점과 동시에 자신이 하는 말, 즉 경고해 주었다는 것이 사실이라는 점을 대립적으로 강조하고 있다. 그러므로 화자 B의 대답은 Certainly I warned them.과 같은 뜻을 내포하고 있다.

이와 같은 대립적 강조는 다음과 같이 규칙과 예외, 과거와 현재 사이에서도 이루어진다.

I don't often listen to my old records any more, though I **do play** Louis Armstrong occasionally.
  [가끔 루이 암스트롱의 레코드는 듣지만, 이제는 내 낡은 레코드를 자주 듣지 않는다.]

But I **did pay** for the damages, even if I can't find the receipt just now.
  [지금 당장은 영수증을 찾지 못하고 있지만, 정말이지 손해 배상금을 갚았어요.]

I don't take much exercise now, but I **did play** football a lot when I was younger.
  [지금은 운동을 많이 하지 않는 편이지만, 좀 더 젊었을 적에는 축구를 많이 했지.]

---

5 Swan & Walter (2011a: 146).

또는 기대했던 어떤 일이 실제로 일어났다는 뜻을 나타내기도 한다.

The crew waited anxiously for the ship to run into an iceberg. Finally she **did hit** one, but without seriously damaged.
[승무원들은 배가 빙산에 부딪치기를 무척 기다렸는데, 마침내 배가 크게 손상되지 않고 빙산에 부딪쳤다.]

I said I was going to win, and I **did win**.
[내가 승리할 것이라고 말했는데, 정말 승리했어.]

A young man I know has a recurring bad dream: on the day he is to receive his college degree, he discovers that he cannot graduate because he has forgotten to take a required course. Yet he **did graduate**, with honors, four years ago. — Alice Fleming, "How to Direct Your Dreams"
[내가 아는 한 젊은이가 자꾸 악몽을 꾼다. 대학에서 학위를 받기로 된 날 그는 필수 과목 한 과목을 이수할 것을 잊었기 때문에 졸업이 불가능하다는 것을 안다. 그러나 그는 우등으로 4년 전에 실제로 졸업을 했다.]

5.2. 법조동사

5.2.1. 문법적 특성

1) can/could, may/might, must, shall/should, will/would 등을 법조동사 (敍法助動詞)라 하며, 이러한 법조동사가 들어 있는 문장에서는 be, do, have처럼 조작어 역할을 하고, 의미상으로 이들은 본동사만으로 전달하지 못하는 특정한 의미 부문을 보충해 주는 역할을 한다. 즉, 의미상으로 법조동사란 어떤 상황을 사실대로 진술하지 않고, 그 상황에 대하여 화자가 마음속으로 품고 있는 갖가지 생각을 진술 내용에 포함시켜 나타내는 조동사를 말한다.[6]

---

6 Modals are used for several reasons: to give a proposition a degree of probability, to express one's attitude, and to perform various social functions, such as expressing politeness or indirectness when making requests, giving advice, or granting permission. — Celce-Murcia & Larsen-Freeman (1999: 141).

The doctor leaves at noon.   The doctor **must** leave at noon.
[그 의사는 정오에 떠납니다.]   [그 의사는 오전에 떠나야 합니다.]

Clarissa studied politics at college.   Clarissa **will** study politics at college.
[클래리사는 대학에서 정치학을 공부했다.]   [클래리사는 대학에서 정치학을 공부할 것이다.]

2) 법조동사는 다음과 같은 문법적 특성을 갖는다.

a. 다른 조동사의 도움 없이 부정형을 만들 수 있다.

I can do it. ~ I can**not** do it.
[나는 그것을 할 수 있다. ~ 나는 그것을 할 수 없다.]

b. 강조를 나타낼 수 있다. 말로 하는 경우에 법조동사는 강세를 받는다.

Ann **COULD** solve the problem.
[앤이 정말로 그 문제를 풀 수 있었어.]

c. do의 도움 없이 단독으로 도치(inversion)가 가능하다.

He **must** be sick. ~ **Must** he be sick?
[그가 아팠음에 틀림없어. ~ 그가 틀림없이 아팠을까?]

d. 대용형(code) 역할을 할 수 있다.

John can swim and so **can** Bill.
[존이 수영할 줄 아는데, 빌도 마찬가지야.]

e. 3인칭 단수형으로 -s가 첨가되지 않는다. 따라서 *can**s**, *must**s**와 같은 형태가 없다.

f. to-부정사, -ing/-ed 분사 등 비정형 동사형이 없다. 따라서 ***to** may, *may**ing**, *may**ed**와 같은 형태가 없다.

g. 예컨대 *will may와 같이 두 개의 법조동사를 같이 쓸 수 없다.

h. 조동사로서, be, do , have가 아무런 뜻도 없는 것과 달리, 법조동사는 일정한 사전적

인 뜻(lexical meaning)을 갖는다.

5.2.2. 법조동사구

문장 구조나 전달하고자 하는 의미상의 차이 때문에 법조동사를 사용할 수 없게 되는 경우들이 있을 수 있는데, 이런 경우에는 다음과 같은 적절한 법조동사구(phrasal modals)의 도움을 받아 법조동사를 대신해서 쓰이게 된다. 예컨대 can이나 could를 쓸 수 없는 경우에 be able to와 같은 관용어구를 이용하여 문법적인 기능과 뜻을 나타낼 수 있다.

법조동사	법조동사구
can, could	be able to
will, shall	be going to, be about to
must	have to, have got to
should, ought to	be to, be supposed to
would (과거의 습관)	used to
may, might	be allowed to, be permitted to

(Celce-Murcia & Larsen-Freeman 1999: 139)

이 표가 보여주는 것처럼 하나의 법조동사에는 각각 이에 대응하는 하나 이상의 법조동사구를 갖고 있다.

used to를 제외한 모든 법조동사구들은 주어와 동사 사이에 수와 인칭의 일치가 이루어지며, 반드시 이 다음에 to-부정사가 수반된다.

She { is able / is going / has / is allowed / has got } to leave early tomorrow.

이러한 법조동사구는 두 개의 법조동사를 연속해서 쓸 수 없기 때문이거나, 어떤 이유로 말미암아 법조동사를 쓸 수 없는 문맥에서 쓰인다. 예컨대 다음과 같은 문장에서는 법조동사 대신에 법조동사구의 적절한 형태밖에 쓸 수 없다.

법조동사	법조동사구
can	You must **be able to** answer in English. (*must **can** answer) [너는 영어로 대답할 수 있어야 한다.]
can	Not **being able to** speak Chinese, I couldn't make myself understood. (*Not **canning** speak) [중국어를 말하지 못하므로 나는 내 자신을 이해시킬 수 없었다.]
can	At last I have **been able to** translate this sentence. (*have **can** translate) [마침내 나는 이 문장을 번역할 수 있었다.]
must	You may **have to** wait a long time. (*may **must** wait) [너는 오랜 시간동안 기다려야 할 것이다.]
must	**Having to** wait for the train, I spent the time trying to telephone Mary. (***musting** wait) [열차를 기다려야 했기 때문에 나는 메리에게 전화를 걸려고 하면서 시간을 보냈다.]
must	The doctor has **had to** operate. (*has **must** operate) [의사 선생님께서 수술을 해야만 했다.]
may	You ought to **be allowed to** sit down. (*to **may** sit) [앉아도 되는지 허락을 받아야 한다.]

순수한 법조동사와 이에 대한 법조동사구 이외에 had better, would rather, would prefer, would like, need, dare 따위는 법조동사에 준하는 역할을 한다.

5.3. 법조동사와 법성

어떤 정보 내용을 진술하고자 할 때 화자는 다음 문장에서처럼 그 진술 내용에 자신의 견해나 느낌을 조금도 포함시키지 않고 사실 그대로 객관적으로 표현할 수 있다. 마치 어떤 대상이 거울에 비칠 때 그 모양이나 색채가 조금도 바뀌지 않고 있는 그대로 나타나는 것과 같다.

Nobody **was** there when it **happened**.
[사건 발생 당시 그곳에는 아무도 없었다.]

My son **is coming** back tonight.
[내 아들이 오늘밤에 돌아온다.]

그러나 우리는 일상적인 언어생활에서 상당히 많은 경우에 위와 같은 사실적인 상황만 전달하는 것이 아니라, 이에 못지않게 화자 자신의 생각이나 감정 등을 나타내는 경우도 많다. 바로 이와 같은 경우에 법조동사를 첨가함으로써 사실적인 내용에 일정한 색채를 가미하게 된다. 다시 말하자면, 법조동사를 사용하게 되면 법성(法性: modality),[7] 즉 **'화자의 심적 태도 내지 기분'**(speaker's mental attitude or feeling)을 나타낼 수 있다. 따라서 일반동사가 단독으로 쓰여 아무런 색채도 가미되지 않은 뜻을 나타내는 것과 달리, 법조동사가 포함된 문장은 주어에 대하여 진술하면서 동시에 화자 자신의 판단이나 견해를 나타내는 것이 된다.[8]

If someone **should** ask for me ....
[혹시 어떤 사람이 나를 찾는다면 ....]
You **must** stop insulting her.
[이제는 그녀를 모욕하는 언행을 더 이상 하지 말아야 해.]
Living in a big city **can** be very lonely.
[대도시에서의 생활이 아주 외로울 때도 있습니다.]
This soap **should** help clear your skin of spots.
[이 비누를 사용하면 얼룩진 피부를 깨끗하게 지워질 수 있을 것입니다.]

---

7 시간 관계를 나타낼 때 '시제'(tense)라는 용어는 문법적인 형태를 말하는 것이고, 이 형태가 나타내는 뜻을 '시간'(time)이라고 한다. 이처럼 시간과 시제의 관계처럼 mood와 modality의 관계에 있어서, mood는 법조동사 형태를 말하고, 이 형태가 나타내는 뜻을 modality(법성)라고 한다: **Mood is a grammatical category associated with the semantic dimension of modality**. Mood is to modality as tense is to time: tense and mood are categories of grammatical form, while time and modality are the associated categories of meaning. — Huddleston & Pullum (2005: 53). See also Huddleston (1984: 166) and Declerck (1991: 352).

8 Verb phrases containing a modal auxiliary are different in one important way from those which do not. A verb phrase which does not contain a modal auxiliary is "about" the subject of the sentence. *Peter lives in Grange Road* is "about" Peter. Statements or questions which contain a modal auxiliary are about two people — the subject, and speaker (in statements) or listener (in questions). *Peter may come tomorrow* is about Peter, but also about the speaker's own judgment or opinion. — Lewis (1999: 102). See also Declerck (1991: 351).

위에서 말한 내용을 토대로 보면, 법조동사는 크게 두 가지 유형의 뜻, 즉 **'근원적'**(根源的: root)인 뜻과 **'진술 완화적'**(陳述緩和的: epistemic)[9]인 뜻을 나타낸다. '근원적'이라는 용어 대신에 '의무적/명령적'(deontic)이라고도 부른다.

좀 더 구체적으로 말하자면, 여기서 근원적인 뜻이란 의무(obligation)·허가(permission)·능력(ability)·의지(volition)·자발적인 마음(willingness) 등 문장에 나타난 상황에 대한 인간의 마음속에서 작용하는 통제력과 관련된 화자의 태도를 나타내는 것을 말한다. 여기에는 '어떤 사람이 …을 해야 한다, 어떤 일을 할 수 있다, 어떤 일을 하는데 방해물이 없다, 어떤 행위를 하는 것이 좋을 것이거나 좋지 못할 것이다, 또는 어떤 행위를 하도록 허가되었다거나, 또는 하지 못하도록 금지되어 있다'는 점 등이 포함된다.[10]

If you **will** just sign here please, I'll give you the money. (자발적인 마음)
[여기에 서명만 해주신다면 이 돈을 드리지요.]
You **can** use the car if you like. (허가)
[원한다면 이 차를 써도 좋아.]
Personal enmities **must** be forgotten at a time of national crisis. (의무)
[국가적 위기 상황에서는 개인적인 적대 감정은 잊어야만 한다.]
A trained dog **can** act as a guide to a blind man. (능력)
[훈련받은 개는 맹인의 안내자 역할을 할 수 있다.]

'진술 완화적인' 뜻이란 어떤 문장에서 진술된 상황이 일어날 가능성(possibility)·개연성(probability)·필연성(necessity)·예측(prediction) 따위와 관련하여 화자 자신의 생각

---

9 epistemic이란 용어를 우리나라에서는 '인식적인'이라고 용어를 번역해서 쓰이는 것을 볼 수 있다. 그러나 이러한 번역은 이해하기가 다소 어렵다고 생각된다. 이 대신에 '진술 완화적'이라는 번역은 자신이 말하는 내용의 확실성의 정도를 높은 위치에서 낮은 위치로 낮춘다는 뜻을 나타내는데 적합하다고 여겨진다. 예컨대 He must be sick.의 경우보다 He will/should/could/may/might be sick.에서처럼 법조동사를 달리 하면 그만큼 그가 아파 있을 가능성의 정도가 더 확실치 않다는 점을 말하는 것이다.

10 Most of the meanings of modal verbs can be divided into two groups. One is to do with degrees of certainty: modal verbs can be used to say for instance that a situation is certain, probable, possible or impossible. The other is to do with obligation, freedom to act and similar ideas: modal verbs can be used to say that somebody is obliged to do something, that he/she is able to do something, that there is nothing to stop something happening. that it would be better if something happened (or did not), or that something is permitted or forbidden. — Swan (2005: 327).

에 대하여 덜 확정적인 태도를 나타내는 것을 말한다. 다시 말하자면, 진술 내용에 대하여 예컨대 99%, 95%%, 90%, 85%, 80%, 70%, 50%, 45% 따위와 같이 어떤 상황을 진술할 때 그 상황이 사실에 상반되는(counterfactual) 것이라고 말하거나, 발생할 개연성이나 비개연성의 정도의 차이 등을 나타낸다.

> Kerry **must have taken** the folder home.
> [케리는 틀림없이 서류철을 집으로 갖고 갔을 것이다.]
> This medicine **should** settle your stomach.
> [이 약을 먹으면 위가 진정될 것이다.]
> The water **may** not warm enough to swim.
> [물이 수영할만큼 따뜻하지 않을 것이다.]
> He **can't** be John.
> [그가 존일 리가 없어.]
> That **will** be our taxi.
> [저기 저 택시가 우리가 부른 택시일 거야.]

이와 같은 예를 통해서 보면 법조동사가 진술 완화적인 뜻을 나타낼 때 그것은 발생 가능성이 거의 틀림없다고 확신하는 점으로부터 매우 희박하다는 점에 이르기까지 사이의 어느 한 위치를 나타내는 것이다.[11] 다음의 표는 어떤 상황이 발생하리라는 가능성에 대하여 화자가 느끼는 '확실성의 정도'의 차이를 나타낸 것이다. 즉, must가 어떤 상황이 발생하게 되리라고 거의 확신한다는 점을 나타내는 것이라면, might는 발생 가능성이 매우 희박하다는

---

11 Epidemic modality is concerned with the degree to which a proposition is true or false. When the speaker does not represent the situation as a fact, this means either that he represents it as counterfactual (untrue) or that he refers to one of the gradations that lie in between the extremes 'true (factual)' and 'false (counterfactual)', viz. probability, possibility, improbability, etc. — Declerck (1991: 351); Among the most common sources of epistemic modality in English are the modal auxiliaries *can, could, should, will, may, might, must, and ought to*. Taken as a group, these modal auxiliaries express a whole range of epistemic modality. When Cory's wife says "That might be Cory at the door," she is expressing doubt. When she says "That should be Cory at the door," she communicates greater certainty; maybe Cory always gets home at this time. When she says "That must be Cory at the door," she is indicating that the evidence is overwhelming; maybe no one else has a key. Epistemic modals express meanings that range from slight possibility to absolute certainty. — Berk (1999: 133). See also Coates (1983: 18).

점을 나타내는 것이다. 물론 이러한 순서는 확정적인 것이 아니라, 상황에 따라 달라진다.

매우 불확실함	might	That **might** be George.
↑	may	
	could	
	can	
	should	
	ought to	
↓	would	
	will	
거의 확실함	must	That **must** be George.

(Close 1975: 273)

이 표에서 알 수 있듯이, could, might, would는 이에 대응하는 can, may, will보다 진술된 어떤 상황이 발생할 가능성이 좀더 불확실하다는 뜻을 나타낸다. 따라서 어떤 것을 요청하는 의문문에서 might, could, would를 사용하면 화자는 청자에게 어떤 요청을 하고 있지만, 그 요청에 응해 주리라고 별로 기대하지 않으면서 요청하고 있다는 뜻을 전달하는 것이다. 이렇게 되면 청자 역시 요청을 받으면서도 그 요청을 받아들이느냐 또는 그 요청을 거절하느냐에 대하여 그만큼 부담을 덜 느끼게 되기 때문에 (1a)처럼 과거형 법조동사를 사용하게 되면 현재형이 쓰인 (1b)보다 더 정중한 요청이 되는 것이다.

(1) a. **Could** you lend me twenty thousand won?
 [혹시 돈 이만원만 좀 빌려줄 수 있을까요?]
 b. **Can** you lend me twenty thousand won?

그러나 어떤 법조동사가 어느 한 가지 뜻만 갖지 않고, 때로는 하나의 법조동사가 갖는 뜻이 이 두 가지 의미 부류 모두에 속하기도 한다. 예컨대 can은 다음 예에서처럼 '가능성', '능력', 그리고 '허가'의 뜻을 모두 갖는다.

It **can**not be done in any other way. [가능성]
 [그 일은 달리 할 방법이 없다.]
Jean **can** speak French fluently. [능력]

[진은 불어를 유창하게 말할 수 있다.]

You **cannot** park here. [허가]

[이곳은 주차 금지구역이다.]

5.4. 법조동사의 용법

5.4.1. can

can은 능력·가능성·허가 따위와 같은 뜻을 나타내는데 쓰인다.

(1) 능력

can이 갖는 첫 번째 뜻은 능력(ability)을 나타낸다.[12] 즉, 선천적으로 어떤 일을 할 수 있는 능력이 있다거나, 또는 후천적인 학습의 결과로 어떤 일을 해낼 수 있는 신체적·정신적인 능력(주로 지식, 기술, 힘 따위) 등을 나타낸다. 능력을 말할 때 주어는 대개 사람을 포함한 '유생적'(animate) 존재를 나타낸다.

A good cyclist **can** cover distances of over a hundred miles a day.
  [자전거를 잘 타는 사람은 하루에 백 마일 이상의 거리를 달릴 수 있다.]
Only tough breeds of sheep **can** live in the mountains.
  [강인한 품종의 양들만 산악 지대에서 살 수 있다.]
The dogs **can** find drugs by smell.
  [그 개들은 냄새로 마약을 찾아낼 수 있다.]
I **cannot** lift that heavy box by myself.
  [난 혼자 힘으로 그 무거운 상자를 들 수 없어.]
The child is ten years old, but **can't** read yet.
  [그 아이는 열 살이지만, 아직도 글을 읽지 못한다.]

또는 다음 두 개의 문장에서처럼 무생물이 주어 역할을 하기도 한다. 특히 무생물이 주어일 때 can은 '능력'과 '가능성'이라는 두 가지 뜻이 서로 관련된다.[13]

---

12 can의 고대영어 형태 cunnan은 'to know how to'라는 뜻이었다.
13 Frank (1993: 96).

This machine **can** print 60 pages in a minute.
[이 기계는 1분에 60 페이지를 인쇄할 수 있다.]

Apparently this kind of charity **can** still appeal to a great many people.
[분명히 이러한 자선은 아직도 상당히 많은 사람들에게 호소력을 가질 수 있다.]

위의 두 가지 경우와 같은 뜻으로 쓰일 때 can은 be able to, be capable of, know how to 따위와 같은 보충어구를 갖는다.[14] 특히 know/learn how to는 학습된 영속적인 능력(permanent ability), 즉 한번 배운 능력이 영원히 지속된다는 점을 나타내는데, drive, play, speak, understand 따위와 같은 동사들이 주로 이러한 내용을 나타내는 문장 구조에 쓰인다.

Can you drive a car?
= 'Do you **know how to** drive a car?' or
= 'Have you **learned how to** drive a car?'
[자동차 운전할 줄 아는가?]

An officer must **know how to** handle his men.
[장교는 부하들을 다룰 줄 알아야 한다.]

They certainly **know how to** make you feel at home.
[틀림없이 그들은 너를 마음 편하게 하는 방법을 알고 있어.]

The port **is capable of** handling 10 million tons of coal a year.
[그 항구는 연간 천만 톤의 석탄을 처리할 능력이 있다.]

다음 예에서는 can이 주어가 현재 특정한 상황에 놓여 있는데서 비롯된 능력을 나타낸다. 따라서 이러한 경우에 can은 'be free to do ...'; 'be in a position to do ...'로 풀어쓸 수 있다.

Can you come to the meeting tomorrow?
= 'Are you free to come to the meeting tomorrow?' or
= 'Are you in a position to do so?'
[내일 회의에 참석할 수 있겠니?]

An absolute ruler **can** do just as he pleases.

---

14 Ek & Robat (1984: 265).

[절대적인 힘을 가진 통치자는 바로 자기가 하고 싶은 대로 할 수 있다.]

You **can** protect your liberties only by protecting the other man's freedom.
[여러분은 타인의 자유를 보호해 주는 경우에만 자신의 자유를 보호할 수 있다.]

이와는 달리, 능력 그 자체가 미래의 어느 시기에 갖게 되는 경우, 즉 주어가 지금은 언급된 행위를 할 능력을 갖고 있지 않지만, 장차 그 능력을 갖게 될 것이라고 하는 경우에는 will be able to가 쓰인다. 그러나 미래의 능력이지만, 현재 그 행위가 확정적일 경우에는 대개 can이 쓰인다.

In a few decades man **will be able to** land on Mars.
[앞으로 몇 십 년 지나면 인간은 화성에 착륙할 수 있게 될 것이다. → 현재는 불가능하지만, 장차 그런 능력을 갖게 될 것임을 나타내고 있음.]

She**'ll be able to** type these letters when she has finished writing the report.
[보고서를 다 마치면 이 편지를 타이핑할 수 있게 될 것이다. → 타이핑할 수 있는 상황이 될 것이라는 뜻임.]

We **can** discuss the details later.
[나중에 세부적인 사항을 논의할 수 있다. → 장차 세부적인 사항을 논의할 것으로 현재 확정되어 있음을 암시함.]

(2) 가능성(possibility)

A high cholesterol level in the blood **can** cause heart disease.
[피 속의 콜레스테롤 수치가 높으면 심장병이 생길 수도 있다. → 혈중 콜레스테롤 수치가 높으면 이론적으로는 심장병에 걸릴 가능성이 높다고는 하겠지만, 반드시 심장병에 걸린다고는 할 수 없음.]

Chronic fatigue **can** be a warning sign of illness.
[만성적인 피로는 병을 경고하는 신호탄이 될 수도 있다.]

Meditation **can** add years to your life. Meditating for 15 to 30 minutes a day relaxes you and reduces the risk of heart attacks.
— Swami Rama, *Meditation and Its Practice*.
[명상을 하면 생명을 연장시킬 수도 있다. 하루에 15-30분 동안 명상을 하면 긴장이 풀리고 심장마비가 일어날 위험성이 줄어든다.]

Being a good friend, and having a good friend, **can** enrich your days and bring you lifelong satisfaction.
— Sue Browder, "How to Build Better Friendships"
[자신이 좋은 친구가 되고, 또한 좋은 친구를 사귄다는 것은 일상의 삶이 풍요로워지고, 일생동안 만족을 느끼게 할 수 있다.]

I learned that many scientists believe exercise **can** actually reverse some effects of aging. — Sue Browder, "Don't be an Exercise Dropout"
[운동이 실제로 노쇠현상을 얼마간 막을 수 있다고 많은 과학자들이 믿고 있다는 것을 나는 알고 있었다.]

Emergencies occur from time to time. They **can** lead to disaster if appropriate actions are not taken at the right time.
[가끔 비상사태가 발생한다. 이러한 사태는 적절한 시기에 적절한 조치를 취하지 않으면 재앙을 가져 올 수도 있다.]

특히 이와 같이 긍정문에 쓰인 can은 '이론적' 가능성(theoretical possibility)을 나타낸다. 즉, 어떤 사건이 일어날 수 있는 원인을 제공해 줄 수 있는 특정한 상황이 현재 존재하지는 않고 있다고 하더라도 적어도 이론적으로는 어떤 사건이 언제든지 일어날 가능성이 있다는 점을 배제하지 않는다는 뜻을 나타낸다. 그러므로 can이 갖는 이론적 가능성은 may가 나타내는 '사실적' 가능성(factual possibility → pg. 455 참조)보다 진술된 사건이 발생할 가능성이 약하다.

이론적 가능성을 나타내는 can이 포함된 문장을 'It is possible (for ...) to-부정사절 구조'로 풀어 쓸 수 있다.

Vitamin deficiency **can** lead to illness.
= It is possible for vitamin deficiency to lead to illness.
[비타민 결핍이 질병을 불러올 수도 있다. → 반드시 그렇다고는 할 수 없을지라도 적어도 이론적으로는 비타민이 결핍되면 어떤 질병에 걸릴 가능성은 있다는 뜻임.]

can이 의문문과 부정문에서는 이론적 가능성을 나타내지 않고, 오히려 어떤 사건이 일어날 사실적 가능성에 대한 강한 의심이나 부정의 뜻을 나타낸다.

Who **can** that be at the door? **Can** it be Susan?

(= .... 'Is it possible that it is Susan?')
[문간에 와 있는 사람이 누구일까? 스잔일까?]

It **can't** be Susan.
(= 'It is impossible that it is Susan.')
[스잔일 리가 없어.]

He **can't** be working at this time!
[그가 이 시간에 일하고 있을 리가 없어!]

can이 가끔 일어나는 특징적인 경향을 나타내기도 한다. 즉, 보통 often이나 sometimes와 같은 빈도부사를 동반해서 주어에게서 가끔 어떤 성질이나 상황이 발생한다는 뜻을 나타낸다.

It can be quite cold in Cairo in January.
(= 'It is sometimes quite cold in Cairo in January.')
[카이로의 1월은 무척 추울 때도 있다.]

She **can** be very unkind at times.
[그녀는 가끔 불친절한 행동을 하기도 한다.]

Small children **can** be very destructive.
[애들은 아주 파괴적인 행동을 할 때도 있다.]

It **can** get quite cold here at night.
[이곳은 밤에 아주 추울 때도 있습니다.]

일반적으로 이러한 뜻을 나타내는 경우에는 be 동사의 보어로서 대개 unkind, destructive, cold 따위와 같은 부정적인 뜻을 나타내는 형용사들이 쓰여 달갑지 못한 효과를 나타내지만, 다음 예에서처럼 긍정적인 뜻을 나타내는 형용사가 쓰이더라도 나타내는 효과는 마찬가지이다. 특히 주어가 사람일 때 가끔 나타나는 특성이 일반적으로 부정적이다.[15]

15　In affirmative sentences, *can* can express a **general characteristic**, i.e. a characteristic or quality that may show itself from time to time. In that case *can* is more or less equivalent to *sometimes*. e.g. *Life can be hard for people living in slums.* This use of *can* is clearly related to its use for theoretical possibility. A particular fact or behaviour is said to be theoretically possible because it has frequently been observed. — Declerck (1991: 415); *Can* + *be* + adjective or noun has the effect of 'is sometimes' or 'is often' and refers to

She **can** look *attractive* when she wants to.
[원하는 경우에는 그녀가 예뻐 보일 때도 있다. → 대개 예쁘지 않다는 점을 암시함.]

(3) 허가(permission)

진술된 어떤 행위를 할 수 있도록 허가를 요청하거나 그 행위를 할 수 있도록 허가를 할 때, 또는 부정문에서는 허가의 금지를 나타낸다. 이러한 점 때문에 can이 허가를 나타낼 때 주어는 유생적 존재(animate beings)라야 하고, 동사 역시 동작을 나타내는 것이라야 한다.16

You **can** go now if you want to.
[가고 싶으면 가도 좋다.]
'**Can** I ask you something?' — 'Yes, of course you **can**.'
['뭣 좀 물어봐도 될까?' — '그래. 물론 물어봐도 돼.']
You **can't** smoke here.
[여기서는 담배를 피우지 못해.]

특히 구어영어에서는 허가를 나타낼 때 can이 may보다 더 많이 사용된다. 그 까닭은 can이 허가의 주체가 나타나지 않을 뿐만 아니라, may보다 덜 격식적이라고 느껴지기 때문이다. 특히 사람마다 서로 동등하다고 생각되는 민주적인 시대에 누가 허가를 하느냐 하는 허가의 주체를 내세우려고 하지 않기 때문에 may보다 can을 쓰려고 하는 것이다. 그러므로 화자가 허가하는 경우에도 대개 X **can** ... Y.라 하고, 다만 허가를 하는 화자의 권위에 주목하고자 하는 경우에만 X **may** ... Y.라고 하는 것 같다.17

---

capability or possibility. It can be replaced by *be capable of* + *-ing*, but not by *am/are/is able to*. (When used for people, the effect is generally negative, even when the adjective is favourable: *She can look quite attractive when she wants to* — which implies she doesn't usually look attractive.) — Alexander (1996: 215). See also Ek & Robat (1984: 266).

16 Coates (1983: 87).

17 *May* is not used very much any more in this (= deontic) meaning, for it depicts possibility that derives from the speaker's authority. Most people use *can* instead of *may* as we prefer not to talk about authority in these democratic and egalitarian times, so even if the speaker permits X to do Y, still we would normally say 'X can Y' and use 'X may Y' only when we want to note the authority of the speaker (e.g. a teacher or a judge). — Hofmann (1993: 104-105).

You **can** keep the book indefinitely.
 [언제까지 그 책을 갖고 있어도 좋다.]
Only amateurs **can** compete in the Olympic Games.
 [올림픽 경기에는 아마추어 선수들만 출전할 수 있다.]
You **can't** pick the ball up in football.
 [축구 경기에서는 공을 손으로 잡지 못한다.]
Children under 14 **cannot** see this film.
 [14세 미만의 어린이는 이 영화를 보지 못한다.]
You **can** bring a total of one quart of alcoholic beverages and one carton of cigarettes (200 cigarettes) in the U. S. duty free.
 — Nancy Church & Anne Moss, *How to Survive in the U.S.A.*
 [미국에는 1 쿼트의 술과 담배 열 갑(200개피)을 세금 없이 갖고 들어올 수 있습니다.]

이상과 같은 예에서처럼 can은 항상 장차 어떤 일이 이루어질 수 있는 현재의 허가를 나타낸다. 그러나 아직 어떤 허가가 주어지지 않고 미래의 어느 시점에 도달했을 때 비로소 이루어질 허가일 때, 또는 다른 법조동사 뒤에서는 be allowed to, be permitted to(보다 격식적임)를 사용한다.[18]

I don't think we will **be allowed to** leave early today.
 [우리는 오늘 일찍 퇴근하도록 허가를 받지 못할 것 같은데.]
We will **be allowed to** make drawings on the walls when it is time to have the room redecorated.
 [방을 다시 장식할 때가 오면 우리는 벽에 그림을 그려도 좋다는 허락을 받게 될 것이다.]

5.4.2. could

1) could는 과거시를 나타내는 문맥에서 다음과 같은 뜻을 전달한다.

---

18 *Can* always expresses present permission (possibly concerning the future actual- isation of a situation). It is not used to refer to permission which is still to be given. — Declerck (1991: 371).

(1) 과거의 능력

과거에 저절로 습득되었거나 학습에 의해 습득된 능력을 나타낸다. was/were able to도 이러한 뜻을 나타낼 수 있다.

> I **could** run a mile in four and a half minutes when I was 19 years old. I can't run that fast anymore.
> [열아홉 살 때 나는 1마일을 4분 30초에 달릴 수 있었다. 하지만 이제는 더 이상 그렇게 빨리 달리지 못해.]
>
> He **was** finally able **to** walk, after being ill in his house for so long.
> [그는 그토록 오랫동안 아파서 집에 있고 난 뒤에 마침내 걸을 수 있게 되었다.]

여기서 could나 was/were able to는 과거의 '일반적인' 능력(general ability)을 나타낸다. 예컨대, 위의 첫 번째 문장에서 could run ...은 내가 과거 어느 특정한 시점에 실제로 1마일의 거리를 4분 30초에 달렸다는 뜻이 아니라, 원하는 경우에는 언제든지 그것이 가능했었다는 뜻을 암시한다.[19]

반면에 과거의 특정한 성취(specific achievement), 즉 과거의 어느 특정한 시점에 주어 자신이 갖고 있는 능력을 발휘하여 실제로 진술된 특정한 상황이 성공적으로 이루어졌다고 하는 뜻을 나타내고자 하는 경우에는 was/were able to, managed to, 또는 succeeded in ...-ing과 같은 표현이 사용되며,[20] 특히 managed to와 succeeded in -ing은 그 과정에 상당한 노력이 필요할 정도로 어려움이 뒤따랐다는 점을 암시한다.[21]

> In spite of the bad weather conditions they **succeeded in swimming** across the Channel.
> [궂은 날씨 조건에도 불구하고 그들은 성공적으로 영국 해협을 수영해서 건넜다.]
>
> After months of searching, he finally { **was able to find** / **managed to find** / **succeeded in finding** } a good

---

[19] We use *could* for **general ability**, to say that somebody was able to do something at any time, whenever he/she wanted. — Swan & Walter (2011b: 60).

[20] *Could* cannot normally be used when we are describing the successful completion of a specific action; *was/were able to, managed to* or *succeeded in + -ing* must be used instead. — Alexander (1996: 213). See also Eastwood (2005: 115).

[21] Declerck (1991: 393).

apartment. (*... **could** find)

[여러 달 동안 물색한 후에 그는 마침내 좋은 아파트를 구할 수 있었다.]

The fire spread through the building very quickly but fortunately everybody { **was able to** / **managed to** } escape. (*... **could** escape.)

[불이 순식간에 그 건물 전체로 번졌지만, 다행히 모든 사람들이 탈출할 수 있었다.]

With great pains and much patience, I at last **managed to** get from them the information I wanted.

[커다란 노력과 많은 인내심 끝에 마침내 나는 그들로부터 내가 원하는 정보를 얻을 수 있었다.]

He (= Terry King) lived near the water and had always longed for a cabin cruiser. Unable to afford one, he decided to build one himself, but how could a blind man build a boat? ... King found a volunteer who was willing to taperecord a book on boatbuilding. After listening to the tapes, Terry eventually **managed to** build a 33-foot cabin cruiser in his backyard.
— Ardis Whitman, "Secrets of Survivors"

[테리 킹은 물가에 살아서 항상 모터보트를 갖고 싶었다. 그것을 살 수 있는 형편이 못되었기 때문에 그는 직접 그것을 만들기로 결심했다. 그러나 눈먼 사람이 어떻게 만들 수 있겠는가? 킹은 자원 봉사자를 만났는데, 그는 조선에 관한 책을 기꺼이 녹음해 주었다. 녹음 내용을 듣고 나서 마침내 테리는 자기집 뒤뜰에서 길이가 33피트나 되는 모터보트를 만들어 냈다.]

그러므로 다음과 같은 두 개의 문장에서는 각각 전달하고자 하는 의미상의 차이 때문에 could와 managed to를 서로 바꿔 쓸 수 없다.

He was a terrific liar; he **could** make anybody believe him.
(= '... he had the general ability to deceive anybody.')

[그 사람은 굉장한 거짓말쟁이라서 누구라도 자기 말을 믿게 할 수 있었다. → 마음만 먹으면 누구라도 믿게 할 수 있었다는 뜻이지, 실제로 누구를 속였다는 뜻이 아님.]

I talked for a long time, and in the end I **managed to** make her believe me.

[나는 장시간에 걸쳐 얘기를 해서 마침내 그녀가 내 말을 믿게 할 수 있었다. → 실제로 그녀가 화자의 말을 믿었다는 뜻이기 때문에 could를 쓸 수 없음.]

특정한 행위에 대한 의문문에는 could를 쓸 수 있지만, 의문문에서 나타나는 사건이 실제로 일어났다는 뜻을 전달하는 긍정적인 대답에는 could를 쓸 수 없다.

Could they rescue the cat on the roof?
(= 'Did they manage to ...?')
[그들이 지붕위에 있는 고양이를 구출해 낼 수 있었습니까?]
— No, they **couldn't**. It was difficult.
[아니요. 구출할 수 없었지요. 힘들었어요.]
— Yes, they { managed to / *could }.
[예. 가까스로 구출했지요. → 실제로 구출했다는 뜻이므로 could를 쓸 수 없음.]

부정문에서 could not은 일반적인 능력을 나타낼 뿐만 아니라, 실제로 특정한 시점에 어떤 상황이 발생하지 않았다는 점도 나타낸다.

I left my books at school, so I { could not / was not able to } do my homework.
[책을 학교에 두고 와서 숙제를 할 수 없었다.]

The prince **could not** attend the ceremony, so the princess went in his stead.
[왕자는 그 의식에 참석할 수 없어서 대신 공주가 참석했다.]

feel, hear, smell, taste 따위와 같은 지각동사가 주어 자신의 수동적인 지각작용(inert perception)[22]을 나타내는 경우와 remember, understand와 같은 인식동사가 could와 같이 쓰일 경우에는 진술된 상황이 실제로 발생했음을 뜻한다. 따라서 다음 첫 번째 문장의 경우에 could see lights of the ship은 실제로 배의 불빛이 보였다는 뜻이다.[23]

In spite of the mist I **could see** lights of the ship in the distance.
[안개가 끼었지만 멀리 배의 불빛을 볼 수 있었다.]

---

22 수동적인 지각작용에 대해서는 본서 제2권 "6.7.4.4.1 지각동사"를 참조.
23 Declerck (1991: 395, note 1c).

Standing on the beach, we **could smell** the ozone in the air.
[해변에 서 있으니 공기 중의 오존 냄새가 났다.]

I did not approve of his behavior, but I **could understand** it.
[그의 행동을 좋게 보지는 않았지만, 이해할 수는 있었다.]

(2) 과거의 일반적인 허가

과거 특정 시점에 이루어진 허가가 아니라, 언제라도 어떤 일을 해도 좋다는 허가가 주어졌다는 점을 나타내는 경우에는 could 또는 be allowed to가 쓰인다.

When we were children we $\left\{ \begin{array}{l} \textbf{could} \\ \textbf{were allowed to} \end{array} \right\}$ watch TV whenever we wanted to.
[어렸을 적에 우리는 텔레비전을 보고 싶을 때는 언제든지 볼 수 있었다.]

He warned me that I **could** not leave my car in the road.
[그는 내가 길가에 차를 주차시킬 수 없다고 말해 주었다.]

과거 특정한 어느 한 때에 허가가 주어졌다고 하는 경우에는 could를 쓸 수 없고, be allowed to 또는 have permission to가 쓰인다.[24]

I $\left\{ \begin{array}{l} \textbf{was allowed to} \\ \textbf{*could} \end{array} \right\}$ was allowed to stay out until after midnight yesterday.
[나는 어제 자정이 지날 때까지 외출해도 좋다는 허락을 받지 못했다.]

Exceptionally, he $\left\{ \begin{array}{l} \textbf{had permission to} \\ \textbf{*could} \end{array} \right\}$ had permission to use his fa-

---

[24] *Could* can be used as a real past tense:
e.g. When I was young I could play outside whenever I wanted to.
In those days only the adults could talk at table.
There is a restriction on this use (except in reported speech/thought): as a real past form, *could* can only express '**general**' (temporally unrestricted) permission, i.e. the idea that the referent of the subject was free to perform the action referred to at any time. This means that *could* is not used to talk about permission for one particular action in the past. — Declerck (1991: 372); To report that in the past someone had *general* permission to do something, that is, to do it at any time, we can use either **could** or **was/were allowed to**. However, to report permission for one *particular* past action, we use was/were allowed to, but not **could**. — Hewings (1999: 50).

ther's car.
[그는 아버지의 차를 이용해도 좋다는 특별 허가를 받았다.]

2) 다음과 같은 상황에서는 현재시를 나타내는 문맥에서도 could가 사용된다.
(1) 현재 또는 미래의 가능성
이런 경우에 가능성은 덜 확정적인 뜻을 나타내는 것으로서, 이론적이거나 사실적인 가능성을 모두 나타낼 수 있다.

In theory, three things **could** happen.
[이론상으로는 세 가지 상황이 발생할 수도 있겠지요.]
The phone is ringing. It **could** be Tim.
[전화벨 소리가 난다. 팀의 전화일지도 몰라요.]
I'm so tired. I **could** sleep for a week.
[너무 피곤해서 한 주일 동안이라도 잠을 잘 수 있을 것 같아.]

가능성의 정도를 나타내고자 할 때 It **could** be Tim.은 가능하지만, *It **can** be Tim이라고는 할 수 없다. 반면에, It **can't** be Tim.처럼 부정문은 가능하다.

(2) 더 정중한 제의와 허가의 요구 및 부드러운 명령
보다 더 정중한 요구를 나타내기 위하여 흔히 possibly나 Do you think ...가 첨가되기도 한다. 그러나 허가의 요구에 대한 대답에 could를 사용하게 되면 허가를 하면서도 다소 주저한다는 점을 암시하게 되기 때문에 can이 쓰이게 된다.

Could I offer you another drink?
[한잔 더 드시겠습니까?]
Could you tell me the exact time?
[정확한 시간을 말씀해 주시겠습니까?]
{ **Can** / **Could** } I *possibly* use your phone? — Yes, of course you { **can** / **could** }.
['혹시 전화를 좀 쓸 수 있는지요?' — '예, 그렇게 하시지요.']
Do you think I **could** leave my bags here for half an hour?

[제 가방을 30분만 여기 두어도 될까요?]

(3) 가정법 과거에서는 'would be allowed; would be able to'라는 뜻을 암시한다.

I **could** have an extra week's holiday if I asked for it.
[요구한다면 나는 한 주일의 휴가를 더 얻을 수 있을 것이다.]
You **could** get a better job if you spoke a foreign language.
[외국어를 말할 줄 안다면 더 나은 직장을 구할 수 있을 것이다.]

5.4.3. can/could + 현재완료

1) can + 현재완료는 어떤 상황을 숙고하거나 추측하는 등 과거시(past time)의 가능성을 나타내며, 부정문이나 의문문에서만 사용된다.

I **can't have seen** a ghost — it must have been imagination.
[내가 유령을 보았을 리가 없어. 환상이었을 거야.]
It **cannot have been** done in any other way.
[그 일은 달리 어떻게 해볼 도리가 없었을 거야.]
Can we **have made** a mistake, I wonder?
[혹시 우리가 실수를 했을까?]

2) could + 현재완료는 과거시에 어떤 상황이 발생할 가능성은 있었지만 실제로는 발생하지 않았음을 나타낸다. 이와 반대로, 부정형일 경우에는 원하거나 노력했더라도 진술된 상황이 발생할 수 없었을 것이라는 점을 시사한다. 그러므로 could + 현재완료가 포함된 문장은 실제로는 결과절 역할을 하는 것이고, 조건절이 표면에 드러나지 않은 구조이다.

I **could have married** anybody I wanted to.
[나는 원하는 사람이면 누구하고도 결혼할 수 있었을 것이다.]
Why didn't Liz apply for the job? She **could have got** it.
[어째서 리즈가 그 직장에 지원하지 않았지? 취직할 수 있었을 텐데 말이야.]
No one **could have made** him a better wife.
[아무도 그 남자에게는 더 나은 부인이 될 수 없었을 것이다.]

The trip was cancelled last week. Paul **couldn't have gone** anyway because he was ill.
[지난주에 여행이 취소되었다. 아무튼 포울이 몸이 아파서 갈 수 없었을 것이다.]

또는 다음과 같은 예에서처럼 어떤 행위가 이루어지지 않은 점에 따른 짜증난다거나 비난한다는 뜻을 내포하기도 한다.[25]

You **could have told** me you were going to be late.
(= 'Why didn't you tell me ...?')
[늦어질 것이라고 말을 할 수도 있었을 텐데.]
You **could have helped** me — why did you just sit and watch?
[네가 나를 도와줄 수도 있었는데. 무슨 때문에 앉아서 바라보기만 했는가?]

5.4.4. may

1) 현재 또는 미래와 관련된 행위에 대한 현재의 허가를 나타낸다.
(1) 허가를 요청하는 경우에 may가 can보다 더 격식적이며, 따라서 의문문에서 보다 정중한 제의를 나타낼 수 있다.

'**May** I come in?' — 'Yes, you **may**.'
['들어가도 됩니까?' — '들어오세요.']
May I put the TV on?
[TV를 켜도 됩니까?]
May I help you with the luggage?
[가방을 들어다 드릴까요?]

허가를 하는 may는 화자가 허가한다는 점을 암시하고, can은 허가가 화자 자신으로부터 이루어지는 것이 아니라, 외부에서 오는 것이라는 점을 뜻한다. 즉, may는 허가를 하거나 이를 거절할 위치에 있는 사람이 있다는 점을 강조한다.

---

25 **Could** + perfect infinitive can also express irritation at or reproach for the non-performance of an action. — Thomson & Martinet (1986: 136).

You **may** come if you wish.
(= 'I allow you to come ....')
　　[오고 싶으면 와도 좋다.]
You **may** decide for yourself.
　　[결정은 네 스스로 해도 좋다.]
We **may** not make private phone calls in office hours.
　　[근무 시간에는 개인적인 전화를 걸 수 없다.]

may가 주어를 1인칭으로 하고 긍정형 동사를 사용하여 청자에게 허가를 요청하는 의문문에 쓰이는 반면, can이 쓰이면 외부에서 허가가 주어졌는지를 묻는 것이 된다.

May I say something?
(= 'Do you allow me to say something?')
　　[말씀드릴 것이 있는데요?]
Can I park my car here?
(= 'Is it allowed to park here?')
　　[여기에 주차해도 되는지요?]

격식체의 미국영어에서는 can을 피하려는 경향이 있기 때문에 화자나 화자 이외에 외부에서 오는 허가에 대해서 모두 may가 사용된다.

Children **may** ascend the tower only if they are accompanied by an adult.
　　[어른을 동반하는 경우에만 어린이들도 이 탑에 오를 수 있다. — 관광 안내서]

(2) 서술문에서 may는 허가를 하는 것이고, 부정형 may not은 허가를 거절하는 경우와 금지의 뜻을 나타낼 때 쓰인다.

You **may** come if you wish.
　　[원한다면 와도 좋다.]
Students **may not** use the staff parking lot.
　　[학생들은 직원용 주차장을 이용하지 못합니다.]

(3) 이미 허가가 되어 있다거나, 허가가 이루어지지 않다는 점을 말하거나, 사람들이 이미 누리고 있는 자유, 법과 규칙 등에 대해 말하는 경우에는 may나 might가 쓰이지 않고, 대신에 can, could, 또는 be allowed 따위가 쓰인다.[26]

These days, children $\begin{Bmatrix} \text{can} \\ \text{are allowed to} \end{Bmatrix}$ do what they like.

[요즘에는 어린이들이 자기들이 하고 싶은대로 할 수 있다.]

I $\begin{Bmatrix} \text{could} \\ \text{was allowed to} \end{Bmatrix}$ read what I liked when I was a child.

[어렸을 때 나는 내가 읽고 싶은 책을 읽을 수 있었다.]

$\begin{Bmatrix} \text{Can you} \\ \text{Are you allowed to} \end{Bmatrix}$ park on both sides of the road here?

[이곳 도로 양쪽에 모두 주차할 수 있는가요?]

2) 허가의 may는 항상 현재시를 가리킨다. 즉, 이것은 현재 허가를 요청한다거나, 허가를 한다거나, 또는 허가를 거절한다는 점을 나타낸다. 미래의 허가, 즉 미래의 어느 시점이 왔을 때 허가를 받는다고 할 때는 will be allowed to나 이와 유사한 표현을 사용한다.

You **may** open the door now.
 [이제 문을 열어도 좋다.]
You **may not** drink here.
 [이곳에서는 술을 마실 수 없습니다.]
You will **be allowed to** see these films when you are sixteen. (*will **may**)
 [16세가 되면 이런 영화를 볼 수 있을 거야.]

3) 가능성을 나타낸다.

At some time in the future, we **may** all work fewer hours a day.
 [장차 언제가 우리 모두 하루 일하는 시간이 더 적어질 것이다.]

---

26 We do not usually use *may* and *might* to talk about permission which has already been given or refused, about freedom which people already have, or about rules and laws. Instead, we use *can, could* or *be allowed*. — Swan (2005: 318).

This latest incident **may** be the lever needed to change government policy.
[최근에 발생한 이 사건이 정부의 정책을 수정하는데 필요한 지렛대 역할을 하게 될 것이다.]

He **may** never find another job if he throws up his present one.
[그가 현재 직장을 그만 둔다면 결코 다른 직장을 구하지 못할 것이다.]

Yes, drinking red wine **may** significantly decrease the risk of heart disease, but white wine **may** be just as protective, at least in rats.
— Dean Ornish, MD., "Food for Life"
[그렇다. 적포도주를 마시게 되면 심장병에 걸릴 위험성이 현저하게 줄어들 것이다. 그러나 백포도주는 적어도 쥐에게 있어서는 이와 꼭 마찬가지로 심장병을 막을 수 있을 것이다.]

이러한 뜻으로 쓰인 may는 '사실적' 가능성(factual possibility)을 나타낸다. 따라서 화자는 진술된 상황이 발생할 가능성이 과거에서 현재까지 존재해 왔을 뿐만 아니라, 앞으로도 그런 상황이 발생할 가능성이 있게 될 것이라는 점을 말하는 것이다.[27] 바꾸어 말하자면, may는 진술된 상황이 실제로 발생할 가능성을 나타내므로 대충 perhaps와 같은 뜻이거나, 'It is possible that ....' 등으로 풀어 쓸 수 있는 것으로서, 이미 앞에서 살펴 본 이론적 가능성(→ pg. 442 참조)과 대립된다.

The medicine **may** make you drowsy.
= **It is possible that** the medicine makes you drowsy.
= **Perhaps** the medicine will make you drowsy.
[이 약은 먹으면 졸음이 올 것이다.]

이론적 가능성과 비교해 보면 사실적 가능성은 언급된 상황이 실제로 발생할 가능성이 더 확실하다고 여겨진다. 그러므로 예컨대 다음 두 문장 (2a, b) 중에서 (2a)는 단순히 이론적으로 생명이 위태로울 수도 있다는 점을 가정해서 말하는 것이라면, (2b)는 질병이 정말로 위험한 지경에 이르렀다고 생각하는 것이다. 따라서 의사가 환자에게 (2b)와 같이 말한다면 환자는 한층 더 비관적인 생각을 갖게 될지도 모른다.[28]

---

[27] *May* indicates a possibility which is **factual** rather than theoretical: the speaker says that there is a chance that a situation has held, is holding or will hold in the future. In other words, *may* expresses the possibility of actualization and is therefore roughly equivalent to *perhaps*. — Declerck (1991: 397).

[28] Leech (1989: 82; 2004: 82-83).

(2) a. This illness **can** be fatal.
　　　[이 병이 치명적일 수도 있다.]
　　b. This illness **may** be fatal.
　　　[이 병이 치명적일지도 모른다.]

가능성을 나타내는 의문문에는 대개 may를 쓸 수 없기 때문에, 이 대신에 can을 사용하거나, 이 이외에 다음과 같은 표현을 사용하여 의문문의 뜻을 나타낸다.

Can it be true?
　[그것이 사실일까?]
Is it **likely to** rain, do you think? (***May** it rain?)
　[비가 올 것 같은가? — *May it rain?이라고 할 수 없음.]
Do you think she's with Nelly? (***May** she be with Nelly?)
　[그녀가 넬리와 같이 있을 것 같으냐? — ***May** she be with Nelly?라고 할 수 없음.]

그러나 Do you think you **may** go camping this summer?(이번 여름에 캠핑을 가게 될 것 같은가요?)에서처럼 간접 의문문에서는 may를 쓸 수 있다.

5.4.5. might

1) 비록 발생적으로는 might가 may의 과거형이기는 하지만,[29] 현대영어에서 이것이 과거시를 나타내는데 쓰이지 않기 때문에 *The students **might** dance at yesterday's party.는 비문법적이다. 이것은 항상 현재시를 나타내는 것으로서, 가능성이나 허가의 요청을 나타내는 간접화법의 문장에서 시제의 일치 원칙에 따라 may가 might로 바뀐 것에 불과하다.

It **may** rain later.
　[나중에는 비가 올지 모른다.]
~ We were afraid that it **might** rain later.

---

[29] 고대영어(450-1100)에서 may의 부정사 형태는 magan이며, 이 형태로부터 오늘날의 may가 생겨났다. 한편 고대영어에서 이에 대한 과거형은 meahte, mihte였으며, 중세영어(1100-1500)에서는 mighte, meighte, 또는 maughte와 같은 형태로 변했으며, 이러한 형태에서 오늘날의 형태 might가 생겨나 과거형이 현재의 뜻으로 쓰이고 있다.

[나중에 비가 오지 않을까 걱정이 되었다.]

They asked if they **might** go home. (<They said, "**May** we go home?")
[그들은 집에 가도 되느냐고 물어 보았다.]

2) might는 may보다 어떤 상황이 발생할 사실적인 가능성에 대하여 좀 더 불확실하다거나 유보적인 태도를 암시한다.[30] 따라서 Joe **might** pass his exam.은 Joe **may** pass his exam.이라고 하는 경우보다 시험에 합격할 가능성이 다소 떨어진다. 이처럼 might를 포함하고 있는 문장의 진술 내용이 사실일 가능성이 희박하다는 점을 뒷받침해 주기 위하여 다음 문장에서처럼 ..., but I can't be sure와 but I doubt it.와 같은 내용이 첨가될 수 있다.

He **might** get here in time, but I can't be sure.
[그녀가 제 시간에 여기에 도착하게 될지 잘 모르겠어.]

That { **might** / could } be our taxi. (but I doubt it)
[저기 오는 것이 우리가 탈 택시일지 모르겠네. (하지만 아닐지 몰라.)]

3) 현재시에 있어서 might는 may보다 덜 확정적인(tentative) 허가의 요청을 나타낸다. 다시 말하자면, 의문문에 might가 쓰이게 되면 화자는 자신의 요청을 들어주리라고 거의 기대하지 않고 있다는 점을 암시하는 것이 되기 때문에 청자는 그만큼 부담을 덜 갖게 된다. 이러한 표현을 사용한 물음에 대한 청자의 대답에 might를 사용하면 다소 주저하는 듯한 태도로 허가한다는 인상을 주기 때문에 이를 피하려면 대신에 may를 써야 한다.

'**Might** I have a word with you, please?' — 'You { may / *might } indeed.'
['한 말씀 나눌 수 있을까요?' — '그렇게 하시지요.']

---

30 The modal *might* is also used in present time contexts to denote one of the following meanings:
   a FACTUAL POSSIBILITY: compared with *may* used in this sense, *might* conveys greater uncertainty or reserve on the part of the speaker/writer. — Ek & Robat (1984: 271); *Might*[= possibility] can be used as a (somewhat more tentative) alternative to *may*[= possibility], and indeed is often preferred to *may* as a modal of epistemic possibility. — Quirk et al. (1985: 223). See also Pickett (2005: 295).

I wonder if I **might** ask you a favor?
　　[한 가지 부탁을 드려도 좋을지 모르겠네요.]
Might I ask what you are doing in my bedroom?
　　[내 침실에서 무얼 하고 있지?]

　Might I ...?와 같이 아주 주저하는 듯한 태도로 허가를 요청하는 물음에 대하여 Certainly는 공손한 대답인 반면, Yes, you might.와 같은 대답은 긍정적인 대답이라기보다 애매한 가능성을 나타내고, No you might not.은 단호한 거절이 될 것이다.

　4) You might (또는 could)는 가벼운 명령 또는 요구를 나타내는 것으로, 다소 명령문 + will you?와 같다. 특히 이러한 표현은 비격식적이며 친숙한 문체에 속한다.

You { might / could } call him up and tell him he needn't come today.
　　[그에게 전화를 걸어서 오늘 오지 않아도 된다고 전해 주었으면 한다.]
If you're driving to the station, you { might / could } drop me at the supermarket.
　　[정거장으로 차를 몰고 간다면 슈퍼마켓에서 나를 내려 주었으면 하는데.]

5.4.6. may/might + 현재완료

　1) may + 현재완료는 서술문에 쓰여 과거의 가능성, 즉 진술된 내용이 발생했을 것이라는 사실적 가능성에 대한 불확실성을 나타낸다. 예컨대 He **may have come** by train.은 아마 열차편으로 왔을 것이라고 생각하면서, 한편 택시나 버스로 왔을지도 모르겠다는 점을 배제하지 않는다는 뜻을 포함하기도 한다.

He **may have missed** his train.
　　[그는 열차를 놓쳤을 거야.]
He **may have inherited** his eloquence from his father, a Christian preacher.
　　[그의 웅변 솜씨는 기독교 목사인 아버지로부터 물려받았을 것이다.]
Today the Sony television sets sold in Paris or Washington **may have been made** in Malaysia, and the Citizen watch sold in Tokyo or New York was probably produced in Thailand.

[오늘날 파리나 워싱톤에서 팔리는 쏘니 텔레비전 세트는 말레시아에서 만들어졌을 것이고, 동경이나 뉴욕에서 팔리는 시티즌 시계는 태국에서 생산되었을 것이다.]

2) might + 현재완료는 아주 주저하는 듯한 태도로 현재 또는 과거에 대한 어떤 가정을 나타낸다.

'I can't imagine why he is late.'— 'Nor can I. He **might have been** delayed by fog, or he **might have had** an accident.'
['어째서 그가 늦는지 알 수 없네.' — '나도 그래. 안개 때문에 지연되었거나, 아니면 사고를 당했을지도 모르지.']

또는 가정법 과거완료의 뜻을 나타내는 문장에서 진술된 어떤 상황이 실제로 일어나지는 않았지만, 일어날 수도 있었을 것이라는 가정을 나타내기도 한다.

You were lucky. You **might have been** killed.
[운이 좋았어. 자칫 했다가는 죽었을지도 몰라.]

이 이외에 비사실적인 과거를 나타내는 것으로, 가벼운 비난의 뜻을 암시하기도 한다. 예컨대 다음의 첫 번째 문장은 그가 좀 더 일찍 말해 주지 않은 점에 대하여 유감을 전달하는 것이다. 특히 이러한 문장에서 종속절에 나타나는 동사형은 과거에서 본 미래, 즉 과거 어느 시점에서 보았을 때 미래의 어느 시점에 이르게 되면 실제로 발생하게 될 상황을 나타내는 것으로서, 사실적인 내용을 나타내고 있다.

He **might have told** me she was going to throw these away.
[그녀가 이 물건들을 버릴 것이라는 말을 그가 내게 해 줄 수도 있었을 것인데.]
I **might have known** he wasn't to be trusted.
[그가 믿을 사람이 못 된다는 걸 알았더라면 좋았을 걸.]

5.4.7. may/might (as) well

1) $\begin{Bmatrix} \text{may} \\ \text{might} \end{Bmatrix}$ as well은 비격식적인 영어에서 보다 더 나은 일이 없고, 보다 유익한

일도 없고, 또한 더 재미있는 일이 없기 때문에 진술된 행위를 하는 것이 바람직하다고 하는 경우에 사용되는 표현이다. 특히 주어가 1인칭 단수이면 화자 자신의 의도를 가볍게 나타내는 뜻이 되고, 복수 we이면 의도 내지 제안을 나타낸다. 또한 주어가 제3자이면 제안이나 권고의 뜻을 나타낸다.[31]

I { **may** / **might** } **as well** phone her now.

[지금 그녀에게 전화를 걸어 보는 것이 좋겠지요.]

We { **may** / **might** } **as well** buy some food before the shops close.

[가게 문을 닫기 전에 식품을 좀 사는 것이 좋겠군요.]

You { **may** / **might** } **as well** tell her the truth.

[너는 그녀에게 사실을 말하는 것이 좋겠어.]

2) { **may** / **might** } well은 'have good reason to'(...하는 것도 일리가 있다) 또는 'It is fairly likely that ...'(...이 사실일 가능성이 상당히 높다)라는 뜻을 갖는 것으로서, 사실적 가능성의 의미를 강화시켜 준다.[32]

If you don't drive more carefully you **may well** have an accident.

[좀 더 신중하게 운전하지 않는다면 사고를 내는 것도 당연하지.]

His name **may well** become an icon in the social and political history of the 20th century.

[그의 이름이 20세기의 사회적·정치적 역사에서 우상이 되는 것도 일리가 있지.]

His appearance has changed so much that you **may well** not recognize him.

[그의 모습이 너무나 많이 변해서 십중팔구 그를 알아보지 못할 걸.]

You **might well** be right.

---

31 Declerck (1991: 380-381).

32 **Well** can be placed after **may/might** and **could** to emphasize the probability of an action: *He may well refuse = It is quite likely that he will refuse.* — Thomson & Martinet (1986: 53); If you put 'well' after 'could', 'might', or 'may', you are indicating that it is fairly likely that something is the case. — Sinclair (1990: 224).

[너의 생각이 맞겠지.]

might (just) as well은 달갑지 않은 상황을 비교하는 경우에도 쓰인다.

You never listen — I **might as well** talk to a brick wall.
[너는 들으려고 하지 않는구나. 차라리 벽돌담에 대고 말하는 것이 낫겠네.]
This wine has an awful taste. We **might (just) as well** be drinking vinegar.
[이 포도주 맛이 형편없네. 차라리 식초를 마시는 것이 낫겠네.]
'How slow this bus is!' — 'Yes, we **might just as well** walk.'
['이 버스 참 느리네!' — '그래. 걸어가는 것이 좋겠네.']

5.4.8. must

1) 강한 의무(obligation) 또는 강제(compulsion)를 나타낸다. 다시 말하자면, 주어가 진술된 행위를 하는 것이 절대 필요하다거나, 의무이거나, 또는 피할 수 없다는 점을 나타낸다. 즉, 화자가 자신의 권위를 행사하여 주어로 하여금 진술된 행위를 하도록 의무를 부과하는 것일 수도 있고,[33] 경우에 따라서는 제3자의 권위를 화자가 전달하는 것일 수도 있다.

Students **must** remain in residence during term.
[학생들은 학기 중에 거주지에서 이탈하지 말아야 한다.]
You **must** check (at the airport) in an hour before your plane leaves.
[비행기가 떠나기 한 시간 전에 수속을 해야 한다.]
This information **must** in no circumstances be given to the general public.
[어떤 경우에도 이 정보를 일반 국민들에게 알려서는 안 된다.]

다음과 같은 예에서 must는 의무가 다소 약화된 결과, 강한 조언이나 제안을 강조하는 뜻을 갖는다.

---

33 The usual implication of *must*(= 'obligation') is that the speaker is the person who exerts authority over the person(s) mentioned in the clause. — Leech (1989: 77, 2004: 78); *Must* differs from *should* and *ought to* in that it indicates obligation that is considered inescapable. — Close (1992: 103).

Our actions **must** be resolute and our faith unshakeable if we are to succeed.
[성공하려면 우리의 행동은 굳세어야 하고 신념은 확고부동해야 한다.]

If you worry about the future, you **must** take out a life insurance.
[장래가 걱정되거든 생명 보험에 가입해야 해.]

North Korea **must** accept the free reunion of separated families between North and South.
[북한은 남북 이산가족의 자유로운 재회를 받아들여야만 한다.]

1인칭을 주어로 하는 서술문은 자기 강제(self compulsion), 즉 거역할 수 없는 내적인 욕구를 뜻한다. 특히 이러한 뜻을 나타내는 경우에 must는 강세를 받는다.

I really **must** stop smoking.
[정말이지 나는 담배를 끊어야 되겠어.]

We **must** try to hold down the rate of interest.
[우리는 이율을 내리도록 노력해야 한다.]

We **must** preserve Nature at all costs.
[어떤 대가를 치루더라도 우리는 자연을 보존해야 합니다.]

주어가 행하는 행위가 인간이 통제할 수 없는 내용일 경우에는 주어의 내재적인(intrinsic) 필연성을 나타낸다. 이 경우의 must는 'It is essential/necessary for ...'를 뜻한다.

Lizards **must** hibernate if they are to survive the winter.
[도마뱀은 겨울을 견뎌내려면 겨울잠을 자야 한다.]

To be healthy, a plant **must** receive a good supply of both sunshine and moisture.
[건강을 유지하려면 식물은 햇빛과 수분을 충분히 공급받아야 한다.]

2) must의 부정형은 must not, don't need to, need not, don't have to이다. must not은 어떤 행위를 해서는 안 된다고 하는 강력한 권고를 나타내는 뜻으로서, 'It is compulsory not to ....'로 풀이된다. 이와는 달리, don't need to 등은 진술된 행위를 해야 할 의무가 없음을 뜻하며, 'It is not necessary to ....'로 풀이된다.

You **must not** look only at the surface of things.
   [여러분은 사물의 겉모습만 보아서는 안 됩니다.]
A mother **mustn't** favor one of her children more than the others.
   [어머니는 한 아이를 다른 아이들보다 더 좋아해서는 안 됩니다.]
You **needn't** work tomorrow if you don't want to.
   [내일 일하고 싶지 않으면 하지 않아도 된다.]

과거시와 미래시를 뜻할 때에는 각각 had to와 will have to를 사용한다.

I **had to** meet my cousin yesterday.
   [어제는 내 사촌을 만나봐야만 했다.]
When you leave school you**'ll have to** find a job.
   [학교를 졸업하면 직장을 구해야 할 것이다.]

3) 논리적 필연성(logical necessity)³⁴을 나타낸다. 즉, 직접적인 경험에 의해서가 아니라, 이용 가능한 모든 상황을 종합해서 내리는 추론(deduction)이나 사유에 의해 도달하게 되는 크게 빗나가지 않은 확실성(near certainty)을 나타낸다.³⁵ 그러므로 이와 관련된 어떤 증거가 제시된다고 하더라도 결론이 달라질 것이 없을 것이라는 설명을 덧붙일 수 있을 것이다. 이러한 상황에서 must는 'It is necessarily the case that ....'(that ... 이하에 진술된 내용이 필연적으로 사실이다.)이라는 뜻을 나타낸다.

---

34 must가 나타내는 '논리적 필연성'이라는 용어는 Quirk et al. (1985: 224)과 Leech (1989: 78)가 사용하고 있고, Ek & Robat (1984: 285)는 '논리적 추론'(logical deduction), 그리고 Declerck (1991: 406)은 '진술 완화적 필연성'(epistemic necessity)이라는 용어를 사용하고 있다. 긍극적으로 보면 이 세 가지 뜻이 모두 같은 내용을 담고 있다.

35 Used in this meaning, *must* denotes near certainty, arrived at as the result of inference or reasoning. — Ek & Robat (1984: 285); *Must* can be used to express the deduction or conclusion that something is certain or highly probable: it is normal or logical, there are excellent reasons for believing it, or it is the only possible explanation for what is happening. — Swan (2005: 334); *Must* is used here of knowledge arrived at by inference or reasoning rather than by direct experience. For each example we could add the comment 'Given the evidence, there can be no other conclusion.' — Leech (1989: 78). See also Declerck (1991: 406-407).

It's one o'clock. The tide **must** be in.
(= '.... It is necessarily the case that the tide is in.')
> [지금이 한시니까 만조임이 틀림없어. → 진술 내용이 사실과 다를 이유가 거의 없다는 뜻임.]

He **must** be stuck in a traffic jam.
(= 'No other explanation of his being late seems possible.)
> [그가 교통 체증 때문에 꼼짝달싹하지 못하고 있음이 틀림없어. → 예컨대 그가 늦는 이유가 교통 체증 때문일 것이라는 점 이외에 달리 설명할 방법이 없을 것이라는 뜻임.]

Carol **must** get very bored in her job. She does the same thing every day.
> [캐롤이 분명히 자신의 일에 무척 지겨워하고 있음이 틀림없어. 그녀는 하는 일이 매일 똑같아.]

I see a man with a white cane walking down the street. He **must** be blind.
> [하얀 지팡이를 짚은 사람이 길을 걸어 내려가는 것이 보인다. 틀림없이 장님일 거야.]

This **must** be the book you want.
> [이 책이 틀림없이 네가 원하는 그 책이지.]

과거시와 관련된 논리적 필연성을 나타낼 때에는 must + 현재완료 형태를 사용한다. 즉, must가 현재의 여러 가지 상황을 통해서 내리는 논리적 필연성을 나타내는 것이라면 must + 현재완료 형태는 과거시와 관련해서 주어진 상황으로 미루어 보아 내리게 되는 필연적인 판단의 결과를 나타내는 것이다.

They **must have gone** out.
(situation: *George is outside his friend's house. He has rung the doorbell three times but nobody has answered.*)
> [그들이 외출했음이 틀림없어. → 조오지가 친구의 집 밖에서 초인종을 세 차례 눌러 보았지만 대답하는 사람이 없는 점으로 미루어 보아 이렇게 말하는 것임. 만약 이런 생각이 사실과 다르다면 Otherwise they would have answered.라는 말을 자연스럽게 덧붙일 수 있을 것임.]

I **must have been** blind not to realize the danger we were in.
> [우리가 위험한 상태라는 걸 몰랐다니 내가 틀림없이 눈이 멀었을 거야.]

The accident **must have happened** at about 11 o'clock in the morning.
> [그 사건은 틀림없이 오전 11시 경에 발생했을 거야.]